Uni-Taschenbücher 1548

Eine Arbeitsgemeinschaft der Verlage

Wilhelm Fink Verlag München
Gustav Fischer Verlag Jena und Stuttgart
A. Francke Verlag Tübingen und Basel
Paul Haupt Verlag Bern · Stuttgart · Wien
Hüthig Fachverlage Heidelberg
Leske Verlag + Budrich GmbH Opladen
Lucius & Lucius Verlagsgesellschaft Stuttgart
Mohr Siebeck Tübingen
Quelle & Meyer Verlag · Wiesbaden
Ernst Reinhardt Verlag München und Basel
Schäffer-Poeschel Verlag · Stuttgart
Ferdinand Schöningh Verlag Paderborn · München · Wien · Zürich
Eugen Ulmer Verlag Stuttgart
Vandenhoeck & Ruprecht in Göttingen und Zürich

Dieter Gröschke

Praxiskonzepte der Heilpädagogik

Anthropologische, ethische und pragmatische Dimensionen

Zweite, neubearbeitete Auflage

Ernst Reinhardt Verlag
München Basel

Prof. Dr. Dieter Gröschke, Dipl.-Psych.
Studiengang Heilpädagogik
Katholische Fachhochschule Nordrhein-Westfalen
Abteilung Münster

Die Deutsche Bibliothek – CIP-Einheitsaufnahme

Gröschke, Dieter:
Praxiskonzepte der Heilpädagogik : anthropologische, ethische und
pragmatische Dimensionen / Dieter Gröschke. - 2., neubearb. Aufl. -
München ; Basel : E. Reinhardt, 1997
  (UTB für Wissenschaft : Uni-Taschenbücher ; 1548)
  ISBN 3-8252-1548-2 (UTB)
  ISBN 3-497-01449-4 (E. Reinhardt)

© 1997 by Ernst Reinhardt, GmbH & Co, Verlag, München

Dieses Werk, einschließlich aller seiner Teile, ist urheberrechtlich geschützt. Jede Verwertung außerhalb der engen Grenzen des Urheberrechtsgesetzes ist ohne schriftliche Zustimmung der Ernst Reinhardt, GmbH & Co, München, unzulässig und strafbar. Das gilt insbesondere für Vervielfältigungen, Übersetzungen in andere Sprachen, Mikroverfilmungen und für die Einspeicherung und Verarbeitung in elektronischen Systemen.

Einbandgestaltung: Alfred Krugmann, Freiberg/Neckar

Printed in Germany

ISBN 3-8252-1548-2 (UTB-Bestellnummer)

Inhaltsverzeichnis

Vorwort zur zweiten, neubearbeiteten Auflage 8
Vorwort zur ersten Auflage 11

Einleitung... 13

1. Heilpädagogik – Plädoyer für einen Leitbegriff ... 18

1.1. Heilpädagogik als ethisch-normativer Begriff
 einer Praxis.................................. 21
1.2. Heilpädagogik als synthetisierender Begriff 29
1.2.1. Über analytisches und synthetisches Denken........ 29
1.2.2. Die Einheit der Heilpädagogik in der Vielfalt
 ihrer Stimmen................................ 35
1.3. Eine Begriffslehre: Was Heilpädagogik nicht ist
 und was sie ist und sein sollte.................... 36
1.4. Person und Personalität: Ethisch-anthropologische
 Grundlagen des Projekts Heilpädagogik 43

**2. Die Struktur der Heilpädagogik:
 Historische und systematische Dimensionen** 62

2.1. Struktur und System: Zwei Ordnungsprinzipien
 von Wirklichkeit............................... 62
2.1.1. Die disziplinäre Struktur der Heilpädagogik 67
2.1.2. Die interdisziplinäre Struktur der Heilpädagogik..... 73
2.2. Historische Entwicklungslinien des Projekts
 Heilpädagogik................................. 75
2.2.1. Eine heilpädagogische Urszene: J. M. G. Itard
 und Victor – die Zivilisierung des "Wilden" durch
 Erziehung und Therapie 77
2.2.2. Die Pädagogik angesichts der "sozialen Frage":
 Die Sozial- (und Heil-)pädagogik von J. H. Pestalozzi.. 83
2.2.3. Eine lange Praxis wird auf den Begriff gebracht:
 Die Heilpädagogik von J. D. Georgens und
 H. M. Deinhardt 86
2.3. Zum Verhältnis von Heilpädagogik und Sozialpädagogik: Pädagogische Geschwister aus dem
 Geiste der sozialen Nothilfe 91

2.3.1.	Entwicklungslinien ins 20. Jahrhundert: Spezialisierung der sozialen und pädagogischen Nothilfe	92
2.3.2.	Heilpädagogik und Sozialpädagogik: Komplementarität und Eigensinn	95

3. Das Pädagogische an der Heilpädagogik – Skizze eines Begründungsganges. ... 98

3.1.	Ein praxeologisches Modell: Pädagogik in der Gesellschaft	100
3.2.	Verstehen um zu handeln – Das hermeneutisch-pragmatische Konzept	105

4. Konzepte in der Heilpädagogik: Brücken zwischen Theorie und Praxis ... 110

4.1.	Ein Konzept von "Konzept"	115
4.2.	Praxis: Ursprung und Bewährungsfeld heilpädagogischer Konzepte	122

5. Konzepte von "Praxis" in der Heilpädagogik ... 131

5.1.	Theorie-Praxis-Technik	131
5.2.	Praxis als alltägliche Lebenswelt	144
5.3.	Berufspraxis	169

6. Grundphänomene personaler Existenz: Fundament heilpädagogischer Konzepte ... 185

6.1.	Zum phänomenologischen Ansatz	187
6.2.	Grundphänomen Leiblichkeit	194
6.3.	Bewegung	207
6.4.	Entwicklung	214
6.5.	Spielen	227
6.6.	Lernen	238
6.7.	Weitere Grundphänomene: Sprachlichkeit, Tätigkeit	249

7. Systematik heilpädagogischer Handlungskonzepte ... 258

7.1.	Konzepte und Methoden	258
7.2.	Leitkonzept Entwicklungsförderung	268
7.2.1.	Schwerpunkt "Leiblichkeit": Förderpflege und basale Aktivierung	279
7.2.2.	Schwerpunkt "Bewegung": Psychomotorische Entwicklungsförderung	285

7.2.3. Schwerpunkt "Spielen":
       Heilpädagogische Spielförderung.................. 293
7.2.4. Schwerpunkt "Lernen":
       Heilpädagogische Verhaltensmodifikation........... 297
7.2.5. Schwerpunkt "Tätigkeit": Kompetenzförderung 302
7.2.6. Schwerpunkt "Sprachlichkeit": Kommunikations-
       förderung... 305
7.3.   Noch einmal: Konzepte, Methoden und Personen 309

Literaturverzeichnis................................. 316
Namenverzeichnis..................................... 332
Sachverzeichnis...................................... 337

Vorwort zur zweiten, neubearbeiteten Auflage

Ungefähr seit Erscheinen der ersten Auflage dieses Buches haben im Fachgebiet der Heilpädagogik tiefgreifende Entwicklungen stattgefunden, die ihr heutiges Profil deutlich bestimmen. Jede aktuelle Darstellung der Heilpädagogik hat diesen Entwicklungen Rechnung zu tragen. Entsprechend wurde die nun vorliegende Auflage nicht nur im üblichen Maße wissenschaftlich aktualisiert, sonder gründlich überholt, erweitert und ausgebaut, so daß sie nun als in sich abgeschlossenes Lehrbuch der allgemeinen Heilpädagogik gelesen werden kann – immer jedoch unter der Zentralperspektive ihrer *Praxis*. Deshalb wurde der alte Titel des Buches auch beibehalten.

Ich möchte an dieser Stelle einige der oben angedeuteten Entwicklungen in der modernen Heilpädagogik näher ansprechen, um meine Intentionen mit dem vorliegenden Buch zu verdeutlichen und seine Struktur vorzustellen. Zunächst kann festgestellt werden, daß der Begriff "Heilpädagogik" eine weitgehende Konsolidierung als – impliziter oder expliziter – *Leitbegriff* des Faches erfahren hat, auch trotz neuer Konkurrenz durch den Begriff der "Rehabilitationspädagogik" nach der zwischenzeitlich erfolgten deutschen Wiedervereinigung. Wenn auch keine Apologie mehr notwendig ist, so gibt ein Plädoyer für den Leitbegriff Heilpädagogik (Kapitel 1) die gute Gelegenheit, zentrale *ethisch-normative* Dimensionen des *Projekts* Heilpädagogik herauszuarbeiten und zu klären.

Kurz nach Erscheinen der ersten Auflage (im Herbst 1989) sah sich die Heil-, Sonder- oder Behindertenpädagogik recht unvorbereitet von utilitaristischen Strömungen der sog. "Bioethik" herausgefordert, die es unbedingt nötig machten, das uneingeschränkte Recht auf Leben und das Recht auf Förderung, Erziehung und Bildung auch für Menschen mit schweren Behinderungen neu zu verteidigen. Dieser ethischen Herausforderung haben sich alle theoretischen Richtungen und Schulen der Heil- und Sonderpädagogik gestellt, trotz vieler sonstiger Differenzen in einzelnen Fachfragen. Obwohl ich mich mit einem eigenen Buch an der bleibenden Aufgabe der Begründung einer *heilpädagogischen Ethik* beteiligt habe (Gröschke 1993), erscheint es mir wichtig, die ethisch-normative Dimension bei allen Aussagen zur Heilpädagogik ganz allgemein stets deutlich zu betonen. Sie durchzieht als gedanklicher "roter Faden" alle Kapitel dieses Buches, sowohl was die Begründung von "Praxiskonzepten" als operative Einheiten heilpädagogischen Handelns betrifft (Kapitel 4 und 5), als auch was die Auswahl *anthropologischer Grundphänomene* anbelangt (Kapitel 6), die *pragmatische* Anknüpfungspunkte für entwicklungsförderliches *Handeln* unter den konkreten Bedingungen sozial- und heilpädagogischer Praxis bilden (Kapitel 7).

Eine weitere markante Entwicklungsrichtung innerhalb der Heilpädagogik ist an dieser Stelle zu erwähnen, da sie unmittelbar auf ihre Praxis – als *Lebenswelt* wie *Berufspraxis* – zielt. Seit gut einem Jahrzehnt sind Fragen der *sozialen Integration* von Menschen mit Behinderungen, der *Normalisierung* ihrer Lebensverhältnisse und ihrer *Selbstbestimmung* zentrale Handlungsregulative, die aus der heilpädagogischen Diskussion in Wissenschaft und Praxis nicht mehr wegzudenken sind. Da hier die *gesellschaftliche* und politische Dimension ins Spiel kommt, stellen sich Fragen der Organisation pädagogischer – sozial- wie heilpädagogischer – Formen der Hilfe auf dem Gesamtgebiet der Rehabilitation und Behindertenhilfe, sowie Fragen der Interdisziplinarität und Kooperation aller beteiligten Fachrichtungen.

Das nötigt die Heilpädagogik (u. a.), ihr Verhältnis zur *Sozialpädagogik* zu bedenken, mit der sie ja nicht nur geistesverwandt, sondern vor allem praktisch verschwistert ist. Vor allem jedoch gilt es neu zu bestimmen, was überhaupt das *"Pädagogische"* an der Heilpädagogik ist und wie es begründet werden könnte. Solche Überlegungen sind in die Kapitel 2 und 3 eingegangen, die vollständig neu sind. Da nach meiner Überzeugung für diesen Prozeß der Selbstvergewisserung der Heilpädagogik ein geschärftes Bewußtsein ihrer Entwicklungsgeschichte unabdingbar ist, bin ich in Kapitel 2 auch auf die *historischen* Entwicklungslinien des Projekts Heilpädagogik näher eingegangen. Erst aus der Geschichte können wir die heutige Lage recht und umfassend verstehen, um unter heutigen Bedingungen angemessen handeln zu können.

Das vorliegende Buch ist für seinen Autor eine persönliche und fachliche Zwischenbilanz seiner Beschäftigung mit der Heilpädagogik in Lehre, Studium und Forschung. Ich hoffe, daß es auch für andere – Lehrende, Lernende und Praktiker der Heilpädagogik – als Lehrbuch von Nutzen sein wird.

Meiner Frau Doris danke ich sehr für ihre Nachsicht und freundliche Unterstützung.

Münster, im Januar 1997   Dieter Gröschke

Vorwort zur ersten Auflage

Was sich uns heute als Praxis der Heilpädagogik darbietet, ist ein recht unübersichtliches Feld pädagogischer und psychosozialer Unternehmungen geworden. Die Unübersichtlichkeit und Verschiedenheit der unter dem Namen *heilpädagogischer Praxis* nur noch mühsam zusammengehaltenen Entwicklungen und Bestrebungen in den Bereichen der Kinder-, Jugend- und Behindertenhilfe werden zunehmend als Krisenphänomene der Heil- und Sonderpädagogik bewertet. Jedenfalls besteht genügend Anlaß darüber nachzudenken, was es mit dem Praxisauftrag der Heilpädagogik unter den heute gegebenen gesellschaftlichen Rahmenbedingungen auf sich hat.

Ein Grundzug dieser heutigen Situation ist eine enorme Funktionsdifferenzierung in nahezu allen sozialen Lebensbereichen. Die Heil- und Sonderpädagogik ist von ihr insofern zentral betroffen, als sie zunehmend in schulische Sonderpädagogik und außerschulische Heilpädagogik auseinandergefallen ist. Und auch diese Bereiche sind in sich in viele Teile und Sonderbereiche zergliedert. Wenn man alle Sonderungs- und Spezialisierungsformen heilpädagogischer Praxis einmal auflisten würde, käme man leicht auf eine Differenzierung nach etwa sieben Altersstufen, etwa zehn Arten von Behinderungen, sowie – ihnen institutionell zugeordnet – zehn Organisationsmuster von Schule und Unterricht. Der beherrschende Bereich heilpädagogischer Praxis ist nach wie vor das System der Sonderschulen, ihr "theoretischer Überbau" die universitäre Sonder(-schul-)pädagogik. Diese Situation ist Reflex der gesellschaftlichen Verhältnisse: Schule als entscheidende Instanz der Zuteilung von Sozialchancen an Heranwachsende steht in einer Leistungsgesellschaft stärker im öffentlichen Interesse als neben- oder außerschulische soziale und pädagogische Praxisfelder. Ihr Spektrum an handlungsleitenden Konzepten ist durch ministeriell geregelte Bildungspläne, Fachcurricula und -didaktiken im wesentlichen bestimmt. Sonderpädagogen als Lehrer für Sonderschulen werden an eigenen Studienstätten ausgebildet.

Für den Bereich der außerschulischen heilpädagogischen Praxis, in der sich für viele behinderte Menschen der größere Teil ihres Lebens abspielt, sieht es anders aus: Hier sind Konzepte am Werk, deren Vielfalt und Wechsel – gelegentlich mit Anzeichen des Modischen – schwer zu übersehen und schwierig zu bewerten sind. Die Bedeutung vor-, neben- und nachschulischer heilpädagogischer Förderung für die Lebensqualität großer Gruppen von Menschen mit Behinderungen unterstreicht die Notwendigkeit konzeptueller Klärungsversuche für diese Praxisfelder.

Spezialisierung in gesellschaftlichen Teilsystemen zieht als berufspolitische Konsequenz Arbeitsteilung nach sich. Das gilt auch für die heilpädagogische Berufspraxis. Fachkräfte für den heilpädagogischen Bereich werden inzwischen auf drei Ebenen ausgebildet: an Universitäten, Fachhochschulen und Fachschulen/Fachakademien. Da keine einzelne Berufsgruppe (Sonder-, Heil- und Sozialpädagogen, Heilerziehungshelfer und -pfleger usw.) dem komplexen Ganzen des Aufgabenbereiches allein gerecht werden kann, ist Arbeitsteilung sowohl zweckmäßig wie unausweichlich. Es ergeben sich daraus allerdings verschärft Fragen nach Kooperation, Ergänzung, Abgrenzung und Kompetenzprofilen. Die vorliegende Arbeit ist aus der Perspektive der Fachhochschule als Lehr- und Ausbildungsstätte für (außerschulische) Heilpädagogen geschrieben. Wir hoffen, daß aspektivisches Denken nicht noch mehr zur Zersplitterung heilpädagogischer Theorie und Praxis beiträgt, sondern im Gegenteil zu einer organischen Synthese der vielen Teile zu einem sinnvollen Ganzen.

Münster, im Herbst 1988   Dieter Gröschke

Einleitung

> Statt das Notwendige zu tun,
> will ich es sagen.
> (J. J. Rousseau, Emile 1762)

Heilpädagogik hat sich als Handlungswissenschaft zu begreifen. Ihr eigentlicher Bewährungsfall ist die Praxis, in der sich entscheiden muß, was sie zur Sicherung und Verbesserung der Lebensqualität behinderter oder entwicklungsauffälliger Menschen beizutragen hat. Diese einfache Aussage erweist sich bei näherer Hinsicht als durchaus auslegungsbedürftig. Es gehen in sie Begriffe und Perspektiven ein, die sich in der heutigen Situation von Wissenschaft und Gesellschaft als problematisch, zumindest nicht mehr als selbstverständlich erweisen.

Das beginnt schon mit dem Namen dieses Fachgebiets: Daß es in Theorie und Praxis der Pädagogik zugehört, kann immerhin inzwischen als verbindlich gelten. Aber welche Bezeichnung ist letztlich die angemessene: Sonder-, Behinderten-, Rehabilitationspädagogik – oder doch (wieder) *Heilpädagogik*? Ich halte diese Frage nicht für gänzlich müßig; in ihr geht es auch um programmatische und substantielle Entscheidungen. Deshalb muß die Festlegung für den Begriff Heilpädagogik begründet werden; das geschieht im ersten Kapitel.

Meine Begründung für den Leitbegriff Heilpädagogik stützt sich neben ethischen wesentlich auch auf historische Argumente. Wenn man paradigmatische Ereignisse in der Fachgeschichte der Heilpädagogik der letzten zweihundert Jahre Revue passieren läßt (Kapitel 2.2.), gibt es – nach meiner Einschätzung – gute Gründe für die Charakterisierung aller praktischen Bestrebungen der Erziehung und Förderung entwicklungsauffälliger, verwahrloster oder behinderter Kinder durch den Traditionsbegriff "Heilpädagogik". Trotz aller Brüche und Verirrungen markiert er eine sozial- und wissenschaftsgeschichtliche Kontinuität pädagogisch-therapeutischer Erziehungs- und Behindertenhilfe, die auch unter den heute geltenden Leitideen von *Normalisierung* und *Integration* sich fortführen läßt. Es läßt sich eine soziogenetisch gewachsene Struktur von Heilpädagogik rekonstruieren, deren historische und systematische Dimensionen ich in Kapitel 2 aufzeigen möchte. Hier interessiert insbesondere auch das Verhältnis zur pädagogischen "Zwillingsschwester"-Disziplin, der Sozialpädagogik.

Da mit diesen Ausführungen in systematischer Absicht bereits substantielle Aussagen über Sinn und Zweck des Unternehmens namens Heilpädagogik unausweichlich verknüpft sind, muß geklärt werden, was es bedeutet, im wissenschaftlichen Sinne Heilpädagogik als auf Lebenspraxis (nicht nur Schulpraxis) ausgerichtete Handlungswissenschaft zu betreiben. Im besonderen stellt sich dann die Frage, wie eine Vermittlung zwischen den Bereichen Wissenschaft (Theorie) und Praxis geleistet werden kann, die sowohl wissenschaftlich aufgeschlossen als auch praktisch hilfreich die berufliche Ausbildung von Heilpädagogen dem Postulat des "wissenschaftlich ausgebildeten Praktikers" annähern könnte[1]. Mein Vorschlag, dafür mit dem methodologischen Instrument von *Konzepten* zu arbeiten, wird im vierten Kapitel näher ausgeführt. Damit ist allerdings eine (Vor-)Entscheidung für eine bestimmte Wissenschaftsauffassung in der Heilpädagogik getroffen, auf die ich wiederholt zu sprechen komme. Wenn es heute unstrittig ist, daß Heilpädagogik als spezielle Pädagogik integraler Teil der Gesamtpädagogik ist, fragt sich allerdings, was denn genau "das Pädagogische" sein könnte, das sie mit ihr gemeinsam hat. Gibt es Umrisse eines "pädagogischen Grundgedankenganges" (W. Flitner), der Pädagogik, Sozial- und Heilpädagogik "im Innersten zusammenhält", der so etwas wie ihren gemeinsamen Strukturkern bildet? Diese – wie ich meine – entscheidende Frage wird im dritten Kapitel untersucht.

Ein nächster und zentraler, klärungsbedürftiger Begriff ist der der *Praxis* selbst. Was meinen wir eigentlich, wenn wir so betont wie selbstverständlich vom Bewährungsfeld "Praxis" sprechen? Ist hinreichend klar, was an komplexen Implikationen mit dem Gebrauch dieses so harmlos-selbstverständlichen wie "praktischen" Begriffs verbunden ist? (Kapitel 5). Besonders seine Ausprägung als *Berufs*praxis verdient im Zusammenhang von Ausbildungsfragen in der Heilpädagogik besondere Aufmerksamkeit.

Da ich mich – mit nachvollziehbaren Gründen, wie ich hoffe – für die Idee der *Person* als regulatives Prinzip von Theorie und Praxis der Heilpädagogik aussprechen will, bietet es sich an, auf *Grundphänomene* personaler Wirklichkeit zurückzugehen, wenn

---

1 Ich erlaube mir, im folgenden durchgehend die männliche Form der Berufsbezeichnung zu gebrauchen, in vollem Bewußtsein der Tatsache, daß – zumindest die Praxis der – Heilpädagogik nach wie vor eine Domäne von Heilpädagoginnen ist. Da ich in erster Linie die Person (ob männlich oder weiblich) im Sinn habe, nehme ich mir als männlicher Autor dieses Recht.
Frau möge es mir auch weiterhin nachsehen!

man Sinn und Zweck heilpädagogischer Handlungskonzepte begründen möchte. Das ist der Kern meines Systematisierungsversuches praxisbestimmender Konzepte in den verschiedenen außerschulischen Handlungsfeldern (Kapitel 6 und 7). Wenn man es unternimmt, die Lebenswirklichkeit der Person auf ihre elementaren Ausdrucksformen zu beziehen, ist das natürlich nur unter Rückgriff auf umfangreiche anthropologische und fachwissenschaftliche Erkenntnisse über menschliche Lebensformen möglich. Um sich dabei nicht in der Beliebigkeit potentiell relevanter, aber unübersichtlicher Datenmengen zu verlieren, bedarf es einer orientierenden philosophischen Reflexion. Ich halte ein gründliches philosophisch-anthropologisches und sozialphilosophisches Orientierungswissen gerade unter handlungspragmatischen Gesichtspunkten für unverzichtbar; und zwar nicht als eine fachliche Perspektive unter den vielen anderen, sondern als ihr Integral unter der Maßgabe beruflicher heilpädagogischer Verantwortung für behinderte und benachteiligte Personen[2].

Ich möchte gleich zu Beginn meiner Grundlegung eines Strukturentwurfs von Heilpädagogik dessen Standortgebundenheit betonen. Mein Ort, von dem aus ich argumentiere, ist die außerschulische Heilpädagogik. Von diesem Teilbereich her erfolgt meine Wahrnehmung des "Ganzen" der Heilpädagogik, an dessen Gegebenheit ich allerdings glaube. Im Ausbildungssystem lehre ich Heilpädagogik an einer Fachhochschule, zu deren Selbstverständnis und Ausbildungsauftrag ich zunächst noch einiges sagen möchte.

Bei den Aussagen zur *Ausbildung* von Heilpädagogen an Fachhochschulen wird auf den besonderen Bildungsauftrag dieses jüngsten Hochschultyps (seit 1971) Bezug genommen: Fachhochschulen als Einrichtungen des Bildungswesens im Hochschulbereich vermitteln durch Lehre, Studium und Praxisforschung eine auf wissenschaftlicher Grundlage beruhende Ausbildung, die mit einer Diplomprüfung abschließt und zu eigenständiger Tätigkeit im Beruf befähigt.

Heilpädagogik ist ein Studiengang des Sozialwesens, in dem vorrangig für außerschulische Praxisfelder der Kinder-, Jugend-,

---

2 Ich werde in diesem Buch zwischen der Ich- und Wir-Form schriftlicher Rede unsystematisch wechseln. Überwiegend gebrauche ich die Ich-Form, wenn ich für meine Ausführungen die alleinige persönliche und fachliche Verantwortung zu übernehmen habe. Die Wir-Form gebrauche ich appellativ, wenn ich den Leser (und die Leserin) bewußt in eine Fachgenossenschaft einbeziehen möchte. Ich hoffe, dieser Versuch einer Kommunikation im Text gerät mir nicht zu suggestiv.

Erziehungs- und Behindertenhilfe ausgebildet wird. Heilpädagogik an der Fachhochschule ist in besonderem Maße einem doppelten Bezug verpflichtet:

- dem Bezug auf die wissenschaftlichen Grundlagen (Wissenschaftsauftrag),
- dem Bezug auf die Berufspraxis (Berufsbildungsauftrag).

Beide Bereiche, Wissenschaft und (Berufs-)Praxis, stehen in einem Prozeß ständiger, wechselseitiger Beeinflussung, dem Lehre und Studium in besonderer Weise Rechnung tragen müssen, wobei die wissenschaftlichen Erkenntnisse und die Entwicklungen in den Grundlagendisziplinen in die Theorien und Konzeptentwicklungen der Heilpädagogik einbezogen werden. Wesentliche Informanten der Heilpädagogik sind Pädagogik, Psychologie, Medizin, Soziologie und Rechtswissenschaft; genauso gefragt sind spezielle Kenntnisse über Entwicklungsauffälligkeiten, Behinderungen und Verhaltensstörungen sowie über spezifische Methoden heilpädagogischen Denkens und Handelns. Der Pluralismus unterschiedlicher Theorien heilpädagogischer Problemstellungen und ihrer Bearbeitung in der Praxis ist dabei unter der Maßgabe der Erfordernisse und der Herausforderungen der Handlungspraxis jeweils kritisch zu bewerten. Darüber hinaus nehmen Fachhochschulen Aufgaben praxisorientierter Forschung, Entwicklung und Weiterbildung wahr.

Die besonderen Bedingungen der Fachhochschule ermöglichen es den Studierenden, heilpädagogische Themen von Anfang an auf wissenschaftlicher Grundlage zu erarbeiten, wobei Zusammenhänge durch interdisziplinäre Lehr- und Lernformen besonders deutlich werden. Der breite Fächerkanon und die Kooperation mit anderen Studiengängen des Sozial- und Gesundheitswesens gewährleisten neben einer soliden Grundausbildung ein Maß an berufsfeldbezogener Allgemeinbildung, das im späteren Berufsalltag Einengungen zu vermeiden hilft.

Die Fachhochschulen haben den Anspruch, Heilpädagogen auszubilden, die in der Praxis eigenständig und verantwortlich handeln und die im Rahmen eines Teams Aufgaben übernehmen, welche den Erziehungs- und Förderungsprozeß im Ganzen umfassen. Eine wichtige Aufgabe besteht infolgedessen darin, angehenden Heilpädagogen das notwendige Orientierungs-, Basis- und Handlungswissen zu vermitteln, beispielsweise zur Befähigung

- zu einer integrativen Form heilpädagogischer Behandlung, die Untersuchung, Behandlungsplanung, -durchführung, -kontrolle und -evaluation umfaßt,
- zur Arbeit mit Eltern, Angehörigen und Erziehern und zur Familien- und Systemberatung,
- zur Reflexion der sozialen und kulturellen Situation des behinderten Menschen, auch in seiner Funktion für die Gesellschaft,
- zur Arbeit in Institutionen und zur Kooperation mit Vertretern anderer Professionen.

Die Studierenden sollen lernen, ihre Praxiserfahrungen und ihr Handeln in der Praxis im Zusammenhang mit theoretischen und konzeptionellen Fragestellungen und neuen wissenschaftlichen Entwicklungen zu sehen und damit zugleich befähigt werden, in der Vielfalt aktueller Strömungen und Diskussionen heilpädagogisch relevanter Theorien und Themen ihren eigenen Standort zu finden und zu begründen. Sie lernen darüber hinaus, ihre Konzepte den jeweiligen Aufgaben der Praxis entsprechend zu modifizieren, und sie werden befähigt, an der Weiterentwicklung heilpädagogischer Konzepte in Theorie und Praxis reflektierend mitzuarbeiten.

Wenn diese Aussagen auch besonders auf die Situation der Heilpädagogik als Fachhochschul-Studiengang zugeschnitten sind, meine ich doch, daß sie auch für andere Ausbildungsstätten und für heilpädagogische Praxisfelder von Bedeutung sein können. Sie skizzieren das Programm einer einheitlichen Heilpädagogik, die bei aller Differenzierung ihren Sinnzusammenhang nicht vergessen will.

1. Heilpädagogik – Plädoyer für einen Leitbegriff

Von Heilpädagogik zu sprechen ist nach wie vor nicht selbstverständlich. Während in der Praxis der Behindertenhilfe die meisten ihrer Institutionen sich mit dem Attribut "heilpädagogisch" kennzeichnen, existieren im Bereich der Theorie mehrere verschiedene Begriffe nebeneinander, die sich alle weitgehend auf dieses gleiche Praxisfeld beziehen. Im außer- und nebenschulischen Bereich kennen wir heilpädagogische Kindergärten und Kindertagesstätten, heilpädagogische Horte und Heime, heilpädagogische Beratungsstellen und -zentren. Im zugeordneten Bereich von Wissenschaft und Theorie koexistieren die Begriffe Heilpädagogik, Sonderpädagogik und Behindertenpädagogik, seit der deutschen Wiedervereinigung auch Rehabilitationspädagogik, wobei nicht wenige Fachvertreter der Meinung sind, daß sich in dieser Reihenfolge auch ein Fortschrittmuster im Selbstverständnis des Fachgebietes abbildet: Heilpädagogik gilt vielen als ein historisch überholter Begriff.

Nun könnte man der Auffassung sein, daß es auf den rechten Begriff für eine Sache ohnehin nur sehr bedingt ankomme, wenn nur die Theorien, Themen, Aussagen und Praktiken dem Gegenstandsbereich angemessen sind, für den ein Begriff steht; für eine entwickelte Wissenschaft eines konkreten Praxisfeldes ist eine solche nominalistische Sicht allerdings eher unangemessen. Man könnte dieser Wissenschaft nicht zu unrecht den Vorwurf machen, ihr Selbstverständnis wohl noch nicht endgültig gefunden zu haben und damit in einem vorwissenschaftlichen Stadium zu verharren. So scheint es, daß die insgesamt friedliche Koexistenz der Namen und Begriffe Heilpädagogik, Sonderpädagogik und Behindertenpädagogik weniger ein Zeichen reiner Toleranz und Großzügigkeit ist, als eher ein Symptom anhaltender latenter Selbstverunsicherung der Theoretiker, was für eine Art von Wissenschaft man denn nun eigentlich betreibe bzw., was der eigentliche Forschungsgegenstand, Sinn und Ziel des wissenschaftlichen Unternehmens und die angemessenen methodischen Wege der Realisierung seien. Allfällige Hinweise auf Pluralismus als positives Wissenschaftsprinzip würden erst dann überzeugen, wenn man zuvor endgültig geklärt hätte, wie man es mit der Begriffsvarianten "Heilpädagogik" zu halten gedenkt, die sich mit Hartnäckigkeit am Leben hält, obwohl ihr immer wieder – und das schon seit Hanselmann – die letale Diagnose gestellt wurde.

Jenseits aller Begriffsbeliebigkeiten, die im postmodernistischen Sinne eines "anything goes" sich vom Zeitgeist favorisiert sehen mögen, ist dies eine Art "Gretchenfrage": Wie hält man es mit der *Heil*-Pädagogik? Ein Hinweis auf eine wichtige Nachbarwissenschaft mag die Relevanz der Fragestellung verdeutlichen: Die Wissenschaft vom menschlichen Erleben und Verhalten nennt sich auch nicht entweder "Seelenkunde" oder "Verhaltenslehre", sondern immer schon einvernehmlich "Psychologie", obwohl ihre Teilbereiche, Fragestellungen, Methoden und Praxisformen so pluralistisch differenziert sind, daß zumindest aus sachlogischen Gründen der Begriff "Psychologie" kaum noch zu rechtfertigen wäre. Als einheitsstiftendes Element garantiert er jedoch letztlich die nur noch wissenschafts*ethisch* zu begreifende Verpflichtung, ihren Gegenstand – das menschliche Individuum – bei aller methodologisch gebotenen Neutralität in seiner transempirischen Einheitlichkeit nicht vollends preiszugeben.

Da auch in der Wissenschaft die Idee des linearen Fortschritts an ihr Ende gekommen ist, darf wieder unbefangener angefragt werden, ob Sonder- oder Behindertenpädagogik tatsächlich das Telos des Unternehmens pädagogischer Behindertenhilfe besser treffen, als der ehrwürdige Begriff der Heilpädagogik.

Wie angedeutet, hat sich der Name Heilpädagogik vor allem im Bereich der Praxis etabliert. Zahlreiche Praxiseinrichtungen der Erziehungs- und Behindertenhilfe gebrauchen ihn im programmatischen Sinne als Kennzeichen ihrer Arbeit. Eine Sonderstellung im buchstäblichen Sinne nehmen nur die *Sonderschulen* und unmittelbar vorschulischen Einrichtungen ein, obwohl auch hier die Bezeichnung "Förderschule" den bisherigen Monopolanspruch einer Institution namens "Sonderschule" durchbrochen hat.

Praxis bedeutet vor allem auch Berufspraxis der in ihr Tätigen. Deswegen ein erster Hinweis zur Ausbildungssituation für diese heilpädagogische Berufspraxis: Für die – meist außerschulische – Praxis der heilpädagogischen Erziehungs- und Behindertenhilfe werden an zahlreichen Fachschulen (in Bayern Fachakademien) bundesweit Heilpädagogen ausgebildet, die seit 1986 bundeseinheitlich auch die Staatliche Anerkennung erhalten können. Im Hochschulbereich werden an einigen Fachhochschulen für Sozialwesen Diplom-Heilpädagogen (ebenfalls mit Staatlicher Anerkennung) für diese Praxisfelder qualifiziert; an pädagogischen Hochschulen und Universitäten existieren neben den Studiengängen Sonderpädagogik (Lehramt an Sonderschulen) einige erziehungswissenschaftliche Studiengänge mit dem Schwerpunkt Behindertenpädagogik, bzw. Heil- und Sonderpädagogik. Inzwischen gibt es auch universitäre Studiengänge mit einem Diplomabschluß in Heilpädagogik. Nicht zuletzt existieren fachschulische Ausbildungsgänge für Heilerzieher, Heilerziehungspfleger und Heilerziehungshelfer, in denen neben pflegerischen auch heilpädagogische Konzepte gelehrt und vermittelt werden (Thesing 1994).

Die Heilpädagogen haben zur fachlichen und berufspolitischen Interessenvertretung den Berufsverband für Heilpädagogen (BHP) seit 1985 oder die Bundesfachgruppe der Heilpädagogen im Berufsverband der Sozialarbeiter/Sozialpädagogen und Heilpädagogen (BSH) zur Verfügung. Für den Bereich der Sonderpädagogik und Sonderschulen gibt es den "Verband Deutscher Sonderschulen, Fachverband für Behindertenpädagogik (VDS)", sein wissenschaftliches Publikationsorgan heißt jedoch nach wie vor "Zeitschrift für Heilpädagogik".

Es zeigt sich in dieser Situation recht deutlich, daß der Begriff Heilpädagogik in unmittelbarer Nähe zur Praxis, ihren Institutionen, Berufsgruppen und Berufsausbildungswegen verortet ist, während im wissenschaftlichen Bereich der Begriff Sonderpädagogik vorherrscht oder in offen-unverbindlicher Manier von Heil- *und* Sonderpädagogik die Rede ist, ohne diesen seltsamen Doppelnamen weiter zu problematisieren (sog. "gemischtes Begriffssystem").

Die für die – überwiegend außerschulische – Praxis unmittelbar ausbildenden Studienstätten, Fachschulen und einige Fachhochschulen, betreiben ihre Kurse bzw. Studiengänge für Heilpädagogik, ohne sich durch die weitgehende Preisgabe des Begriffes in der Wissenschaft in ihrem Selbstverständnis in Frage gestellt zu sehen. Daraus könnte man nun der Praxis aus der Sicht der Theorie den Vorwurf mangelnden Aufgeklärtseins machen; allerdings nur dann, wenn man einen Begriff von Theorie voraussetzt, nachdem es diese immer schon besser weiß als die Praxis bzw. wonach die Theorie die Avantgarde bildet, die Praxis nur die (fußlahme) Nachhut. Ich werde in Kapitel 5 zu zeigen suchen, daß ein solches Theorie-Praxis-Konzept für die Heilpädagogik unangemessen ist. Ich meine vielmehr, daß die weite Verbreitung des Begriffes Heilpädagogik vor Ort *in* der Praxis und mehrheitlich in den unmittelbar *für* die Praxis qualifizierenden Berufsausbildungsgängen (Fachschulen und Fachhochschulen) ein deutlicher Beleg für die Sinnfälligkeit ist, dieses Handeln in Praxis und Studium eher Heilpädagogik zu nennen und eben nicht Sonder- oder Behindertenpädagogik, auch (noch) nicht Rehabilitationspädagogik. Diese Sinnfälligkeit, die sonst nur Bekenntnis bliebe, gilt es näher argumentativ zu begründen.

Die Abgrenzung von Heil- versus Sonderpädagogik deckt sich allerdings nicht exakt mit den Grenzen zwischen Wissenschaft und Praxis. Es gibt viele Praktiker, auch im außerschulischen Bereich, die Probleme haben, sich als Heilpädagogen zu verstehen; andererseits gibt es auch im wissenschaftlichen Bereich Fachvertreter und ganze Fachbereiche, die – bewußt oder auch nicht – am Begriff der Heilpädagogik festhalten. Die Scheidung in Heil- versus Sonder- und Behindertenpädagogik verläuft sowohl parallel wie auch quer zur Grenzlinie von Wissenschaft und Praxis. Alles in allem ist der Name Heilpädagogik jedoch stärker im eigentlichen Praxisbereich vertreten, während die Bezeichnung Sonderpädagogik bzw. Behindertenpädagogik Ergebnis wissenschaftsinterner Differenzierungsprozesse innerhalb des Fachgebietes ist.

1.1. Heilpädagogik als ethisch-normativer Begriff einer Praxis

Orientiert man sich bei denjenigen Fachvertretern, die in ihren Lehrbüchern den Begriff Heilpädagogik beibehalten, bzw. ihn neben dem Terminus Sonderpädagogik weiterhin verwenden, fällt eine merkwürdig indifferente oder auch gelegentlich defensive Haltung auf.

Das beginnt schon bei Paul Moor. Obwohl er letztlich gegen Hanselmann am Begriff *Heilpädagogik* festhält, lassen seine entsprechenden Äußerungen eine deutliche Distanz dazu erkennen: "Die Hauptaufgabe *der immer noch sogenannten* (Hervorheb. D. G.) "Heilpädagogik" besteht darin, nach Möglichkeiten der Erziehung zu suchen, wo etwas Unheilbares vorliegt", obwohl er defensiv einräumt, "daß der *Begriff* der Heilpädagogik sich nicht mehr deckt mit dem, was der *Name* Heilpädagogik anzudeuten scheint" (Moor 1965, 12). Wenn Heilpädagogik nicht mehr im medizinisch-therapeutischen Sinne als "Heilen" mißverstanden werden darf, wie es der Name nahelegt, sondern gerade nach Hanselmann und Moor als Theorie einer *pädagogischen Praxis* bestimmt werden muß, dann wäre es in der Tat mißlich, wenn der Begriff Heilpädagogik am pädagogischen Kern der Sache vorbeiginge. Nur aus Gründen der Konvention, der Tradition oder der "Liebe" (Asperger 1957: "Wir aber lieben diesen Ausdruck") am Begriff der Heilpädagogik festzuhalten, ihn ansonsten jederzeit zur Disposition zu stellen, ist unbefriedigend.

Eine "Begriffslehre" von *Heilpädagogik* (Bleidick 1985b) sollte also zeigen können, daß es gute Gründe dafür gibt, Heilpädagogik gleichberechtigt als leitenden Zentralbegriff neben denen von Sonderpädagogik oder Behindertenpädagogik offensiv zu vertreten. Es läßt sich zwar in der historischen Rekonstruktion der Entwicklung des Fachgebiets vom Anfang des 19. bis ins ausgehende 20. Jahrhundert darstellen, daß Heilpädagogik, Sonderpädagogik und Behindertenpädagogik als progammatische Ansätze von Theorie und Praxis der Behindertenhilfe auf jeweils unterschiedlichen Behinderungsbegriffen aufruhen (Bleidick 1984; 1985b); das bedeutet jedoch nicht, daß man mit einem der drei Leitbegriffe zwangsläufig auch die Beschränkungen des historisch daran angebundenen Verständnisses von Behinderung übernehmen müsse. Sozialhistorisch und ideengeschichtlich betrachtet, hat der Begriff *Heilpädagogik* eine starke Wurzel in der Tradition der "Pädagogischen Pathologie", der "Lehre von den Kinderfehlern" (z. B. v. Strümpell 1890), ist von daher medizinisch-psychiatrisch vorbelastet, er ist jedoch keineswegs mit einem individualistisch reduzierten Defektmodell von Behinderung unauflösbar verschweißt, wie Bleidick in seiner Kritik unterstellt. Gerade wenn man in pädagogischer und psychologischer Perspektive mit guten Gründen trennt zwischen a) Schädigung („impairment") b) Behinderung („disability") und c) Benachteiligung („handicap") und hierin auch eine zweckmäßige Arbeitsteilung zwischen Medizin (eher a) und Pädagogik (eher b und c) anspricht (s. Kapitel 2.1.1.), ist Heilpädagogik nicht länger auf ein oft nur fiktives "Heilen" im medizinischen Verstande beschränkt. In der heilpädagogisch geläufigen Unterscheidung von "primärem Defekt" und "sekundärer oder konsekutiver Behinderung" liegt der Ansatzpunkt heilpädagogischer Maßnahmen nicht in der psychophysischen Schädigung, sondern in ihren entwicklungserschwerenden Konsequenzen. In seiner Begriffssystematik nennt Speck (1988) folgerichtig die Orientierung an eventuell vorliegenden psychophysischen Schädigungen dann relevant, wenn sich daraus "psychophysische Entwicklungsbeeinträchtigungen" ergeben (= "Heilpädagogischer Ausgangsbegriff"), die "spezielle

Erziehungsbedürfnisse" bedingen (= eigentlicher "Heilpädagogischer Legitimationsbegriff").

So bestimmt Kobi (1983; 1993) als Gegenstands- und Aufgabenbereich der Heilpädagogik und Heilerziehung ein interpersonelles Beziehungsfeld („Behinderungszustand"), das mehr umfaßt, als nur das geschädigte/behinderte Individuum: Ein Behinderungszustand ist für Kobi (1983, 97) eine "Konstellation wechselnder, dynamischer Beziehungsverhältnisse, die auf verschiedenen Ebenen (organisch, psychisch, sozial, politisch) zu erfassen und zu deuten sind" (Kobi 1993, 113–121).

Ein Verständnis von Heilpädagogik, das über das medizinische Paradigma hinausgeht, ist also sehr wohl verträglich mit einem sozialwissenschaftlich aufgeklärten interaktionstheoretischen Begriff von Behinderung als Produkt individualer (oft irreversibler) und sozial-kultureller Bedingungen, bei voller Betonung des Definitions-, Attributions- und Etikettierungsaspektes.

Ich will in Kap. 1.4. ausführen, daß man den Personbegriff der philosophischen Anthropologie als Kernidee des *Projekts Heilpädagogik* begründen kann, ohne in den Aporien des individualtheoretischen Paradigmas von Behinderung steckenzubleiben. Das philosophisch-anthropologische Verständnis von menschlicher *Person* und *Personalität* geht eben in entscheidenden Punkten über das Konzept von Individualität und Subjektivität hinaus. Ich halte es für eine unaufgebbare regulative Maxime einer jeglichen Heilpädagogik.

Über den Kernbegriff der Person lassen sich Sinn und Zweck der Bezeichnung "Heilpädagogik" begründen, ohne diese Klärung des für die Identität des Fachgebietes entscheidenden Namens mit dem Preis einiger historisch bedingter Nachteile (medizinisch-individualtheoretisches Modell von Behinderung) bezahlen zu müssen.

Sichtet man die Aussagen und Argumente derjenigen Autoren, die sich in jüngster Zeit in Lehrbüchern oder programmatischen Schriften ausdrücklich für die Beibehaltung des Begriffes Heilpädagogik ausgesprochen haben (Kobi, Haeberlin, Leber, Speck, Möckel) so fällt auf, daß es sich dabei durchweg um wertbezogene, ja *wertnormative* Begründungen handelt. Der Leitbegriff *Heilpädagogik* wird nicht mehr als Bezeichnung charakteristischer Handlungs- und Tätigkeitsmerkmale in der zugehörigen Praxis verstanden (medizinisch-therapeutisch orientiertes oder auch "pädagogisches" Heilen, vgl. Löwisch 1969), das ließe sich spätestens nach Bopp, Hanselmann und Moor auch nicht mehr sinnvoll vertreten, sondern als ethisch reflektierte Idee vom eigentlichen Telos der umfassenden Sorge für geschädigte, behinderte und benachteiligte Personen.

Einige Stellungnahmen für die Beibehaltung des Leitbegriffs Heilpädagogik:

Kobi (1993, 126–127): "Der Begriff 'Heilpädagogik' läßt sich meines Erachtens dann vertreten, wenn wir

- die Bezeichnung 'heilen' nicht mehr nur im speziellen Sinne des 'Gesundmachens', sondern im umfassenderen Sinne der Verganzheitlichung und Sinnerfüllung des Lebens verstehen
- den 'Gegenstand' unserer Bemühungen nicht ausschließlich im behinderten Kind sehen, sondern in bedrohten oder beeinträchtigten Erziehungsverhältnissen, die wir zu erfüllen, zu vertiefen, integrativ zu gestalten oder überhaupt erst einmal zu stiften versuchen".

Haeberlin (1985, 13): "Ehrfurcht vor dem Wort 'Heilpädagogik' ist für uns symbolisch Ehrfurcht vor einer Haltung, welche kein unwertes Leben kennt".

Leber (1984, 478): "Heilpädagogik als Versuch, gesellschaftlich vermitteltes 'Unheil' abzuwenden". In dieser gesellschaftskritisch angelegten Sichtweise von Heilpädagogik als Wissenschaft und soziale Praxis geht es um die Sozialisationsschäden, die eine "unheilvolle" Welt mit ihren Normalitätszwängen den Kindern zufügt. In der heilpädagogischen Praxis geht es aber auch um die "Integration von förderndem Dialog und funktionaler Ertüchtigung" (482), deren Einheit als "Heilen" verstanden wird.

Speck (1988, 12ff): Mit ähnlicher Begründung einer "Ganzheitssicht" wie bei Kobi legt sich für Speck bei der "Frage nach dem geeigneten Begriff für unser Arbeitsgebiet" der Begriff der *Heilpädagogik* wieder nahe. Er sei "trotz wissenschaftlicher Anfechtungen bis heute gültig, und zwar insbesondere außerhalb der Sonderschulpädagogik" (38); darüber hinaus eröffne er die "Chance, die absurde Aufteilung in Heilpädagogen und Sonderpädagogen überwinden zu können" (12). "Der Orientierungsbegriff 'Heilpädagogik' ist unter dem Gesichtspunkt des pädagogisch zentral wichtigen Ganzheits- oder Ergänzungsprinzips gewählt worden. Zum Ausdruck kommen soll:

- die anthropologisch ganzheitliche Orientierung einer Erziehung, die einer drohenden personalen und sozialen Desintegration begegnen und (ganzheitlichen) Lebenssinn zu erschließen hat,
- das komplementäre Erziehungsverhältnis zwischen allgemeiner und spezieller Pädagogik und
- die kooperative Ergänzungsbedürftigkeit zwischen spezieller Pädagogik und Nachbardisziplinen.

Heilpädagogik ist demnach Pädagogik unter dem Aspekt speziellen Erziehungsbedarfs bei vorliegenden Entwicklungs- und Beziehungshindernissen (Behinderungen und soziale Benachteiligungen)." In der so verstandenen Heilpädagogik gehe es letztlich darum, "im Angesicht vorgefundener Entstelltheit und Bedürftigkeit, Zusammenhänge so zu ordnen, daß neue *Sinn-Perspektiven* aufleuchten, Perspektiven der Erlösung" (16)[1].

Möckel (1988, 247): "Heilpädagogik als historische Bewegung ist eine säkularisierte Fortsetzung der Heilsgeschichte und als solche auf die Ganzheit des Lebens gerichtet." Es muß betont werden, daß Möckel den Begriff nicht nur im historischen Sinne anführt, sondern ihn gerade unter heutigen Bedingungen neu rechtfertigt: "Neue Perspektiven für Erzieher in einer als aussichtslos empfundenen Erziehungssituation, das ist Heilpädagogik" (245).

Mit diesen wertbezogenen Stellungnahmen ist – zumindest indirekt – auch eine Wahl getroffen für einen bestimmten Wissenschafts- und Theorietyp für die so verstandene praxisbezogene Heilpädagogik: für eine eher geisteswissenschaftlich-hermeneutische oder auch kritische Position, die Wert- und Zielfragen nicht aus dem Kanon der Wissenschaftlichkeit exkommuniziert und der Erziehungsphilosophie oder einer wie immer gearteten Privatethik überantwortet. Zumindest erkennt man, daß für eine gelingende Praxis eine wertabstinente, empirisch-analytische Wissenschaft der Erziehung wenig Handlungsanleitung bietet. "Wertfreiheit als methodologisches Prinzip" (Bleidick 1984) mag für die wissenschaftstheoretische Konstitution einer empirisch-rationalen Behindertenpädagogik ein zweckmäßiges Regulativ sein, für die drängenden Probleme des Berufsalltags gibt eine solche distanziert-neutrale Einstellung den konkreten Anforderungen gegenüber sehr wenig her. Bei der geforderten *wertfreien Theorie* und einer faktisch immer schon *wertgeleiteten Praxis* bliebe Theorie *für* die Lebens- und Berufspraxis ein ewiges und uneinlösbares Versprechen. Die seit 1989 der Heilpädagogik von Seiten einer rein utilitaristisch argumentierenden "Bioethik" aufgezwungene Diskussion um Euthanasie und Lebensrecht hat dies mehr als deutlich gemacht (Gröschke 1993; Antor u. Bleidick 1996).

Gerade wenn man von Heilpädagogik als *Berufspraxis* ausgeht und dabei an existentielle Schlüsselsituationen dieser Praxis denkt, erweist sich der Begriff der *Heil*pädagogik im Sinne eines

---

1 Nach Abschluß meines Manuskripts ist Otto Specks "System Heilpädagogik" in dritter überarbeiteter und erweiterter Auflage erschienen (Herbst 1996). Darin wird weiterhin entschieden am Orientierungsbegriff "Heilpädagogik" und seiner ganzheitlichen Sinnintention festgehalten - ebenso am Systemprinzip.

ethischen Wertbegriffs nicht nur als akzeptabel, sondern geradezu als notwendig (im buchstäblichen Sinne).

Eine solche Schlüsselsituation trifft man an in der Praxis heilpädagogischer Einrichtungen für geistig schwerstbehinderte und mehrfachbehinderte Personen.

Was bedeutet es für unsere Sicht dieser Menschen, für unser Berufs- und Selbstverständnis, wenn wir innehalten und erkennen – wirklich mit Verstand *und* Gefühl erkennen – daß dies, was wir dort sehen und miterleben, die bleibende Existenzweise für diese Menschen sein wird. Daß, realistisch gesehen, der einzige "Fortschritt" darin bestehen mag, ein einmal erreichtes Entwicklungsniveau von Welt- und Erfahrungsaneignung zu bewahren, daß alles, was "zu machen ist", sich in unserer anhaltenden Sorge beschränken muß, daß ein menschenwürdiges Maß an leiblichem und seelischem Wohlbefinden, an Sicherheit und Geborgenheit gewahrt bleibt – und das nicht nur heute und morgen, sondern angesichts einer medizinisch gewährleisteten langen Lebenserwartung für viele Jahre.

Solange es sich um Kinder handelt, gelingt es eher, aufgrund unserer Konzepte von Entwicklungsförderung, Therapie oder Training, unser Praxishandeln vor uns und anderen als sinnvoll, weil "nützlich" auszuweisen, da die Zukunft noch entwicklungsoffen erscheint. Je älter die schwerbehindert heranwachsenden Menschen werden, desto mehr weicht der pädagogische Förderoptimismus der nüchternen Einsicht in die mitunter engen Grenzen der Veränderbarkeit: Hier von "Heilen" oder Therapie im medizinisch-psychologischen Sinne zu reden, wäre reiner Euphemismus, realitätsblind, schlimmstenfalls zynisch.

Ein weiterer Hinweis auf eine Nachbarwissenschaft mag wiederum hilfreich sein: Die Psychiatrie kennt bei chronisch psychisch Kranken ebenfalls das Phänomen des Unheilbaren, das es hinzunehmen gilt. Trotzdem sieht sie sich dadurch in ihrem praktischen Selbstverständnis, auch bei dieser Personengruppe ärztliche *Heilkunst* zu sein, nicht ad absurdum geführt. Das Festhalten an einem Begriff von *Heil* oder *Heilen* auch angesichts von Unheilbarem bezieht sich auch hier auf einen ethischen Impuls, Hilfen zu einem "heilen Leben" für psychisch schwer und dauerhaft gestörte, kranke oder behinderte Menschen anzubieten, die ihnen ihr Lebensschicksal auf menschenwürdige Weise erträglich machen könnten. In diesem, wenn man so will "lebensphilosophischen" Verstande von Heil zu reden ist also keine atavistische Absonderlichkeit allein der Heilpädagogik.

Gerade für die in der außerschulischen Praxis nicht seltenen Grenzsituationen läßt sich als Paradox formulieren: angesichts von medizinisch-biologisch Unheilbarem, brauchen wir den Begriff von *Heilpädagogik*, der diese existentielle Spannung angesichts von Unabänderlichkeit antithetisch auffängt, selbst wenn er sie nicht auflösen kann. Heilpädagogik als Antithese ist dort ein ethisch stabilisierendes Element, wo in einer von technologischem Denken beherrschten Welt Unheilbares latent der Gefahr ausgesetzt ist, nihilistisch zum Zweck – und damit Sinnlosen erklärt zu werden. Wenn wir hier am Anspruch einer "vertieften Pädagogik" (Moor) festhalten und das Feld nicht nur der körperlichen Versorgung und medizinische "Pflege" überlassen – obwohl auch das schon viel bedeutet – so kommen wir zu einer Auffassung von "Heilpädagogik", die angesichts irreversibler Schädigung und faktisch Unheilbarem das Fragen nach dem Sinn und Gehalt von Erziehung und sozialer Hilfe anthropologisch und ethisch radikalisiert. Damit weist sie über den Bereich des Machbaren hinaus in grundlegende Sinndimensionen menschlichen Daseins überhaupt („Was heißt erfülltes oder menschenwürdiges Leben?").

Aus alltagsdistanzierter Sicht kritisch-rationaler Wissenschaftstheorie läßt sich über solche wertnormativen "metaphorischen Auslegungen des Begriffs Heilpädagogik" (Bleidick 1984, 37ff) gut spotten; natürlich verstoßen sie gegen die Imperative nüchtern-rationaler Wissenschaftlichkeit und ihrem Gebot der Wertaskese. Frei nach Hegel könnte man allerdings auch sagen: umso schlimmer für diese Konzeption von Wissenschaftlichkeit, denn was leistet sie für eine Berufspraxis, die vor solchen Situationen nicht einfach wertblind die Augen verschließen kann? Es sagt sich philosophisch leichthin, daß man sich "auf solche Fundamentaldiskurse zum Wegarbeiten kontingenter Identität beteiligter Subjekte" besser erst gar nicht einlassen sollte (Lübbe zit. von Thimm 1987); die eigentliche "Arbeit tun (dann) die anderen", nämlich diejenigen, die sich in Berufsausbildung und vor allem vor Ort diesen Sinn- und Wertfragen unvermittelt gegenübergestellt sehen, denn: "Behindertenpädagogik als Begriffs- und Lehrsystem und als organisierte gesellschaftliche Tätigkeit ist ein Feld von bedrängender Kontingenzerfahrung (Thimm 1987, 70). Oder wie Siegenthaler (1983, 201) feststellt: eine Pädagogik, die sich mit den Grenzzonen menschlichen Daseins befaßt, kann sich nicht mehr entscheiden zwischen realwissenschaftlicher oder philosophischer Betrachtungsweise: "Die Wirklichkeit der Behinderung erfordert Grundentscheidungen".

Zu diesen zentralen Wert- und Sinnfragen der Berufspraxis muß jeder der dort tätig ist, bzw. der sich für diesen Beruf vorbereitet, seine Position finden und durchhalten. Wenn Wissenschaft und ihre Theorien es ernst meinen mit ihrem Anspruch, *auch* Orientierungs- und Handlungserleichterung für die Praxis zu erarbeiten, dann müssen sie diese zentralen Dimensionen in ihr Aussagesystem mit aufnehmen, d. h. auch in Studium, Lehre und Berufsausbildung der angehenden Praktiker zum Thema machen. Darauf zu setzen, daß jeder Betroffene dieses Wertvakuum schon irgendwie durch seinen privaten Glauben, Besinnung auf allgemein-humanistische Prinzipien oder "good will" auffüllen werde, reicht so gesehen schon hart an den vollendeten Tatbestand unterlassener Hilfeleistung heran. Studenten haben ein Recht, auch von ihrer Wissenschaft (und ihren Vertretern) zu erfahren, "was das Ganze soll", vor allem angesichts der erwähnten Grenzsituationen in der Berufspraxis! Das in der Praxis der "Schwerstbehindertenpädagogik" nicht seltene Phänomen des psychophysischen "Ausgebrannt-Seins", gerade auch bei jüngeren, engagierten Berufsvertretern, ist sicherlich *auch* ein Resultat dieser systematischen Leerstellen in den von den heilpädagogischen Grundlagenwissenschaften produzierten Förderkonzeptionen, die "Herstellungswissen" beinhalten, ohne Rücksicht auf die Situation, wo sich nichts mehr herstellen läßt.

Projekt Heilpädagogik:

Ich gebrauche an verschiedenen Stellen meiner Darlegungen die Formel "Projekt Heilpädagogik". Ich möchte damit den offenen, unabgeschlossenen und wohl auch unabschließbaren Prozeß der Selbstverständigung und Selbstvergewisserung betonen, der seit Bestehen des Fachgebietes einer pädagogischen Behindertenhilfe alle Beteiligten umtreibt. Wie sich Wissenschaft und Gesellschaft ständig weiter entwickeln und verändern, muß dem auch das heilpädagogische Denken und Handeln folgen und entsprechen, wenn es seinen Aufgaben gerecht werden will.

Von ihrem Beginn an war die Heilpädagogik ein Unternehmen, in dem viele verschiedene Entwicklungslinien aus Praxis und Wissenschaft zusammengelaufen – und immer wieder auch auseinander gelaufen – sind (Kap. 1.3. und 2.2.). Wie sich solche komplexen, von Individuen und sozialen Gruppierungen und Formationen getragenen Unternehmungen in ihren sich verändernden gesellschaftlichen Umwelten weiterentwickeln werden, weiß niemand und kann deshalb auch niemand voraussagen. Es bleibt nur die auf die *Zukunft* gerichtete *Hoffnung* der Beteiligten, daß in der gemeinsamen Unternehmung unter dem Titel "Heilpädagogik" sich Zug um Zug alle die Ideale, Ziele und Werte verwirklichen lassen, für die man sich persönlich und beruflich einsetzt.

Und vor allem: Solange die *zentrale regulative Idee* der Heilpädagogik, nämlich die volle und ungeteilte *Integration* aller behinderten Menschen in alle Lebenssphären der Gesellschaft, noch lange nicht verwirklicht ist, bleibt es ein Projekt mit offenem Ausgang. Da die Zeit nicht abzusehen ist, in der diese regulative Idee unbedingter Integration und Partizipation je praktisch abgegolten sein wird, muß dieses gemeinsame Projekt mit allen geistigen, sittlichen und praktischen Kräften weiter getrieben werden! Im Hinblick auf Sozial- und Heilpädagogik als historisch besonders konstellierte und auf Emanzipation orientierte "Pädagogik für Benachteiligte und Ausgegrenzte" (Haeberlin 1996) handelt es sich um ein Stück "nachholender Aufklärung", nämlich in der universalisierenden Perspektive der Menschenrechte auch die bisher Ausgeschlossenen zu integrieren.

So hat die Heilpädagogik Teil – ihren besonderen – am "unvollendeten Projekt der Moderne" (Habermas).

1.2. Heilpädagogik als synthetisierender Begriff

> Wir würden unser Wissen nicht für Stückwerk erklären,
> wenn wir nicht einen Begriff von einem Ganzen hätten.
> (Goethe, Maximen und Reflexionen)

Obwohl die Wirklichkeit von Natur, Mensch und Gesellschaft uns als Erfahrungsbereich immer in ihrer Totalität gegenübertritt, gibt es ideell zwei ganz unterschiedliche Verfahren der Wirklichkeitsaneigung: Die *analytische* und die *synthetische* Methode. Beide sind als Antinomien zu verstehen, die vielleicht bei jeder Person je unterschiedlich stark ausgeprägt ihr Denken und Erleben bestimmen. Vorhanden sind beide der Möglichkeit nach in jedem denkenden Menschen. Der Gegensatz von *Element* und *Gestalt* sowie Element und *Struktur* trifft das Gemeinte ganz gut.

1.2.1. *Über analytisches und synthetisches Denken*

Vogel (1972), auf dessen Ausführungen ich mich im folgenden besonders stütze, nennt folgende Merkmalspaare als Charakteristika der Erkenntnisformen "Analyse" und "Synthese":

- Für das analytische Denken: Orientierung am je Einzelnen, Konkreten, an Element und Detail; Beschränkung auf das eindeutig und rational Wiss- und Beweisbare; Interesse am Nutz- und Machbaren („homo faber"); intellektuell, nüchtern-distanzierte Einstellung "mit den Folgen eines Gefühls von Einsamkeit" (153).
- Für das synthetisch ausgerichtete Denken: Tendenz zum Ideellen, zur Gestalterfassung; zum Ganzen, auf Kosten scharfer definitorisch-begrifflicher Abgrenzung; Streben nach Einsicht und Wesensverständnis; Intuition und Demut; Neigung, Irrationales mit einzubeziehen, "mit der Konsequenz eines Geborgenheitsgefühls".

Es wird betont, daß dies keine strengen Alternativen sind, sondern sich wechselseitig ergänzende und korrigierende, *komplementäre* Sichtweisen und Polaritäten. Obwohl keine strenge Scheidung möglich ist, läßt sich die eine Methode (die empirisch-analytische) tendenziell eher den *Natur*wissenschaften zuordnen, die synthetische dagegen eher den *Geistes*wissenschaften. Allerdings gibt es keine Analyse ohne vorgängige Gestalterfassung und keine ganzheitliche Synthese ohne nähere Kenntnis der zu integrierenden Elemente. Die Dualität geht also auch quer durch die beiden Wissenschaftssysteme. In Kants erkenntnistheoretischer Fassung ist dies die "synthetische Einheit der Apperzeption" im Ganzen des Bewußtseins.

Die auf Dilthey (1885) zurückgehende Unterscheidung in eine analytisch-zergliedernde und rational-*erklärende* Psychologie einerseits und eine ganzheitlich-strukturale, intuitiv-*verstehende* Psychologie andererseits zeigt auf, daß es zwei verschiedene *methodische* Zugänge zur Erfassung psychischer Phänomene gibt, die unterschiedliches leisten (Gröschke 1992b). Erklären und Verstehen (Dilthey), nomothetisches und idiographisches (Windelband), generalisierendes und individualisierendes Verfahren (Rickert) sind *Methodengegensätze*, die allerdings gelegentlich als ontologische behandelt werden, so als gäbe es für bestimmte Phänomene nur *eine* richtige Erkenntnismethode.

In seiner Gegensatzlehre hat der Religionsphilosoph Guardini (1925; 1985) den interessanten Versuch gemacht nachzuweisen, daß analytischer *Begriff* und lebendige *Anschauung* zwei dialektisch zusammengehörende Momente eines Beziehungsverhältnisses darstellen, das für alles Lebendig-Konkrete kennzeichnend sei: Seine Organisation in *Gegensätzen*. Begriff und Intuition sind zwei Weisen, dieser Gegensatzstruktur von Einzelheit und Ganzheit, Struktur und Gliederung erkenntnismäßig gerecht zu werden.

Der Physiker Heisenberg (1942) hat in Anlehnung an Goethes Naturphilosophie eine "Ordnung der Wirklichkeit" entwickelt, in der vom Objektiven zum Subjektiven aufsteigend, die Wirklichkeitsbereiche von Physik, Chemie, Biologie, Bewußtsein, Symbol/Gestalt und schöpferische Kräfte als geordnete "Gesamtheit der Zusammenhänge, von denen unser Leben durchwirkt und getragen wird" (220) beschrieben werden. In der Erkenntnis dieser Bereiche gilt mit Goethe: "Starre scheidende Pedanterie und verflössender Mystizismus bringen beide gleiches Unheil".

Im Gang der Wissenschaftsentwicklung haben sich immer mehr Disziplinen zunächst der Natur-, dann auch der Human- und Sozialwissenschaften dem empirisch-zergliedernden Erkenntnisprogramm verschrieben und ein Ausmaß an technologischem "Bewältigungswissen" produziert, das alle Bereiche der Natur aber auch zunehmend von Erziehung, Sozialpraxis und Gesellschaft dem Ideal erfolgskontrollierten Herstellens und Machens unterwarf. Diese Entwicklung hat schließlich dazu geführt, daß sich heute Wissenschaft in erster Linie als *Technologie* darstellt, und wo dies, wie im Falle "weicher" Human- und Sozialwissenschaften, noch nicht der Fall ist, ein "technologisches Defizit" konstatiert wird, das durch empirische Forschung schnellstens zu beheben sei.

Es ist noch einmal zu betonen, daß beide Herangehensweisen an die Wirklichkeit ihre Berechtigung haben; sie sind gleichwertig und gleich notwendig. Gefährlich wird es dann, wenn eine für sich allein absolute Geltungsansprüche erhebt; dann schlägt der notwendige Ausgleich im Prozeß der Wahrheitssuche um in totalitären Machtanspruch: "Am vernünftigsten scheint die Ansicht, beide seien wahr, aber auf unvollkommene Weise" (Vogel 1972, 168). Man muß allerdings feststellen, daß heute diese Gefahr eher vom empirisch-analytischen Ansatz ausgeht, sofern er sich als Human- und Sozialtechnologie geriert, der alle Probleme als *technisch* lösbar erscheinen.

Das empirisch-analytische Vorgehen, wie es vorherrschend für die westdeutsche Sonderpädagogik begründet wird (Bleidick 1985c; Kanter 1987), "zielt auf die schrittweise Aufklärung von Bedingungszusammenhängen bei klar (aufgrund eines Theoriekonzepts) formulierten Fragestellungen (und muß sich darauf auch beschränken)" (Kanter 1987, 71). Seine Ergebnisse empirischer Detailforschung sind wichtige Beiträge für die Praxis der Behindertenpädagogik. Wer sie in den Situationen, für die sie nachweislich anwendbar sind, ignoriert, muß sich in der Tat "den

Vorwurf gefallen lassen, aktiv zur Gefährdung des Menschen beizutragen. Er unterläßt mögliche und nötige Hilfe für Menschen in Not" (Kanter 1987, 74). Die akademisch säuberliche, friedlich-schiedliche Trennung nach Deskription, präskriptiven und normativen Aussagen ist in den Niederungen der Alltagspraxis allerdings nicht durchzuhalten und im übrigen auch kontraproduktiv.

So verstanden, bestünde zwischen empirisch-analytisch verfahrender *Sonder*pädagogik und synthetisierender *Heil*pädagogik arbeitsteilig und komplementär ein ideelles Verhältnis nach dem Muster von Elementen und Gestalt. *Heilpädagogik* wäre ein synthetisierender Begriff, der das Bestreben ausdrückt, in Wissenschaft und Praxis, in Theorie und alltäglicher Lebenswelt, das "Ganze" und seinen "Sinn" nicht aus den Augen zu verlieren, zwischen problembezogenem kausalanalytischem Zweck-Mittel-Denken und finalem Sinndenken dialektisch zu vermitteln; denn "Die Sinnfrage kann nur vom Ganzen her gestellt werden, nicht vom Element" (Vogel 1972, 168). Es muß jedoch unbedingt beachtet werden, daß es hierbei letztlich doch um *methodologische* Fragen geht, um unterschiedliche Erkenntniswege, sich der lebendigen Wirklichkeit menschlicher Daseinsformen anzunähern. Auch die Ausdrücke "Ganzheit" und "Synthese" bleiben letztlich *methodische* "Wegweiser" für praxisbezogenes Denken und Handeln in der Heilpädagogik. Es sind damit keine Ansprüche verbunden, das "Ganze" und seinen "Sinn" auch auf den Begriff gebracht zu haben oder gar eine umfassende Theorie vom "Ganzen des Menschseins" auch nur für möglich zu halten. Eine solche einheitsstiftende Gesamttheorie kann es nicht geben. Man kann vielleicht sagen – mit aller gebotenen Zurückhaltung gegenüber übersteigertem Ganzheitsdenken und großen Synthesen – daß sich hierin ein praktischer Impuls "im Modus der Sehnsucht" ausdrückt angesichts von "Gegenwartserfahrungen impersonaler Wirklichkeiten" in unserer Gesellschaft (Müller 1971a, 84).

Mit aller Klarheit hat der Psychiater und spätere Philosoph Karl Jaspers in seiner "Allgemeinen Psychopathologie" den methodologischen (und nicht den ontologischen) Charakter synthetisierender Anstrengungen im Gebiet der Humanwissenschaft betont. Da es der Psychopathologe ja in ähnlicher Weise, wie es für die Heilpädagogik die Lebenswirklichkeit des *behinderten* Menschen ist, um das "Ganze" des psychisch *kranken* Menschen geht, sind seine Aussagen hier zum Abschluß dieses Kapitels besonders beachtenswert. Jaspers (1973, 625ff) schreibt, daß das, was wir "im

Ganzen" eigentlich über diese menschlichen Daseinsweisen wissen, nicht "durch referierende Summierung der Spezialkenntnisse" zu erreichen sei, "denn diese liegen nicht auf einer gemeinsamen Sinnebene". *Synthese* gibt es nur auf dem Weg einer geistigen Strukturierung unserer Anschauungs- und Denkweisen und ihrer methodischen Kategorien, also nur als einen "methodologischen Entwurf". "Wir sehen die Verflechtungen und Korrelationen des Tatsächlichen. Was für den einen Gesichtspunkt ein Element, ist für den anderen zusammengesetzt. Es gibt, so wenig es das *eine* Ganze gibt, so wenig absolute Elemente ... Die Synthese ist nicht wie der Entwurf eines Kontinents, sondern wie ein Entwurf der Reisemöglichkeiten in ihn hinein" (626). *Jaspers* warnt eindringlich vor totalisierenden Entwürfen des Menschseins, die vorgeben, das Ganze seiner Existenz erfaßt zu haben. Es gelte vielmehr erkenntnistheoretisch daran festzuhalten, daß der Mensch nicht "festzustellen" sei: "auch am Ende bleibt vielmehr das Menschsein selber und damit das Wissen von ihm offen" (626).

Diese von Jaspers geforderte "offene Anthropologie" wird uns als gedanklicher Leitfaden anhaltend beschäftigen. Mit unserem Verständnis von Heilpädagogik als synthetisierender Begriff soll also keineswegs eine solche abgeschlossene und hermetische Sicht des (behinderten) Menschen suggeriert werden. Im Gegenteil ist damit das prinzipiell Endlose und die Offenheit aller empirischen Aussagen über die Lebenswirklichkeit des behinderten Menschen erst recht betont, allerdings bei Beibehaltung des *Prinzips* des "einen Ganzen des Menschseins" in *jeder Person*. "Ein Ganzes ist da und doch aus Erkenntnis des Besonderen nicht zu erklären" (Jaspers 1973, 682).

Auch für den begrifflichen Vorschlag, Heilpädagogik als Synthese der vielen verschiedenen Sonderpädagogiken zu verstehen, gilt natürlich der methodologische Vorbehalt, daß es eine solche Synthese nicht verbindlich und ein für allemal geben kann. Sondern im pluralistischen Sinne sind jeweils verschiedene Synthetisierungsversuche anzustreben, "das Ganze" aus je unterschiedlicher Perspektive "auf den Begriff zu bringen". So ist dieser Ansatz als Vorschlag zu verstehen, denn auch in unserem besonderen Zusammenhang gilt die erkenntnistheoretische Einschränkung gegenüber allen Ganzheitsideen: "Alle Ganzheiten sind Typen von Ganzheiten im Zerrissenen" (Jaspers 1973, 628).

Das Plädoyer für den "ganzheitlichen", synthetisierenden Begriff *Heilpädagogik* beansprucht von daher auch nicht, ein

Wechsel auf endgültige "Heilung" des Zerrissen zu sein; ein solcher Wechsel kann nur platzen, denn: "das Ganze ist das Unwahre" (Adorno).

In einer partikularen und weithin unheilen Welt die *Idee* des Heils und eines "heilen Lebens" nicht von vornherein als Illusion und "schönen Schein" der "normativen Kraft des Faktischen" preiszugeben, ist vielleicht das Entscheidende, was der *Begriff Heilpädagogik* zu leisten vermag.

Die Person ist unteilbar (und "unsagbar"). Dieser Satz ist im philosophischen Sinne sicherlich wahr. *Ganzheitlichkeit* ist im gestaltpsychologischen Verständnis *mehr* als die Summe von Wahrnehmung, Kognition, Sprache, Körperlichkeit, Emotionalität und Sozialerfahrung im Rahmen einer Persönlichkeit, nämlich deren unauflösbare und einzigartige personale Gestaltung zu einem Subjekt. Aber diese Aussage ist so klar, wie sie letztlich auch trivial ist.

Ganzheitlichkeit entzieht sich jeder Erfassung durch analytisch-wissenschaftliche Mittel. Insofern markiert diese Idee die Differenz von Theorie und Praxis. Ganzheitlichkeit ist ein Trennkriterium von Wissenschaft und Lebenswelt. Wenn wir in der heilpädagogischen Praxis, die stets komplexer ist als ihre Widerspiegelung in der wissenschaftlichen Theorie, auf Wissenschaftlichkeit nicht verzichten wollen, kann Ganzheitlichkeit allenfalls eine orientierungsstiftende *Handlungsmaxime* sein, aber kein Praxiskonzept mit genauen präskriptiven methodischen Implikaten.

Das Ganzheitspostulat – ob es sich nun auf das "Ganze" der Heilpädagogik als Integral ihrer vielen Fachrichtungen bezieht oder auf die lebendige Einheit der Person – bedeutet jedenfalls die Chance einer "Entführung aus dem Detail" (Odo Marquard), d. h. die Aufforderung, sich nicht in Teilaspekten zu verlieren. Möglicherweise ist die Idee der "Ganzheitlichkeit" sogar ein letzter nachmetaphysischer Reflex der uralten Sehnsucht nach dem All-Einen. Aber auch das spräche nicht gegen sie.

Ganzheitlichkeit läßt sich methodisch nicht planen und herstellen. Als methodisches Brückenkonzept zwischen den konträren Polen von "Ganzheit", "Element" und "Funktion" bietet sich das Wissen um "Multifunktionalität" an: je mehr ich erzieherisch-therapeutisch gewährleisten kann, daß – zu gleicher Zeit oder nacheinander – nicht nur einzelne, sondern mehrere "Funktionen" der lebendigen Person spielerisch geweckt, erprobt und eingeübt werden, desto eher kann ich der behinderten Person insgesamt („ganzheitlich") gerecht werden. Und um so mehr kann ich mein (professionelles) Handeln auch als methodisch reflektiert und kontrolliert vor mir und anderen ausweisen, ein sicher nicht gering zu schätzender Vorteil.

1.2.2. Die Einheit der Heilpädagogik in der Vielfalt ihrer Stimmen

In den rund zweihundert Jahren, seit man von einer im eigentlichen Sinne *pädagogischen* Praxis der Behindertenhilfe sprechen kann, hat das ihr zugeordnete Fachgebiet namens Heilpädagogik eine beträchtliche Komplexität erreicht. Angesichts der pluralen wissenschaftlichen Strömungen und Positionen, der verschiedenen behinderungsspezifischen Fachrichtungen und ihren Organisationsformen, sowie einer breit gestreuten Praxislandschaft und ihren Institutionen stellt sich bisweilen die Frage, ob man überhaupt noch sinnvoll von einem einheitlichen Fach ausgehen könne, nenne man es nun Heil-, Sonder-, Behinderten- oder Rehabilitationspädagogik. Die Differenzierung und Spezialisierung nach (vermeintlich) eigenständigen Behinderungsarten hat bekanntlich inzwischen folgenden Stand erreicht (kategoriale Sonderpädagogik):

Körper-
Geistig-
Seelisch-
Lern-   } Behinderten-Pädagogik
Sprach-
Hör-
Seh-
Schwerst-

(mit weiteren Ausdifferenzierungen, etwa im Bereich der Sinnesbehinderungen: Blinden- und Gehörlosenpädagogik; Kranken-(haus)-pädagogik). Der für dieses System der kategorialen Sonderpädagogik verbindende Grundbegriff ist der *Behinderungsbegriff*. Er ist in sich höchst ambivalent; einerseits intendiert er Schutz, Hilfe, Förderung, Ausgleich, andererseits sind nahezu unausweichlich Etikettierung, Stigmatisierung, ja Diskriminierung mit seinem Gebrauch verbunden.

Wenn man sich auf einer rein erfahrungswissenschaftlichen, empirischen Ebene bewegt, ist angesichts der unterschiedlichen Detailfragen in Forschung, Lehre und Praxis der behinderungsspezifischen Fachrichtungen die *Differenz* hier in der Tat größer als die *Identität*. Auf dieser empirischen Ebene der fachlichen Ausdifferenzierung erhebt sich inzwischen eher ein "Stimmengewirr", als daß sich hier die behauptete und gesuchte *Einheit* der Heilpädagogik herstellt. Wir müssen die Suche nach einheitsstiftenden, jedenfalls verbindenden und verbindlichen Elementen auf einer anderen gedanklichen Ebene fortsetzen.

Bei aller Differenz der fachlichen Meinungen kann eines doch als relativ gesichert gelten: *Heilpädagogik ist Pädagogik und nichts anderes!* Diese – programmatische – Formel bestimmt das heilpädagogische Denken spätestens seit Hanselmann und Moor und kann auch für alle zeitgenössischen Positionen als Konsensformel gelten. Allerdings bleibt die Anschlußfrage erst einmal noch ungeklärt, welche Art von Pädagogik sie denn sein sollte – angesichts des Richtungsstreites in der modernen Pädagogik/ Erziehungswissenschaft eine durchaus prekäre Frage.

Ich werde in Kapitel 3 unter Rückgriff auf die Tradition der geisteswissenschaftlich orientierten pädagogischen Theorie von Wilhelm Flitner dessen "pädagogischen Grundgedankengang" skizzieren, der mir geeignet erscheint, den gesuchten Anschluß der Heilpädagogik an die allgemeine Pädagogik (und umgekehrt?) substantiell zu begründen. Es geht also um die doppelte Frage: "Was ist Heilpädagogik?" und "Was ist Heilpädagogik als Pädagogik?"

Doch zuvor möchte ich rekonstruieren, wie es überhaupt zu der systematischen Errungenschaft gekommen ist, deren Essenz sich in Moors Formel "Heilpädagogik ist Pädagogik und nichts anderes (1965)" verdichtete, und gegen welche Widerstände und alternative Sichtweisen sie erkämpft werden mußte (Gröschke 1995a).

1.3. Eine Begriffslehre: Was Heilpädagogik nicht ist und was sie ist und sein sollte

1. Negative Bestimmungen: – was Heilpädagogik *nicht* ist.
Heilpädagogik ist nicht religiös motivierte Heilserziehung.

Seit Linus Bopps (1930; 1958) theologisch-religiöser Fundierung der Heilpädagogik gab es hier und dort weitere Versuche, den letzten Auftrag der Heilpädagogik in eine biblisch begründete, religiös-spirituelle Dimension zu überhöhen. Das Attribut "Heil-" im Begriff Heilpädagogik wurde als Aufforderung zu einer strikt wertnormativ angeleiteten und transzendent ausgerichteten, das "Seelenheil" der Zöglinge verfolgenden "Erziehung aus dem Glauben" aufgefaßt. Auch bei Hanselmann und Moor finden sich noch starke religiöse Motive in ihrem Verständnis von Heilpädagogik. Außerhalb der Praxisfelder kirchlicher Behindertenhilfe verflüchtigte sich jedoch dieses religiöse Moment. In einer durch und durch säkularisierten und wert-pluralen Gesellschaft, von der die Heilpädagogik ein Teil ist, kann eine solche spirituelle Interpretation heute keinen Anspruch auf allseitige Zustimmung mehr erheben. Im Zusammenhang seiner Erörterung des zentralen Problems der Werte, Ziele und Normen in der Heilpädagogik rechnet Haeberlin (1996, 176ff) diese theologisch-religiös oder wertphilosophisch gebundenen Konzeptionen einer *Heil*pädagogik den noch vor-wissenschaftlichen "*Erziehungslehren*" zu, da in ihnen deskriptive und normative Aussagen (Sach- und Sollensaussagen) noch unkritisch gleichgesetzt seien. Einen Vorzug dieser normativen Systeme sieht er jedoch darin, daß sie auf einem "Bekenntnis zu einer festen Weltanschauung" aufbauen und so ihren ideologischen "Hintergrund" transparent (und kritisierbar) machen.

Heilpädagogik ist nicht ärztlich-pädagogische Heilkunde:
Die Medizin, speziell die Psychiatrie und seit Ende des 19. Jahrhunderts die entstehende Kinder- und Jugendpsychiatrie sind unbestritten wichtige "Quellströme" der Heilpädagogik (Asperger). So gab es – und gibt es bis heute – immer wieder Ansätze, die Heilpädagogik als angewandte Kinder- und Jugendpsychiatrie, bzw. ärztlich dominierte *heilende* Erziehung oder pädagogische *Therapie* zu bestimmen. Besonders in Österreich ist in der Tradition von Hans Asperger („Heilpädagogik. Einführung in die Psychopathologie des Kindes für Ärzte, Lehrer, Psychologen, Richter und Fürsorgerinnen" Wien 1952; 1965) das ärztlich-psychiatrische Denken in der Heilpädagogik noch weit verbreitet. Die auslegungsbedürftige, da vieldeutige Vorsilbe "Heil-" wird hier also sehr konkret – wörtlich im Sinne eines Heilungsanspruches verstanden, wenngleich auch früh angesichts schwerer körperlich begründbarer Behinderungen eine "Heilung mit Defekt" als realistisches Behandlungsziel ins Auge gefaßt wurde. Auch in der ehemaligen DDR war in psychiatrischen Kreisen dieses spezifische Verständnis von Heilpädagogik verbreitet. Noch in der 5. Auflage (1992) des einflußreichen Lehrbuches von Gerhard Göllnitz, des Nestors der Kinder- und Jugendpsychiatrie der DDR („Neuropsychiatrie des Kindes- und Jugendalters" 1. Aufl. 1968), wird in dem Kapitel "Grundsätzliches zur Therapie in der Kinderneuropsychiatrie" unterschieden zwischen Pädagogik und Sonderpädagogik einerseits und Heilpädagogik. Von letzterer heißt es:

"Dieser Begriff enthält an sich zwei Wissenschafts- und Arbeitsbereiche – Heilen und Erziehen. Er verbindet damit die Domäne des Arztes mit der des Pädagogen und einer breiteren gesellschaftlichen Öffentlichkeit... So wird unter ärztlicher Kontrolle – in enger Zusammenarbeit mit den Sonderpädagogen, Erziehern und Eltern – in einem Bildungsvorgang umgestaltet, was primär ärztlich- somatisch-psychische Therapie war ... Heilpädagogik ist nicht im Alleingang möglich. Heilpädagoge im eigentlichen Sinn kann nicht einer allein sein. Heilpädagogik setzt das Zusammenwirken eines auf ein Ziel ausgerichteten Kollektivs voraus. Sie ist der Modellfall eines harmonischen Teams zwischen Medizin, Psychologie, Naturwissenschaft, Technik, Pädagogik und Jugendhilfe" (Göllnitz 1992, 642–643). Wenngleich diese Auffassung auch einige richtige Teilmomente enthält, so ist sie wegen des ärztlichen Dominanzanspruches auf umfassende Gegenstandsbestimmung von Heilpädagogik insgesamt unangemessen. Das Gleiche gilt auf westdeutscher Seite übrigens auch für das Konzept der von Hellbrügge initiierten "Klinischen Sozialpädiatrie" mit ihrer als Herzstück deklarierten "ärztlichen Heilpädagogik" nach den Prämissen der Montessori-Pädagogik (vgl. Hellbrügge 1982).

Von Seiten der offiziellen Rehabilitationspädagogik der ehemaligen DDR gab es übrigens ein gewisses Duldungsverhältnis gegenüber der psychiatrisch bestimmten Heilpädagogik. Im repräsentativen Lehrbuch von Klaus-Peter Becker (1984, 237) heißt es in diesem Zusammenhang: "In der Deutschen Demokratischen Republik hat der Begriff der Heilpädagogik angesichts seiner mißverständlichen Vieldeutigkeit keine nennenswerte Rolle mehr gespielt. Das schließt nicht aus, daß er im medizinischen Schrifttum bezogen auf die Pädagogik schulbildungsunfähiger (sic! D. G.) förderungsfähiger Schwachsinniger teilweise noch anzutreffen ist und traditionsgebunden in der Pädagogik der Sprachgestörten in dem Wort Sprachheilpädagogik verwendet wird". Das historisch bedingte Spannungsverhältnis zwischen medizinisch-psychiatrischer und sozial-pädagogischer Orientierung in der Heilpädagogik ist nach wie vor latent vorhanden. Es aktualisiert sich zur Zeit aufs Neue im Felde der Geistigbehinderten-Hilfe, wenn es um Enthospitalisierung erwachsener Menschen mit geistiger Behinderung geht oder um angemessene Betreuungsformen für geistig Behinderte mit psychischen Störungen (Theunissen 1995).

Bei einem Rückblick in die Entwicklungsgeschichte unseres Fachgebietes werden wir sehen, daß in der Konzeption einer

"Medico-Pädagogik" allerdings eine wichtige und unaufgebbare Quelle heilpädagogischer Theorie und Praxis liegt.

Heilpädagogik ist *nicht* die Anwendung spezifischer pädagogisch-therapeutischer Methoden auf die Förderung behinderter und verhaltensgestörter Kinder und Jugendlicher:

Diese Definition von Heilpädagogik vom *Methodenansatz* her spielte eine gewisse Rolle vor allem in der Abgrenzung von der Sozialpädagogik, die ja ebenfalls u. a. die pädagogische Zuständigkeit für Behinderte und Verhaltensauffällige für sich reklamiert. Die als "heilpädagogisch" attribuierten Methoden (von der Heilpädagogischen Übungsbehandlung, Psychomotorik, Spielförderung, Sensorische Integrationstherapie bis zur Reittherapie usw.) sind jedoch nicht hinreichend, um die Eigenständigkeit einer ganzen Disziplin zu begründen. Jeder heilpädagogische Praktiker weiß ja auch, wie sehr sich definierte "Methoden" in der Beziehungsgestaltung im heilpädagogischen Alltag relativieren. Zudem würde die Begründung der Heilpädagogik durch den Methodenansatz sie allzusehr auf ein ärztlich-therapeutisches oder klinisch-psychologisches Handlungsmodell verpflichten und damit ihrer pädagogischen Verwurzelung entfremden (Gröschke 1992b, siehe auch Kap. 7.1.).

In Analogie zur "Medico-Pädagogik" könnte man dieses (Fehl-)Verständnis von Heilpädagogik "Psycho-Pädagogik" (oder Psychopädie) nennen, da hier die *Psychologie* und *Psychotherapie* im Zentrum stehen, deren Methoden von Diagnostik und Therapie in der pädagogischen Praxis angewendet werden; oftmals unkritisch und dilettantisch, unter Preisgabe des genuin *erzieherischen* Moments als dem Proprium der Heilpädagogik. Da die *Methodenfrage* in der Praxis jedoch eine ungebrochene Faszination ausstrahlt (Gröschke 1996), werde ich sie im Rahmen der *pragmatischen* Dimension meines Konzepts von Heilpädagogik (Kap. 3 und 4) wieder aufgreifen.

Heilpädagogik ist schließlich auch *nicht* der – mehr oder weniger – große Rest, der übrigbleibt, wenn die Sonderpädagogik "ihr Sprüchlein gesagt hat": d. h. sie beschränkt sich nicht auf das außerunterrichtliche und außer- und nach-schulische Feld, das die Sonderpädagogik wegen ihrer Engführung als Hilfs- oder Sonderschulpädagogik relativ vernachlässigt hat. Deren Verband, "VdS" („Verband Deutscher Sonderschulen, Fachverband für Behindertenpädagogik") führt als Verbandsorgan zwar immer noch die "Zeitschrift für Heilpädagogik", für sein Selbstverständnis gilt jedoch in der Tat die Aussage von Otto Speck (1988, 57): "Der

"Verband Deutscher Sonderschulen" war – bis heute – nicht in der Lage, eine Tradition disziplinübergreifender Heilpädagogik fortzusetzen. Er konzentrierte sich auf den Aufbau des gegliederten Schulwesens". Ein institutionell begründetes Verständnis von Heilpädagogik, das diese im Sinne der Funktionsaufteilung von "schulisch" versus "außerschulisch" von der Sonderpädagogik abspalten würde, kann nicht sinnvoll sein. Wenn der Begriff der Heilpädagogik *Sinn* haben soll, dann muß er für das Ganze des Fachgebietes der pädagogischen Behindertenhilfe gelten.

2. Positive Bestimmungen: was Heilpädagogik ist und sein sollte

Ich hatte an anderer Stelle (Kap. 1.2.) den Vorschlag gemacht, Heilpädagogik als synthetisierenden Oberbegriff für unser gesamtes Fachgebiet neu in seine Rechte zu setzen. Angesichts der unter dem Titel "Sonderpädagogik" seit langem auseinanderlaufender Entwicklungslinien ist eine neue Synthese dringend geboten (s. auch Speck 1988, 1996). Es wäre auf die Dauer nicht gut, wenn das Fachgebiet der pädagogischen Behindertenhilfe rein additiv zu einem losen Verbund von rund einem Dutzend einzelner sonderpädagogischer Fachrichtungen werden würde. Im Gegenzug zum analytisch-zergliedernden Denken ist heute eine konzeptionelle Synthese notwendig, die bei aller behinderungsspezifischen Differenzierung das Humane und edukativ Gemeinsame und Verbindende aller pädagogisch-therapeutischen Bemühungen im Felde der Behindertenhilfe sicherstellt. Dem Leitbegriff Heilpädagogik kommt dabei eine identitätsverbürgende Funktion zu. Diese letztlich wertnormativ begründete Ausdeutung des Begriffs Heilpädagogik deckt sich im übrigen gut mit den anthropologisch-pädagogischen und sozialethischen Intentionen der Integrationsbewegung und des Normalisierungskonzepts, bei denen es ja auch um die Überwindung und Aufhebung des Absondernden, Trennenden und Isolierenden im Zusammenleben mit behinderten Menschen – Kindern, Jugendlichen und Erwachsenen – geht. Wenn überhaupt ein Wandel des namengebenden Leitbegriffs pädagogischer Behindertenhilfe in Frage kommen sollte, könnte am ehesten noch der ostdeutsche Begriff der *Rehabilitationspädagogik* eine sinnvolle Anwartschaft anmelden. Allerdings erst wenn in Wissenschaft und Praxis die bisherige historisch bedingte Dominanz der medizinischen und beruflichen Rehabilitation überwunden wäre und auch der pädagogische Ansatz gleichberechtigter Teil eines umfassenden Systems *aller* Eingliederungshilfen für *alle* Menschen mit Behinderungen sein könnte.

Ich möchte an dieser Stelle abschließend das Selbstverständnis von Heilpädagogik zitieren, wie es die "Konferenz der Studiengänge Heilpädagogik an Fachhochschulen" (heute: "Fachbereichstag Heilpädagogik") als gemeinsame Programmatik für ihr Ausbildungskonzept formuliert hatte:

Selbstverständnis der Heilpädagogik

"Heilpädagogik als Teil der Pädagogik ist eine Handlungswissenschaft, eine anwendungsbezogene Wissenschaft mit dem Auftrag, Konzepte für die heilpädagogische Praxis zu entwickeln. Heilpädagogik versteht sich als Theorie und Praxis der Erziehung, Bildung und Förderung jener Menschen,

– die sich in den gegebenen soziokulturellen Verhältnissen nicht altersgemäß entwickelt haben oder die als fehlentwickelt gelten,
– die in ihrer Beeinträchtigung nicht zu einer altersgemäßen Lebensgestaltung fähig sind,
– die in ihrem Erleben sich anders und ausgegrenzt fühlen.

Von daher vollziehen sich im Arbeitsfeld der Heilpädagogik Entwicklung und Erziehung unter erschwerenden Bedingungen. Es ist der berufsethische Anspruch des Heilpädagogen, den in seiner Entwicklung und Lebensgestaltung beeinträchtigten Menschen in seiner personalen Einmaligkeit und sozialen Zugehörigkeit zu respektieren und zu fördern. Heilpädagogisches Handeln ist eine Antwort auf eine existentielle Herausforderung für denjenigen, der sich zur Hilfe fähig gemacht hat (heilpädagogische Fach- und Handlungskompetenz) und der auch bereit ist, diese Hilfe unter Einsatz seiner Person verantwortlich zu leisten (Berufsmotivation und -engagement). Es geht letztlich immer auch um Ermutigung im Anderssein, um Annahme des Behindertseins und um Sinnfindung angesichts beeinträchtigender Lebensbedingungen. Aus diesem Verständnis von Heilpädagogik lassen sich als notwendige Ziele heilpädagogischer Arbeit folgende Schwerpunkte ableiten:

– Hilfe zur Stärkung der beeinträchtigten körperlichen, geistigen und seelischen Kräfte,
– Hilfe zur Lebensentfaltung im Behindertsein,
– Hilfe bei der Eingliederung in die Gesellschaft.

Heilpädagogik versteht sich auch als Hilfe zur Annahme von Erziehung und zur Selbsterziehung. Sie beinhaltet darüber hinaus die Reflexion gesellschaftlicher Bedingungen und führt in ihrer

Konsequenz zur Einflußnahme auf politische und institutionelle Gegebenheiten."

Der traditionelle und für die heutigen Verhältnisse rehabilitierte Begriff der Heilpädagogik verbürgt am besten die Kontinuität der fachlichen Entwicklungslinien auf dem Felde der Behindertenhilfe vom 19. Jahrhundert an bis heute. Auch wenn man die Frage "Was ist Heilpädagogik?" nach der programmatischen Formel von Paul Moor beantwortet, so ist sie doch eine *besondere* Pädagogik, die mehr als alle anderen "Sonderpädagogiken" (z. B. mehr auch als die Sozialpädagogik) auf ihre medizinischen und psychologischen Grundlagen angewiesen ist und bleibt. Indirekt verweist eine der möglichen Bedeutungsvarianten der Vorsilbe "Heil-" auf die Kontinuität dieser auch heute noch unverzichtbaren Traditionslinien. Dieser interdisziplinär beziehungsstiftende Beiklang im Begriff Heilpädagogik ist ein Zugeständnis an Geschichte und Tradition des Fachgebietes, das ihre oben skizzierten komplexen Entwicklungsbedingungen nicht leugnet sondern bewußt annimmt und integriert zu einem komplexen Gesamtsystem "Heilpädagogik". Anhand des verbreiteten Lehrbuchs "Heilpädagogik" von Meinertz, Kausen, Klein (1994) läßt sich diese Entwicklung exemplarisch belegen. Begründet wurde es 1961 von dem Psychiater Friedrich Meinertz, fortgesetzt von dem Arzt und Psychologen Rudolf Kausen (bis 1983) und seit 1987 immer eindeutiger pädagogisch profiliert durch den Heilpädagogen Ferdinand Klein. Wenn man also heute sich wieder in diesem historisch aufgeklärten und wert-normativ reflektierten Sinne zum Leitbegriff Heilpädagogik bekennt, findet man sich in bester Gesellschaft maßgebender Autoren des In- und Auslandes, die ebenfalls mit denselben oder ganz ähnlichen Argumenten für diesen Begriff plädieren, bzw. ihn nie ernsthaft zur Disposition stellten (Speck, Möckel, Kobi, Haeberlin).

Unter einem gemeinsamen und verbindenden Leit- und Oberbegriff Heilpädagogik kann und soll sich ansonsten die ganze bisher erreichte Vielfalt unterschiedlicher theoretischer Richtungen weiterentwickeln. Der Pluralismus wissenschaftstheoretisch unterschiedlich begründeter Entwürfe von Heilpädagogik garantiert im Sinne produktiver Konkurrenz und reziproker Kritik und Anregungen noch am ehesten Lebendigkeit und Erkenntnisfortschritt im Dienste der gemeinsamen Sache. Er ist jeder ideologisch verordneten Orthodoxie entschieden vorzuziehen. Die Bandbreite der heil-, sonder- und behindertenpädagogischen Forschungsprogramme reicht von der zur Zeit vorherrschenden *empi-*

risch-analytischen Ausrichtung über *materialistisch* begründete Richtungen bis hin zu wert-normativ fundierten *personalistischen* Modellen oder *phänomenologisch* und pragmatisch-hermeneutisch ausgerichteten Konzeptionen.

Die in den letzten Jahren durch die utilitaristische Bioethik entfachte Debatte um Euthanasie und Lebensrecht bei geistig schwerstbehinderten Menschen hat jedoch sehr deutlich gezeigt, daß *jede* Form von Heilpädagogik von einem übergreifenden Konsens von Prinzipien, Werten und Normen ausgehen muß im Sinne einer das gesamte Fachgebiet existentiell fundierenden *heilpädagogischen Ethik* (Gröschke 1993).

Und noch ein letztes Wort zur Ausbildungssituation: Es mag zwar berufspolitisch ungewöhnlich sein, daß es drei verschiedene Ausbildungsebenen gibt, die zu einer gemeinsamen Berufsbezeichnung führen können; was – außer Prestigegründe – sollte daran hindern, auch hier am einheitlichen Oberbegriff Heilpädagogik festzuhalten, trotz – oder auch wegen – unterschiedlicher gesellschafts-, sozial- und bildungspolitischer Entwicklungen, die – so wie sie nun einmal aus vielerlei Gründen verlaufen sind – zu stark auf die Herausbildung von Differenz ausgerichtet waren. Die wegen der Komplexität des gesamten heilpädagogischen Praxisfeldes notwendig gewordene Funktionsdifferenzierung und Spezialisierung hat verschiedene Wege der *Professionalisierung* von Heilpädagogen nach sich gezogen, deren Verhältnis durchaus nicht unkompliziert ist, deren Existenz jedoch nicht gegen die *ideelle Einheit* des Fachgebietes namens Heilpädagogik spricht. Auch hier gilt es, im Geiste echter Kooperation und wechselseitiger Anerkennung die Einheit in der Vielheit nicht nur passiv zu dulden sondern aktiv zu leben.

1.4. Person und Personalität: Ethisch-anthropologische Grundlagen des Projekts Heilpädagogik

Wenn man einen bewußt normativ aufgeladenen Leitbegriff von Heilpädagogik vertritt, wie ich es im ersten Kapitel als notwendig ausgewiesen habe, und sich damit aus szientistischer Sicht womöglich das Verdikt der Unwissenschaftlichkeit, des Romantizismus oder lebensphilosophischer Verirrung gefallen lassen muß, sollte dieses Verfahren auch bei der Klärung weiterer Grundfragen der heilpädagogischen Praxis konsequent beibehalten werden.

Nachdem wir also danach gefragt haben, was der Begriff Heilpädagogik für die Praxis bedeuten könne, wäre jetzt – wiederum unter dem Primat der Praxis – zu fragen: "Um wen geht es in dieser Praxis?" Eine erste Antwort auf diese Frage lautet: Es geht um Kinder, Jugendliche und auch Erwachsene unter dem Aspekt ihrer Förderung, Erziehung und Bildung, sofern bei diesen Menschen lern- und entwicklungserschwerende Bedingungen gegeben sind, die wir gewöhnlich mit den Begriffen der *Behinderung* oder *Verhaltensstörung* kennzeichnen. Wir reden in der fachlichen Kommunikation dann verkürzt von "Behinderten" oder von "Verhaltensgestörten", meinen damit aber stets mehr als ein nur den Einzelnen betreffendes Merkmal von Auffälligkeit und Normabweichung, nämlich ein komplexes psychosoziales Feld beeinträchtigter oder gefährdeter Kommunikation, allerdings "sub specie educationis". In Anwendung zu bringen ist also ein relativ-relationaler Begriff von Behinderung (Kobi 1983), der in gleicher Weise den "behindert" genannten Menschen wie seine Bezugspartner umfaßt. Ein sozialpsychologisch entwickelter, *interaktionistischer* Begriff von Behinderung führt zu der konsequenten heilpädagogischen Perspektive: Nicht das Individuum, sondern seine Erziehung ist behindert. Erziehung ist nun immer aber ein zweiseitiger Vorgang („Erziehungsgemeinschaft" und "pädagogischer Bezug"), ein *zwischen*menschlicher Prozeß. Deshalb geht es in der Heilpädagogik immer auch um den Heilpädagogen und die Menschen, die dem "behindert" genannten Individuum in helfender oder erzieherischer Absicht gegenübertreten.

Daß es in der Heilpädagogik um Menschen geht, ist der kleinste gemeinsame Nenner, der ansonsten durchaus unterschiedlich akzentuierten Aussagen über Sinn und Zweck heilpädagogischen Handelns. Auch im "Schwerstbehinderten" den erziehungsbedürftigen und erziehungsfähigen Menschen zu sehen, ist schiere Voraussetzung jeglicher Schwerbehindertenpädagogik. Auch noch die jüngere Zeitgeschichte zeigt, daß diese zugleich ethische und realanthropologische Maxime keineswegs immer selbstverständliche Geltung beanspruchen kann. Ihre Geltung muß vielmehr stets aufs Neue eingefordert werden. Die Deklaration der Menschenrechte für *alle* Menschen, unabhängig von jedweder individueller oder sozialer Besonderheit, ist der konsequente Ausdruck dieser humanistischen Errungenschaft, zumindest auf der Ebene der Programmatik. "Wäre nicht viel, wenn nicht alles für das Ansehen des Behinderten in der Öffentlichkeit und für die Erkenntnis von der Notwendigkeit seiner Erziehung gewonnen, wenn man ihn einfach als 'vollen Menschen' akzeptierte?" (Bleidick 1984, 447).

Bei voller Anerkennung des humanistischen Wertes der allgemeinen und uneingeschränkten Menschenrechte meine ich jedoch, daß der Bezug auf den Gattungsbegriff des Menschlichen gerade in seiner Allgemeinheit für die heilpädagogische Praxis zu unverbindlich ist. In der Dialektik von Allgemeinem und Besonderem muß die Heilpädagogik die Partei des Besonderen und Individuellen ergreifen. Dieses dialektische Verhältnis ist so zu verstehen, wie der Psychologe Allport einmal die Einzigartigkeit der menschlichen Person beschrieben hat: "Jede Person ist ein Idiom für sich selbst, eine augenscheinliche Verletzung der Syntax der Art."

Das auf Cicero und Seneca zurückgehende Credo des Humanismus allein (nihil humani mihi alienum) – daß nichts Menschliches mir fremd sei – hat nie ausgereicht, Fremdes und Befremdliches vor dem Ausschluß aus dem Kreis des Menschlichen zu bewahren. Die Rede vom "Menschenmaterial", den "Menschenhülsen", die umgehend dann zu "Ballastexistenzen" erklärt wurden (Binding u. Hoche 1920), bereitete dann auch in der Nazi-Diktatur den Boden für den industriell organisierten Massenmord an psychisch Kranken und Behinderten.

Ich will im folgenden den Begriff der *Person* unter Rückgriff auf Positionen der philosophischen Anthropologie einführen und begründen, um für die Praxis eine ethische Leitidee zu gewinnen, die Motiv, Anspruch und Sinn heilpädagogischer Bemühungen in sich fassen kann.

Diese Aussagen erfolgen immer im Blick auf Extremsituationen heilpädagogischer Berufspraxis mit schwerstbehinderten Personen, an denen sich die Tragfähigkeit von Konzepten letztlich entscheiden muß. Gerade im Hinblick auf Menschen mit schweren Behinderungen muß sich ihre Personalität, ihr Personsein uneingeschränkt und *unbedingt* einfordern lassen.

Wir akzeptieren dabei ohne weiteres, daß dieser normative Begriff von *Personalität*, der mehr impliziert als der Konsensbegriff des "Menschlichen", im strengen Sinn nichts emmpirisch Beweisbares sein kann. Auf das Phänomen der Person und ihrer Personalität ist nur "hinzuweisen". Eine Übernahme *dieses* Menschenbildes kann auch nicht verpflichtend gemacht werden. Von daher haben die Ausführungen eher appellativen Charakter; sie sollen zumindest die in meiner Sicht unausweichliche philosophisch-anthropologische Dimension in der Diskussion von Praxiskonzepten der Heilpädagogik ins Bewußtsein heben, die praktisch-beruflichem Handeln im Felde der Heilpädagogik ohnehin immer zugrunde liegt.

Die Besinnung auf den Begriff der Person bedeutet die Suche nach einer Art "archimedischem" Punkt, der hinter den Erscheinungsformen und Konkretisierungen der menschlichen Einzelwesen (Individuen) ein unveräußerliches und unhintergehbares normatives Fundament garantiert. Als Bestandteil einer philosophischen, integralen Anthropologie geht er über die Beiträge der realanthropologischen Disziplinen (Biologie, Psychologie, Soziologie usw.) hinaus, indem er diese miteinander integriert; er setzt sie aber auch in ihrer Faktizität voraus (Hengstenberg 1966a). Das Konzept von Person soll also mit den gesicherten Ergebnissen der einzelnen anthropologischen Forschungsrichtungen in den Humanwissenschaften nicht in unauflösbarem Widerspruch stehen. Das gilt auch besonders für die Ergebnisse der geschichtlichen Anthropologie: Deren historisierende Perspektive zeigt ja die Geschichtlichkeit und soziokulturelle Bedingtheit aller Aussagen über "den Menschen". Ein absoluter Bezugsgrund im Sinne des Personenbegriffs erweist sich als metaphysische Setzung, die *begründbar*, aber nicht beweisbar ist. In Aussagen über Personalität gehen so immer auch persönliche Stellungnahmen desjenigen ein, der sie abgibt. In der inzwischen chronisch gewordenen Auseinandersetzung um ethisch-moralische Grundsatzfragen im Zusammenhang von Anfang und Ende menschlichen Lebens (sog. Bio-Ethik) – Lebensrecht, Euthanasie, pränatale Diagnostik, Hirntod usw. – kommt dem Personenbegriff und seinen verschiedenen Varianten eine zentrale Bedeutung zu (Gröschke 1993; Antor u. Bleidick 1996). Es kollidieren unversöhnt und wohl auch unversöhnlich ein rein *empirisches* Verständnis von Person, nachdem erst das nachweisbare Vorliegen definierter kognitiver Eigenschaften ein Individuum (Mensch oder auch Tier) zur Person macht, mit einem bewußt *normativ-transzendentalen* Personenverständnis, nach dem *jedes menschliche* Wesen zu *jedem* Zeitpunkt seiner Existenz und in *jeder* psychophysischen Verfassung Person ist und bleibt. Damit wehrt man die unerträgliche Aussonderung nach "Nicht-Personen", "Nochnicht-" und "Nichtmehr-Personen" entschieden ab, die allen Ernstes von gewissen ethischen Positionen vertreten wird. Man muß dabei unbedingt beachten, daß der empirische Personenbegriff, der philosophisch vor allem auf John Locke („An Essay Concerning Human Understanding" 1690) zurückgreift, nur scheinbar nicht normativ ist. Seine verborgene anthropologische Normativität liegt vielmehr in einem reduktionistischen Menschenbild, wonach der Mensch *nur* das ist, was ihm von außen durch sinnliche Erfahrung und daraus erfolgender Verstandestätigkeit zukommt (sog. "tabula rasa"-Konzeption von Geist, Bewußtsein und *Persönlichkeit*). Der Personbegriff der christlich humanistischen Tradition insistiert auf der fundamentalen Unterscheidung von "etwas" und "jemand" (Spaemann 1996). Wenn es um die Kennzeichnung von Menschen geht, handelt es sich nie um "etwas", das – wie auch immer – näher qualifiziert wird, sondern es geht letztlich immer um einen ganz konkreten "Jemand", eine Person eben, die man nicht mit einem Ding oder einer Sache verwechseln sollte. In der heilpädagogischen Ethik geht es nicht um den Stellenwert von "behindertem Leben" an-und-für-sich und allgemeines Lebensrecht, sondern um ganz konkrete Personen mit oder ohne Behinderung (oder sonst ein Attribut) und also um das Recht auf Leben für eine bestimmte Person mit einem bestimmten Namen.

Bei unklarer etymologischer Ableitung (persona = Maske?, personare = hindurchtönen?) gilt als sicher, daß der mit dem Personbegriff heute verknüpfte Sinngehalt der Antike noch einigermaßen fremd war und erst im Erfahrungshorizont der christlichen Theologie und Anthropologie entfaltet wurde: In der Offenbarung von der *Gottesebenbildlichkeit* des Menschen. Dadurch wurde für das Christentum Personalität zum Inbegriff der Würde des Menschen, *Personalismus* zur Essenz des christlichen Menschenbildes (vgl. Müller u. Halder 1961; Pannenberg 1983).

Aus diesem Gottesbezug der christlichen Offenbarung stammt das für Personalität kennzeichnende Merkmal des Transzendierens, des "Über-sich-selbst-hinaus-Verwiesenseins" (J. Speck 1970), auf Gott als den Schöpfer oder den anderen als den Nächsten und Mitgeschöpf.

Im personalen Bezug auf den Anderen kann man im theologischen Sinne einen Rest an Gottesbezogenheit sehen (Guardini 1950). Insofern ergibt sich auch eine große Nähe zwischen personalistischen Ansichten und dialogischen Philosophien der Ich-Du-Beziehung (vor allem bei Buber und Marcel). Wenn der Mensch seinem Wesen nach ebenbildliches Geschöpf Gottes ist, dann ist auch der Andere – der Nächste – mit mir in diesem Bezug auf Gott als den gemeinsamen Ursprung verbunden. Selbst als sich im universalen Prozeß der neuzeitlichen Säkularisierung der Bezug auf den göttlichen Gegenpol zu lockern begann, blieb im Verständnis von Person ein relationales Element bewahrt. Personsein bedeutet somit auch einen Schritt heraus aus der Selbstverschlossenheit des sich selbst absolut setzenden Subjekts. "Person ist von vornherein kein bloßes individuales Faktum, kein bloßes Privatum. Vielmehr liegt im Phänomen der Person wesentlich außer der individuellen Eigenständigkeit auch die Gemeinschaftsbeziehung" (Guardini 1985a, 32). Es gibt weder den "isolierten Einzelnen" noch die "absolute Gemeinsamkeit", beide sind für sich gesehen Grenzfälle, die das wesentlich Menschliche bereits verfehlen: "Was es gibt, ist der gemeinsamkeitsbezogene Einzelne und die personenbezogene Gemeinsamkeit" (32). Diese Bezüglichkeit ist bereits im Kern der christlichen Trinitätslehre enthalten, in der Gemeinsamkeit von Vater, Sohn und Geist: "So wird für den Glaubenden die Selbstoffenbarung der göttlichen Personalitätsweise religiöse Grundlage für die Einsicht in das Wesen der Person überhaupt" (Guardini 1985a, 33). Die christliche Theologie insistiert auf dem Unterschied von *Person* und *Subjekt*, der in der Transzendentalphilosophie seit Kant, Fichte und Hegel aufgehoben wurde (vgl. Pannenberg 1983).

Der letzte Bezug des Menschen auf Gott als den Herrn und Schöpfer relativiert die weltanschauliche Position der Moderne, "der das Subjekt zum absoluten Wert geworden ist" (Pannenberg 1979, 415). "Das Individuum wurde durch das Christentum unendlich wertvoll als Gegenstand der rettenden Liebe Gottes. Aber die Person wurde nicht absolut im Sinne des modernen Subjektbegriffs" (412). Subjektivität ist "aufgehoben in das Personsein, als ein Moment der Personalität" (421). Person heißt das Individuum als *unsterbliches* (Rombach 1987, 289). Die christliche Anthropologie versteht Person als "Individualität in einem gehobenen, ja höchsten Sinn, im Sinne einer absoluten Wertschätzung und unendlichen Seinswirklichkeit" (Rombach 1987, 28). Es ist von daher nicht verwunderlich, daß die entschiedensten personalistischen Auslegungen des Menschen – auch im Hinblick auf eine pädagogische Anthropologie – von Seiten der christlichen Theologie kommen (z. B. Guardini, Welte, Pannenberg), wobei sie sich meist phänomenologischer und existenzphilosophischer Methoden bedienen (Schneider 1995).

Die Position des Personalismus in Anthropologie, Philosophie, Psychologie und Pädagogik "steht heute vor allem in der Abwehr und Überwindung des individualistischen sowie des kollektivistischen Verständnisses des Menschen, deren gefährliche Vereinseitigungen sie erkannt hat (Müller u. Halder 1961, 200). Diese Positionsbestimmung ist heute immer noch aktuell (Gröschke 1995c). An den Personalismus in der Pädagogik knüpft sich die Hoffnung, die Position des Individuums gegenüber einer übermächtigen Gesellschaft stützen zu können (Flores d'Arcais 1991).

Auf die Erziehungs- und Bildungsarbeit der Heilpädagogik bezogen, würde ein schrankenloser *Individualismus* die Aufrichtung eines Persönlichkeitsideals bedingen, dem der behinderte Mensch (vor allem der geistig behinderte) nie gerecht werden könnte, der ihn in den unmenschlichen Zustand vermeintlicher "Bildungsunfähigkeit" zurückstieße. Oder aber im extremen *Kollektivismus* würde er zum austauschbaren Element eines Funktionszusammenhangs sozio-ökonomischer Interessen mit der Gefahr der Aussortierung, falls er sich als "Sand im Getriebe" erwiese. Beide Gefahren sind der neuzeitlichen und zeitaktuellen Erfahrung heilpädagogischer Praxis ja nicht fremd. Auf den Kontrast von *"Person"* und *"Persönlichkeit"* ist weiter unten noch näher einzugehen.

Personalistische Positionen:

Neben der christlich-theologischen Tradition stammen weitere Wurzeln einer personalen Pädagogik aus der deutschen Romantik (Jean Paul, Schleiermacher, Fröbel), sowie im 20. Jahrhundert vor allem aus den verschiedenen Existenzphilosophien (der christlichen seit Kierkegaard, später vor allem bei Marcel), wie auch der außerchristlichen etwa bei Heidegger und Sartre; (vgl. Kobi 1985). Ich will auf diese verschiedenen geistesgeschichtlichen Strömungen hier nicht näher eingehen, sondern einige ausgewählte Positionen der philosophischen Anthropologie etwas näher vorstellen, die den Personenbegriff und das Personalitätsprinzip zum Zentrum ihrer Konzeption gemacht haben. Das gilt zunächst für das Werk von Hengstenberg (1966b). Neben der Heilpädagogik Rudolf Allers", Karl Königs" und – zentral – Paul Moors" nennt Kobi (1985, 284) Hengstenberg ausdrücklich als einen der wenigen Philosophen, "die in ihrem pädagogischen Denken auch das behinderte Kind berücksichtigen". Da wir als Bewährungsfall anthropologischer Sichtweisen gerade auch ihre uneingeschränkte Anwendbarkeit auf die Lebenssituationen behinderter Personen in der heilpädagogischen Praxis fordern, erweist sich dieser Ansatz als besonders ergiebig (siehe auch *Haeberlin* 1986, 45ff).

Ontologie der Person (Hans Eduard Hengstenberg; geb. 1904):

Person bedeutet für Hengstenberg (1966b) einen "ontologischen Seinsgehalt", "Persönlichkeit" einen abgeleiteten sekundären "axiologischen Wertgehalt". Das bedeutet, daß *personales* Sein den Menschen von Anfang an (a priori) auszeichnet. Er ist seinsmäßig von Beginn seiner Existenz an Person. Er muß es nicht erst durch Entwicklung, Erfahrung und Erziehung werden; auch das Kind ist schon Person, nicht erst der gebildete Erwachsene; und auch der schwer geistig behinderte und der senile alte Mensch sind Personen; denn der personale Kern des Menschen ist invariant, von Zeit und Werden losgelöst und seine Personwürde unzerstörbar. Der Person kommt eine unveräußerliche und – als absolutes moralisches Gebot – eine unverletzliche *Würde* zu (nach Kant: Person als *Zweck an sich selbst*).

Dieser personale Kern ist nicht als Substanz zu deuten, der real vorfindbar wäre, wie es noch in der scholastischen Imago-Dei-Lehre gesagt wurde, sondern ist eine *ethische Instanz*, die allein und unter erzieherischer Hilfe sich immer wieder neu auf andere Personen oder Sachverhalte der Welt beziehen muß. Der Gehalt philosphischer Konzeptionen des frühen scholastischen Personenbegriffs geht zurück auf die "klassische" Persondefinition des röm. Philosophen Boethius (6. Jhd.): "Persona est rationalis naturae individua substantia" – übersetzt: "Person ist die individuierte Substanz des geistigen Wesens" (zit. nach Rombach 1987, 30). Demgegenüber betont Hengstenberg, daß Person in erster Linie ein *ethisches Phänomen* ist. Diese menschliche Fähigkeit der Bezugnahme, die ihm als Potenz gegeben aber auch als Zwang aufgegeben ist, nennt Hengstenberg "*Sachlichkeit*". Sie ist die uneigennützige Haltung den Dingen gegenüber in ihrem Eigensein; eine Erwartungshaltung gegenüber dem konkret Begegnenden, um ihm in seinem Eigenwert gerecht zu werden. Diese Möglichkeit ist dem Menschen eigentümlich, sie muß jedoch realisiert werden; man kann sie auch verfehlen.

Verfehlen bedeutet, alles nur egoistisch betrachten im Hinblick auf meinen Nutzen; egozentrisch alles nur auf mein Ich beziehen oder auch *Personen* so behandeln, als seien sie Sachen. "Sachlichkeit" bedeutet also das genaue Gegenteil von Verdinglichung („*Versächlichung*", Hengstenberg).

Vielleicht macht es ein Beispiel klarer: ein Kind, hingegeben an sein Spiel, ist "sachlich", auch wenn es die Spielobjekte "beseelt" und zweckentfremdet. Es wird "unsachlich", sobald es sich vor einem Zuschauer produziert und in Szene setzt. Es bedarf also auch einer Erziehung zur Sachlichkeit, um ein Subjekt in ein richtiges Verhältnis zu der Welt der Objekte zu bringen; ebenso notwendig bedarf es der Selbsterziehung und Reflexion des Erwachsenen, um jeweils das Wesen der "Sache" erkennen zu können, um die es im Erziehungs- und Bildungsprozeß geht. Das setzt Offenheit und Ansprechbarkeit voraus, aber auch pädagogischen

Sachverstand und Sachkunde. Man kann die von Hengstenberg bestimmte "Sachlichkeit" sogar als eine wichtige heilpädagogische *Tugend* sehen, eine Grundhaltung, die andere Tugenden erst möglich macht (s. Gröschke 1983, 148ff).

Hengstenbergs Personenbegriff ist unverkennbar vom christlich-theologischen Verständnis des Menschen als Einheit von Leib-Seele-Geist geprägt, wie man es vor allem bei Augustinus und Thomas von Aquin formuliert findet. "Person ist ein Ganzheitsbegriff ... die menschliche Person ist ganzheitlich gegenwärtig sowohl im Leib als auch im Geist und im Psychischen. Person ist in jeder Schicht menschlichen Seins ungeteilt und ganz gegenwärtig" (Hengstenberg 1966b, 17).

Zur Charakterisierung der Einheit der Person in Geist, Leib und Leben führt Hengstenberg das *"Personalitätsprinzip"* ein. "Im Personalitätsprinzip liegt der ganzheitliche Seinsentwurf des konkreten Menschen beschlossen" (137). Selbst wenn die Verwirklichung dieses Seinsentwurfs nach den Maßstäben eines Persönlichkeitsideales dauerhaft eingeschränkt bleibt, wahrt das Personalitätsprinzip den Personenwert des Menschen: "Person ist der Mensch von Anbeginn seiner Existenz, Persönlichkeit muß und soll er erst werden" (354ff). *Person* ist das fundamentale Prinzip, ein Seinsmodus (Marcel 1968), *Persönlichkeit* das abgeleitete und nachgeordnete Prinzip. "Der Mensch entfaltet sich aufgrund seiner Person zur Persönlichkeit" (ebd. 357). Diese Entfaltung ist das Werk von Entwicklung, Erziehung und Bildung, die Unterschiede im Erfolgsgrad aufweisen, also gemessen am a priori Wert der Person *relativ* sind. "Eine Fehlentwicklung der Persönlichkeit, sei sie verschuldet oder unverschuldet, kann nicht den Anspruch auf Achtung und Ehrfurcht vor der Person schmälern" (Hengstenberg 1966b, 10) – und nicht ihr Anrecht auf Hilfe, Unterstützung, Erziehung und Bildung.

Person und Persönlichkeit:

"Das eine ist man, das andere wird man" (Hengstenberg). Der in der empirischen Psychologie und Pädagogik verbreitete Begriff der Persönlichkeit hat den normativ bestimmten Personenbegriff weitgehend verdrängt. Allein noch in der Rede von der Versuchsperson (Vp) in der Methodenlehre der empirisch-experimentellen Psychologie taucht der Begriff als Wortbestandteil auf, allerdings in einem Verständnis, der den Annahmen des Personalismus strikt zuwiderläuft: Vpn als Träger experimentell beliebig manipulierbarer psychischer Funktionen und Eigenschaften.

Ansonsten finden wir in der Psychologie Persönlichkeitstheorien und empirische Persönlichkeitsforschung heterogenster Art. Der Persönlichkeitsbegriff ist nicht mehr einheitlich zu definieren. Er hat den Charakter eines theoretischen Konstrukts, das inhaltlich auf unterschiedlichste Weise gefüllt wird (vgl. Gröschke 1992b). In der Vielfalt kontroverser Theorieentwürfe und kaum mehr übersehbarer empirischer Detailergebnisse zum Thema interindividueller Verhaltensvarianz (wobei Persönlichkeit allenfalls noch als Rubrum firmiert), ist man zu dem Urteil geneigt, "daß es der Persönlichkeitspsychologie an ihrem Gegenstand fehlt: An der Persönlichkeit". Die dominierende empirische Forschungsstrategie des methodologischen Behaviorismus in der Persönlichkeitspsychologie produziert endlos Daten, die allerdings sich kaum noch zu konsistenten Bildern einer konkret-lebendigen Person verdichten. Das Gebiet der Persönlichkeitspsychologie, von dem man noch am ehesten erwarten dürfte, daß es die Einheit der menschlichen Person, des Individuums, in all ihren Dimensionen und Lebenszusammenhängen garantiert, befindet sich in einer Phase starker Fragmentierung, ganzheitlich-integrative Konzepte sind kaum zu finden. Die *Wertabstinenz* der empirischen Forschungsmethodik bedroht nach wie vor – unausweichlich wertbezogene – Fragen nach der zeit- und situationsüberdauernden "Substanz" der Person mit dem Bannstrahl der Unwissenschaftlichkeit.

Konkrete Handlungsorientierungen für die berufliche Praxis, in der Personen in bestimmten, professionell geregelten Interaktionsformen (erziehend, therapeutisch, beratend, pflegerisch usw.) miteinander umgehen, sind von dieser Forschung nur sehr bedingt zu erwarten.

Der Begriff der Persönlichkeit ist in sich jedoch von einer latenten normativen Wertigkeit, der selbst bei scheinbar nur deskriptivem Gebrauch "das im Vergleich zur Person entwickelte, ausgeformte, differenzierte, reichhaltigere" meint (Kobi 1985, 274). Diese verkappte Wertigkeit bestimmt sich nach diffusen Kriterien sozialen Ansehens, von Sozialprestige oder bildungsbürgerlichen Idealen, denen diejenigen Personen nicht genügen können, die in puncto Einfluß, Wissen, Intelligenz oder sozialer Macht wenig zu bieten haben. Unter diesem Gesichtspunkt betrachtet, wäre es nicht verwunderlich, wenn man der Personengruppe der geistig Schwerstbehinderten die volle Teilhabe an den Entwicklungsmöglichkeiten zur "allseits entfalteten Persönlichkeit" absprechen würde.

Dagegen gilt für den christlich-anthropologischen Personbegriff: "Die Person darf sich so verstehen, daß sie genauso, wie sie ist, von Gott gemeint und gerettet ist. Sie soll sich nicht *verändern* und *verbessern*, nicht verallgemeinern und universalisieren, sondern gerade umgekehrt in ihre geschichtliche und körperliche Eigenheit *zurückgehen*, sich ganz in das Sein bescheiden, das ihr der unendliche Gott zugedacht hat und das als ein göttlicher Gedanke in gewisser Weise wesenseins mit dem göttlichen Geist, d. h. mit dem absoluten Gott ist" (Rombach 1987, 30). Dies ist nicht im resignativen Sinne passiver Duldung und falscher Selbstbescheidung zu verstehen, sondern zielt auf eine Haltung echter *Demut*, der gegenüber sich alle weltlichen Ideale und Idole von Schönheit, Intelligenz und Erfolg ganz erheblich relativieren.

Andererseits ist auch in der Heilpädagogik ein *kritisch* aufgeklärtes Konzept von Persönlichkeit unabdingbar. Gegenüber dem eher statischeren Personbegriff, der ein invariantes, von äußeren Zwecksetzungen unabhängiges Sein bezeichnet und ethisch sichert, ist Persönlichkeit der dynamischere Begriff, der pädagogisch auf das Faktum von Entwicklung und Erziehung verweist. Der transzendent intendierte Personbegriff, auch wenn er sich dialogisch auf eine zweite Person bezieht, läuft Gefahr, von den konkreten Umwelt- und Umgebungsbedingungen abzusehen, die menschliches Verhalten und Erleben doch erwiesenermaßen immer mit bestimmen. Die psychologischen Konzeptionen von Persönlichkeit und Entwicklung stimmen – mit unterschiedlicher Gewichtung – darin überein, daß der *Umwelt* eine entscheidende Funktion im Prozeß der Persönlichkeitsentwicklung zukommt, und zwar lebenslang (Gröschke 1992b). Heilpädagogische Arbeit muß diese Erkenntnisse aus der Persönlichkeits- , Entwicklungs- und Sozialpsychologie im Sinne umweltbezogener Maßnahmen dringend realisieren.

Es mag zwar im metaphysischen Sinne zutreffen, daß "die tiefste Definition des Menschen" die ist, "daß er in keiner Umwelt aufgeht" (Guardini 1985a, 123), die empirische Tatsache der Umweltabhängigkeit der Persönlichkeitsentwicklung zu ignorieren, wäre jedoch ein gravierender Verstoß gegen die umfassende Verantwortung des Heilpädagogen für das Wohlergehen des Behinderten.

Die beiden Leitbegriffe "Person" und "Persönlichkeit" stehen in einem unauflösbaren, dialektischen Spannungsverhältnis, das für das menschliche Leben prinzipiell Geltung zu haben scheint: Der Mensch, jeder Einzelne, muß erst durch Erziehung werden, was er immer schon ist und nie verlieren kann:

Er *ist* Person, Wirkungseinheit von Körper und Geist, Leib und Seele. Er *entwickelt* sich gemäß seines personalen Seinsentwurfs durch Erziehung und Unterstützung seiner Umwelt in Richtung bestimmter Zielentwürfe von Persönlichkeit, die in Umfang und Inhalt von den erzieherischen Instanzen begründet und vor allem verantwortet werden müssen. Das für die heilpädagogische Praxis konstitutive Faktum der *Verantwortlichkeit* bezieht sich auf beide Pole dieses anthropologischen Phänomens: Ich habe den behinderten oder auffälligen Menschen in seinem Personsein zu respektieren, und ich bin (mit-)verantwortlich dafür, ihm Lebens-, Entwicklungs- und Erziehungsbedingungen anzubieten, in denen er sich selbst als diese einzigartige Person optimal entfalten kann. Das uneingeschränkte Zuerkennen von Personalität hat einen ähnlichen anthropologischen Stellenwert wie die pädagogisch-anthropologische Kernannahme von "Bildsamkeit" (Lernfähigkeit) bei jedem Menschen. Beides sind unabdingbare "regulative Ideen", ohne die man dem menschlichen Wesen als "In-der-Welt-Sein" nicht gerecht werden kann (s. Kapitel 3).

Würde man in Pädagogik und Heilpädagogik den Personbegriff, wie ich ihn bisher bestimmt habe, restlos durch den Persönlichkeitsbegriff der Psychologie ersetzen, liefe das letztlich auf eine Selbstauflösung der Eigenart des "Pädagogischen" hinaus, auf Psychologismus statt Pädagogik. Hier zeigt sich wieder in aller Schärfe, wie leicht eine kurzschlüssige, d. h. undialektische und unreflektierte "Anwendung" psychologischer Befunde zur Verfehlung der pädagogischen Verantwortung der Heilpädagogik führen kann, zur Gefährdung ihres pädagogischen Auftrages durch Entdifferenzierung und Reduktionismus (s. dazu Gröschke 1992b, Kapitel 1–3).

Es sollte bis hierhin deutlich geworden sein, daß meine Verantwortung sich auch auf die *Menschenbilder* erstreckt, die meine Beziehung und meine Arbeit mit behinderten Personen implizit steuern. Hier gilt das reflexive Prinzip der *Selbstbildlichkeit*, d. h. ich habe mich zu fragen, ob ich bereit bin, mein Verständnis von Wert und Sinn des Lebens behinderter Menschen auch auf meine eigene Person zu beziehen oder umgekehrt, ob ich prinzipiell mein Bewußtsein von Selbstwert und -geltung auch der Person des anderen zubillige, ohne auf eine Sonderanthropologie auszuweichen, die eine essentielle Differenz zwischen mir und dem anderen voraussetzt und festschreibt. Das bedeutet nicht die Leugnung jeder Differenz in einer Art Überidentifizierung mit dem anderen, *aber* die Achtung eines Bereiches in der Sphäre der Personalität des anderen, die jedem äußeren Zugriff und jedem Bestimmungsversuch von außen entzogen bleibt, so wie ich es bei mir selbst erlebe. Denn für Personsein gilt, was Guardini für die Einheit des Konkret-Lebendigen gesagt hat: "Ein Äußeres verläuft in ein Inneres, bis zu einem letzten Tiefenpunkt; und ein Inneres geht ins Äußere, bis zu einer letzten Grenze" (Guardini 1985a, 22). "Daher die eigentümliche Unfaßbarkeit der Person. Sie entgleitet der inhaltlichen Aussage" (32). Dieses Verständnis von Personalität verlangt für unser Menschenbild in der Konsequenz die Respektierung eines Bereiches, wo wir im Sinne des alttestamentarischen Bilderverbotes uns "kein Bild (mehr) machen dürfen", das den anderen gänzlich auf eine Form festlegen würde. Ansonsten gilt für die unabdingbare Konstruktion eines Menschenbildes in den personbezogenen Berufen die lapidare, aber vernünftige Maxime, die Lichtenberg (1742–1799) in folgenden schönen Aphorismus gefaßt hat: "Habe keine zu künstliche Idee vom Menschen, sondern urteile natürlich von ihm, halte ihn weder für zu gut noch zu böse" (Lichtenberg, Aphorismen, 1775–1779).

"Der Mensch ist das ansprechbare Wesen. Er vernimmt den 'Anspruch' der Dinge. Er antwortet" (Hengstenberg 1966, 101ff). Diese grundsätzlich relationale Struktur akzentuiert sich zur *dialogischen,* "wenn das ansprucherhebende Wesen selbst ein ansprechbares, antwortendes ist, d. h. wenn der Mensch dem Anderen, dem Du, dem Mitmenschen begegnet". An diesem Punkt gewinnt die Begegnung von Personen unausweichlich eine ethische Qualität: "Denn die Antwort an den Anspruch des Du birgt Verantwortung" (Hengstenberg 1966a, 101).

Das Antlitz des Anderen (Emmanuel Lévinas, 1906–1995):

Noch radikaler als Hengstenberg, von dem wir ausgegangen sind, hat der französische Philosoph Lévinas (1983) die Verantwortung in der Beziehung zum Anderen als Wurzel menschlicher Existenz gedeutet. In kritischer Nachfolge der Phänomenologie Husserls und der Existenzphilosophie Heideggers arbeitet Lévinas heraus, wie durch die Erfahrung des Anderen dem Ich-Bewußtsein die stete Rückkehr in sich selbst versperrt wird: Der Andere, dessen Antlitz mir in einer Art "Epiphanie" entgegentritt, macht den Egoismus meines Selbst ontologisch zunichte.

Selbstbewußtsein, ohne die Existenz des Anderen immer schon mitzudenken, wird so zum *falschen Bewußtsein* einer Selbstherrlichkeit, die durch das Da-Sein des Anderen zur Abdankung gezwungen wird. Ohne Anerkennung der Verantwortung für den Anderen verkennt man die ethische Grundstruktur des gemeinsamen In-der-Welt-Seins. Durch diese Denkfigur überwindet Lévinas die Position Sartres in "Das Sein und das Nichts" (1967), wo sich das Ich in schrankenloser Einsamkeit und Freiheit allein für sich selbst entwerfen muß, und zwar im Prinzip *gegen* die anderen, die meinen Selbstentwurf chronisch in Frage stellen und dadurch meine Existenz bedrohen.

Diese Beziehung auf den Anderen, die mich aus dem Kerker meines Selbst befreit, hat nicht das Ziel einer Bedürfnisbefriedigung – es geht nicht um den Narzißmus eines "Helfersyndroms", auch nicht um mein Heilsbedürfnis – sie ist "reines Begehren des Anderen als Mitmensch". Lévinas unterscheidet nachdrücklich zwischen *Bedürfnis*, das in der Sphäre meines Selbst verbleibt, und *Begehren* im platonischen Sinne, das mein Selbst transzendiert und das vom Begehrenswerten, "das der Andere ist, nicht gesättigt, sondern vertieft wird, es enthält eine Idee des Unendlichen" (218ff).

In dem Bemühen, in seiner Philosophie den Menschen aus Kategorien zu befreien, die allein den Dingen angemessen sind, findet Lévinas den Begriff "Antlitz" (franz. "face"): "Das Seiende ist der Mensch, und der Mensch ist zugänglich als Nächster. Als Antlitz" (115). Ein Antlitz zu haben, kommt nur dem Menschen zu; Dinge haben kein Antlitz. Antlitz ist mehr als Gesicht und bloße Physiognomie, das sind bloß äußere Formen; auch das entstellte Gesicht zeigt das unzerstörbare Antlitz, das "jenseits allen Maßes" ist: "... und dann zeigt er mir sein Antlitz – mit dem vollkommen Ungedeckten und der vollkommenen Blöße seiner schutzlosen Augen, mit der Geradheit, der unbedingten Offenheit seines Blicks" (198). Antlitz läßt sich nicht besser bestimmen, als annäherungsweise in Bildern, denn "Antlitz ist reine Erfahrung, Erfahrung ohne Begriff" (206).

Das Antlitz des Anderen nötigt sich mir auf; ich kann seinen Anruf verdrängen oder mich taub stellen, ohne daß ich durch diese Verweigerung aufhören könnte, *verantwortlich* zu sein. "Seiner Form entkleidet", ist das Antlitz durch und durch Nacktheit. Das Antlitz ist Not. Die Nacktheit des Antlitzes ist Not und in der Direktheit, die auf mich zielt, ist es schon inständiges Flehen. Aber dieses Flehen fordert" (222). Deswegen ist für Lévinas die Ethik die "prima philosophia", die Erste Philosophie, nicht die Ontologie, wie bei Heidegger.

Die Forderung des Anderen ist nicht Appell an meine Barmherzigkeit oder Hilfsbereitschaft, so zu denken würde bedeuten, den anderen zu einem Mittel meiner Bedürfnisbefriedigung zu machen und ihn dadurch in seinem Eigensein zu verkennen. Es ist eine *unbedingte*, eine zwingende Forderung, eine *Anordnung*, die sich aus der personalen Ordnung unserer Beziehung ergibt. Hier findet sich auch ein dialogisches Element, denn "seine Gegenwart ist eine Aufforderung zur Antwort" (Lévinas 1983, 224).

Gegenüber Martin Buber und seiner Dialogphilosophie wendet Lévinas kritisch ein, daß deren Ich-Du-Struktur noch zu sehr an die Bedingung der Möglichkeit des Austausches zweier – potentiell – gleichstarker Kommunikationspartner gebunden bleibt. Verantwortlich bin und bleibe ich auch, wenn mir das "Antlitz", der Andere, fremd ist und fremd bleibt. "Das Antlitz ist die Anderheit des Anderen, und Moral meint Verantwortung für diese Anderheit" (so Zygmunt Bauman 1995, 195, der sich in seinem Entwurf einer "postmodernen Ethik" entscheidend auf Lévinas stützt). Mit Einsichten aus der ethischen Ontologie von Emmanuel Lévinas hat Kleinbach (1993) den Kommunikationsbegriff in der Geistigbehinderten-Pädagogik problematisiert, damit nicht ein vermeintliches und vorschnelles "Verstehen" des anderen (eine "Wut des Verstehens", Schleiermacher) seine Einzigartigkeit *als Anderer* nivelliert.

Durch die Infragestellung meiner selbst durch den Anderen, die sich aus dieser Seinsordnung zwingend ergibt, findet sich dann eine eindeutige Bestätigung bei Lévinas für die ethische These Hengstenbergs, daß Heilpädagogik als erzieherische Zuwendung zum geschädigten Kind "gesollt" sei. Hengstenberg (1966b, 14) folgert aus der Erfahrung personaler Existenz des Behinderten für die Notwendigkeit von Heilpädagogik: "Heilpädagogik definieren wir korrelativ zum Sachverhalt des geschädigten Kindes oder Jugendlichen. Es ist jene pädagogische Bemühung, die angesichts dieser Schädigung *gesollt* ist". Und zwar gesollt, ja geschuldet, auch ohne meine Belohnungs-, Entschädigungs- oder Ausgleichserwartungen, so subjektiv berechtigt und verständlich sie angesichts meines Einsatzes auch sein mögen. Hengstenberg bringt hier die Kardinaltugend der *Liebe* ins Spiel. "Liebe wendet sich dem Du um seiner selbst Willen zu, eben weil dieses Du einmalige, unauslöschliche und in ihrer Würde unantastbare Person ist. Sie tut es unabhängig davon, ob der andere gut oder schlecht, ein Genie oder ein Idiot, ein Christ oder ein Heide ist. Sie tut es auch unabhängig davon, ob der Anbefohlene in der Lage ist, die ihm zugetragenen Rehabilitierungschancen zu nutzen oder nicht" (Hengstenberg 1966b, 16). Es handelt sich um eine (nahezu übermenschliche?) "heroische Liebe".

Auch Lévinas – weit radikaler – fordert letztlich eine Art "heroische Moral" (Bauman 1995, 124ff), die ihre Maßstäbe nicht vom "Menschlich-Allzumenschlichen" (Nietzsche) ableitet, sondern von nichts geringerem als dem "Heiligen". "Dies heißt nicht, man müsse um moralisch zu sein, ein Heiliger sein ... Doch es bedeutet, daß Moral, um im nicht-heroischen, weltlichen Leben wirksam zu sein, aus dem heroischen Format der Heiligen zugeschnitten werden muß, oder anders: es bedeutet, die Heiligkeit der Heiligen als den einzigen Horizont anzunehmen" (so der Soziologe Bauman über die radikalen Implikationen der Ethik Lévinas'; 1995, 126).

Wenn ich im Anderen durch alle äußerlichen Formen von Schädigung und Entstellung die unzerstörbare Person, das Antlitz des Anderen entdecke, dann nimmt mich diese Erfahrung bedingungslos in die Pflicht, sie "macht mich dem Anderen in unvergleichlicher und einziger Weise solidarisch", ja sogar zur "Geisel" (Lévinas 1983, 224). Mit dieser ontologischen Begründung ist ein Argument für praktisches heilpädagogisches Engagement gewonnen, das dieses normativ vorschreibt, ohne sich egoistischer Motive (im Sinne eigener Heilserwartung wie noch bei Bopp und Montalta) verdächtig zu machen, die den Behinderten dann letztlich doch für meine eigenen Zwecke instrumentalisieren würden.

Wie im Verständnis von Person in der philosophischen Anthropologie Hengstenbergs und anderer Autoren (z. B. Nicolai Hartmann, Max Scheler) ein transzendentes Element enthalten ist, das auf ein Anderes / einen Anderen verweist, so ist auch das "Antlitz" bei Lévinas eine "Spur der dritten Person", die "die ganze Ungeheuerlichkeit, die ganze Maßlosigkeit, die ganze Unendlichkeit des absolut Anderen" ist (230). Hier deutet sich die theologische Idee der *Gottebenbildlichkeit* an, der auch der Philosoph Lévinas nicht entkommt, wenngleich er sie im Sinne der christlich-jüdischen Spiritualität deutet. "Nach dem Bilde Gottes sein, heißt nicht, Ikone Gottes sein, sondern sich in seiner Spur befinden ... zu ihm hingehen heißt nicht, dieser Spur, die kein Zeichen ist, folgen, sondern auf die Anderen zugehen, die sich in der Spur halten" (Lévinas 1983, 235).

Es ist interessant zu sehen, daß der Theologe Pannenberg (1979) in seiner christologischen und trinitarischen Ableitung des Personbegriffs ebenfalls den Begriff "Antlitz" findet, ohne auf

Lévinas Bezug zu nehmen. Es ist für ihn ein Bild für die personale Existenz des Anderen, die als unabgeschlossene Geschichte, als Durchgangsgestalt auf dem Weg des Menschen zur letzten Gemeinschaft mit Gott anzusehen ist. "Person ist das Ich als 'Antlitz', durch das hindurch sich das Geheimnis der noch unabgeschlossenen Geschichte eines Individuums auf dem Weg zu sich selbst, zu seiner Bestimmung, bekundet" (Pannenberg 1979, 419). Die letzte Bestimmung ist nicht die grenzenlose Autonomie eines selbstherrlichen Subjekts, sondern Gott, in dessen Gemeinschaft erst personale Erfüllung und Erlösung kommen werden.

Der normative Personbegriff besitzt unverkennbar einen metaphysischen "Überschußgehalt", zu dem er sich allerdings auch offen bekennt. Sein Kerngehalt reicht eher in das Gebiet einer *theonom* begründeten Moral, während seine rein humanistischen Varianten früher oder später in persönlichkeitspsychologische oder –pädagogische Postulate umschlagen, oder sich doch auf Diskussionen um einen empirischen Fähigkeitsnachweis minimaler Mindestbedingungen im Sinne des empiristischen Personbegriffs einlassen und ihn so konditionieren, d. h. unter Vorbehalt stellen. Der Personalismus ist und bleibt die Essenz einer *biblischen* Ethik. Seine überzeugendste Ausdeutung findet er in der Idee der Gottesebenbildlichkeit, wie sie in der Schöpfungserzählung des Alten Testaments (Genesis) offenbart wurde. Das Bild-Gottes-Motiv des biblischen Menschenbildes läßt dann entscheidende Grundrelationen erkennen (Schockenhoff 1996, 237ff):

– Relation zu Gott (Geschöpflichkeit)
– Relation zum anderen Menschen (Mitmenschlichkeit und Zweigeschlechtlichkeit)
– Relation zu sich selbst (Ganzheitlichkeit)
– Relation zur Schöpfung (Verantwortlichkeit)

"Wenn die Bibel vom Menschen spricht, stehen nicht partielle Funktionen, äußere Rollen oder einzelne Aspekte, sondern immer der ganze Mensch im Mittelpunkt, der seinem Schöpfer in allen Dimensionen seines leib-seelischen Lebens entsprechen soll" (Schockenhoff 1996, 244).

Auch wenn im heutigen säkularen, agnostischen und atheistischen Zeitalter dieses Menschenbild nicht allgemeine Verbindlichkeit mehr haben kann, sollte nicht vergessen werden, daß seine Grundintentionen doch in vielerlei Gestalt die Selbstauslegung des abendländischen Menschen in Philosophie und Anthropologie geprägt haben; und sei es auch im Widerspruch. Das gilt auch für die verschiedenen Spielarten des Pantheismus (nach Spinoza) oder der Naturphilosophie (nach Schelling), an die heutige ethische Begründungsversuche gern anschließen.

Ich habe die philosophisch-anthropologischen Positionen von Hengstenberg, Lévinas und anderen deshalb so ausführlich zu Wort kommen lassen, weil sie in sehr nachdrücklicher Weise beleuchten, um was es in der heilpädagogischen Praxis – neben aller notwendigen Fachlichkeit – *auch* geht: Um Grundfragen *existentieller* Entscheidung und Stellungnahme, um ein *persönliches* Mandat für Menschen, deren Personsein und personale Würde hinter den unseren Blick bannenden Entstellungen, Gebrechen und Auffälligkeiten leicht verkannt werden kann. Diese existentielle Entscheidung ist immer Sache des Einzelnen, bei der ihn niemand vertreten kann. Wenn man die anthropologisch-ethischen Sichtweisen von Hengstenberg und Lévinas zusammenführt, läßt sich sagen: Alles, was Menschenantlitz trägt, ist *Person*, jederzeit und überall; und *Personalität* bedeutet, das *Antlitz* des anderen wahrzunehmen, sei es noch so fremd, und sich seinem Anspruch stellen, rückhaltlos. Die besonders von Lévinas intendierte *Repersonalisierung* der Ethik stellt sehr strenge Maßstäbe auf, die unsere moralische Schwäche oft verfehlt. Aber in entscheidenden Fragen muß man vielleicht strenge Maßstäbe anlegen, gerade eingedenk menschlicher Fehlbarkeit.

Die Idee der Person richtet sich auch gegen den modernen Antihumanismus: Wenn tatsächlich das um ein Ich zentrierte Konzept von Subjekt und Subjektivität eine Erfindung von Renaissance und Rationalismus war, und der Mensch als Subjekt erst im 16. Jhd. in die Welt trat, dann ist es in der Tat nicht undenkbar, daß diese "Erfindung" auch wieder "aus der Mode kommt": "Dann kann man sehr wohl wetten, daß der Mensch verschwindet, wie am Meeresufer ein Gesicht im Sand", wie es der berühmte Schluß von Michel Foucaults Buch "Die Ordnung der Dinge" (1974) beschreibt. Es liegt auf der Hand, daß dieses Verschwinden bei denjenigen beginnen würde, deren volles Menschsein ohnehin nie bedingungslos gesichert war.

Für das Verschwinden der Person aus den Humanwissenschaften gibt es bereits deutliche Anzeichen: In der heute so prominenten Systemtheorie existiert der Einzelne ohnehin nur noch als Element unpersönlicher Funktionen und Mechanismen, in denen sich seine Substanz restlos verflüchtigt; als Knotenpunkt im Gewirr der durch ihn hindurchlaufenden Funktionen, die sich längst verselbständigt haben (s. Kapitel 2.1.).

Gegen eine allzu bereitwillige Preisgabe der mit den Begriffen Person und Personalität verbundenen philosophischen und ethischen Errungenschaften der Neuzeit käme es in unseren Zeiten vielmehr gerade darauf an, auf dem Weg zum "menschlichen Menschen" fortzuschreiten (Rombach 1987). Das wäre der Mensch, der in seinen lebensbestimmenden *Praxen* von Arbeit, Politik, Pädagogik, Religion und Kunst endlich in dauerhafte Lebensverhältnisse umsetzt, was er sich in nahezu drei Jahrtausenden (von der Achsenzeit bis heute) an ethischen Einsichten erarbeitet hat. "Erst wenn wir eine wirkliche, bis ins '*Sehen*' und '*Empfinden*' hinunterreichende Solidarität und Partnerschaft mit allem, was lebt entwickelt haben, werden wir *menschlicher Mensch* sein" (ebd. 278). Das Zusammenleben in einer solcherart "befriedeten Gesellschaft" darf erst recht keine Formen von *Menschsein* von dieser Gemeinsamkeit ausschließen.

Wenn gemäß dem biblischen aber auch dem humanistischen Menschenbild das Individuum Leib-Seele-Geist-Einheit ist, läßt sich seine Personalität auch von jeder dieser Dimensionen her erschließen. Auch bereits in seiner *Leiblichkeit* ist der Mensch – jeder Mensch – in vollem Sinne Person. Die phänomenologische Forschung im Anschluß an Husserl hat die Leiblichkeit als vollgültiges *personales* Ausdrucksphänomen erschlossen, das auch einem körperlich schwerstgeschädigten Menschen sein Personsein und seine Würde sichert. Es garantiert von daher gesehen als "Leibapriori" (Gröschke 1997) ein unhintergehbares anthropologisches Fundament für basale Entwicklungsförderung und *personale Erziehung*, auch bei sog. "schwerstbehinderten" Menschen. Der Leib ist der Garant für unser *Dasein*, *Selbstsein* und *Mitsein*. Jeder Versuch, die *biologisch*-naturale, *psychologisch*-empirische und die *moralisch*-metaphysische Bedeutungsschicht des integralen Personbegriffs auseinanderzureißen, führt zu einer Verkennung des Menschseins und wird weder unserer Selbsterfahrung noch unserer Erfahrung des anderen gerecht (Schockenhoff 1993, 92ff). Man muß sich nur auf solche Erfahrungen einlassen.

2. Die Struktur der Heilpädagogik: Historische und systematische Dimensionen

> Die Struktur ist das Primäre
> (Claude Lévi-Strauss)

2.1. Struktur und System: Zwei Ordnungsprinzipien von Wirklichkeit

Die Humanwissenschaften, zu denen auch die Heilpädagogik gehört, schneiden sich aus dem Gesamt der menschlichen Lebenswirklichkeit jeweils einen bestimmten Bereich aus, den sie dann mit ihren besonderen Erkenntnismethoden bearbeiten. Sie bestimmen also ihren *Gegenstandsbereich* und entwickeln *Methoden* seiner wissenschaftlichen Erforschung und lebenspraktischen Bearbeitung und Gestaltung. Wirklichkeit kann dabei immer nur im Lichte bestimmter Perspektiven erscheinen, von einem bestimmten Standpunkt her und unter einem bestimmten Blickpunkt. Erfaßt werden können jeweils nur *Aspekte* einer komplexen Lebenssphäre, die stets mehr ist, als ihre jeweilige wissenschaftliche Widerspiegelung. Die einsichtige Zusammenschau möglichst vieler und möglichst repräsentativer und exemplarischer Aspekte stellt ein Hauptproblem wissenschaftlicher System- und Theorienbildung dar, sowohl in den reinen *Erkenntnis-* oder Grundlagenwissenschaften als auch in den *Handlungswissenschaften*, wie etwa in der Heilpädagogik. *Aspektivisches* Denken ist also ein Grundzug der Wissenschaft (Gröschke 1992b, 137ff). Dabei gibt es ein eigentümliches, letztlich unaufhebbares Spannungsverhältnis von *Vertiefung* und *Vereinfachung*: Im Maße der vertiefenden Durchdringung ausgewählter Phänomene ihres Gegenstandsbereiches müssen andere Aspekte zurücktreten, bzw. treten erst gar nicht in Erscheinung. Das, was man wissenschaftlich in den Blick nimmt, erkennt man immer besser (Erkenntnisgewinn), während man anderes Denkbare zwangsläufig vernachlässigt (Erkenntnisreduktion). Die bewußt gewählten *optischen* Metaphern (Perspektiven, Aspekte, Blickpunkt, Widerspiegelung) sollen darauf verweisen, daß wissenschaftsorientiertem Denken und Handeln bestimmte *Bilder* und *Modelle* der Wirklichkeit zugrunde liegen: Weltbilder, Gesellschaftsbilder, Menschenbilder. Die Vergegenständlichung der Welt in einem "vorstellend-herstellenden Akt des menschlichen Bewußtseins" ist nach Heidegger ein Grundzug des wissenschaftlichen Vorgehens: "daß überhaupt die Welt zum Bild wird, zeichnet das Wesen der Neuzeit aus" (Heidegger, zit. in Gröschke, 1992b, 49).

Eine wichtige Aufgabe *kritischer* Wissenschaft aber auch *wissenschaftskritischen* Denkens ist es dann, die zugrundeliegenden Bilder der Wirklichkeit aufzuklären und zu prüfen, welche Konsequenzen sie für menschliches Handeln in verschiedenen Praxisfeldern haben (z. B. im Erziehungs- und Gesundheitswesen). Da viele *Menschenbilder* implizit, d. h. unaufgeklärt und unreflektiert konkretem Handeln zugrundeliegen (z. B. ärztlichem oder pädagogischem Handeln), muß *Kritik* eine Grundfunktion jeder Handlungswissenschaft sein; in diesem Sinne muß es auch und gerade eine kritische Heilpädagogik geben. Die latenten oder offenen Fragen um die Menschenrechte auf Leben, Teilhabe und Bildung im Umkreis von Behinderung und chronischer Krankheit haben dies wieder deutlich gemacht (Antor u. Bleidick 1996; Gröschke 1993).

Modelle sind Denkwerkzeuge zur Ordnung (Strukturierung) komplexer Wirklichkeitsausschnitte unter Betonung bestimmter Aspekte und unter Anleitung bestimmter, mehr oder weniger klarer *Erkentnisinteressen*. Zwei immer wieder anzutreffende Prinzipien der Modellierung bestimmter Gegenstandsbereiche sind die Ordnungsprinzipien von *System* und *Struktur*. Das Anlegen einer systemischen oder strukturalen Perspektive richtet sich also nach dem wissenschaftlichen und/oder praktischen Erkenntnisinteresse, das einen dabei leitet.

Nach den gängigen Standarddefinitionen versteht man unter einem *System* einen gegliederten Komplex von *Elementen*, zwischen denen *funktionale* Wechselwirkungsbeziehungen bestehen. Dabei können dem System Eigenschaften, Funktionen oder Zwecke zukommen, die von denen der systemkonstituierenden Elemente verschieden sind. Die Gestaltpsychologie – ebenfalls eine Ganzheitstheorie – bringt dies auf die klassische Formel: "Das Ganze ist mehr als die Summe seiner Teile". Es sind besonders die *Funktionen* und *Beziehungen*, nicht so sehr die *Elemente*, auf die es letztlich ankommt, da sie das System zusammenhalten. Ein System ist also in erster Linie ein komplexer funktioneller Wechselwirkungszusammenhang. Die Funktionen gewährleisten den inneren Bestand und Zusammenhalt des Systems in relativer Abgrenzung von Nachbarsystemen; sie erbringen andererseits auch Leistungen und übernehmen Aufgaben für andere Systeme (Selbstreferenz und Fremdreferenz). Im Gesamtzusammenhang aller *gesellschaftlichen* Teilsysteme kann *ein* System jedoch den "funktionalen Primat an sich ziehen und den anderen seine eigenen Zwecke aufnötigen (z. B. das ökonomische System). Die vielbeschworene *Autonomie* und *Selbstorganisation* (Autopoiesis) von (Teil-)Systemen ist also auch nur eine *relative*. Die *pädagogische* Systemtheorie stützt sich besonders auf die biologische Theorie der Autopoiesis (d. h. Selbstorganisation) lebender Systeme (Maturana u. Varela 1987) sowie auf die soziologische Systemtheorie von Luhmann (1987). In betont konstruktivistischer Sicht beschreibt sie Entwicklung und Erziehung als vom Individuum letztlich selbstgesteuerter Prozeß, der von der Umwelt durch Bedingungen "struktureller Koppelung" nur *indirekt* angeregt werden kann.

Soweit sich der Systemansatz in Pädagogik (und Heilpädagogik) jedoch auf Luhmanns allgemeine Theorie sozialer Systeme stützt, muß man allerdings aus meiner Sicht eine Reihe von Bedenken anmelden.

Das involvierte kybernetische Modell von *Istwert-Soll*wert-Vergleichen und die Steuerung auf Zielvorgaben durch Rückkoppelungsschleifen (feed-back, Regelkreismodell) begünstigt ein (sozial-)technologisches Denken, das sich latent eher an einem *mechanistischen* als an einem *organismischen* Menschenbild orientiert (Gröschke 1992b, 49ff).

Da es letztlich in sozialen Systemen um *Relationen* und *Funktionen* und weniger um *Personen* geht, wird die pädagogische Theorie tendenziell entpersonalisiert. Jedes substantielle Verständnis von Person wird (bei Luhmann) preisgegeben, bzw. als antiquiertes Relikt metaphysisch-humanistischen Denkens abgetan. In Termini einer *kritischen* Theorie kann man das nicht anders als eine Tendenz zur Abstraktion, Verdinglichung und Entfremdung bezeichnen. Brunkhorst (1983, 206) stellt hierzu fest: "'Interaktion' ist ein systemtheoretischer Grundbegriff. 'Intersubjektivität' nicht. Systemtheorie ist systematische Abstraktion von Subjektivität und menschlicher Individualität". Kann das in der Heilpädagogik gewollt werden?

Da (auch bei Luhmann) soziale Systeme "Handlungen", "Intentionen", "Sinn", "Verstehen", "Reflexionen" beinhalten, ohne daß Personen und Subjekte vorkommen, muß man wie im mechanistischen Menschenmodell das "Gespenst in der Maschine" (Ryle), ein "Gespenst im System" (Brunkhorst) einführen.

In seiner Auseinandersetzung mit Luhmann hat Habermas (1981) mit guten Gründen zwischen "System" und "Lebenswelt", "Systemintegration" und "Sozialintegration" unterschieden und von der "Kolonialisierung der Lebenswelt" und der Auszehrung ihrer humanen Substanz durch unpersönliche soziale Systeme gesprochen. In dieser Neutralisierung von Person und Lebenswelt kann man (mit Speck 1991) einen wichtigen Grund für Anomie, Desorientierung, Entfremdung und wachsende Erziehungsnot in der heutigen Gesellschaft sehen. Auch bei diesem Punkt muß man feststellen, daß die pädagogische Systemtheorie diese Krisenphänomene kaum gesellschaftskritisch behandeln kann.

In lockerem Bezug auf die biologische und soziologische Systemtheorie beschreibt Speck (1988, 1996) das "System Heilpädagogik" in seiner doppelten Bezüglichkeit: "Einerseits in bezug auf das eigene Interaktionsfeld, also selbstreferentiell, und andererseits in bezug auf andere Systeme. Dazu gehört das "System Mensch mit einer Behinderung ebenso wie das soziale System der rehabilitativen Dienste oder die Systeme gesellschaftlicher Integrationsfelder" (Speck 1988, 14–15). Er gebraucht den Systemgedanken "als Orientierungsprinzip" gleichberechtigt neben dem *ökologischen Ansatz* und verbindet beide zu einer "ökosystemischen" Perspektive, mit der neue, für die Weiterentwicklung der Heilpädagogik als integrale Human-, Sozial- und Gesellschaftswissenschaft wichtige Sinn-Zusammenhänge erschlossen werden können. Es geht letztlich um die systematische Eingewöhnung in ein *Ganzheits*denken, zu dessen Strukturierung sich der doppelte Bezug auf Systemtheorie und Ökologie anbietet, obwohl beide durchaus unterschiedlichen wissenschaftstheoretischen Paradigmen zugehören: die Systemtheorie einem mechanistisch-funktionalistischen Modell, die Ökologie einem biologisch-organismischen Modell. Der vorwiegend pragmatische Gebrauch beider Theorieperspektiven bei Speck (1996)zeigt sich auch darin, daß er "Systeme als Lebenswelt" behandelt (1988, 249ff), durchaus in Kenntnis des gesellschaftstheoretischen Gegensatzes zwischen der funktionalistischen Systemtheorie (Luhmann) und einer an der Phänomenologie der Lebenswelt (Husserl) interessierten sozial-kommunikativen Handlungstheorie (Habermas). Man muß jedoch beachten, daß auch kognitive Ordnungsprinzipien keine wert- und inhaltsneutrale Denkwerkzeuge sind, sondern latent bleibende Implikationen haben, die in bestimmten Anwendungsfällen unerwünscht sein können (s. o.). Die "Reduktion von Komplexität" (Luhmann), die solche Ordnungsprinzipien (u. a.) leisten sollen, kann eventuell durch Preisgabe wertnormativer Prämissen (z. B. Personenprinzip) teuer erkauft werden.

Ähnlich pragmatisch wird oft auch der wissenschaftliche Grundbegriff der *Struktur* gehandhabt. Oft erscheint er direkt als Synonym für System; beide meinen dann irgendwie ein Gefüge, einen gegliederten Gesamtkomplex aus vielen Teilen, eine Ganzheit in der Verschiedenheit ihrer Teile („unitas multiplex"), einen Ordnungszusammenhang. Der Strukturbegriff ist primär am Bild des lebenden Organismus orientiert. Bereits bei Kant beschreibt Struktur "die Lage und Verbindung der Teile eines nach einheitlichem Zweck sich bildenden Organismus". In der Tradition der Geisteswissenschaften nach Dilthey wurde er zu einem methodischen Leitbegriff. Spranger (1930, 14) definiert Struktur als "Gebilde der Wirklichkeit, wenn es ein Ganzes ist, in dem jeder Teil und jede Teilfunktion eine für das Ganze bedeutsame Leistung vollzieht, und zwar so, daß Bau und Leistung jedes Teils wieder vom Ganzen her verständlich sind." In der Tradition der idealistischen Metaphysik bleibt dieser Strukturbegriff strikt *anthropozentrisch*; er bezieht sich auf die Einheit von Person, Handlung, Außenwelt. Im Begriff der Struktur bleibt die Substanz der Person erhalten; sie verflüchtigt sich nicht in bloße Systemfunktionen. Gegen den Zeitgeist, der alles als gleich-gültig und austauschbar behandelt, hält dieser traditionsbewußte Strukturbegriff immerhin an der Möglichkeit fest, daß es im anthropologischen Sinne – trotz aller menschlichen Verschiedenheit – etwas relativ Konstantes gibt, was man das *Wesen* des Menschen genannt hat und was allen äußeren Schein von Verstellung und Entstellung durchdringt. Der Begriff der Struktur führt also starke *anthropologische* und *ethische* Wertungen mit sich. Mit der Unterscheidung von "Oberflächen"- und "Tiefen"-Struktur, d. h. der offenen und der verborgenen Beziehungen zwischen Teilen und Elementen, ermöglicht er auch ideologie- und gesellschaftskritische Analysen.

Da ich mich im Sinne eines "hermeneutisch-pragmatischen" Verständnisses der Heilpädagogik als Pädagogik ohnehin bewußt an die geisteswissenschaftliche Tradition von Dilthey, Nohl, Spranger bis Flitner anlehne, bevorzuge ich im folgenden Teil und auch sonst aus Gründen kognitiver Konsistenz den *Ordnungsbegriff Struktur*.

Ein weiterer systematischer Grund ist für diese Präferenz maßgebend: Da es mir in meinem Entwurf von Heilpädagogik final um die Grundlegung von *Praxiskonzepten* geht, als Ermöglichungsbedingungen für praktisches heilpädagogisches *Handeln,* favorisiere ich einen praxeologischen und handlungstheoretischen

Ansatz (s. Kapitel 3). Zwischen Systemtheorie und Handlungstheorie (Luhmann versus Habermas) entscheide ich mich für letztere. Die praktische Vernunft der Systemtheorie ist meist nicht mehr als eine technologisch halbierte Systemrationalität, in der das Leben des Einzelnen keine *besondere* Rolle mehr spielt. Ihren *technomorphen* Konnotationen kann auch die pädagogische Systemtheorie nicht ganz entkommen.

Auch mein *phänomenologischer* Zugang zu evidenten Gegebenheiten personaler Existenz und Interexistenz im heilpädagogischen Praxisfeld (Kapitel 6) tendiert eher zum anthropologischen Ordnungsbegriff der Struktur. Ein *personalistisches* – und damit in gewisser Weise substanz-philosophisch fundiertes – Verständnis von Heilpädagogik widerspricht einem bloßen Systemfunktionalismus beliebig wählbarer Teilelemente, auch wenn der heuristische Ordnungsgewinn der Systemtheorie noch so groß sein mag.

2.1.1. *Die disziplinäre Struktur der Heilpädagogik*

Das seit Ende des letzten Weltkrieges bis in die achtziger Jahre vorherrschende additive Verständnis von Heil- und Sonderpädagogik als mehr oder weniger loser Verbund einzelner sonderpädagogischer Fachrichtungen vermag heute niemanden mehr so recht zu überzeugen. Durch wissenschaftsinterne und vor allem erziehungspraktische Reformen unter den Leitideen von *Integration* und *Normalisierung* ist dieses Strukturmodell kategorialer Heilpädagogik an sein Ende gekommen. Das heißt jedoch nicht, daß nicht auch in Zukunft weiteres behinderungsspezifisches Fachwissen in großem Umfang und detailbezogener Tiefenschärfe dringend erforderlich ist. Das inzwischen zwölfbändige "Handbuch der Sonderpädagogik" (1979–1991) ist dafür immer noch maßgebend. In der heutigen Integrationsphase kann eine fachinterne Differenzierung der disziplinären Struktur einer einheitlichen Heilpädagogik als "Gesamtpädagogik" sinnvollerweise nur noch nach den ordinalen Gesichtspunkten von Allgemeinem und Speziellem erfolgen: als *Allgemeine* und *Spezielle* (oder *Differentielle*) Heilpädagogik in ihrem Verhältnis zu ihren unverzichtbaren Nachbarwissenschaften (Hagmann 1995). Als Lehrfach umfaßt die Heilpädagogik dann mindestens folgende Themen:

Allgemeine Heilpädagogik: Geschichte (als Teil der Sozial- und Wissenschaftsgeschichte), Selbstverständnis (was ist und was soll Heilpädagogik?), Grundbegriffsdiskussion (Gegenstandskonstitution), Theorien (Vergleich, Integration), Konzepte (als Brückenglieder zwischen Theorie und Praxis).

Spezielle (oder *Differentielle*) *Heilpädagogik*: Bedingungsanalyse von Behinderungen, Störungen Gefährdungen der personalen und sozialen Entwicklung, Handlungskonzepte der pädagogisch-therapeutischen Entwicklungsförderung, Erziehungshilfe, Lebenshilfe.

Da Heilpädagogik eine Handlungswissenschaft und deshalb eine "wertgeleitete Wissenschaft" (Haeberlin) ist, muß dieser Themenkatalog strukturell und substantiell in den Rahmen einer heilpädagogischen *Anthropologie* und einer heilpädagogischen *Ethik* eingebettet werden:

– Heilpädagogische Anthropologie: Menschenbild und Menschenkunde, Erklären und Verstehen menschlicher Phänomene im Umkreis von "Behinderungen"
– Heilpädagogische Ethik: Werten, Annehmen, Gestalten mitmenschlicher Praxis.

Zur Einführung in heilpädagogisches Denken strukturiert Kobi (1993) den Gesamtbereich der Heilpädagogik nach erkenntnis- und handlungsleitenden "Grundfragen", die ich für meine didaktischen Zwecke etwas anders akzentuieren möchte:

– *Existentielle Frage (wer?)*: Wer sind die Personen, die Heilpädagogik betreiben und die in der heilpädagogischen Praxis aufeinander treffen?
– *Phänomenologische Frage (was?)*: Welche Phänomene bilden den Gegenstandsbereich der Heilpädagogik; was konstituiert heilpädagogische Praxis?
– *Topologische Frage (wo?)*: Welches ist der Ort der Heilpädagogik (im Wissenschaftssystem, in der Gesellschaft); wo ist die heilpädagogische Praxis situiert?
– *Chronologische Frage (wann?)*: Wann ist die Heilpädagogik entstanden, wann im Lebenslauf einer Person ist heilpädagogisches Handeln an der Zeit?
– *Ätiologische Frage (warum?)*: Warum gibt es Heilpädagogik als Wissenschaft und Praxis; warum muß heilpädagogisch gehandelt werden?
– *Teleologische Frage (wohin, wozu?)*: Wohin soll sich das "Projekt Heilpädagogik" in Zukunft entwickeln; auf welche Ziele soll sich heilpädagogisches Handeln beziehen?
– *Methodische Frage (wie?)*: Welcher Erkenntniswege, -mittel und -methoden bedient sich die Heilpädagogik; welche Erzie-

hungs- und Fördermedien, -mittel und -methoden wendet sie in der Praxis an?
- *Dialogische Frage (wer?)*: Wer ist fähig und bereit zu interexistentiellem, dialogischem Handeln in der heilpädagogischen Praxis?

Die strukturbildende Verknüpfung dieser Grundfragen hat Kobi in folgendem Schema dargestellt (Abb. 1):

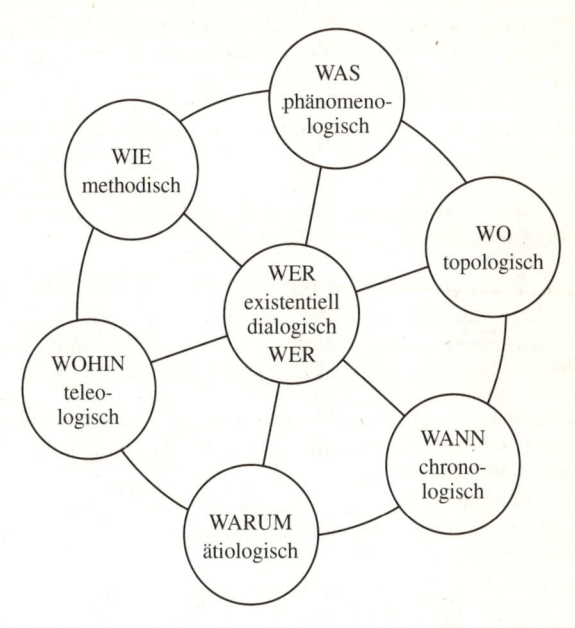

Abb. 1: Heilpädagogische Grundfragen und ihre Verknüpfung (Kobi 1993, 19)

Das historisch gewachsene Kernelement im Selbstverständnis der allgemeinen Heilpädagogik ist das Motiv der pädagogischen Not-, Erziehungs- und Lebenshilfe für Menschen mit Behinderungen und psychischen Störungen (siehe Kapitel 2.2.). Paul Moor hatte es auf die bündige Formel gebracht: "Heilpädagogik ist Pädagogik und nichts anderes." Die Qualifizierung der besonderen Erziehungs- und Beziehungserschwernisse als *Behinderungen* und *Verhaltensstörungen* macht diese dann zu heilpädagogischen Grundbegriffen, die näherhin – zumindest pragmatisch – bestimmt wer-

Behinderung (Disablement)

Ursachen: Krankheit oder angeborenes Leiden oder äußere Schädigung (Verletzung)

1. Schaden (Impairment)
2. Individuelle/funktionelle Einschränkung/ Fähigkeitsstörung (Disability)
3. Soziale Beeinträchtigung (Handicap)

Persönliche Folgen

Einschränkung der
– Unabhängigkeit
– Beweglichkeit
– Freizeitaktivitäten
– sozialen Integration
– wirtschaftlichen und beruflichen Möglichkeiten

Familiäre Folgen

– Pflegebedarf
– gestörte soziale Beziehungen
– wirtschaftliche Belastung
usw.

Gesellschaftliche Folgen

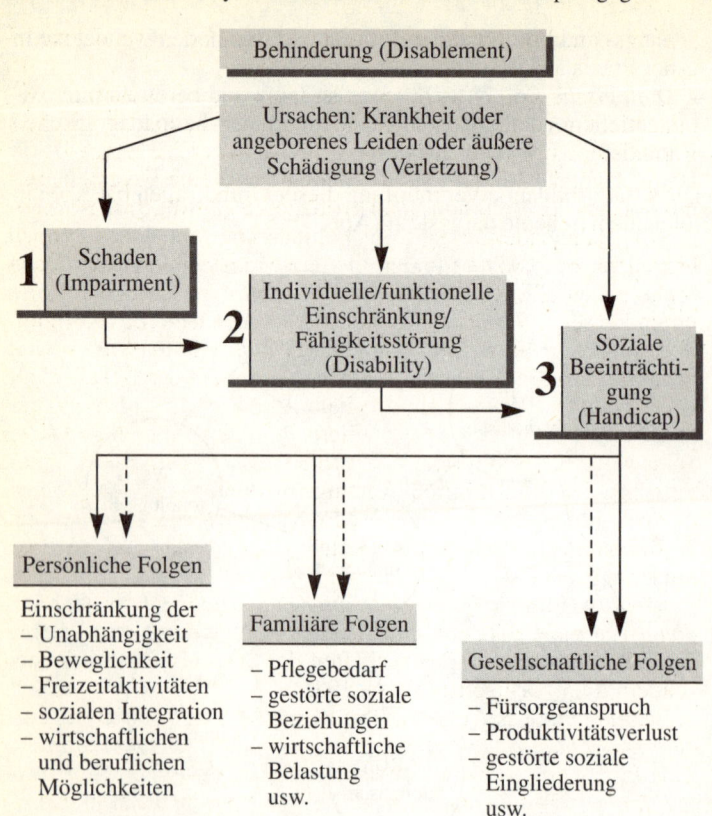

– Fürsorgeanspruch
– Produktivitätsverlust
– gestörte soziale Eingliederung
usw.

Abb. 2: Das Dreifaktormodell von "Behinderung" der WHO

den müssen (Haeberlin 1996, 69ff; Kobi 1993, 39ff; Speck 1988, 99ff). Ich muß mich hier auf einige wenige Aussagen dazu beschränken, zumal diese kritische Grundbegriffsdiskussion in der Fachliteratur gut dokumentiert ist (Lindmeier 1993).

Maßgebend für alle Disziplinen im Gesamtbereich der Rehabilitation "behinderter und von Behinderung bedrohter Menschen" ist das Modell der "World Health Organization" (WHO 1980). Die "Bundesarbeitsgemeinschaft für Rehabilitation" (BAR 1994) hat es in ein übersichtliches Schaubild transformiert (Abb. 2).

Die psychologischen und pädagogischen Disziplinen finden in diesem Modell ihren Zuständigkeitsbereich durch die Faktoren "disability", und "handicap" abgesteckt (*psychosoziale* Rehabilitation).

In der nach wie vor wichtigen Denkschrift des "Deutschen Bildungsrates" "Zur pädagogischen Förderung behinderter und von Behinderung bedrohter Kinder und Jugendlicher " (Zeitschrift für Heilpädagogik, Beiheft 11, 1974) einigte sich eine Expertenkommission aus der Heil- und Sonderpädagogik auf folgende *pädagogische* Rahmendefinition von Behinderung, die immer noch brauchbar ist: "Als behindert im erziehungswissenschaftlichen Sinne gelten alle Kinder, Jugendlichen und Erwachsenen, die in ihrem Lernen, im sozialen Verhalten, in der sprachlichen Kommunikation oder in den psychomotorischen Fähigkeiten soweit beeinträchtigt sind, daß ihre Teilhabe am Leben der Gesellschaft wesentlich erschwert ist. Deshalb bedürfen sie besonderer pädagogischer Förderung. Behinderungen können ihren Ausgang nehmen von Beeinträchtigungen des Sehens, des Hörens, der Sprache, der Stütz- und Bewegungsfunktionen, der Intelligenz, der Emotionalität, des äußeren Erscheinungsbildes sowie von bestimmten chronischen Krankheiten. Häufig treten Mehrfachbehinderungen auf" (zit. nach Thimm 1994, 73).

Beeinträchtigungen, *Behinderungen*, *Störungen* oder *Gefährdungen* der personalen und sozialen Entwicklung sind keine Begriffe, die sich auf Eigenschaften der Person allein beziehen, sondern Relationsbegriffe (Bach 1985).

Behinderung ist nichts, was das *Wesen* der Person affiziert, sondern ein *Verhältnis* zwischen individualen und sozialen Faktoren. Eine Behinderung ergibt sich als Diskrepanz zwischen *Sein, Sollen, Können, Wollen und Dürfen*. Sie ist ein Wechselwirkungsprodukt aus individuellen Verhaltens- und Entwicklungsdispositionen, sozialen Verhaltenserwartungen (Normen) und ökologischen Verhaltens- und Entwicklungsbedingungen (Milieu). Dies gilt auch für den heilpädagogischen Grundbegriff der *Verhaltensstörung*, dem Leitbegriff der sonderpädagogischen Fachrichtung der sog. Verhaltensgestörtenpädagogik. Myschker (1993, 41) schlägt dafür folgende Arbeitsdefinition vor, die ebenfalls die Relationalität und Relativität des so bezeichneten Sachverhaltes deutlich betont: "Verhaltensstörung ist ein von den zeit- und kulturspezifischen Erwartungsnormen abweichendes maladaptives Verhalten, das organogen und/oder milieureaktiv bedingt ist, wegen der Mehrdimensionalität, der Häufigkeit und des Schweregrades die Entwicklungs-, Lern- und Arbeitsfähigkeit sowie das Interaktionsgeschehen in der Umwelt beeinträchtigt und ohne

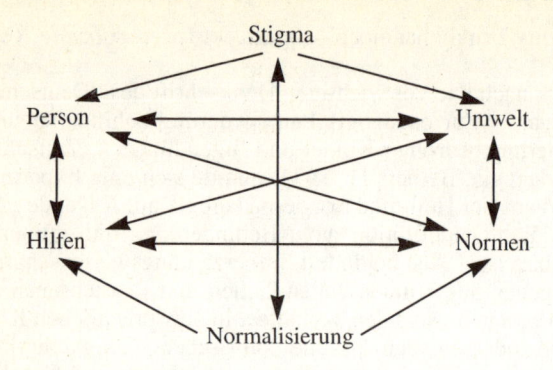

```
              Stigma
                ↑
                |
    Person ←——————→ Umwelt
      ↑     ╳    ╳    ↑
      ↓    ╳      ╳   ↓
    Hilfen ←——————→ Normen
                |
                ↓
           Normalisierung
```

Abb. 3: Behinderung als multifaktorielles Beziehungsfeld

besondere pädagogisch-therapeutische Hilfe nicht oder nur unzureichend überwunden werden kann".

Die komplexen Wechselwirkungszusammenhänge aller Faktoren und Elemente, die zu dem führen, was man in formelhafter Verkürzung Behinderung oder Verhaltensstörung nennt, verdeutlicht abschließend noch einmal Abb. 3.

Sie erfaßt deskriptive und normative Aspekte.

Nur wenn eine Person *stigmatisiert* ist, d. h. als Träger einer negativ bewerteten Eigenschaft (Merkmal) wahrgenommen wird, werden *Interaktionsprozesse* in Gang gesetzt, die schließlich in der diagnostischen Zuschreibung (Feststellung) einer *Störung* oder *Behinderung* resultieren. Ein Stigma kann eine objektiv gegebene psychophysische Schädigung sein und/oder ein abweichendes Verhalten. Die Stigmatisierung der Person wird sich selten nur auf ein singulär wahrnehmbares Merkmal beschränken, sondern es kommt leicht zu komplexen *Stereotypisierungen,* durch welche die Integrität und Identität der *Person* verletzt, zumindest bedroht werden. Dies löst Bewältigungs- und Kompensationsprozesse der stigmatisierten Person (und ihrer mitstigmatisierten Bezugspersonen) aus, die meist zu Gefühlen der Selbstwerteinbuße („Minderwertigkeitsgefühle", Schuldgefühle) führen und nicht selten zusätzlich mit von außen kommenden handlungseinschränkenden *Diskriminierungen* einhergehen. Immer sind *Normen*, im Sinne von Verhaltenserwartungen, im Spiel, in deren Lichte Abweichung und "Andersartigkeit" festgestellt werden (wissenschaftlich begründete Entwicklungsnormen, Gesundheitsnormen oder auch implizite Alltagsnormen und -regeln im Sinne von Sitten, Gebräuchen, Konventionen, Einstellungen und Vorurteilen). Für den Umgang mit Abweichung (hier: Behinderung oder Verhaltensstörung) stehen in jeder Gesellschaft *Praktiken* bereit (Alltagspraktiken und professionalisierte Behandlungsformen), die als *Hilfen* intendiert sind, u. U. jedoch auch repressive, kontrollierende und entmündigende Nebenwirkungen haben. Als Orte für den professionellen Umgang mit Abweichung gibt es bestimmte Einrichtungen (*Institutionen*), etwa der Kinder- und Jugendhilfe, der Erziehungs- und Behindertenhilfe, der Rehabilitation und Resozialisierung.

Da die *Ambivalenz* solcher Hilfeformen (Kontrolle und Entmündigung) und der *desintegrative* Charakter von Sondereinrichtungen heute klar erkannt werden, müssen alle Maßnahmen der Hilfe und alle normativen Wertungen in Bezug auf Personen "mit Behinderungen" unter der ethisch-politisch-pädagogischen Maxime der *Normalisierung* stehen: sie müssen sich daran messen lassen, wie weit sie den Betroffenen ein "Leben so normal wie möglich" gewährleisten.

2.1.2. Die interdisziplinäre Struktur der Heilpädagogik

Eine Besonderheit der Heilpädagogik im Vergleich zu anderen Teilbereichen der allgemeinen Pädagogik besteht in ihrem sehr viel engeren Verhältnis zur Humanbiologie, Medizin und Psychologie; Disziplinen also, die *Naturwissenschaften* sind, bzw. im Falle der Psychologie sich überwiegend so verstehen. Heilpädagogen müssen sich also auch mit Denkmustern vertraut machen (z. B. diagnostischen und kausal-analytischen), die ihnen als Pädagogen zunächst einmal eher fern liegen; nicht zuletzt deswegen, weil Heilpädagogen in der (vor allem) außerschulischen Berufspraxis häufig mit Ärzten und Psychologen kooperieren müssen. Es ist ja auch kein historischer Zufall, daß aus Medizin und Psychologie der Heilpädagogik zwei mächtige Quellströme zugeflossen sind.

Im Laufe ihrer bisherigen Entwicklung haben sich jedoch auch einige Sozialwissenschaften (vor allem Soziologie und Politikwissenschaft), sowie die Rechtswissenschaft als wichtige Bezugswissenschaften erwiesen. Für die schulische Heilpädagogik (Sonderschulpädagogik) ist darüber hinaus der ganze Kanon an Schul- und Bildungsfächern mit ihren Fachdidaktiken relevant. Von ihrem Beginn an deutlich nachweisbar und auch heute weiterhin maßgebend gehören auch die *normativen* Orientierungs-

74 Historische und systematische Dimensionen der Heilpädagogik

```
                    ┌─────────────┐
                    │  Allgemeine │
                    │  Pädagogik  │
                    │   ↓    ↑    │
┌──────────┐        │Sozialpädagogik│       ┌──────────┐
│Soziologie│        │   ↓    ↑    │        │  Rechts- │
│Politologie├────────│ Heilpädagogik│────────│wissenschaft│
└──────────┘        │hp. Anthropologie│     └──────────┘
                    │  hp. Ethik  │
┌──────────┐        │hp. Handlungskonzepte│ ┌──────────┐
│Psychologie├───────│             │────────│ Medizin  │
└──────────┘        └─────────────┘        └──────────┘
              ┌──────────┐  ┌──────────┐
              │Philosophie│  │ Theologie│
              └──────────┘  └──────────┘
```

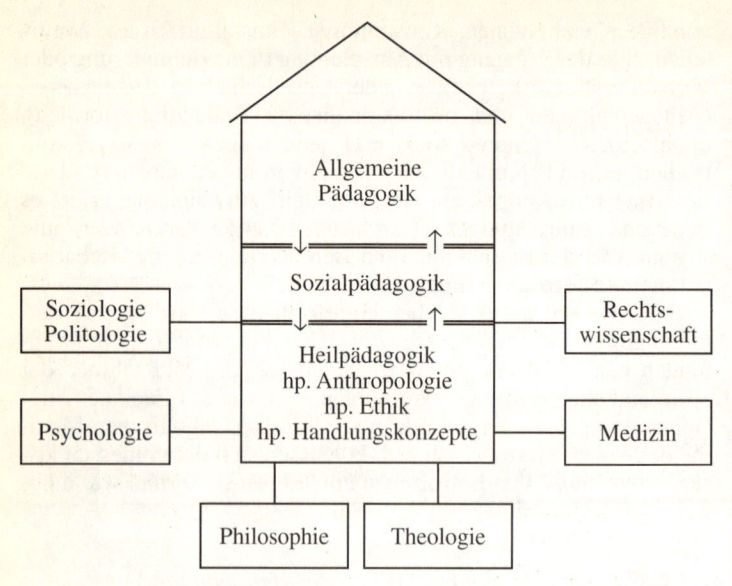

Abb. 4: Das gemeinsame Haus von Allgemeiner, Sozial- und Heilpädagogik und seine Nachbarschaft (in Anlehnung an Speck 1988)

wissenschaften Philosophie (vor allem Praktische Philosophie/ Ethik) und Theologie zu den für die Heilpädagogik notwendigen Bezugswissenschaften.

In der Heilpädagogik wird allerdings nicht einfach medizinisches, psychologisches, philosophisches usw. Wissen "angewendet". Dieses Anwendungsverhältnis ist vielmehr ein kompliziertes Reflexions- d. h. Brechungsverhältnis. Unter den Prämissen einer heilpädagogischen Anthropologie und Ethik muß vielmehr kritisch geprüft und ausgewählt werden, welches Fachwissen (Erklärungs-, Bedingungs- und Veränderungswissen) und welche fachwissenschaftlichen Sichtweisen vom Menschen mit heilpädagogischen Axiomen ihres Menschenbildes normativ vereinbar sind. Allerdings darf das Menschenbild der Heilpädagogik auch nicht im Gegensatz stehen zu den gesicherten humanwissenschaftlichen Erkenntnissen. Ich habe an anderer Stelle ausgeführt, wie man sich dieses Verhältnis von Heilpädagogik und Psychologie (Gröschke 1992b) sowie Heilpädagogik und Philosophie (Gröschke 1993; 1995c) zu denken hat. Werden diese reflexiven

Verhältnisse nicht bedacht oder einseitig kurzgeschlossen, kommt es zu theoretischen und praktischen Fehlentwicklungen im Sinne einer

- Moralisierung
- Psychologisierung
- Medikalisierung
- Soziologisierung heilpädagogischer Denk- und Handlungsformen, wie sie etwa Speck (1991) für den Umgang mit kindlichen Verhaltensstörungen beschrieben hat. Läßt umgekehrt die Heilpädagogik gesicherte Erkenntnisse und bewährtes Erfahrungsgut ihrer Nachbardisziplinen außer Betracht, kommt es leicht zu einer ebenso unangemessenen
- Pädagogisierung; sei es in der Form einer Illusion pädagogischer Allzuständigkeit und Allmacht, sei es im Sinne eines gesellschaftsblinden Rückzugs in eine "pädagogische Provinz" oder eine "heile Welt" (Gröschke 1992b).

Abschließend zu diesem Kapitel möchte ich die intra- und interdisziplinäre Ökologie der Heilpädagogik im "gemeinsamen Haushalt" mit Allgemeiner und Sozialpädagogik in einem weiteren Schaubild darstellen (Abb. 4).

2.2. Historische Entwicklungslinien des Projekts Heilpädagogik

Ein kurzer Rückblick auf die Geschichte unseres Fachgebietes soll uns zunächst weiter darüber aufklären, wie es dazu gekommen ist, daß die Suche nach dem Selbstverständnis der Heilpädagogik ein unabgeschlossener Prozeß bleibt. Es ist ein historischer Rückblick in "futurischer Absicht", d. h. wir wollen sehen, wie das, was heute Heilpädagogik ist, geworden ist, um unseren Standort für ihre künftige Weiterentwicklung zu klären.

Man kann die Geschichte eines Fachgebietes nach ganz verschiedenen Gesichtspunkten strukturieren, je nachdem, welches Erkenntnisinteresse einen dabei leitet. Da wir die Gegenwart besser verstehen wollen, um der Zukunft aufgeschlossener begegnen zu können, steht unsere kurze historische Betrachtung also im Dienste praktischer Motive. Ich will dazu an einige Gedanken von Friedrich Nietzsche (1844–1900) anknüpfen, die er in der zweiten seiner "Unzeitgemäßen Betrachtungen" unter dem Titel "Vom Nutzen und Nachteil der Historie für das Leben" (1874) entwickelte.

Nietzsche unterscheidet drei Weisen der Geschichtsbetrachtung: die "monumentalische", die "antiquarische" und die "kritische". In ersterer erscheint Geschichte als Abfolge großer Werke und Gestalten, die einen bestimmten Bereich der Wirklichkeit prägen. In "antiquarischer" Einstellung sucht man Kontinuität und Identität im geschichtlichen Wandel: es geht um die Wahrung des überkommenen Erbes, die Erinnerung an die eigene Herkunft: "Sich nicht ganz willkürlich und zufällig zu wissen, sondern aus einer Vergangenheit als Erbe, Blüte und Frucht heranzuwachsen und dadurch in seiner Existenz entschuldigt, ja gerechtfertigt werden" (Nietzsche 1994, Bd. 1, 227). Die antiquarische Haltung läuft jedoch Gefahr, unkritisch nur totes Bildungsgut zu produzieren. Die "kritische" Haltung schließlich nimmt die Geschichte bewußt in den Dienst des Lebens und der Zukunft, auch wenn man sie dazu für seine Zwecke bearbeiten und zurüsten muß.

Ich werde mich im folgenden aller drei Arten von Geschichtsbetrachung bedienen, unter besonderer Betonung der ersten und der letzten. Die rund 200jährige Geschichte der Heilpädagogik hat viele große Männer (und Frauen?) und exemplarische Werke hervorgebracht, bleibende Monumente der Erziehungslehre und Praxisreform, die auch heute noch zählen; auf einige werde ich hinweisen. Das gilt besonders für die Formierungsphase der neuzeitlichen Heilpädagogik vom Ende des achtzehnten bis in die zweite Hälfte des 19. Jahrhunderts und – vereinzelt – auch noch für die Jetztzeit. Es war die Zeit der "Meisterschulen der Heilpädagogik" (Kanter 1995), in denen herausragende Persönlichkeiten, ihr exemplarisches praktisches Wirken und ihre heilpädagogischen Ideen und Konzepte eine Wirkungseinheit bildeten. Solche, für die heutige Heilpädagogik geschichtsmächtigen Wirkungseinheiten von Person, Praxis und Theorie will ich im folgenden besonders herausstellen, an denen man den komplexen, wissenschaftlich und praktisch vielfach determinierten Charakter auch der heutigen Heilpädagogik besonders gut ablesen kann. Ich stütze mich dabei auf meine historischen Betrachtungen in kritisch-futurischer Absicht (Gröschke 1995b; 1996), in deren Rahmen ich auch auf das Verhältnis von Heilpädagogik und Sozialpädagogik in Theorie und Praxis der Behindertenhilfe eingegangen bin.

2.2.1. Eine heilpädagogische Urszene: J. M. G. Itard und Victor – die Zivilisierung des 'Wilden' durch Erziehung und Therapie

Zu Beginn des Jahres 1801 übernimmt in Paris der junge Arzt und Taubstummenlehrer Jean Marc Gaspard Itard (1774–1838) die Erziehung des "Wilden Kindes von Aveyron", das man 1799 in den Wäldern des Départements Aveyron in Südfrankreich eingefangen hatte und dem man den Namen "Victor" gegeben hatte. Er ließ sich auf einen fünfjährigen intensiven Erziehungsversuch ein, der für die Entwicklung der Heil- und auch Sozialpädagogik paradigmatische Bedeutung gewinnen sollte.

Vorher hatte der berühmte Taubstummenpädagoge Sicard, der Nachfolger des Abbé de L'Epée (Gründer der ersten Taubstummenschule der Welt 1770 in Paris), den Fall des Victor als hoffnungslos erklärt und ihn an seinen eben erst eingestellten Anstaltsarzt Itard weitergegeben. Sicard befand sich mit seiner pessimistischen Prognose in bester Übereinstimmung mit dem unbarmherzigen Befund des Irrenarztes Philippe Pinel (1745–1826), des "Vaters der modernen Psychiatrie", der Victor für einen typischen Fall von angeborener und irreversibler Idiotie hielt.

In dieser *erziehungsoptimistischen* (Itard) versus *behandlungspessimistischen* (Sicard, Pinel, Esquirol) Konstellation von Diagnose und Prognose bei Victor finden sich die frühen Wurzeln der Defekt- versus Schwachsinnstheorien der geistigen Behinderung, die sich im späten 20. Jahrhundert in der Kontroverse zwischen Differenz- und Entwicklungstheorien fortsetzen werden (geistige Behinderung als irgendwie geartetes personales "Anderssein" *oder* als Entwicklungsretardierung).

Es zeichnet sich hier auch der Gegensatz von medizinisch-psychiatrischem Defektmodell von Behinderung und entwicklungspsychologisch-sozialpädagogischem Denken ab, der die Geschichte der Heilpädagogik bis heute begleitet und der für unser Thema von besonderer Bedeutung ist. Die Kontroverse spitzt sich zu auf den theoretischen Grundkonflikt zwischen den Modellen "Geisteskrankheit" versus "Schwachsinn". Der Psychiater Pinel deutete Victors Zustand als Beweis für einen organisch verursachten Intelligenzdefekt, der Medico-Pädagoge Itard als einen Mangel an Erziehung.

Itard war überzeugt, daß es sich bei Victor um ein verwildertes, unzivilisiertes Kind handele, an dem man den unbearbeiteten Rohzustand der Menschennatur beobachten könne. Er wollte den praktischen Beweis liefern für die Maxime der Anthropologie der Aufklärung, daß der Mensch nur das ist, was die Erziehung aus ihm mache. Wenn man bei Victor schon von Idiotie reden sollte, dann im Sinne eines "idiotisme moral" und nicht eines hirnorganischen Idiotismus. Notwendig ist also "moralische Erziehung", nicht organische Therapie.

Der Naturzustand, in dem man Victor antraf, war jedenfalls nicht der von Rousseau beschworene positive Zustand des "eigentlichen" und unverdorbenen Menschentums, in den die Erziehung tunlichst nicht eingreifen sollte (Rousseaus "negative" Erziehungslehre), sondern ganz im Gegenteil ein Zustand äußerster Verwahrlosung, aus dem das "Wildkind" durch systematische und streng kontrollierte Erziehungsmaßnahmen befreit und durch Zivilisierung in die Gesellschaft neu eingeführt werden sollte.

Das erste Hauptziel des Erziehungsplanes Itards für Victor lautet entsprechend:

"Ihn für das Leben in der Gesellschaft gewinnen, indem man es ihm angenehmer gestaltet als das, welches er bisher geführt hat, und gleichzeitig dem Leben ähnlicher macht, das er verlassen hat" (Itard 1801).

Itard hat seinen Erziehungsversuch mit Victor in zwei ausführlichen Rechenschaftsberichten dargelegt (1801 und 1807):

1. "De l'Education d'un homme sauvage ou des premiers développements physiques et moraux du jeune sauvage de l'Aveyron (1801) und
2. "Rapport fait à S.E. le Ministre de l'Intérieur sur les nouveaux développements et l'état actuel du sauvage de l'Aveyron" (1807).

Sein *medicopädagogischer* Behandlungsansatz läßt sich im besten Sinne als basalpädagogisches Erziehungsprogramm qualifizieren: Victors Behinderung (nicht Krankheit) läßt sich analytisch in die Komponenten einer Sinnes-, Motivations-, Denk- und Sprachstörung aufgliedern, für die man systematisch entwicklungsgemäß aufbauend Übungs- und Lerngelegenheiten arrangieren müsse. Besonders in der Sinnesschulung (sensomotorisches Training) erwies sich Itards außergewöhnliche pädagogische Geschicklichkeit sowie in der Realisierung des sensualistischen Grundprinzips (Condillac) des Aufstiegs vom Konkreten zum Abstrakten (Sinnestätigkeit (Denken/Sprache).

Die zwei oben erwähnten Berichte, in denen Itard seine Erziehungspraktiken ausführlich beschrieben hat, lassen sich als klassische Texte der Elementarerziehung und der Behindertenerziehung zugleich lesen; es sind klassische Dokumente der Pädagogik überhaupt von bleibendem Wert.

Itards Mitarbeiter, Jünger und Nachfolger, der Taubstummenlehrer und spätere Arzt Edouard Séguin (1812–1880), hat diese basalpädagogische Methodik der Behindertenerziehung weiter ausgebaut. Séguin wurde insbesondere auch zu einem Verfechter eines ganzheitlichen, alltags- und lebensweltorientierten Konzeptes der Behindertenpädagogik, in dem "moralische Erziehung" durch Arbeit und Tätigkeiten von zentraler Bedeutung ist. Nach der gescheiterten Revolution von 1848 war Séguin als sozialpolitisch engagierter christlicher Sozialist (Saint-Simonist) unter der Restauration Louis Napoléons zur Emigration in die USA gezwungen. Dort wurde er zu einem entscheidenden Begründer der Behindertenpädagogik und des Sonderschul- und Anstaltswesens. In den USA schloß Séguin übrigens (1861) auch sein Studium der Medizin ab und erwarb den medizinischen Doktortitel.

Sein Lebenswerk bilanziert Harlan Lane in seiner Studie über diese epochemachenden Entwicklungen in der Pädagogik und der speziellen Behindertenerziehung folgendermaßen:

"Seine Laufbahn hat er damit begonnen, daß er in Zusammenarbeit mit Itard einen einzelnen Schwachsinnigen ausbildete; sie endete damit, daß – auch schon zu seinen Lebzeiten – Abertausende von behinderten Kindern in ganz Europa und Amerika durch sein Wirken beeinflußt wurden" (Lane 1985, 307).

Das behindertenpädagogische Konzept der "moralischen Erziehung" bei Itard und Séguin (für uns Heutigen: sozio-emotionale Erziehung) ist das Pendant zum psychiatrischen Konzept des "traitement moral" (engl. moral treatment"), mit dem die Irrenärzte der klassischen und romantischen Ära (Pinel, Esquirol in Frankreich, Willis und Tuke in England, sowie Heinroth und Reil in Deutschland) dem Wahnsinn als einer Zerrüttung des menschlichen Verstandes durch Affekte und Leidenschaften beikommen wollten (Gröschke 1981). Beispielhaft für diesen psychiatrischen Behandlungsansatz steht das Lehrbuch von Johann Christian Reil "Rhapsodien über die Anwendung der psychischen Curmethode auf Geisteszerrüttungen" (Halle 1803).

Erst zu Beginn unseres Jahrhunderts wurde diese klassische Entwicklung seit Itard und Séguin von der Ärztin und Pädagogin Maria Montessori (1870 - 1952) wieder aufgegriffen und für die Heilerziehung geistig behinderter Kinder sowie für die allgemeine Elementarerziehung in reformpädagogischer Absicht aktualisiert.

Montessori machte gegen alle inzwischen eingetretenen Ansätze einer *Medizinisierung* und *Psychiatrisierung* schwerer Formen von geistiger Behinderung erneut geltend – unter direkter Berufung auf Itard und Séguin – "daß das Problem der geistig Zurückgebliebenen eher überwiegend ein pädagogisches als überwiegend ein medizinisches ist" (Montessori 1909, zit. in Lane 1985, 320).

Für die Entwicklung der Heilpädagogik ist dies symptomatisch: Ihre großen Wegbereiter, von Itard, Séguin, über Georgens, Rösch, Bisalski bis zu Montessori und Asperger im 20. Jahrhundert waren eigentlich Ärzte, die jedoch sehr bald die Notwendigkeit des heilerzieherischen Momentes klar erkannten, trotzdem das merkwürdige Changieren zwischen medizinischem und pädagogischem Denken nie ganz überwinden konnten, das für die Heilpädagogik typisch wurde.

Seine – alles in allem – mäßigen Erziehungserfolge, legt man das Ideal des zivilisierten und zum Vernunftgebrauch befähigten bürgerlichen Subjekts zugrunde, hat Itard nicht beschönigt. Besonders Victors bleibende Unfähigkeit zum vernünftigen Sprachgebrauch wertete er als pädagogische Niederlage. Heute, wo wir andere alternative Kommunikationsmöglichkeiten bei geistig behinderten Menschen kennen, urteilen wir anders darüber. Immerhin weist er in seinem letzten Bericht (1807) auf folgende Fortschritte seiner Zivilisierungsmaßnahmen hin:

"Trotz seinem unmäßigen Drang nach der Freiheit der offenen Felder und seiner Gleichgültigkeit gegenüber den meisten Annehmlichkeiten des gesellschaftlichen Lebens ist Victor sich der Pflege bewußt, die man ihm angedeihen läßt, ist er empfänglich für Zärtlichkeiten und Zuneigung, empfindet er Gefallen daran, etwas richtig zu tun, schämt er sich seiner Fehler und bereut seine Wutausbrüche".

Wie lassen sich nun die bleibenden Lehren aus Itards Vermächtnis in Bezug auf unsere Fragestellung (Pädagogik/Heilpädagogik/Sozialpädagogik) zusammenfassen? Itards grenzenloser pädagogischer Optimismus, gepaart mit einem aufklärerischen Gestus, hat ihn die behinderungsspezifischen Besonderheiten in Victors Entwicklung (frühe soziale Deprivation, nicht genutzte sensible Phasen, eventuelle organische Schädigungen) ignorieren lassen. Seine Pädagogik war zu total/totalitär, indem sie zu wenig *individualisierte* und von den positiv gegebenen Fähigkeiten und Neigungen Victors ausging. Um mit Paul Moor zu reden: Sie war zu sehr gegen den Fehler und zu wenig auf das Fehlende ausgerichtet; sie berücksichtigte zu wenig die "Individuallage" (Pestalozzi) des Wilden von Aveyron. Es zeichnet sich bei Itard eine Pädagogik ab, die den therapeutischen Fatalismus und Nihilismus des medizinisch-psychiatrischen Modells partiell überwindet, die Notwendigkeit einer vertieften pädagogisch-therapeutischen Erziehungs- und Sozialisationshilfe bei "kindlichen Notfällen" erkennt, letztlich aber doch zu sehr einer vorgefaßten, abstrakten philosophischen Doktrin verhaftet bleibt (Condillacs Sensualismus), deren Gültigkeit sie "beweisen" wollte.

Ihre Emanzipation von Philosophie und Physiologie hat die Pädagogik bei Itard noch nicht erreicht. Immerhin tauchte ihr eine erste Ahnung auf, wie sehr sie sich in Richtung einer Heil- und Sozialpädagogik vertiefen und erweitern müßte, um ihrem aufklärerischen Anspruch einer Menschenbildung für alle, gemäß der universellen Menschenrechte („déclaration des droits de l'homme") gerecht zu werden. Zur gleichen Zeit bei Pestalozzi ist dieser humanistische Anspruch auf Menschen- und Allgemeinbildung praktisch eingelöst, und zwar gerade für arme, sozialgefährdete und behinderte Kinder.

Ich möchte an dieser Stelle nochmals Harlan Lane zitieren, der den Bogen schlägt von Itard bis Montessori. Allerdings muß dabei bedacht werden, daß die sozial-gesellschaftliche Praxis der Erziehungs- und Behindertenhilfe zwischen diesen beiden historischen Polen komplexer, zerrissener und widersprüchlicher war, als es dieses Fortschrittsmuster monumentalistischer Geschichtsschreibung der Pädagogik suggeriert: "Ungefähr ein Jahrhundert war vergangen von Itard bis Montessori, von Victors "Klassenzimmer" in der Wohnung seines Lehrers bis zu den Kinderhäusern auf der ganzen Welt. Die Einflüsse Condillacs, Pinels, Epées, Sicards mündeten in diese Hauptströmung der modernen Pädagogik: Philosophie, Medizin und Linguistik trafen eines Sommers in Paris im Jahre 1800 bei zwei jungen Männern zusammen. Itard war aufgebrochen, ein enfant sauvage zu erziehen; am Ende seiner Reise war er zum Urheber von Lehrmitteln geworden, zum Erfinder der Verhaltensmodifikation, zum ersten Fachmann auf dem Gebiet des Hörens und Sehens, zum Begründer der Hals- und Ohrenheilkunde, zum Schöpfer der Spracherziehung der Gehörlosen und zum Vater der Sonderschulpädagogik für geistig und körperlich Behinderte. Als sein Schüler Séguin das Steuer übernahm, gewann die Erziehung der Sinne an Weite und Dynamik. Den Weg fortsetzend, begründete Séguin weltweit die Erziehung der Zurückgebliebenen und gewahrte darüber hinaus den weiten

Horizont, wo sich die Erziehung der Behinderten zur Erziehung der ganzen Menschheit öffnete. Als später Kommende sah Montessori den Weg, dem sie folgen mußte klarer vor sich: Sie dehnte zunächst *Itards* Programm auf die Anfangsstadien der kindlichen Entwicklung vor Beginn der schulischen Erziehung aus und revidierte dann unsere Vorstellung von Erziehung überhaupt, unabhängig vom Alter des Lernenden" (Lane 1985, 326).

Es soll nicht verschwiegen werden, daß man (mit Foucault 1977; 1978) auch einen "bösen Blick" auf die Entwicklungsgeschichte von Psychiatrie, Psychologie und Pädagogik seit Ende des 18. Jahrhunderts werfen kann. Dann treten allerdings nicht so sehr der humanitäre Fortschritt, der Zuwachs an Menschenfreundlichkeit, Philanthropie und Solidarität in Erscheinung. In dieser exemplarischen Sicht erscheinen Medikalisierung und Pädagogisierung abweichenden Verhaltens als Durchsetzung eines sanften, aber unausweichlichen Normalisierungs-, Kontroll- und Disziplinierungsdispositivs mittels Praktiken symbolischer Gewalt, die immer erfolgreicher die früheren Formen kruder physischer Gewalt und Repression ersetzen. Foucault spricht von einer "Mikrophysik der Macht", die immer perfekter die sozialen Beziehungen der Mitglieder der neuzeitlichen Gesellschaft durchherrscht und deren Verwalter Ärzte, Juristen, Pädagogen, Fürsorger und Priester sind. Es kommt zur "Formierung der Disziplinargesellschaft" während des bürgerlichen Zeitalters seit Anfang des 19. Jahrhunderts.

"Die Normalitätsrichter sind überall anzutreffen. Wir leben in der Gesellschaft des Richter-Professors, des Richter-Arztes, des Richter-Pädagogen, des Richter-Sozialarbeiters; sie alle arbeiten für das Reich des Normativen; ihm unterwirft ein jeder an dem Platz, an dem er steht, den Körper, die Gesten, die Verhaltensweisen, die Fähigkeiten, die Leistungen" (Foucault 1977, 391–392).
Wie immer man zu dieser anhaltenden Provokation durch Foucaults "bösen" archäologischen Blick aufs Vergangene stehen mag, man muß ihn ernst nehmen als eine spezifische Form der Kritik an der Moderne, als eine originelle Version einer anderen "Dialektik der Aufklärung".

2.2.2. Die Pädagogik angesichts der "sozialen Frage": Die Sozial- (und Heil-)pädagogik von J. H. Pestalozzi

Das lang andauernde Verhältnis, das Heil- und Sozialpädagogik miteinander haben, ist historisch älter, als die wissenschaftlichen Begriffe, die man viel später zur Kennzeichnung dieser zunächst gemeinsamen Praxisformen geprägt hat.

Die relativen Unterschiede zwischen beiden pädagogischen Spielarten lassen sich überhaupt nur als historisch gewachsene Schwerpunkte gemeinsamer praktischer Arbeit verstehen, die immer den Charakter der Nothilfe trug. Heil- und Sozialpädagogik war seit Beginn an pädagogische Nothilfe in den "Hinterhöfen" der Menschheit.

Diese gemeinsamen historischen Grundlagen zeigen sich zum ersten Mal in deutlicher Ausprägung und exemplarischer Verdichtung im Werke Johann Heinrich Pestalozzis (1746–1827), des großen Schweizer Pädagogen und Sozialreformers. Die Charakterisierung der Pädagogik Pestalozzis als eine "Pädagogik der Notfälle" durch Wilhelm Flitner trifft beide Momente genau: Das sozialpädagogische (Erziehung für arme, sozialgefährdete und verwahrloste Kinder), wie das heilpädagogische (Erziehung behinderter Kinder). Pestalozzi erkannte die Komplementarität von sozialer Not und sozialpädagogischer Hilfe, und ließ sich von dieser Erkenntnis praktisch in die Pflicht nehmen (Gröschke 1986a).

Der "Verwilderung des Einzelnen" entspricht die "Verwirrung des Ganzen" und umgekehrt – aus dieser Einsicht macht Pestalozzi sein Programm zur Strukturierung neuer pädagogischer Felder. Wenn schon das Ganze sich dem gestaltenden Zugriff immer wieder entzieht, ist doch Erziehung möglich in verantwortetem, geplantem Handeln, in methodischen Arrangements von Lebensräumen und Interaktionsmustern (Gröschke, 1986, 122).

In der Erziehung armer, heimatloser und verwahrloster Kinder kommen sich Heil- und Sozialpädagogik geschichtlich am nächsten. Sie führen gemeinsam ins Zentrum allgemein pädagogischer Probleme (Möckel 1988); es ist eine Pädagogik an ihren Brennpunkten. Verwahrloste und behinderte Kinder stellen die Pädagogik in Gestalt der Sozial- und Heilpädagogik auf die Probe des Ernst- und Grenzfalles.

Man muß jedoch konstatieren, daß die sich im 19. Jahrhundert entwickelnde wissenschaftliche <main stream> Pädagogik bis in jüngste Zeit hinein die sozial- und heilpädagogischen Ansätze weitgehend ignoriert hat. Heil- und Sozialpädagogik teilen eine Art Schicksalsgemeinschaft, indem beide Formen einer "Pädagogik der Notfälle" randständig bleiben, ja marginalisiert wurden. Für die Heilpädagogik bedeutet dies, daß sie lange/allzulange von medizinisch-psychiatrisch-psychopathologischen Denkformen dominiert blieb (bis weit ins 20. Jahrhundert zu Bopp, Hanselmann und Moor).

Die sozialen Folgen der ersten Industrialisierungswellen, Entwurzelung und Verelendung durch Kriege nötigten seit Ende des 18. und im Verlaufe des 19. Jahrhunderts zur Einrichtung der die Familie ergänzenden Formen subsidiärer Erziehung. Pestalozzi möchte die "häuslichen Verhältnisse", die er für die ersten und natürlichen hält, in seiner außerfamilialen "Wohnstubenerziehung" in der Anstalt nachbilden (vgl. sein "Buch für das Volk", so der Untertitel seines didaktischen Romans "Lienhard und Gertrud" 1781–1787). Er hält die Familie zwar immer noch für den primären und wichtigsten Ort der Erziehung, sieht jedoch gleichzeitig, daß der mit der beginnenden Industrialisierung einhergehende soziale Strukturwandel erweiterte und subsidiäre Erziehungsformen und -einrichtungen in Schule und Kinderheim zwingend erforderlich macht. Die als Pauperismus bezeichnete vorindustrielle Massenarmut in Mitteleuropa zu Beginn des 19. Jahrhunderts infolge des zunehmenden Bevölkerungswachstums, der zahlreichen Kriege, der allmählichen Umwandlung der Landwirtschaft in expansive Industrieproduktion stellte die Gesellschaft vor große Herausforderungen. Erste Ansätze im Fürsorge- und Wohlfahrtswesen waren die Antwort: Armen- und Waisenhäuser, "Industrieschulen", "Nothanstalten" und "Rettungshäuser". Sie gingen zunächst ganz überwiegend auf die Initiative Einzelner oder kleiner privater Vereinigungen philanthropischer oder caritativer Art zurück. Es waren Einrichtungen freier Wohlfahrtspflege, bürgerliche Wohltätigkeit und keine Staatsinstitute.

Pestalozzis landwirtschaftliches Unternehmen auf dem "Neuhof" (1769–79) und später sein Waisenhaus in Stans waren solche heil- und sozialpädagogischen Einrichtungen, die der zunehmenden Erziehungsnot in den Familien und dem Leid verwahrloster Kinder begegnen wollten. Seine zentrale pädagogische Idee war die einer Hausgemeinde, eine neue Art von Verbindung von gemeinsamem Leben, Erziehung und Unterricht. Das frühe Scheitern seiner Stanser Einrichtung an ökonomischen Zwängen ist nicht Beweis gegen sie, sondern vielmehr Ausweis ihrer gesellschaftlichen Notwendigkeit. "Pestalozzis Erziehungsversuche wirkten, weil sie wirklich waren, keine Utopien, wie Rousseaus Emile oder Goethes Pädagogische Provinz ... auch mißglückte Experimente haben Beweiskraft" (Möckel 1988, 74).

Bemerkenswert für die damalige Zeit ist Pestalozzis Verbindung von *pädagogischem* und sozialpolitischem *gesellschaftskritischem* Denken; auch hierin ist er ein früher Prototyp eines Sozialpädagogen. Nach seinem Menschenbild ist der Mensch zwar im Rousseauschen Sinne von Natur aus auf das Gute angelegt und durch Erziehung und Bildung zum Herrn seiner selbst zu machen, aber durch soziale Notlagen und gesellschaftliche Mißstände ist er immer wieder in diesem Prozeß der Selbstwerdung gefährdet und beeinträchtigt. Nach Pestalozzis historisch-anthropologischer Dreistufenlehre („Meine Nachforschungen über den Gang der Natur in der Entwicklung des Menschengeschlechts", 1797)ist die individuelle Entwicklung Prozeß und Ergebnis der wechselseitigen Durchdringung dreier Zustände: Des Naturzustandes (der Mensch als Werk der Natur), des gesellschaftlichen Zustandes (der Mensch als Werk der Gesellschaft) und schließlich des sittlichen Zustandes (der Mensch als Werk seiner selbst). Um das Erziehungsziel eines allseitig an Kopf, Herz und Hand gebildeten Menschen verwirklichen zu können, sind Erzieher wie Zögling auf humanisierte äußere politische und soziale Lebensverhältnisse angewiesen. Und wo diese sich als defizitär erweisen, sind sie ebenso Ziel umfassender erzieherischer Anstrengungen wie die Arbeit in Heim und Anstalt dem Wohl des Einzelnen gilt. Dabei vergißt Pestalozzi auch nicht die körperlich und geistig Behinderten:

"Auch der Allerelendeste ist fast unter allen Umständen fähig, zu einer alle Bedürfnisse der Menschheit befriedigenden Lebensart zu gelangen. Keine körperliche Schwäche, kein Blödsinn allein gibt Ursache genug, solche mit Beraubung ihrer Freiheit in Spitälern und Gefängnissen zu versorgen; sie gehören ohne anders in Auferziehungshäuser, wo ihre Bestimmung ihren Kräften und ihrem Blödsinn angemessen gewählt und leicht einförmig genug ist. So wird ihr Leben, der Menschheit gerettet, für sie nicht Qual, sondern beruhigte Freude, für den Staat nicht lange kostbare Ausgabe, sondern Gewinn werden" (Pestalozzi, zit. nach Kobi 1993, 272).

Allerdings muß man feststellen, daß diese Aussage Pestalozzis zunächst eine Beschwörungsformel blieb, ein Appell an die Allgemeinheit, der lange Zeit wirkungslos blieb. Die Idee der "bürgerlichen Brauchbarkeit" der Erziehung zur "Industriosität", markierte noch für lange Zeit die Grenze der heilpädagogischen

Bemühungen, zumindest was die körperlich und geistig Schwerbehinderten betraf. Während Blinden- und Gehörlosen-Pädagogen schon im 18. Jahrhundert spektakulär demonstrieren konnten, zu welchen Leistungen ihre Zöglinge in der Lage waren, blieben geistig Behinderte oder blinde und geistig behinderte sowie taubstumme und geistig behinderte Kinder noch lange Zeit pädagogisch ausgegrenzt. Trotz einzelner Nachweise der Erziehungs- und Bildungsfähigkeit geistig behinderter Kinder (Itard, Pestalozzi, Guggenmoos) galten die ersten behindertenpädagogischen Anstrengungen im Zeitalter der Aufklärung den gehörlosen und blinden Kindern, die man zur bürgerlichen Brauchbarkeit erziehen konnte, deshalb finden sich schon früh in der Geschichte der Heilpädagogik (um 1770) erste Gehörlosen- und Blindenschulen. Im Zeitalter der Restauration kümmerte man sich um die Rettung verwahrloster Kinder nicht zuletzt deshalb, weil man zeigen konnte, daß sie durch Arbeitserziehung zu einer selbständigen bürgerlichen Existenz zu bringen waren.

2.2.3. *Eine lange Praxis wird auf den Begriff gebracht: Die Heilpädagogik von J. D. Georgens und H. M. Deinhardt*

Jeder Heilpädagoge weiß, daß im Jahre 1861 zum ersten Mal der Name "Heilpädagogik" für das Fachgebiet der pädagogischen Behindertenhilfe auftauchte. Namensgeber waren der Arzt, Anthropologe und Pädagoge Jan Daniel Georgens (1823–1886) und sein Mitarbeiter, der Pädagoge Heinrich Marianus Deinhardt (1821–1880).

In diesem Jahr erschien im Verlag Fleischer in Leipzig der erste Band ihres Werkes "Die Heilpädagogik. Mit besonderer Berücksichtigung der Idiotie und der Idiotenanstalten". Es handelt sich um "Zwölf Vorträge zur Einleitung und Begründung einer heilpädagogischen Gesamtwissenschaft". Der zweite Band (1863 erschienen) trägt den Titel "Idiotie und Idiotenerziehung in ihrem Verhältnis zu den übrigen Zweigen der Heilpädagogik und zu der Gesundenerziehung". Beide Autoren waren Gründer und Vorsteher der "Levana Heilpflege- und Erziehanstalt" für geistes- und körperschwache Kinder in Wien, die sie 1856 einrichteten, allerdings 1865 aufgrund finanzieller Schwierigkeiten auch wieder aufgeben mußten. Vor und nach der Zeit der "Levana" engagierte sich Dr. Georgens in der Kindergarten-Bewegung, nachdem er 1851 Friedrich Fröbel kennengelernt hatte.

Georgens und Deinhardt haben die Heilpädagogik nicht "erfunden", sondern eine damals bereits lange Praxis der Fürsorge für Behinderte, die es seit Mitte des 18. Jahrhunderts gab, auf den Begriff gebracht. Sie tun dies in der dezidierten Absicht, die vielen und meist unverbundenen Entwicklungslinien auf diesem Feld sozialer Praxis konzeptionell zu einer "heilpädagogischen Gesamtwissenschaft" zu bündeln.

Ihre besondere historische Leistung besteht darin, daß sie die zu ihrer Zeit alles in allem noch vereinzelten Anstrengungen um "idiotische" und "blödsinnige" Personen vertieft und in das Spektrum der allgemeinen sozialen und medizinisch-pädagogischen Maßnahmen aufgenommen haben.

Dieser ethische Akt der "Aufnahme vormals mißachteter und vernachlässigter Gruppen von Personen ist eine symbolische Geste von konstitutiver Bedeutung für die Heilpädagogik" (Gröschke 1993).

"Die humane und wissenschaftliche Tendenz, welche die heilpädagogischen Bestrebungen hervorgetrieben hat, ist ein und dieselbe: Die Tendenz, die von Haus aus die Ausgeschiedenen, Ausgestoßenen und Verlorenen in den Umkreis der menschlichen Gesellschaft aufzunehmen, ihre Isolierung aufzuheben, die Schuld der Vernachlässigung, welche der Gesellschaft den heilbedürftigen gegenüber zugesprochen werden muß – eine Schuld, die nicht nur die einer langen Vernachlässigung ist, sondern in den Ausartungen der Zivilisation liegt, welche die Quelle besonderer Deformitäten sind – soweit als möglich, die Kraft der Wiederherstellung, der Restauration und Regeneration bewährend, zu tilgen" (Georgens und Deinhardt 1861, 335).

Mit der Rede von den "Ausartungen der Civilisation" als "Quelle besonderer Deformitäten" greifen Georgens und Deinhardt eine zivilisationsskeptische und -kritische Denkfigur auf, die man in Ansätzen bereits bei Pestalozzi, stark ausgeprägt in der deutschen Romantik, nicht jedoch bei den Franzosen Itard, Séguin u. a. findet, die vielmehr noch voller Optimismus auf den Fortschritt der Zivilisation setzen (vgl. Abschnitt 2.2.1.).

Man kann darin beinahe einen "deutschen Sonderweg" sehen, der später im begrifflichen Gegensatz von "Zivilisation" (Frankreich, England) versus "Kultur" (Deutschland) kulminierte. Es ist interessant festzustellen, daß man sich ungefähr ab 1890 in Gelehrtenkreisen der Universitätspädagogik verstärkt mit "Socialpädagogik" zu befassen begann. Besonders der Neukantianer Paul Natorp (1854–1924) plädierte für eine "ethische Kultur" zur volkspädagogischen Überwindung des egoistisch-libertären Individualismus durch "sittlichen Sozialismus". Die geistige und sittliche Herausbildung aller Glieder eines Volkes zur "Kultur", "und zwar in Gemeinschaft, durch Gemeinschaft, als Gemeinschaft", das sei Aufgabe der "Sozialpädagogik" in Abgrenzung zur "Individualpädagogik" der *Herbartschen* Tradition. Diese Sozialpädagogik sollte der "Kulturkrise" begegnen, an der das Bildungs-Bürgertum zunehmend kränkelte (vgl. Wendt 1990, 209ff). Erst "Kultur" und nicht schon "Zivilisation" führt den Menschen zur Vollendung seines sozial-gesellschaftlichen Seins. Die antimodernistisch gebrauchte Kampfformel "Kultur versus Zivilisation" meinte (deutsche) Tiefe und Geistigkeit gegenüber moderner westlicher (französisch/englisch/amerikanischer) Oberflächlichkeit. Diese idealistisch überhöhte, bildungsbürgerliche Version von "Sozialpädagogik" bei Natorp spielte im 20. Jahrhundert jedoch keine besondere Rolle mehr.

Von einer solchen kulturtheoretischen Überhöhung der Heilpädagogik sind Georgens und Deinhardt allerdings gänzlich frei. In ihrem kritisch-dialektischen und stets realistischen Denken erkennen sie, daß "die Heilpädagogik ein notwendiges Produkt und ein notwendiges Erfordernis der gegenwärtigen Civilisation" ist (1861, 350) und – sozialpolitisch noch radikaler – "daß hiernach die Organisation der Wohltätigkeit der notwendige Anfang der notwendigen Neuorganisation der Gesellschaft ist" (352). Ihre Forderungen richten sie an den Staat und seine Sozialpolitik, der die Organisation der Wohltätigkeit zu übernehmen habe, besonders auch indem er staatliche "Zentral- und Musteranstalten" einrichten solle für Gruppen bisher vernachlässigter Behinderter, an denen sich die freie Wohlfahrtspflege dann orientieren könne. Indem sie also soziale und politische Rechte einfordern, sind Georgens und Deinhardt politisch aufgeklärter, als die späteren akademisch-bürgerlichen Sozialpädagogen im Gefolge Natorps, die über einen ethisch überladenen Kulturbegriff eine Moralisierung sozialer Probleme betreiben und dabei Politik und Moral durcheinander werfen.

Jan Daniel Georgens, der eigentliche "Nestor der deutschen Heilpädagogik" (so Walter Bachmann im Vorwort der Neuausgabe 1989, 2), bringt gemäß seiner medizinisch-anthropologischen Ausrichtung einen deutlich materialistischen Zug in das gemeinsame Programm ein. Als wichtigste Ursache für die "individuelle Verkümmerung und Entartung" der zahlreichen "Heilbedürftigen" werden das "ökonomische Elend und mit demselben zusammenhängende Leidenzustände" benannt. Die zunehmende

Entstehung eines Industrieproletariats und damit die Zuspitzung der "sozialen Frage" führten sie zu dieser gesellschaftskritischen Diagnose.

Ebenso jedoch wird der zentrale Stellenwert der biologisch-naturwissenschaftlichen Anthropologie in der Heilpädagogik betont, die ja "den Anbau eines Zwischengebiets zwischen Medizin und Pädagogik darstellt". In ihrem spezifischen Naturalismus, in der Hervorhebung der organischen und psychophysischen Faktoren der individuellen Entwicklung, die im Falle von Behinderungen nicht selten als "Abnormität und Deformität", d. h. als Schädigungen, Krankheiten und Gebrechlichkeiten gegeben sind und heilerzieherisch besonders berücksichtigt werden müssen, haben Georgens und Deinhardt ein markantes Merkmal im unverwechselbaren Eigenprofil der Heilpädagogik bestimmt. Dieses Merkmal macht auch heute noch das Besondere dieser speziellen Pädagogik aus, auch wenn der "biologische Faktor" heute theoretisch und terminologisch anders benannt wird. Sie erinnern damit jegliche Pädagogik an das individuell "Gegebene", die Anlagen und Dispositionen, die "Eigenart" jedes Kindes, die es als Naturwesen erleichternd oder erschwerend in den Erziehungsprozeß einbringt (z. B. sein Temperament). "Hier, auf praktischem Gebiete der Heilpädagogik, ist ein Individualisieren, ein Eingehen auf die Individualität, wie es die Gesundenerziehung nicht erlaubt, geboten" (Georgens u. Deinhardt 1861, 20).

Der erste und bedeutendste Heilpädagoge des 20. Jahrhunderts, der Schweizer Heinrich Hanselmann (und in seiner Nachfolge auch sein Schüler Paul Moor), faßte diese Einsicht in seinem Leitbegriff der "Entwicklungshemmung" aufgrund "individualer und sozialer Faktoren". Das heute international gültige Verständnis von Behinderung als eine Trias von "impairment-disability-handicap" (WHO 1980) beinhaltet ebenfalls diese biotisch-psychophysische Komponente.

Weiterhin weisen Georgens und Deinhardt in ihrem Werk auf den wichtigen Befund hin, daß "die Individuen von mangelhafter und entarteter Organisation keineswegs bloß der Sphäre der Not und des Elends angehören, sie finden sich vielmehr in allen Gesellschaftssphären" (351). Gemeint sind eindeutig als nichtkrankhaft zu bezeichnende Varianten und Spielarten menschlicher Persönlichkeiten, für die man später den problematischen Begriff der "konstitutionellen Psychopathie" prägte (= "umschriebene Entwicklungshemmung" sensu Kraepelin) und die man heute in der modernen Psychiatrie mit dem neutralen Begriff der "Persönlichkeitsstörungen" bezeichnet. Da ihre Entwicklung und Erziehung wesentlich erschwert ist, gehören sie ebenfalls in das Gebiet der Heilpädagogik.

Obwohl das heilpädagogische Programm von Georgens und Deinhardt der langen Tradition der Medico-Pädagogik zuzurechnen ist, kann man ihnen konzedieren, daß sie kaum *organizistisch*, sondern eher *sozial-medizinisch* eingestellt sind. Das biologisch-medizinische Denkmodell in der Heilpädagogik seit Itard über Guggenbühl, Rösch, Georgens und Deinhardt, bis zu Ludwig von Strümpell (1890 "Die pädagogische Pathologie oder die Lehre von den Fehlern der Kinder") mündete im 20. Jahrhundert in die Version von Heilpädagogik als angewandter Kinderpsychiatrie (Asperger in Österreich) bzw. in das Konzept einer "ärztlichen Heilpädagogik" als "Entwicklungsrehabilitation" auf der Basis der *Montessori*-Pädagogik (Theodor Hellbrügge in Deutschland). Wenn es zum Dominieren kam, gefährdete es immer wieder den genuin pädagogischen Charakter der Heilpädagogik, wie er im wesentlichen von Bopp, Hanselmann und Moor gegenüber der Medizin errungen wurde.

Gegenwärtig äußert sich das für die außerschulische Heilpädagogik fast schon charakteristische Spannungsgefüge zwischen *psychiatrisch-psychopathologischer* versus *pädagogischer* Orientierung in den unterschiedlichen Handlungskonzepten zum Umgang mit dem Problem geistig behinderte Menschen mit gravierenden psychischen Störungen (sog. "dual diagnosis": geistig behindert und psychisch krank). Sind für die Behandlung dieser zahlenmäßig bedeutenden Problemgruppe spezielle psychiatrisch-psychotherapeutische Therapiemethoden in besonderen therapeutischen "settings" notwendig – mit entsprechender Zuständigkeit von Psychiatern und klinischen Psychologen, versteht sich – (und/)oder kommt es in erster Linie auf die Gestaltung der psycho-sozial förderlichen zwischenmenschlichen Beziehungsstrukturen im Alltagsleben an und eben nicht auf die alltagsdistanzierte Kreation therapeutischer Sonderarrangements? (Theunissen 1995). Auch die nach wie vor unerledigte Aufgabe der *Entpsychiatrisierung* der Lebensbedingungen großer Gruppen geistig behinderter Erwachsener ist eine lastende Hypothek aus der spezifischen Geschichte der Heilpädagogik zwischen Psychiatrie und Pädagogik. Zu erwähnen ist weiterhin in diesem Zusammenhang die nicht zu leugnende Rivalität im Bereich der Frühförderung/Frühtherapie, wer letztlich "das Sagen hat": Die *Pädiatrie* oder die *Pädagogik*? Es wird allseits das Prinzip interdisziplinärer Kooperation beschworen – natürlich mit voller Berechtigung – seine Realisierung erweist sich jedoch immer als schwierig. Die einschlägigen "Good will" Appelle finden sich schon bei Georgens und Deinhardt.

2.3. Zum Verhältnis von Heilpädagogik und Sozialpädagogik: Pädagogische Geschwister aus dem Geiste der sozialen Nothilfe

Die – neben Rousseau – herausragende Gestalt der Formierungsphase der modernen Pädagogik ist Pestalozzi, auf den sich zurecht alle Pädagogen beziehen. Seines innovativen, durchaus widersprüchlichen Werkes und seiner Wirkung bis auf unsere Tage wurde anläßlich seines 250. Geburtstages 1996 wieder umfänglich gedacht (Stadtler 1993; 1996). Obwohl Haeberlin (1996, 233–257) ihn mit Recht als Vorläufer und philosophisch-politischen Gewährsmann der wertgeleiteten Heilpädagogik von Hanselmann und Moor behandelt, kann man Pestalozzi nicht allein für die Heilpädagogik vereinnahmen. An ihm kann man jedoch paradigmatisch das Verhältnis von Heilpädagogik und Sozialpädagogik bestimmen. Da diese beiden pädagogischen Nachbardisziplinen auch im heutigen Ausbildungssystem an Universitäten und Fachhochschulen als eigenständige, aber benachbarte Studiengänge vertreten sind, ist eine Klärung ihres Wechselverhältnisses an dieser Stelle angezeigt.

Zugleich erhoffen wir uns dadurch eine weitere Klärung des "Wesens des Pädagogischen" sowohl für die Heil- wie auch die Sozialpädagogik.

In den zunächst noch integralen sozial- und heilpädagogischen Ansätzen bei Itard, Pestalozzi sowie Georgens und Deinhardt sind historisch betrachtet in exemplarischer Form die Konstellationen zu erkennen, aus denen sich dann in Folge zwei unterschiedliche pädagogische Fachgebiete entwickelt haben.

Wenn man diese gemeinsamen historischen Wurzeln aus dem Geiste christlich, humanistisch oder gesellschaftskritisch motivierter Nothilfe für gefährdete, benachteiligte und behinderte Menschen sich bewußt macht, läßt sich für die Gegenwart auch klarer erkennen, wie das Ergänzungsverhältnis beschaffen sein muß, aus dem heraus Theorie und Praxis der pädagogischen Behindertenhilfe konstruktiv weiterentwickelt werden kann. Dabei gilt es, künstliche Fachgebietsabgrenzungen genauso zu vermeiden, wie einseitige Fusionierungsversuche.

Verfolgt man die weiteren historischen Entwicklungslinien vom frühen 19. Jahrhundert bis in unsere Zeit, ergibt sich im wesentlichen das in Abschnitt 2.3.1. beschriebene Bild.

2.3.1. Entwicklungslinien ins 20. Jahrhundert: Spezialisierung der sozialen und pädagogischen Nothilfe

A. Die Weiterentwicklung der Heilpädagogik seit Georgens und Deinhardt

Die Hoffnung, die recht unterschiedlich weit gediehenen institutionellen, fachlichen und methodischen Ansätze der Behindertenfürsorge seit der Mitte des 18. Jahrhunderts (Blinde, Taubstumme, Körperbehinderte, Sprachbehinderte, Verwahrloste und Schwachsinnige) zu einer "heilpädagogischen Gesamtwissenschaft" zu integrieren, erfüllte sich nicht. Vielmehr wurden drei, alles in allem desintegrativ wirkende Tendenzen bestimmend:

1. Weitere Spezialisierung nach isolierten Behinderungsarten (Sehschwache, Schwerhörige, Lernbehinderte, Schwerstbehinderte, psychische Störungen, Autismus usw.) und ihren diversen Unterarten: Kategoriale Sonderpädagogiken.

2. Dominanz fachfremder theoretischer Modelle (entweder medizinisch-psychiatrisch-psychopathologische oder psychologisch-psychotherapeutische Modelle, die immer wieder in Theorie und Praxis der Heilpädagogik bestimmend wurden; Gröschke 1992b).

3. Verengung auf Hilfsschul- bzw. Sonderschulpädagogik unter relativer Vernachlässigung der außerschulischen Lebensbereiche, sowie des Erwachsenenalters und seiner behinderungsspezifischen Probleme.

In einem Rückblick auf die Geschichte der Heilpädagogik als Wissenschaft und Praxis beschreibt Kanter (1995) vier, sich teilweise überschneidende und durchkreuzende Entwicklungsmuster, die sich mit den oben beschriebenen Tendenzen weitgehend decken:

– Meisterschulen der Heilpädagogik (18. und 19. Jhd.)
– Professionelle Ausdifferenzierung und Verfestigung immer mehr wissenschaftliche Disziplinen aus Medizin, Psychologie, Pädagogik und zunehmende Professionalisierung in den Praxisfeldern)
– Etablierung als pädagogische Wissenschaft (bei zunehmender Aufsplitterung: Sonderpädagogisierung)

– Rückbesinnung auf integrative und ökosystemische Konzepte (seit etwa einem Jahrzehnt).

B. Die allmähliche Herausbildung der Sozialpädagogik

Der Begriff der "Sozialpädagogik" (nicht jedoch ihre spezifische Praxis!) ist sogar um einige Jahre älter als der der Heilpädagogik. Er tauchte zum ersten Mal im Zusammenhang mit Ideen zur allgemeinen Volksbildung bei dem Schulpädagogen Karl Mager (1844) auf. Im Jahre 1850 gebrauchte der Reformer des Volksschulwesens und Bildungspolitiker Adolph Diesterweg ebenfalls den Begriff der "Social-Pädagogik" als Sammelbezeichnung für alle Reformbemühungen angesichts des Pauperismus und der "sozialen Frage". Gemeint waren Bemühungen sozialreformerischer Art, die gesellschaftliche Aufklärung, Bewußtseinsbildung, Bildungsmaßnahmen und materielle Hilfen umfaßten. Wie schon von Pestalozzi vorweggenommen, wurde eine "Pädagogisierung des Pauperismus" als Reformstrategie angeregt.

Es dauerte jedoch bis Ende des 19. und bis ins 20. Jahrhundert hinein, bis aus den verschiedenen neuen sozialen Bewegungen heraus Theorie und Praxis der Sozialpädagogik ihr heutiges Profil gewannen. Zu nennen sind hier insbesondere die Jugend- und Frauenbewegung, die lebensreformerischen Bewegungen und auch die Reformpädagogik.

Anders als das recht unproduktive Gegensatzpaar "Kultur" versus "Zivilisation" wurde das Begriffspaar "Gemeinschaft und Gesellschaft" seit Ende des 19. Jahrhunderts für die Klärung von Selbstverständnis und Aufgaben der Sozialpädagogik folgenreich. Im Jahr 1887 erschien das Hauptwerk des Soziologen Ferdinand Tönnies (1855–1936) "Gemeinschaft und Gesellschaft", in dem er in sozial-diagnostischer und sozial-politischer Absicht zentrale Tendenzen der modernen Industriegesellschaft analysierte. Er hob besonders die Gleichzeitigkeit von Zivilisationsfortschritt durch Utilitarismus und zunehmende "Rationalisierung" aller Gesellschaftsbereiche hervor (im Sinne Max Webers) *und* wachsender Entfremdung durch den Zerfall traditioneller Sozialbeziehungen in Familie, Gemeinde und alltäglicher Lebenswelt. Die fortschrittsbedingten Verluste an lebenssinn- und haltgebenden Gemeinschaftserfahrungen müssen durch soziale Organisation neuer Formen von Gesellung und Gemeinschaft kompensiert werden. Die sich formierende Sozialpädagogik (und bedingt auch die Heilpädagogik) verstand sich als eine solche Kompensationsbewegung mit pädagogischen Mitteln. Im Jahre 1912 erschien eine

Neuauflage von "Gemeinschaft und Gesellschaft", die in den lebensphilosophischen Strömungen und Reformbewegungen dieser Zeit nachhaltigen Einfluß ausübte. Es ist interessant zu beobachten, daß zur Zeit im Bereich der Sozial- und Gesellschaftstheorie eine ähnlich gelagerte Diskussion um "Liberalismus" versus "Kommunitarismus" (von engl. "community", Gemeinschaft) geführt wird (Gröschke 1993; 1995c).

Neben den bereits etablierten Bereichen der allgemeinen Fürsorge, sowie der Gesundheits- und Wohlfahrtspflege bildete sich während der Notzeiten des ersten Weltkriegs (verstärkt ab 1918) der neue Bereich der Jugendpflege. Die Verabschiedung des Jugendwohlfahrtsgesetzes (JWG 1922, seit 1991 als Kinder- und Jugendhilfegesetz KJHG) und des Jugendgerichtsgesetzes (1923) waren hierfür markante Daten. In den Zwanziger Jahren wurde der Philosoph und Pädagoge Herman Nohl (1879–1960) zu einem Wortführer der "sozialpädagogischen Bewegung", die sich im Sinne von "Erziehung als Lebenshilfe" auf die pädagogischen Felder außerhalb der Schule konzentrierte. Es kam zu einer nachhaltigen Pädagogisierung der gesamten Wohlfahrtspflege. Die Sozialpädagogik konstituierte sich als praktisch eingestellte Notstandspädagogik. "Der Pädagogisierung bedarf alles, was außerhalb der Schule an menschlichen und sozialen Verhältnissen behandelt, gebessert, gebildet und gestaltet werden muß" (so Wendt 1990, 225 zu diesem Programm von Nohl und Gertrud Bäumer). Hier mündet die so verstandene Sozialpädagogik in die allgemeine Praxis sozialer Arbeit ein. Aus dieser Entwicklung resultiert auch die fachliche Doppelbezeichnung Sozialarbeit/Sozialpädagogik, die man im Ausbildungs- und Berufsbereich antrifft.

Zur Professionalisierung dieser umfangreichen Praxisfelder wurden zu dieser Zeit die ersten Wohlfahrtsschulen eingerichtet, in denen vornehmlich Frauen zu Fürsorgerinnen ausgebildet wurden, während die Leitungsfunktionen in der Sozialbürokratie überwiegend den universitär ausgebildeten Männern vorbehalten blieben. Aufgrund dieser geschlechtsrollenspezifischen Funktionsteilung in der immer noch patriarchalen Gesellschaft wurden die sog. "sozialen Berufe" zu einer Domäne der Frauen.

Seit dieser eigentlichen Gründerzeit der Sozialpädagogik lassen sich ihre heute äußerst plural gewordenen Denk- und Handlungsmodelle auf zwei Paradigmen zurückführen (Buchka 1992a):

1. Sozialpädagogik als Theorie und Praxis der psychosozialen Intensiverziehung: Diese pragmatische, historisch bei Pestalozzi ansetzende Version von Sozialpädagogik gibt ihr eine umfassende Indikation für alle Situationen, in denen vertiefte und nachhaltige Erziehungshilfe not tut (inklusive Erziehung bei Behinderten und Verhaltensgestörten).
2. Sozialpädagogik als Theorie und Praxis der Jugendhilfe (in Deutschland maßgebend so seit Mollenhauer bis Iben, Giesecke, Thiersch u. a.).

2.3.2. Heilpädagogik und Sozialpädagogik: Komplementarität und Eigensinn

Selbst wenn man in der Sozialpädagogik aus strategischen Gründen dem ersten Paradigma anhängt (Sozialpädagogik als Theorie und Praxis der psychosozialen Intensiverziehung), muß man aus Gründen historischer Gerechtigkeit und Redlichkeit folgende Fakten akzeptieren:

Heilpädagogik als *Fachgebiet* und Heilpädagogen als *Berufsgruppe* besitzen besondere biopsychosoziale Fachkompetenz für die *Förderung, Erziehung, Bildung* und *Pflege behinderter Menschen*. Sie sind die eigentlichen *Spezialisten* für die *pädagogische Behindertenhilfe*. Diese besondere Fachlichkeit ist ihnen in einer langen Tradition zugewachsen. Aufgrund ihrer vertieften biologischen, medizinischen Kenntnisse über individuelle Entwicklungsabweichungen und besondere Entwicklungsausgangsbedingungen sind sie Spezialisten für strikt *individualisierende Erziehungs- und Förderansätze* angesichts individueller *Besonderheiten* menschlicher Entwicklung (ohne dabei allerdings die gesellschaftlichen Dimensionen ihrer Arbeit zu vergessen).

Die besondere *existentielle* Situation des behinderten Menschen in der Gesellschaft nötigt die Heilpädagogik (und die Heilpädagogen), die *anthropologische* Dimension ihres Handelns verschärft in den Blick zu nehmen. Die anthropologischen Dimensionen des heilpädagogischen *Menschenbildes* umfassen dabei in *integraler* Zusammenschau *biologische, philosophisch-theologische* und *ethisch-normative* Aspekte und Fragen.

Über die besondere Verantwortung für Menschen, die körperlich und geistig schwerbehindert sind (sog. "Schwerstmehrfachbehinderte"), bringt die Heilpädagogik die Handlungsform der *Pflege* in die pädagogische Arbeit ein.

Konzepte der vom personalen Grundphänomen der *Leiblichkeit* ausgehenden "Förderpflege" tragen den besonderen psychophysischen und zwischenmenschlichen Gegebenheiten bei dieser Personengruppe heilpädagogisch Rechnung. Dabei hat schon Kant in seiner pädagogischen Anthropologie darauf hingewiesen, daß der Mensch nicht nur *Zögling* und später *Lehrling* ist, sondern immer zunächst auch *Pflegling*. Pflege ist also eine pädagogische Urhandlung, die auf ein anthropologisches Existential antwortet. Auch das ist ein produktiver Beitrag der Heilpädagogik zur Erweiterung und Vertiefung des allgemein pädagogischen Selbstverständnisses. Mit ihrem zentralen Begriff der "seelenpflegebedürftigen" Menschen hat die anthroposophische Heilpädagogik diesen anthropologischen Aspekt auf ihre besondere Weise aufgegriffen. Dabei ist es wiederum ein (unausweichlicher?) Zug der universalen Spezialisierung im Sozialsektor, daß sich heute eine eigene Pflegewissenschaft zu etablieren beginnt, sowie im Ausbildungsbereich eigene Studiengänge für Pflegepädagogik an der Schnittstelle von Sozial- und Gesundheitssektor.

Als Fazit unserer historischen Betrachtungen lassen sich zum Verhältnis von Heilpädagogik und Sozialpädagogik folgende Feststellungen treffen:

– die Praxis der Behindertenerziehung, d. h. die heilpädagogische Praxis, ist älter als die spezifisch sozialpädagogische Praxis. Sie begann mit der als Ausweg aus pädagogischem Fatalismus motivierten Erfindung neuer Erziehungsmethoden angesichts besonderer individueller Entwicklungsvoraussetzungen. Georgens und Deinhardt erkannten bereits den Primat der Praxis, als sie sagten "Die Praxis kann nicht warten, bis die Wissenschaft fertig ist".
– Heilpädagogik und Sozialpädagogik sind zwei je unterschiedliche und historisch unterscheidbare Entwicklungslinien im öffentlichen Diskurs über die "soziale Frage" (Armut, Verwahrlosung, Krankheit und Behinderung).
– Heilpädagogik ist nicht in Sozialpädagogik überzuführen und vice versa; weder Subordination der einen unter die andere, noch restlose Fusionierung, sondern *Komplementarität* muß ihr wechselseitiges Verhältnis regieren.
– Die regulativen Prinzipien vernünftiger Arbeitsteilung und sinnvoller Ergänzung dürfen nicht dazu führen, "daß Sozialpädagogen ihre heilpädagogischen, Heilpädagogen ihre sozialpädagogischen Aufgaben übersehen und vernachlässigen" (Möckel 1988, 71).
– Die Heilpädagogik muß erkennen und auch realisieren, daß (organisch verursachte) Behinderung auch Verwahrlosung ist,

die Sozialpädagogik, daß Verwahrlosung die individuelle Entwicklung auf einzigartige Weise behindert und häufig auch einen individuellen Verursachungsfaktor aufweist.
- Mit ihrer Orientierung an den Leitkonzepten *Rehabilitation*, *Integration* und *Normalisation* hat die Heilpädagogik eine sozialpädagogische Orientierung gewonnen; Sozialpädagogik als psycho-soziale Intensiverziehung ist genötigt, die Individuallage ihrer Adressaten verschärft in den Blick zu nehmen, und somit wieder ein Element von *Individualpädagogik* zurückzugewinnen.
- Als gemeinsames Spezifikum von Heilpädagogik und Sozialpädagogik im Verhältnis zur Pädagogik allgemein muß die Gleichrangigkeit von *edukativem* Motiv und *Hilfe*-Motiv besonders betont werden. Als Spielarten von Pädagogik antworten sie nicht nur auf die prinzipielle Erziehungsbedürftigkeit des Menschen, sondern leisten umfassende Hilfe in besonderen Notlagen – Lebenshilfe, Hilfe zur Lebensbewältigung – Notlagen, die sich aus individualen und sozialen Bedingungen ergeben haben und denen mit den konventionellen Erziehungsformen nicht beizukommen ist. Der zentrale Stellenwert des Hilfemotivs durchzieht die Geschichte von Heil- und Sozialpädagogik wie auch die fachspezifischen Entwicklungslinien beider Formen von Pädagogik seit sie sich auseinander entwickelt haben.

Diese Tatsachen und Prinzipien müssen im Bereich wissenschaftlicher Theorienbildung, in der Berufsausbildung und in der Berufspraxis beider pädagogischen Disziplinen angemessen umgesetzt werden. Erst wenn man das Eigene kennt, wertschätzt und sich mit ihm identifiziert, kann man als Gleicher unter Gleichen handeln und Komplementarität im Sinne wechselseitiger Ergänzung und Bereicherung überzeugend gestalten.

Ich hoffe, gezeigt zu haben, daß eine historische Betrachtung nicht unzeitgemäß sein muß. Mit Nietzsches "unzeitgemäßen Betrachtungen" über die Rolle der Historie hatten wir dieses Kapitel begonnen, mit Nietzsche will ich es auch beschließen:

"Denn da wir nun einmal die Resultate früherer Geschlechter sind, sind wir auch die Resultate ihrer Verirrungen, Leidenschaften und Irrtümer, ja Verbrechen; es ist nicht möglich, sich ganz von dieser Kette zu lösen. Wenn wir jene Verirrungen verurteilen und uns ihrer für enthoben erachten, so ist die Tatsache nicht beseitigt, daß wir aus ihnen herstammen" (Nietzsche 1874/1984, 33).

3. Das Pädagogische an der Heilpädagogik – Skizze eines Begründungsganges

Es ist eine unhintergehbare Errungenschaft im historischen Prozeß ihrer Selbstvergewisserung, daß sich die Heilpädagogik als integralen, wenn auch speziellen Teil der Pädagogik versteht. Wenn hinter diesen Sachstand nicht mehr zurück gegangen werden kann, ergibt sich allerdings die Notwendigkeit, auf das Wesen des Pädagogischen zu reflektieren, wie es sich dann auch unter den besonderen Arbeitsbedingungen in der Heilpädagogik zeigen muß. Ohne diese allgemein-pädagogische Bestimmung bleiben alle Variationen des Moorschen Generalthemas bloße Programmatik. Bei allen maßgebenden Theoretikern und Lehrbuchautoren der neueren Zeit seit Moor finden sich folgerichtig auch Ansätze, Heilpädagogik pädagogisch zu begründen (Bleidick 1972; 1984; Kobi 1983; 1993; Becker 1984; Jantzen 1987; Speck 1988; 1996; Haeberlin 1996). Ein gewisses Dilemma dieser heil-, sonder-, behinderten- oder rehabilitations*pädagogischen* Begründungsansätze besteht nun allerdings darin, daß ein allgemeingültiges und -verbindliches Verständnis von Pädagogik nicht existiert. Auch in der Heilpädagogik – und darin erweist sie sich bereits als "typisch pädagogisch" – gibt es den Streit der theoretischen Richtungen und Perspektiven.

Mindestens die drei Hauptrichtungen der Pädagogik/Erziehungswissenschaft des 20. Jahrhunderts und ihre diversen Spielarten finden sich auch in der Heilpädagogik repräsentiert:

– die geisteswissenschaftliche Richtung
– die empiristisch-rationalistische Richtung
– die materialistisch-kritizistische Richtung.

Angesichts dieser verschiedenen wissenschaftstheoretischen Profile von Pädagogik/Heilpädagogik kann man allenfalls den Versuch machen, ausgehend von einem *praktischen* Erkenntnisinteresse einen allgemeinpädagogischen "Grundgedankengang" (Wilhelm Flitner, s. Peukert und Scheuerl 1991) zu rekonstruieren, der für die Heilpädagogik als Pädagogik und angesichts ihrer verschiedenen Strömungen eine gewisse Gültigkeit haben könnte. Da er letztlich dazu dienen soll, heilpädagogische *Praxis* und heilpädagogisches *Handeln* aufzuklären, ist damit bereits eine gewisse Präferenz für sinnaufklärende und pragmatische Deutungen der "Struktur des Pädagogischen" (Derbolav 1987) verbunden. Bei der Suche nach meinen Intentionen („Praxiskonzepte der Heilpädagogik") entgegenkommenden Ansätzen der Allgemeinen Pädagogik bin ich auf *praxeologische* und *hermeneutisch-pragmatische* Konzepte gestoßen, die alles in allem der geisteswissenschaftlichen Tradition zuzurechnen sind, sehr wohl aber auch für unabdingbare Einsichten anderer pädagogischer Richtungen offen sind. Wenn man sie durch repräsentative Namen und Positionen markieren möchte, sind vor allem Wilhelm Flitner (1889–1990), Josef Derbolav (1912–1987) und Otto-Friedrich Bollnow (1903–1991) zu nennen (vgl. Derbolav 1987; Benner 1987; Peukert und Scheuerl (Hrsg.(1991). Mir erscheinen diese allgemein-pädagogischen Konzepte deswegen als besonders produktiv, weil sie *explizit* und *integral* anthropologische, ethische und pragmatische Dimensionen von Pädagogik zusammendenken und deshalb meinem Verständnis von Heilpädagogik entsprechen (vgl. Kapitel 1). Da sie auch Befunde der biologisch-medizinischen Anthropologie von einem pädagogischen Standpunkt aus reflektieren und rezipieren, verbinden sie den geisteswissenschaftlichen mit dem natur- und sozialwissenschaftlichen Ansatz, so daß der übliche wissenschaftstheoretische Vorwurf ihrer Unzeitgemäßheit in das Leere geht.

Sinn und Zweck des Pädagogischen als einer spezifischen menschlichen *Praxis* erhellen sich am ehesten, wenn man die Pädagogik mit anderen gesellschaftlichen Teilbereichen (Praxen) kontrastiert. Dies ist die Grundintention des praxeologischen Modells, wie es von Derbolav (1987) und im Anschluß an ihn von Benner (1983; 1987) für die Allgemeine Pädagogik vorgeschlagen wurde.

Dieses Modell gesellschaftlicher Ausdifferenzierung in Teilpraxen erhebt nicht den Anspruch, eine Gesellschaftstheorie zu sein. Es hat in erster Linie eine heuristische Funktion; es ist ein Strukturmodell, das den Ort und die Bedeutung der Pädagogik im Gesellschaftsganzen aufklären soll. Es behandelt die pädagogische Praxis zugleich als "Partialstruktur der Gesellschaftspraxis" (Derbolav 1987, 154).

3.1. Ein praxeologisches Modell: Pädagogik in Gesellschaft

Als eigenständiges Fachgebiet entwickelte sich die Pädagogik seit dem Zeitalter der Aufklärung im Prozeß der zunehmenden Differenzierung von Wissenschaft und Gesellschaft als Funktion allseitiger Arbeitsteilung. Sozial- und Heilpädagogik entwickelten sich parallel dazu, angetrieben von dem *edukativen* und *caritativen* Motiv, niemanden aus diesem universellen Prozeß der Pädagogisierung auszuschließen, bzw. die psychosozialen Folgelasten des Modernisierungsprozesses zu kompensieren (s. Kapitel 2.2. und 2.3.). Die neuen gesellschaftlichen Herausforderungen im Prozeß der sozioökonomischen Umwälzungen (Industrialisierung, Urbanisierung) waren die handfesten materiellen Bedingungen für die „Dignität pädagogischer Praxis" (Schleiermacher). Die Ausdifferenzierung einer relativ eigenständigen pädagogischen Praxis als gesellschaftlich notwendige Form menschlicher Gesamtpraxis war historisch an der Zeit.

Auf diesem systematischen Reflexionshintergrund ist das praxeologische Modell zu sehen (Benner 1987).

„Der Begriff *Praxeologie* bezeichnet nichts grundsätzlich Neues, sondern bezieht sich auf die bis in die Anfänge praktischer Philosophie zurückreichende Frage nach der Ordnung der menschlichen Gesamtpraxis angesichts ihrer Verbesonderung in die Sphären des Ökonomischen, Moralisch-Politischen, Ästhetischen und Religiösen. Die menschliche Praxis selbst freilich ist viel älter als die uns bekannte Ausdifferenzierung in besondere gesellschaftliche Handlungsfelder. Als Grundphänomene menschlicher Koexistenz weisen die Formen menschlicher Praxis weit hinter ihre gesellschaftliche Ausdifferenzierung zurück. Soweit wir Kenntnis von der Geschichte der Menschheit haben, ist das menschliche Zusammenleben, die menschliche „Koexistenz", durch sechs Grundphänomene bestimmt. Der Mensch muß durch Arbeit, durch Ausbeutung und Pflege der Natur seine Lebensgrundlage schaffen und erhalten (Ökonomie), er muß die Normen und Regeln menschlicher Verständigung problematisieren, weiterentwickeln und anerkennen (Ethik), er muß seine gesellschaftliche Zukunft entwerfen und gestalten (Politik), er transzendiert seine Gegenwart in ästhetischen Darstellungen (Kunst) und ist konfrontiert mit dem Problem der Endlichkeit seiner Mitmenschen und seines eigenen Todes (Religion). Zu Arbeit, Ethik, Politik, Kunst und Religion gehört als sechstes Grundphänomen das der Erziehung; der Mensch steht in einem Generationsverhältnis, er wird von den ihm vorausgehenden Generationen erzogen und erzieht die ihm nachfolgenden Generationen.

Diese sechs Grundphänomene menschlicher Koexistenz stehen untereinander in historisch und gesellschaftlich äußerst komplexen Wirkungszusammenhängen. Jede Veränderung in einem Bereich menschlicher Praxis ist für alle anderen Bereiche folgenreich und in ihren Wirkungen über die jeweils anderen Bereiche menschlicher Koexistenz vermittelt." (Benner 1987, 20).

Die Bezeichnung „Grundphänomene menschlicher Koexistenz" hat Benner von Eugen Fink (1979) entliehen, der „Arbeit, Herrschaft, Spiel, Liebe und Tod" im Sinne von Heideggers Existentialanalyse (1927) als „Koexistentialien" bestimmt und ihnen die vier „Existentialien" der „Freiheit, Geschichtlichkeit, Sprachlichkeit und Leiblichkeit" zuordnet. Meine eigene Verwendung und Bestimmung von „Grundphänomenen personaler Existenz" (Kap. 6) orientiert sich ebenfalls an Fink, bleibt jedoch näher an der unmittelbar phänomenologisch wahrnehmbaren, konkreten Wirklichkeit des einzelnen Menschen.

Das praxeologische Modell von Derbolav ist umfassender angelegt als das von Benner. Es umfaßt als weitere Teilpraxen die „Wehrpraxis" (Selbstverteidigung des Staates), die „Technik" (Werkzeug- und Mittelherstellung), die „Medizin" (Gesundheitspflege), die „Journalistik" (Informations- und Medienpraxis), die „Wissenschaftspraxis" und schließlich die alle diese Praktiken fundierende „Familien- und Sozialpraxis" bzw. die sie alle gestaltend übergreifende „Zielgebungs- und Ordnungspraxis" (Politik) (Derbolav 1987, 18). Sein Modell sieht also bewußt eine hierarchische Stufung vor, die wertphilosophische Implikationen hat. Für unsere Zwecke genügt das einfachere und sachneutralere Modell von Benner (Abb.5).

Die Gesamtpraxis wie auch ihre Partialstrukturen sind weiterhin durch die Prinzipien der *Freiheit*, *Geschichtlichkeit* und *Sprachlichkeit* zu charakterisieren. In seiner „unbestimmten Bestimmtheit" muß sich der Mensch in seinem praktischen Handeln erst selbst finden und bestimmen (Freiheit). Praxis ist eine Einheit von Vergangenheit, Gegenwart und Zukunft, von Wirkungsgeschichte, Dasein und Entwurf in die Zukunft (Geschichtlichkeit). Praxis als mit- und zwischenmenschliches Zusammenleben ist vor allem kommunikative Praxis (Sprachlichkeit). „Im Miteinander-Sprechen und Aufeinander-Hören sind wir immer zugleich erinnernd und entwerfend tätig" (Benner 1987, 32). Es muß auch hier nochmals darauf hingewiesen werden, daß dieses

102 Das Pädagogische an der Heilpädagogik

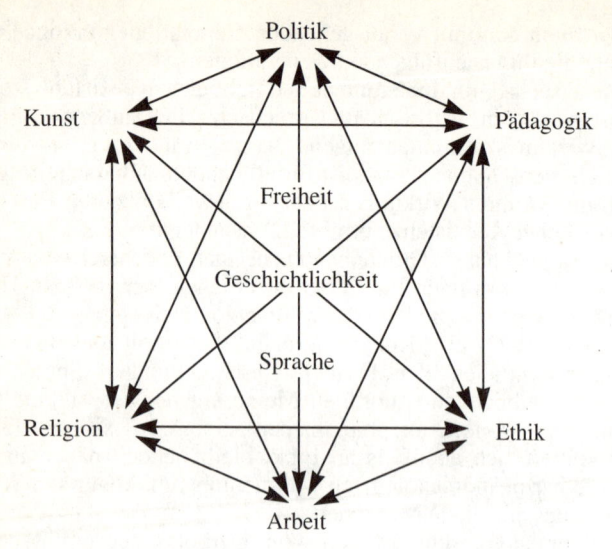

Diagram: Schema showing Politik (top), Kunst (upper left), Pädagogik (upper right), Religion (lower left), Ethik (lower right), Arbeit (bottom), with Freiheit, Geschichtlichkeit, Sprache in the center, all interconnected with arrows.

Abb. 5: Schema menschlicher Gesamtpraxis und ihrer Teilpraxen (aus Benner 1987, 34).

Modell keine „prästabilierte Harmonie" suggerieren soll. Zwischen den Teilpraxen kommt es immer wieder zu konfliktuösen Spannungen und Verwerfungen; in erster Linie in Abhängigkeit von der polit-ökonomischen Struktur der jeweiligen Gesellschaft, der sich die übrigen Praxen oft anzupassen oder gar zu unterwerfen haben. Religion, Kunst und Pädagogik laufen immer wieder Gefahr, für politische Zwecke in Dienst genommen und mißbraucht zu werden.

Die einzelnen Praxen sind institutionalisierte Antworten auf Herausforderungen, die sich aus unausweichlichen Notlagen der 'conditio humana' ergeben. Der Mensch muß arbeiten, um sein Leben fristen zu können (Auseinandersetzung mit der Natur); er muß sich mit seinesgleichen verständigen, einigen, um destruktive Aggressionspotentiale zu neutralisieren (Auseinandersetzung der Menschen untereinander) und er muß sich mit seiner doppelten Mängelstruktur auseinandersetzen, nämlich einerseits der biophysischen Krankheitsanfälligkeit und andererseits seiner konstitutionellen Unfertigkeit (die gleichzeitig Bedingung der Möglichkeit von Selbstgestaltung ist), die *Pflege*, *Erziehung* und *Bildung* anthropologisch *notwendig* machen (Derbolav 1987). Die einzelnen Praxen bilden aus sich heraus meist auch *Berufsfelder* ('professions'), die in der Regel um einen „Typus beruflicher Wirksamkeit" herumorganisiert sind, „mögen seine Funktionen auch nach verschiedenen Richtungen und Seiten hin variieren: um den Techniker (Ingenieur), den Arzt, den Lehrer, den Sozialarbeiter, den Offizier, den Richter, den Journalisten, den Forscher, den Künstler und den Priester" (Derbolav 1987, 49). Jede Praxis ist teleologisch darauf angelegt, tätig ihr *inhärentes Gut* hervorzubringen, ganz im Sinne der antiken Güter- und Tugendlehre des Aristoteles (s. Gröschke 1993, 134ff). „Wohlausgestattetheit" mit lebenssichernden technischen Gerätschaften wäre das inhärente Gut der *Technik*, „Wohlversorgtheit" mit Lebensmitteln, Gütern und Waren (nicht Überfluß und Luxus) das Gut der *Ökonomie*; Frieden, Freiheit, Rechtssicherheit, Gerechtigkeit und Gemeinwohl sind die zentralen Güter von *Politik* und *Rechtspraxis*, „Wohlinformiertheit" und „kritische Aufgeklärtheit" sind die Güter der *Journalistik*. Die zentralen Güter des *Gesundheitswesens* sind „Gesundheit und Wohlbefinden"; „Hilfe zur Selbsthilfe" das Gut im *Sozialwesen*; und schließlich gilt „Mündigkeit" als das anzustrebende Gut im *Erziehungswesen* (pädagogische Praxis). Angesichts der aus vielerlei Gründen nur eingeschränkten Realisierungsmöglichkeiten dieser Güter spricht man auch von „regulativen Ideen" im Sinne von *Wertmaßstäben*, an denen sich die einzelnen Praxen kritisch messen lassen müssen. „Bildsamkeit" und „Mündigkeit" wären also die regulativen Ideen (oder Prinzipien) der Pädagogik. Formuliert wurden sie von den großen Philosophen und Pädagogen der Aufklärungsepoche: Rousseau, Kant, Schleiermacher, Herbart (u. a.).

Die regulativen Ideen der *heilpädagogischen* Praxis sind dieselben wie die der allgemeinen Pädagogik, nämlich größtmögliche *Mündigkeit* trotz aller Funktionseinschränkungen für alle Menschen mit Behinderungen; die unbedingte produktive Zumutung von *Bildsamkeit* trotz schwerster Schädigungen. Im Sinne eines unbedingten *Lebensrechts* für alle Menschen, unabhängig von ihr psychophysischen Verfassung – das ethische A und O der Heilpädagogik – handelt es sich hier sogar um *konstitutive* Prinzipien, denn die Anerkennung des *Rechts* auf Leben führt unmittelbar zur Anerkennung des Rechts auf *Pflege*, *Erziehung* und *Bildung* (Antor und Bleidick 1996).

Daß die Heilpädagogik im Hinblick auf Kinder mit schwersten Behinderungen erst einmal die anthropologisch-ethische Grundbedingung – eine absolute 'conditio sine qua non' – für alles weitere, nämlich ein uneingeschränktes Recht auf Leben verteidigen muß, ist allerdings eine (negative) Besonderheit im Vergleich zur allgemeinen Pädagogik; denn niemand käme wohl ernsthaft auf die Idee, dieses elementare Menschenrecht bei nichtbehinderten Personen in Abrede zu stellen. Auf diesem Felde hat sie ihren Part in der Verteidigung des Erbes der Aufklärung wahrzunehmen.

Da ein größtmögliches Ausmaß an Mündigkeit nur durch *Eingewöhnung* in und *Teilnahme* an *normalisierten* Lebens-, Erziehungs- und Beziehungsverhältnissen gewährleistet werden kann, erweist sich *soziale Integration* als wichtigstes regulatives Prinzip heilpädagogischer Praxis.

Die Erwähnung der Prinzipien der „Normalisierung" und „Integration" als besondere heilpädagogische Zuspitzungen allgemeinpädagogischer Regulative soll auch besonders deutlich machen, daß die pädagogische Praxis (die heil- wie regelpädagogische), wie jede andere Teilpraxis auch auf ein hinreichendes Funktionsniveau der je übrigen Praxen angewiesen ist, sowie auf funktionierende Austauschverhältnisse zwischen ihnen. Alle Praxen setzen sich in der Weise wechselseitig voraus, daß alle eine bestimmte politische, wirtschaftliche, rechtliche, technische Struktur aufweisen müssen; in allen müssen bestimmte Gesundheits- und Sicherheitsbedingungen gelten, in allen muß die professionelle Ausbildung des Nachwuchses geregelt sein und alle sind auf medienwirksame Öffentlichkeitsarbeit angewiesen. Auch ästhetisch-künstlerische und religiös-spirituelle Aspekte spielen meist (noch) eine gewisse Rolle. Das *Normalisierungsprinzip* als praktisches Regulativ heutiger Behindertenhilfe (Bank-Mikkelsen, Nirje, Wolfensberger, Thimm) umfaßt alle diese Einzelmomente (Beck u. a. 1996).

Als weiteres regulatives Prinzip der Pädagogik nennt Benner (1987) die „Aufforderung zur Selbsttätigkeit" an den Educandus durch den Pädagogen. Nur wenn der „Zögling" in der pädagogischen Interaktion zur selbsttätigen Mitwirkung an seinem Bildungsprozeß ausdrücklich aufgefordert (und ermutigt) wird, kann er das Potential seiner Bildsamkeit verwirklichen und zu sich selbst kommen (Selbstbestimmung). „Bildsamkeit" und „Aufforderung zur Selbsttätigkeit" bedingen also einander, und beide Prinzipien wiederum schließen ein einseitig instrumentalistisches oder gar technologisches Verständnis von Erziehung kategorisch aus. Für die heilpädagogische Praxis ist das zuletzt genannte Prinzip von besonderer regulativer Bedeutung, wenn die Individuallage des behinderten Kindes durch Passivität gekennzeichnet ist und die Erzieher zu Aktivismus und Dirigismus verleitet (Fremdbestimmung, Entmündigung). Die erzieherische Wirkung (auch die heilerzieherische) kann nur eine indirekte, *vermittelte* sein.

Die heuristischen Möglichkeiten des praxeologischen Modells der Pädagogik sind mit diesen Ausführungen längst nicht erschöpft. Ich möchte nur noch darauf hinweisen, daß sowohl Derbolav als auch Benner neben einer Theorie der Erziehung auch eine *Bildungstheorie*, eine Theorie der *Didaktik*, sowie eine Theorie pädagogischer *Institutionen* aus ihrer Praxeologie abgeleitet haben. Im Zeichen einer Heilpädagogik als *Integrationspädagogik* scheinen mir die Bildungs- und Institutionstheorie noch große unausgeschöpfte Potentiale zu bieten.

3.2. Verstehen um zu handeln – Das hermeneutisch-pragmatische Konzept

> Das Leben kann nur rückblickend verstanden werden. Es muß aber vorausschauend gelebt werden.
> (Kierkegaard)

Als wissenschaftliches Fachgebiet hat die Heilpädagogik letztlich nur Sinn, wenn es ihr gelingt, Konzepte für die Praxis zu entwickeln, die alltägliches heilpädagogisches *Handeln* reflexiv aufklären und ethisch und pragmatisch anleiten. Das – formelhaft ausgedrückt – meinen wir, wenn wir Heilpädagogik als Handlungswissenschaft oder im klassischen Sinne als praktische *Berufswissenschaft* verstehen. Ihr Telos findet sie also nicht in der Theorie sondern in ihrer Praxis (s. Kapitel 4 und 5).

Wilhelm Flitner, auf den ich mich im folgenden häufiger beziehe, fordert von der Pädagogik eine "réflexion engagée", die sich ihres "ethischen Mittelpunktes" bewußt bleiben muß und durch die Bestimmung eines "pädagogischen Grundgedankenganges" alle auseinanderstrebenden Teildisziplinen der Pädagogik in einem gemeinsamen Kernstück zusammenhält. Das ist das Programm eines "hermeneutisch-pragmatischen" Konzepts von Pädagogik, dessen Struktur sich am deutlichsten im Werke W. Flitners (1889–1990) auffinden läßt. Sein Ausgang und sein Zielpunkt ist die Erziehungswirklichkeit als Teil der sie umfassenden Lebenswirklichkeit, wie sie sich *aktuell* zeigt und wie man sie als geschichtlich *gewordene* verstehen muß, um sich *zukünftig* in ihr orientieren zu können. Gefordert ist ein dialektisch-existentielles

Denken, das in eine *Hermeneutik der Lebenswelt* einmündet. Dieses Denken umfaßt – bezogen auf die konkrete pädagogische Interaktion – die *biographisch*-lebensgeschichtliche Dimension der einzelnen, aufeinander bezogenen Partner („pädagogischer Bezug" nach Herman Nohl), die *situativen* Bedingungen pädagogischen Handelns (pädagogische Situation im Sinne Bollnows) und die Übernahme von pädagogischer *Verantwortung* im Hinblick auf die Zukunft (Erziehungsauftrag).

Die Bezeichnung 'Hermeneutik' möchte ich zunächst ganz schlicht für das alltägliche *Verstehen* von Mitteilungen zum Zwecke der *Verständigung* verstanden wissen; so, wie auch eine naturwissenschaftliche *Erklärung* im Physikunterricht vom Schüler zunächst sachlich "verstanden" werden muß, auch wenn er ihren Hintergrund oder ihre Implikationen nicht "versteht". Wenn mir etwas unklar geblieben ist, muß ich nachfragen, bis ich den Sprecher richtig verstanden habe. Über diese schlichte alltagspragmatische Bedeutung von "Verstehen" hinaus haben die Geisteswissenschaften seit Schleiermacher und Dilthey unter dem Titel "Hermeneutik" komplexe und komplizierte Kunstlehren des *Auslegens*, *Interpretierens* und *Verstehens* menschlicher *Objektivationen* entwickelt, die uns hier in unserem Zusammenhang weniger interessieren müssen (Gadamer 1985; Ineichen 1991).

Verstehen gilt uns hier zunächst als alltagspraktische Basismethode wechselseitiger Verständigung, der so gesehen sogar der Primat vor anderen Erkenntnisformen zukommt (Gadamer 1985). Man kann die Bedingung der Möglichkeit des *Verstehens des Anderen* als das hermeneutische Grundproblem bezeichnen, wobei "das Andere" ein anderer Mensch sein kann („der Andere", im Sinne von Lévinas), eine Sprache oder Schrift oder sonst eine kulturelle Objektivation, wie z. B. Kunstwerke (Musik, Gemälde, Plastiken). Wegen der sprachlichen Erschlossenheit der Welt geschieht Verstehen üblicherweise in Prozessen alltäglicher *sprachlicher* Kommunikation. Da sich Verstehen auf Sinnobjektivationen bezieht, also immer unterstellen muß, daß in allen menschlichen Ausdrucksformen Sinnhaftes liegt (eine Intention), muß man u. U. auf vor-sprachliche Ausdrucksphänomene zurückgehen, um sich mit einem anderen verständigen zu können. Ich werde in Kapitel 6 das Grundphänomen der "Leiblichkeit" als ein für die Heilpädagogik entscheidendes *Kommunikationsapriori* näher beschreiben.

Im "hermeneutisch-pragmatischen" Konzept ist die praktische Erziehungssituation Vor- und Aufgabe pädagogischer Besinnung im Sinne von "réflexion engagée". Da für lebendiges Verstehen bereits ein gewisses Vor-Verständnis des verstehend zu erschließenden Wirklichkeitsbereiches notwendig ist (sog. "hermeneutischer Zirkel"), gilt mit Derbolav (1987, 233): "Was Erziehung *ist*, kann nur der feststellen, der schon eine gewisse Vorstellung davon hat, was Erziehung *soll*, oder schärfer formuliert: das Sein der Erziehung kann überhaupt erst im Ausblick auf ihr Sollen erfaßt werden." Selbiges gilt auch für heilpädagogisches Denken und Handeln: was Heilpädagogik *ist*, kann nur der erfassen, der bereits *weiß* (oder: abgeschwächt, *ahnt*), was Heilpädagogik *soll*, d. h. welche Erziehungs- und Lebensnot sie wenden soll. Das *ethische* Moment liegt also Theorie und Praxis zugrunde oder, anders formuliert, ist das bewegende Moment, das hinter das Spannungsverhältnis von Theorie und Praxis zurückgreift.

Das ist der "ethische Grundgedanke", den Flitner im Anschluß an Schleiermacher und Herbart seinem Konzept von Pädagogik zugrunde legt. Das pädagogische *Menschenbild* seiner systematischen Pädagogik hat er in der Auseinandersetzung mit "vier Sichtweisen des Menschen und der Erziehung" geklärt (Peukert und Scheuerl 1991). Der Leser von heute muß wissen und verstehen, daß dieser Text 1933 erschienen ist, was seine Begrifflichkeit als zeitgebunden erklärt (Flitner 1933, in Peukert und Scheuerl 1991, 36f):

"Von *außen und vom Einzelnen* her gesehen ist Erziehung: mit dem Wachstumsprozeß verbundene Entfaltung des Naturwesens Mensch zur Anpassung an die Lebensbedingungen.

Von *außen und gesellschaftlich* gesehen ist sie kultureller Einordnungsprozeß: die Übertragung des Kulturbesitzes an Neuaufwachsende oder in einen geschichtlichen Lebenskreis eintretende Neuankömmlinge, bis zur sozialen Mündigkeit.

Von *innen und von der geschichtlichen* Seite ist sie geistiger Erweckungsprozeß als Höherführung des minderreifen Menschen in der Begegnung und im geistigen Verkehr mit geistig Gereifteren: die Einführung in das Verstehen der Ordnungen und Überlieferungen aus den Werten, den Ideen, dem Sinn der Sache selbst, und zur Produktivität in den geistigen Grundtätigkeiten, durch die die Lebensordnungen und Lebensäußerungen objektiviert werden.

Von *innen gesehen und von der personalen* Existenz des Menschen her ist sie schließlich der geistige Erweckungsprozeß eines sittlichen und gläubigen Lebens".

Dieses Menschenbild vermittelt zwei Außen- und zwei Innenperspektiven zu einem – sicher idealistisch ambitionierten – ganzheitlichen Entwurf: In *naturaler*, anthropologischer Sicht ist der Mensch zunächst ein Naturwesen, mit Eigengesetzlichkeiten seiner Entwicklung (Wachstum, Reifen, Lernen), eigenen Rhythmen und Bedürfnissen. Das Kind braucht Pflege, Versorgung und Zuwendung; die Erzieher Kenntnisse über seine Bedürfnisstruktur aus Biologie, Medizin und Psychologie.

Der Mensch ist jedoch evolutiv darüber hinaus das Wesen geworden, das nur durch *Kultur* überleben kann. Seine physische Geburt verlangt nach einer zweiten "kulturellen Geburt" (Claessens) im Sinne von Einführung und Teilhabe an einer sozialen, symbolisch gestalteten, also kulturellen Lebensform. Andererseits ist jede Gesellschaft darauf aus, sich über Prozesse der Sozialisation und Enkulturation zu reproduzieren. Diese gesellschaftlich-historische Sicht von Erziehung ist wichtig; vereinseitigt und verabsolutiert wird sie jedoch zum "Soziologismus", wie die Verabsolutierung der anthropobiologischen Sicht zum "Biologismus bzw. Psychologismus" führt. Aus der ersten Innenperspektive ist Erziehung jedoch auch "geistige Erweckung", über die Kultur *nicht* kritiklos tradiert und übernommen werden soll (Traditionalismus und Autoritarismus), sondern "divinatorisch" (Schleiermacher) fortlaufend *erneuert*, rekonstruiert und kreativ *reformiert* werden muß (Goethe: "Was Du ererbt von Deinen Vätern, erwirb es, um es zu besitzen"). Gelingt dies nicht oder wird diese "Kreativität des Handelns" (Joas 1992) regressiv oder restaurativ stillgestellt, erstarrt Pädagogik in einer "einseitigen Kulturpädagogik" (Flitner). Dies ist z. B. mit der "Sozialpädagogik" von Natorp und seinen Anhängern Ende des 19. Jahrhunderts geschehen (vgl. Kapitel 2.3.).

Den *existentiellen*, *personalen* Kern in Flitners Menschenbild spricht die zweite Innenperspektive an, in der es um transzendente Bestimmungen der Person geht, im Hinblick auf Fragen des *Gewissens* und des *Glaubens*, um gültige *Selbst-Bestimmung*. In der Existenzphilosophie Kierkegaards ist nämlich das Selbst "ein Verhältnis, das sich zu sich selbst verhält, und, indem es sich zu sich selbst verhält, zu einem anderen sich verhält", absolut zu "der Macht, welche es gesetzt hat." In dieser "negativen Anthropologie der Unantastbarkeit menschlicher Freiheit und Würde", so Peukert (1991, 22) über Flitner, liegt der "normative Kern intersubjektiven Handelns", auch des (heil-)pädagogischen, wie es schärfer noch Lévinas in seiner Ethik absoluter Verantwortung vor dem Anderen ausgedrückt hat (s. Kapitel 1.4.). Hier, in der *Personalität* des Anderen, liegt auch eine absolute *Grenze der Erziehung*;

es ergibt sich ein "pädagogisches Paradox" (Flitner), denn: "Gerade da hat die Erziehung ihre innere Grenze, wo sie ihre wichtigste Leistung erstrebt" (Flitner, in Peukert und Scheuerl 1991, 22). *Erstreben* wohl kann sie ihr höchstes Gut und ihr Telos, *bewirken* oder gar herstellen kann sie es nicht.

Auch in der Heilpädagogik sollte man hinter ein solches – sicherlich sehr anspruchsvolles – pädagogisches Menschenbild nicht zurück. Es vereinigt in wünschenswerter Weise anthropologische, ethische und pragmatische Dimensionen des Pädagogischen in einem verbindlichen "Grundgedankengang". Seine pragmatische Wirksamkeit entfaltet dieses pädagogisch-anthropologische Strukturmodell in der konkreten "Erziehungsgemeinschaft" mit ihrem Kernelement, dem "pädagogischen Bezug". Auf die Bedeutung dieses zentralen Beziehungselementes werde ich noch häufiger zurückkommen. Übrigens weist diese Konzeption von Flitner große Ähnlichkeiten mit dem heilpädagogischen Menschenbild von Paul Moor auf. Auch bei Moor findet sich die Trias von 'Gegebenem' (Anlage, Dispositionen), 'Aufgegebenem' (Entwicklung zur Selbstbestimmung im "inneren Halt") und 'Verheißenem', das nur noch religiös oder metaphysisch zu bestimmen ist („Ergriffenheit").

Moors pädagogisches Denken bewegt sich bewußt in der Tradition geisteswissenschaftlicher Pädagogik. Seine häufig zitierte Handlungsmaxime "Erst verstehen, dann erziehen" läßt sich direkt als Kurzformel des hermeneutisch-pragmatischen Konzepts verstehen, aus der man ihr Programm systematisch ausbuchstabieren kann. Allerdings muß man es auf die heute gegebenen gesellschaftlichen Rahmenbedingungen hin umschreiben. Wie Wilhelm Dilthey, der Begründer der geisteswissenschaftlichen Denkweise, erschöpfend dargetan hat, gibt es keine zeitlosen, kulturneutralen Normen und Werte. Welche Erziehungsziele, Handlungsnormen und Bildungsinhalte unter heutigen gesellschaftlich-kulturellen Bedingungen maßgeblich sein könnten, muß heute diskursiv bestimmt werden. Der allgemeine pädagogische Grundgedankengang, wie wir ihn bei Wilhelm Flitner gefunden haben, gibt uns einen *strukturalen* Rahmen vor, innerhalb dessen diese unausweichlichen Fragen sinnvoll gestellt und bearbeitet werden können.

4. Konzepte in der Heilpädagogik: Brücken zwischen Theorie und Praxis

Aus den bisherigen Aussagen zu einer Begründung des Begriffs Heilpädagogik, zur ethisch-anthropologischen Grundlegung handlungsleitender Sichtweisen und Menschenbilder (Personverständnis in der Heilpädagogik), sowie über die Unausweichlichkeit normativer Stellungnahmen ist abzulesen, daß ich Heilpädagogik primär unter dem Aspekt praktisch-beruflichen *Handelns* verstehe. Sie ist ein besonderes Feld *sozialer Praxis*, in dem es alltäglich um den bestmöglichen Vollzug erzieherischer und fördernder Handlungen geht, und zwar bei Personen (meist Kinder und Jugendliche, aber auch Erwachsene), bei denen ein erhöhter Erziehungs-und Förderbedarf ständig oder vorübergehend gegeben ist.

Da ich mich in erster Linie auf die außerschulische Praxis heilpädagogischer Erziehungs- und Behindertenhilfe beziehe, klammere ich die besonderen sozialen Verkehrsformen aus meiner Betrachtung aus, die im institutionellen Kontext von *Schulen* als "Lehren und Unterrichten" bestimmt sind. Die der Entwicklungslogik moderner Gesellschaft folgende Spezialisierung schulischer Ausbildung hat notwendigerweise auch die Schulen für behinderte Kinder und Jugendliche erfaßt und dort spezielle methodische und didaktische Formen des sonderpädagogischen Unterrichts hervorgebracht. Für diese (sonder-)schulische Praxis sind besondere Lehr- und Unterrichtsbefähigungen erforderlich, für deren Vermittlung die Sonder-(schul-)Pädagogik und ihre Ausbildungsstätten zuständig sind.

Der Primat der Praxis in unserer Untersuchung heilpädagogischer Konzepte bedeutet vor allem die Anerkenntnis, daß heilpädagogisches *Tun* vorgängig ist vor allen Versuchen seiner Theoretisierung. In der heilpädagogischen Alltagspraxis muß tagaus tagein von den dort Tätigen gehandelt werden, unabhängig davon, ob es für dieses konkret ablaufende *Handeln* ein theoretisches Konzept gibt, nach dem es modelliert und legitimiert werden könnte.

Heilpädagogisches Handeln muß verantwortet werden, und zwar in erster Linie *ethisch*, erst dann stellt sich die Frage nach seiner wünschenswerten *theoretisch-wissenschaftlichen* Fundierung. Der Prozeß der Wissenschafts- und Theorieproduktion mag sich an einer anderen Prioritätenliste der verbindlichen Handlungsregulative orientieren; für den Heilpädagogen in der Praxis ist der konkrete *Alltag* mit seinen eigenen Handlungs- und Entscheidungsstrukturen das Bewährungsfeld, für ihn als Person und auch für die Konzepte von Fachlichkeit, die er in sein berufliches Tun einbringt.

Dieser Vorrang der beruflichen Alltagspraxis entzieht diese andererseits allerdings nicht der Notwendigkeit, sich als wissenschaftlich angeleitete oder reflektierte Praxis auszuweisen, wie immer man im einzelnen auch das Verhältnis von Heilpädagogik als *Wissenschaft* und heilpädagogischer *Praxis* bestimmen mag. Mitmenschliche Verantwortung, Nächstenliebe und "gesunder Menschenverstand" mögen unabdingbare motivationale und moralische Beweggründe und Bedingungen heilpädagogischer Tätigkeit sein; heilpädagogische Professionalität erfordert darüber hinaus auch den Ausweis fachlich-wissenschaftlicher Grundierung. Das Praxishandeln des Heilpädagogen kann sich nicht einfach auf traditionell akkumuliertes Erfahrungswissen und konventionelle Alltagsroutinen berufen, sondern muß sich grundsätzlich auch als *professionelles* Handeln legitimieren, das die Erkenntnisse über die Bedingungen einer optimierten Förderung und Erziehung unter erschwerten Bedingungen berücksichtigt (= anwendet), die von den Grundlagenwissenschaften der Heilpädagogik erarbeitet wurden und zukünftig weiter erarbeitet werden.

Aus dem letztgenannten Aspekt ergibt sich die Verpflichtung ständiger fachlich-wissenschaftlicher Weiterbildung des Praktikers, zumindest in den Grundlagen des Arbeitsfeldes, in dem er tätig ist.

Neue Erkenntnisse aus den heilpädagogischen Grundlagenwissenschaften haben durchaus auch eine Vorreiterfunktion für die Etablierung einer neuen, d. h. verbesserten Praxis; zumindest aber nötigen sie den Praktiker zur ständigen Reflexion vertrauter Handlungsroutinen auf ihre fachliche Angemessenheit hin. Die Erziehungspraxis darf sich nicht mehr unbefragt absolut setzen, sondern muß sich immer wieder auch dem Korrektiv der Theorie aussetzen, die Erfahrungen dieser Praxis systematisiert, überprüft und produktiv kritisiert. Praxis im Sinne eines Schaltens und Waltens des "gesunden Menschenverstandes" allein (Motto: Erziehen kann jeder/jede) ist gerade in den gefährdeten Erziehungsverhältnissen heilpädagogischer Berufs- und Handlungsfelder ein bedenkliches Unternehmen.

Theorie soll bewußter machen, *was*, *wann*, *warum* geschieht und *welches* Ergebnis es hat, wenn in der Praxis erzieherisch oder therapeutisch gehandelt wird. Sie stellt einen Appell an Einsicht, Gesinnung, Kritik- und Selbstkritikfähigkeit des Praktikers dar, trotz ständig gegebenen Zeit- und Entscheidungsdrucks sich von dem komplexen Handlungszusammenhang, in den er verwoben ist, nicht blindlings absorbieren zu lassen. Sie soll dem konkret handelnden Erzieher die lebendigen Zusammenhänge einer oft als naturwüchsig erlebten Erziehungspraxis als von Menschen gemachte und von Menschen zu verändernde Wirklichkeit aufschließen und ihn in seiner Verantwortlichkeit unterstützen. Sie öffnet z. B. den Blick für die Einsicht in die Relativität, soziohistorische Bedingtheit, ideologische Anfälligkeit unserer Vorstellungen von Behindertsein und für die Vorläufigkeit unserer Umgangspraktiken mit auffälligen oder behinderten Personen. Insofern erweist sie die konkrete Erziehungswirklichkeit als in ihrer Faktizität gemacht und zu verantwortende bzw. als immer wieder positiv zu überwindende Praxis.

Die Betonung der fachlichen und vor allem auch ethisch-normativen (Mit-)Verantwortung wissenschaftlicher Theorien für gelingende Praxis in der Heilpädagogik verweist uns im folgenden wieder auf das *hermeneutisch-pragmatische* Konzept des Theorie-Praxis-Bezuges, wie es im Anschluß an Dilthey in der geisteswissenschaftlichen Pädagogik entfaltet wurde; natürlich unter Berücksichtigung des Korrektivs alternativer wissenschaftstheoretischer Positionen in den auf Praxis bezogenen Handlungswissenschaften (s. Kapitel 3.2.).

Das Theorie-Praxis-Vermittlungsproblem ist nun in der Tat das Kernproblem aller Handlungswissenschaften. Es ist allerdings nicht so, daß es für dieses Problem – wie für Probleme anderen Typs – eine, keine oder mehrere "Lösungen" gibt; jede "Lösung" führt nur immer zu neuen Problemen oder ist gar das eigentliche Problem selbst. Mit dem Theorie-Praxis-Bezug ist ein Komplex von Fragestellungen gemeint, der in grundsätzliche Erwägungen erkenntnistheoretischer Art hineinreicht („Was ist Wissenschaft, Theorie, Praxis; wie hängen Denken und Leben zusammen?" usw.). Diesen Fragen können und brauchen wir hier nicht weiter nachzugehen. Wir verfolgen in diesem Zusammenhang pragmatischere und bescheidenere Ziele. Wir fragen, wie die zweifellos bestehende Kluft zwischen der Welt von Wissenschaft/Theorie und der Alltagswelt beruflichen Handelns in der Heilpädagogik überbrückt werden könnte. Wir machen dabei insofern eine normative Einschränkung, als wir Wissenschaft mit ihren Theorien damit unterstellen, daß sie auf Praxis bezogen ist und Anleitung und Verbesserung dieser Praxis intendiert. Mit der Rede von "Handlungswissenschaft", als die wir wissenschaftliche Heilpädagogik verstehen, ist das zwar schon impliziert, es ist jedoch keineswegs selbstverständlich. Man muß vielmehr berücksichtigen, daß Wissenschaft und Forschung im Zusammenhang der Gesellschaft struktur-funktionale Subsysteme geworden sind, die von eigenen Systemregulativen gesteuert werden; systemtheoretisch nennt man das "Selbstreferenz".

Stichworte wie autonome Theoriedynamik, Karriere- und Konkurrenzmotive der Wissenschaftler, Rekrutierung und Selektion des wissenschaftlichen Nachwuchses, mögen genügen um anzudeuten, inwiefern Wissenschaft ein soziales Handlungssystem eigener Prägung ist. Es wäre in gewisser Weise naiv anzunehmen, das Sinnen und Trachten der Theoretiker drehe sich einzig darum, wie die heilpädagogische Praxis und das Los der daran Beteiligten verbessert werden könnte. Ebenso naiv wäre allerdings auch die Vorstellung, die Praktiker hätten nichts wichtigeres zu tun, als zu überlegen, ob ihr konkretes Tun auch noch im Einklang mit den neuesten wissenschaftlichen Erkenntnissen oder Ideen steht.

Will sagen: das Vermittlungsproblem von Theorie und Praxis ist zunehmend auch ein Problem der Begegnung zweier *Lebenswelten*; vor allem im Bereich des Sozialwesens, wo man besonders sensibel ist für die lebensweltverändernden Folgen (technik-)wissenschaftlicher Eingriffe in Alltag und Umwelt (System versus Lebenswelt, Habermas 1981).

Wenn man das Theorie-Praxis-Vermittlungsproblem angemessen auflösen will, ist es hilfreich, es als Problem der *Vermittlung* verschiedener Wissensordnungen und Wissensformen zu konzipieren; es wird mit anderen Worten ein "Diskursproblem". Beide Wissensformen („Theorie" wie "Praxis") haben jeweils theoretische (kognitive) wie praktische (handlungsbezogene) Anteile; es gibt weder die "reine" Theorie, noch die "bloße" Praxis. Der Diskursbegriff impliziert weiterhin, daß vorschnelle Hierarchisierungen ebenfalls unangemessen sind: weder ist die Theorie "besser" (klüger, vernünftiger, kritischer usw.), noch die Praxis "echter" (eigentlicher). In einer Handlungs- und Berufswissenschaft ist zwar Praxis Bedingung der Möglichkeit von Theorie, aber das heißt nicht, daß Theorie von sekundärer Bedeutung ist. Die Formel vom "Primat der Praxis" ist zunächst nur so zu verstehen.

Theorie als Diskurs betrachtet heißt: Herauslösung von Fragestellungen (Themen, Problemen) aus lebensweltlichen Kontexten und Theoretisierung dieser "Gegenstände" („diskursive Gegenstandskonstitution"), sowie Entstehung wissenschaftlicher Disziplinen durch fortschreitende Ausdifferenzierung von Diskursen wissenschaftlicher Sprachgemeinschaften. Diskursiv gewonnenes Wissen löst Folgediskurse aus (Anschlußfragen), wird geordnet, strukturiert, sedimentiert, eben "theoretisiert". Wenn Theorie und Praxis einander vermittelt werden sollen, müssen die Teilnehmer beider Diskurswelten miteinander reden, sich austauschen, *kommunizieren*. Ein bevorzugter Ort, an dem man diesen kommunikativen Austausch exemplarisch einüben kann, ist die auf wissenschaftlicher Grundlage erfolgende *Berufsausbildung*, also das *Studium* an einer Hochschule, organisiert von fachspezifischen *Studiengängen* (Lüders 1989). Hier werden – zunächst einmal gedanklich – *Brücken* gebaut wischen den beiden Wissenstypen Theorie und Praxis, die in studienbegleitenden Praxisphasen (integrierte Praktika) auf ihre Tragfähigkeit erprobt werden können. Das Vermittlungsproblem zwischen Theorie und Praxis stellt sich – diskursiv betrachtet – als Kommunikationsproblem *zwischen beteiligten Personen* dar (in den Rollen von Theoretikern/Praktikern, Dozenten/Studierenden, Professionellen/Klienten).

Für die von uns gesuchten *Brücken* zwischen Wissenschaft/Theorie und Berufs-/Praxis sollen zwei Prämissen gelten:

a) Da es in der heilpädagogischen Praxis um personale Beziehungsverhältnisse geht, ist der Vermittlungsschritt an die Möglichkeiten und Voraussetzungen der handelnden Personen gebunden (*Personbezug*)

b) Da heilpädagogisches Praxishandeln ziel- und wertgeleitet sein muß, darf der gesuchte Zwischenschritt nicht wertabstinent erfolgen, sondern muß im hermeneutischen Sinne die konkrete Lebenssituation der beteiligten Handlungspartner erfassen (*Lebensbezug*).

Ein Konzept ist also zunächst einmal die gedankliche Konstruktion oder Rekonstruktion eines *Handlungsentwurfs*, ein klar umrissener Handlungsplan inklusive seiner zugrundeliegenden Problemauffassung und Leitideen. Als eine Brücke zwischen den Bereichen "Theorie" und "Praxis" führe ich im folgenden den Begriff des *Konzeptes* ein.

4.1. Ein Konzept von "Konzept"

Der Begriff des Konzepts findet zunächst in eher unsystmatischer Weise dort Verwendung, wo Aussagen über ein umgrenztes Gebiet mehr oder weniger regelhaft strukturierter sozialer *Handlungsmuster* in gegebenen sozialstrukturellen und institutionellen Verhältnissen gemacht werden. Es sind stets Absichten, Zielsetzungen und Begründungen solcher Handlungsmuster mit gemeint.

Konzepte der Heimerziehung, der Vorschulerziehung, therapeutische Konzepte in der Kinder- und Jugendpsychiatrie oder der Familienberatung wären beispielhaft für diesen Gebrauch zu nennen. Die Frage an den Praktiker zu erklären, nach welchem Konzept er arbeitet, fordert diesen auf, seine professionellen Handlungsvollzüge *systematisch* und *geordnet* darzustellen, ihre *Sinnhaftigkeit* unter Rückgriff auf akzeptierte allgemeine Grundlagen wissenschaftlicher oder alltagspragmatischer Art zu begründen und sich selbst als handelnde Person *glaubwürdig* zu machen. Der Fragende (und erst recht) der Handelnde müssen erleben, daß das praktizierte Konzept stimmig zur Person "paßt".

Meinen Überlegungen liegt dabei ein *pragmatisches* Verständnis von Wissenschaft/Theorie zugrunde; daß nämlich eine handlungsorientierte Wissenschaft ihr erstes und letztes Ziel in der Erleichterung schwieriger Lebensverhältnisse zu sehen hat; im Sinne von Bert Brecht: "Ich halte dafür, daß das einzige Ziel der Wissenschaft darin besteht, die Mühseligkeit der menschlichen Existenz zu erleichtern."

Konzepte, wie ich sie hier verstehe, als Brücken zwischen (wertabstinenter) allgemeiner Theorie und wertgeleiteter konkreter Berufspraxis, bilden eine Einheit von an Personen gebundenen Kognitionen (*Fachwissen*), wertenden Stellungnahmen („*Gewissen*"), *Motiven* (Absichten, Zielen) und *Interaktionsbeziehungen* zwischen mindestens zwei Personen. Diese beiden Personen sind nicht beliebig austauschbar; vielmehr ist das Handlungsergebnis (Zielkomponente des Konzepts) wesentlich von der "Stimmigkeit" des Passungsverhältnisses zwischen Person und Konzept („Authentizität") abhängig. Konzepte haben von daher einen anderen Stellenwert als (sozial-) technologische Regeln. Im Begriff von "Konzept" geht es in erster Linie um die Klärung der personbezogenen Ziele und Inhalte heilpädagogischen Handelns unter den konkreten Bedingungen der Alltagspraxis, dann erst um die methodisch-didaktischen Einzelschritte ihrer Anwendung in einer einzelnen Handlungssituation. Eine Zentrierung auf die Ziele und Inhalte des eigenen professionellen Handelns statt auf methodisch-verfahrenstechnische Aspekte (Praktiken, Techniken) bewahrt das fachliche Handeln vor blindem Aktionismus oder kurzschlüssigem Praktizismus/Technizismus.

Ein solches Verständnis von Konzept rückt dieses in die Nähe *handlungstheoretischer* Vorstellungen. Entsprechend verstehen Geißler und Hege (1985, 2, 21), die den Konzeptbegriff für eine Systematisierung sozialpädagogischer Handlungsformen benutzen, darunter: "Ein Handlungsmodell, in welchem die Ziele, die Inhalte, die Methoden und die Verfahren in einen sinnhaften Zusammenhang gebracht sind. Dieser Sinn stellt sich im Ausweis der Begründung und Rechtfertigung dar".

Vorläufiges zum Begriff "Handeln": Der Begriff des *Handelns* wird in den Sozialwissenschaften seit längerem intensiv in den vielfältigen Varianten der Handlungstheorie systematisch entfaltet (vgl. die 6 Sammelbände von Lenk 1977–1984). Als Rahmentheorie haben die Handlungstheorien den Anspruch, unterschiedlichste Probleme menschlicher Praxis auf eine ganzheitliche und phänomengerechte Weise zu analysieren und zu strukturieren. Die folgende Skizze der Grundannahmen einer *sozialpsychologisch* akzentuierten Handlungstheorie soll illustrieren, daß ein solches Handlungsmodell für unser Verständnis von Praxiskonzepten in der Heilpädagogik heuristisch wertvoll ist.

Prämissen dieser Handlungstheorie sind: Aktives Menschenbild, Alltagsnähe, sozialer und integrativer, systematischer Anspruch (Kalbermatten und Vallach 1987, 45ff). Basiseinheit ist eine *Handlung,* das ist: "Eine menschliche Aktivität, die zielgerichtet, geplant und intendiert ist, vom Aktor bewußt erlebt wird, von den Merkmalen ihres Gegenstandes (Aufgabe, Objekt) und verschiedenen kognitiven Repräsentationen mitbestimmt wird; diese Kognitionen werden durch soziale Mechanismen getragen und z. T. sozial geteilt". Die Handlungseinheit verbindet äußere *Aktivität* und innere kognitive *Repräsentation* unter dem Aspekt der Wechselbeziehung. Das kognitive System repräsentiert in organisierter und individuell einzigartiger Weise *Informationen* aus dem Wahrnehmungs-, Denk-, Gefühls- und Wertesystem sowie aus der Sphäre der Körperempfindungen der Person. Diese Kognitionen sind sozial vermittelt, da sie in sozialen Situationen aufgebaut, d. h. gelernt und z. T. mit anderen geteilt werden. So hat Handeln drei konstitutive Aspekte: a) manifeste Aktivität (was man *tut*), b) kognitive Repräsentation (was man sich dabei *denkt* und was man *fühlt*), und c) soziale Bedeutung (wie sehen und halten es die *anderen*). Handlungen unterscheiden sich voneinander z. B. nach dem Grad personaler Handlungskontrolle, dem Routinisierungsgrad oder dem Bewußtheitsgrad, vor allem natürlich auch darin, ob sie sich intentional auf *Sachen* oder *Personen* beziehen. Bedeutsam ist auch die Dimension der *Zeit*: "Im Handlungszeitraum schneiden sich Vergangenheit und Zukunft. Aus der Vergangenheit fließen Handlungserfahrungen und Wissen in die Handlungsorganisation ein. Doch auch Zukunftsvorstellungen wirken auf eine aktuelle Handlung ein". Eine *interaktive* Handlung ergibt sich als interpersonelle, aufeinander bezogene Handlungsverschränkung, wenn ein interpersonell geteiltes Ziel in *gemeinsamer* Aktivität verfolgt wird („gemeinsamer Gegenstandsbezug", Oerter 1993). In einer konkreten Handlungseinheit verschmelzen Retrospektive (Biographie) und *Prospektive* (Lebensentwurf) des Aktors in seiner aktiven Auseinandersetzung mit dem umgebenden Lebensraum und seinen Problemen. Es ist zu betonen, daß soziale Handlungen bestimmte Bedingungen und Kriterien erfüllen müssen, um als solche von verwandten Phänomenen (z. B. Herstellen, Tun, Verhalten) abgegrenzt werden zu können (vgl. Groeben 1986). Handlungen sind also bestimmte Geschehnisse bevorzugt interpersonaler Art, denen man bestimmte Merkmale *zuschreiben* kann, die sie konstituieren. Es gibt also keine Handlungen an-und-für-sich, sondern bestimmte Verhaltens- und Ereignisabläufe sind Handlungen, wenn die beteiligten Akteure und/oder ein Beobachter sie nach diesen Konstituenten interpretieren. Handlung hat somit den Status eines Interpretationskonstrukts (Lenk 1978); es ist ein Interpretament für die sinnvolle Ordnung sozialer Ereignisse (Kratochwil 1988). Im Rahmen einer solchen deskriptiven, hypothetisch-konstruktiven interpretatorischen Handlungstheorie definiert Lenk (1978, 323) *Handeln* umfassend "als situations-, kontext- und institutionsabhängiges, regelbezogenes, normen-, wert- oder zielorientiertes, systemhaft eingebettetes, wenigstens partiell ablaufkontrolliertes oder teilbewußtes motiviertes Verhalten eines personalen oder kollektiven Akteurs, das diesem als von ihm durchgeführt zugeschrieben wird".

Groeben (1986) macht den Vorschlag, alle mit Personen verknüpften Ereignisse und Geschehnisse zunächst immer tentativ als *Handlungen* zu verstehen, d. h. sie als subjektiv sinnvolle und intentionale Ausdrucksphänomene eines der Selbstreflexion fähigen Individuums zu betrachten. Erst dann, wenn keine Anhaltspunkte für die Zuschreibung subjektspezifischer Intentionen und

Sinngehalte gefunden werden können, sollte man eher von *Tun* oder im empiristisch-behavioristischen Sinne von *Verhalten* sprechen. Er verspricht sich von diesem methodischen Vorgehen bei der Analyse psychologischer Sachverhalte eine Überwindung des reduktiven "behavioralen Subjektmodelles" zu Gunsten eines "epistemologischen Subjektmodelles" im Rahmen einer menschengerechten Psychologie des reflexiven Subjekts (Gröschke 1992b).

Die heilpädagogischen Implikationen dieses Vorschlags liegen auf der Hand: Vor der voreilig-verständnislosen Pathologisierung personaler Ausdrucksformen als "irres", "abnormes", oder "sinnloses" Verhalten eröffnet diese produktive Handlungszumutung *Verstehensmöglichkeiten*, über die ich den anderen als personales Subjekt erkennen kann. Dadurch kann sich der behinderte Mensch, wie Kobi (1983) formuliert hat, emanzipieren von einem "Symptombündel mit Krankheitsgeschichte" hin zu einem "Subjekt mit Lebensgeschichte".

Erzieherisch fördernde Interaktionen eines Heilpädagogen mit einer behinderten Person lassen sich so als ineinander verschränkte und aufeinander bezogene Handlungsweisen zweier Aktoren verstehen, in die jeder der beiden Partner seine Lebensgeschichte, seine Wahrnehmungen, seine Situationsdeutungen, Gefühle, Motive und Werte einfließen läßt. Im Falle einer "Passung" kooperieren beide im gemeinsamen Prozeß von Pflege, Spiel, Lernen oder Arbeit. Bei Kommunikationsstörungen oder Widerstand und Verweigerung ist es die Aufgabe des Heilpädagogen zu identifizieren, welches Element des jeweiligen Handlungskonzeptes "unpassend" war und wie beide Handlungsperspektiven neu aufeinander abzustimmen wären. Heilpädagogische *Diagnostik* bedeutet in dieser Sicht in erster Linie die verstehend-rekonstruierende Erfassung der *Lebensgeschichte* der Person (Biographie, ihre "Rehistorisierung", in der Absicht, die "am meisten wahrscheinliche Geschichte zu konstruieren, warum jemand so ist, wie er ist" (Jantzen 1996). Ein solches Verständnis von Handlungskonzepten bietet für die heilpädagogische Praxis drei Vorteile: 1. Es entläßt den behinderten Menschen (auch den Schwerstbehinderten) aus seiner passiv-abhängigen Rolle des Empfängers und Objektes heilpädagogischer Maßnahmen, 2. Es betont den persönlich-intentionalen Charakter sonst "sinnlos" erscheinender Ausdrucksweisen, und 3. Auf seiten des Heilpädagogen garantiert es, daß Gehalt und Ziel seines Arbeitskonzeptes (Wissen, Gewissen und Motiv) von seiner *Person* gebündelt und getragen werden.

Den letztgenannten Aspekt halte ich für besonders bedeutsam: Gerade in der heilpädagogischen Praxis der Erziehung und Förderung unter erschwerten Bedingungen kommt es in erster Linie auf die *Person* des Heilpädagogen an. Heilpädagogik als personale Beziehung fordert die Person in einem umfassenden und ganzheitlichen Sinne, nicht nur ihr Fach- oder Regelwissen oder ihre Verfügung über effiziente Techniken der Verhaltensbeeinflussung.

Der Faktor der Wissenschaftsorientierung heilpädagogischen Handelns soll dadurch nicht entwertet werden. Die Vorrangstellung der Person vor der wissenschaftlichen Methode ist vielmehr in einer Weise zu verstehen, wie sie bereits bei Michel de Montaigne (1533–1592), einem frühen "Meister radikaler Selbsterkundung" (Ch. Taylor 1994), zum Ausdruck kommt: "Die Wissenschaft zündet kein Licht im Menschen an, wenn seine Seele keinen Brennstoff hat", d. h. wissenschaftliche Reflexion kann nur etwas "aufklären", was im Sinne von Werthaltungen, Einstellungen und Motiven in der Person bereits vorhanden ist.

Die Erfahrung, daß "es auf meine Person ankommt", ist ein konstantes Element in Gesprächen und im Austausch von Praktikumserlebnissen von Studierenden der Heilpädagogik. Deshalb ist heilpädagogische oder sozialpädagogische *Fachlichkeit* ein von der Person zu integrierendes Muster aus instrumenteller, sozialer und reflexiver Kompetenz (Geißler u. Hege 1985, 242ff).

a) *Instrumentelle Kompetenz*: Das Beherrschen von Methoden, beruflichen Fähigkeiten, Verhaltensroutinen, Techniken und Fachwissen.

b) *Soziale Kompetenz:* Das empathische, verstehende Sich-Einlassen auf die Situation des Partners und seine Bedürfnisse; aber auch die Einhaltung von Rollendistanz, um sich von der Situation und ihrer Dynamik nicht absorbieren zu lassen (Problem von Nähe und Distanz).

c) *Reflexive Kompetenz*: Bewußtsein von Intersubjektivität in der Beziehung zum anderen und konstruktiver Umgang mit eigenen biographisch bedingten Personanteilen sind die wichtigsten Aspekte dieses Kompetenzbereiches: "Die eigene Entwicklung in ihren prägenden Spuren nicht zu verlieren oder zu verleugnen, sondern in das berufliche Handeln zu integrieren" (ebd. 243).

Von daher sind berufsbezogene Selbsterfahrung und Supervision unverzichtbare Ausbildungselemente in jedem Studium der Heilpädagogik, das für eine solche Praxis qualifizieren will und in dieser Praxis selbst. Der Zusammenhang von Handlungskonzepten im Spannungsfeld zwischen Theorie und Praxis läßt sich nun durch folgendes Schaubild verdeutlichen.

Konzepte in der Heilpädagogik

Denken *Konzepte* **Handeln**

Person
- retrospektiv (Biographie)
- präsent (Da-Sein)
- prospektiv (Lebensentwurf)

Kognitionen/Attributionen (Wissen/angewandtes Wissen)
Werte ("Gewissen")
Motive (Ziele, Absichten)
Handlungen (interpersonal)

Person
- instrumentale Kompetenz
- soziale Kompetenz
- reflexive Kompetenz

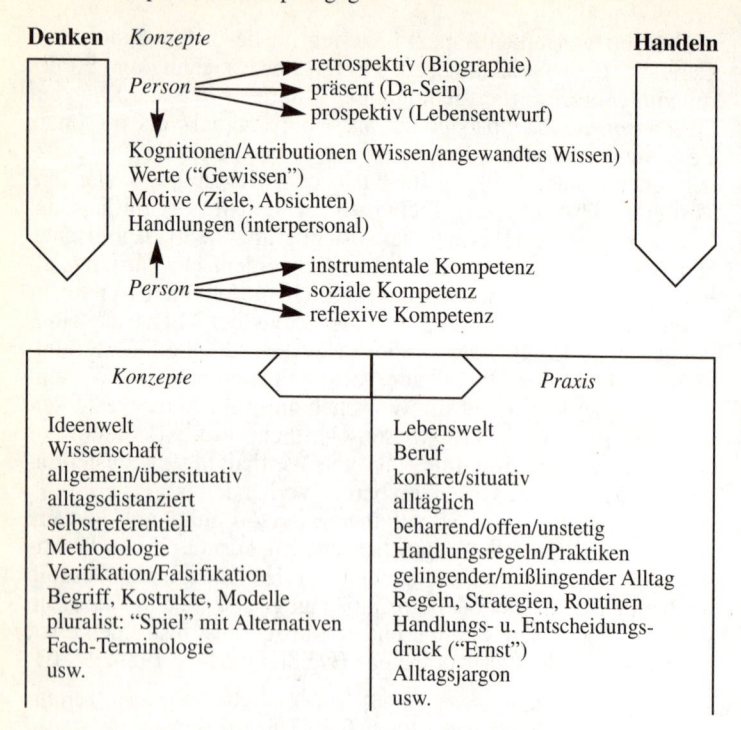

Konzepte	*Praxis*
Ideenwelt	Lebenswelt
Wissenschaft	Beruf
allgemein/übersituativ	konkret/situativ
alltagsdistanziert	alltäglich
selbstreferentiell	beharrend/offen/unstetig
Methodologie	Handlungsregeln/Praktiken
Verifikation/Falsifikation	gelingender/mißlingender Alltag
Begriff, Kostrukte, Modelle	Regeln, Strategien, Routinen
pluralist: "Spiel" mit Alternativen	Handlungs- u. Entscheidungs-
Fach-Terminologie	druck ("Ernst")
usw.	Alltagsjargon
	usw.

Abb. 6: Handlungskonzepte im Verhältnis von Theorie und Praxis

In seinem System einer Sozialarbeitswissenschaft hat Lowy (1983) für den Sachverhalt, den unser Begriff des "Handlungskonzeptes" erfaßt, die Bezeichnung "Praxistheorie" geprägt. Er unterscheidet zunächst in Sozialarbeit/Sozialpädagogik als *Handlungspraxis* und SA/SP als *Handlungswissenschaft*. Letztere hat neben den Aufgaben wissenschaftstheoretischer Klärung der Erkenntniswege, der philosophischen Reflexion handlungsleitender Werte und Normen, vor allem auch die operative *Wissensbasis* für die Berufspraxis zu erarbeiten. Die Berufspraxis enthält folgende Elemente:

a) *Basiswissen/Basistheorien* (human-, sozial- und rechtswissenschaftliche Konzepte)

b) *Praxistheorien/Praxiswissen*: Es sind dies "kognitive Gebilde von Konzepten, theoretischen Positionen und Prinzipien, die manchmal ad hoc, manchmal systematisch entwickelt wurden … Der Fokus der Praxistheorie ist auf die gezielte Veränderung von Personen, von sozialen Strukturen und Prozessen gerichtet" (Lowy 1983, 103).

Eine Praxistheorie hat zwei Inhaltsebenen: "Diagnose" und "Veränderungshandeln" (Intervention). Da in der sozialen Praxis "Diagnose" überwiegend eine an Verstehensprozesse gebundene Erkenntnisleistung ist, ergeben sich hier deutliche Parallelen zu dem von mir für die heilpädagogische Praxis favorisierten hermeneutisch-pragmatischen Konzept. Es fehlt hier bei Lowy der deutliche Bezug auf konkrete *Personen* als Träger und "Verwirklicher" einer Praxistheorie. Zudem halte ich den Begriff für mißverständlich, da er eine (fiktive) Einheit von Theorie und Praxis suggeriert, bzw. nicht genügend zwischen Theorien in der Wissenschaft und theoretischen Gebilden in der Praxis („Alltagstheorien") differenziert.

c) *Topik*: Mit diesem Begriff, der aus der antiken Rhetorik stammt (Lehre von den "Örtern und Gemeinplätzen"), bezeichnet Lowy das an einen konkreten Ort im Alltag gebundene individuell-einzigartige Phänomen subjektiver Situationsdeutungen der Klienten, das sich nicht als Fall einer allgemeinen Regel unterordnen läßt. Dieses situativ-subjektive Moment der Alltagspragmatik ist Anlaß zur dialogischen Mobilisierung des persönlichen Erfahrungshintergrundes beider Partner, aus der heraus sich dann eine ad hoc-Lösung im Sinne einer Übereinkunft ergeben kann. Wenn man sich als Praktiker angewöhnt, im anderen die *Person* zu sehen, wird man dieses Element des Unvermuteten und Nichtberechenbaren schätzen lernen, auch wenn es uns manchmal "nicht ins Konzept paßt"!

Ich habe den Beitrag Lowys an dieser Stelle zitiert, weil ich meine, daß die Entwicklung praxisbezogener Theorien und Konzepte in Sozialarbeit/Sozialpädagogik und Heilpädagogik je ähnliche Probleme zu lösen hat. Da ich die (außerschulische) Praxis der Heilpädagogik dem gesellschaftlichen Sektor "Sozialwesen" zurechne, sollte auch im Bereich der Handlungswissenschaften Sozialarbeit/Sozialpädagogik und Heilpädagogik ein intensiver Kooperations- und Austauschprozeß installiert werden, zum Nutzen beider Parteien (Gröschke 1986a; 1995b).

4.2. Praxis: Ursprung und Bewährungsfeld heilpädagogischer Konzepte

"Leben ist kein Stilleben"
(Oskar Kokoschka)

Heilpädagogik als Praxis bestand schon lange, bevor sich eine Wissenschaft gleichen Namens zu etablieren begann. Da es entwicklungsauffällige und behinderte Kinder immer schon gab, mußten auch immer schon Wege und Formen ihrer Erziehung gesucht werden.

Als *sonder*pädagogische Wissenschaft ist unser Fachgebiet nicht als Spezialisierung und Differenzierung der allgemeinen Pädagogik entstanden, sondern als Versuch, die vielfältigen und disparaten Bestrebungen in der Praxis der Behindertenhilfe seit spätestens Anfang des 19. Jahrhunderts zu systematisieren und zu koordinieren. Ziel der "Einleitung und Begründung einer heilpädagogischen Gesamtwissenschaft" von Georgens und Deinhardt (1861) war es, die geläufigen Praxisformen der Behindertenerziehung und -pflege theoretisch zu reflektieren und praktisch zu reformieren, um sie als Teil der allgemeinen "Wohltätigkeitsbestrebungen" zur Hebung der Volksgesundheit gesellschaftlich aktivieren zu können (s. Kapitel 2.2.). Die eindeutige Verortung in der Pädagogik ist ja erst relativ spät erfolgt (Möckel 1988).

Die Theorie hat es nie vermocht, die nebeneinander herlaufenden Richtungen und Ansätze im gesellschaftlichen Feld der Fürsorge und Erziehung behinderter Menschen in ein stimmiges pädagogisches Konzept zu fassen, sondern hat letztlich die Spezialisierung auf der Ebene der Praxisformen und Institutionen reproduziert, so daß sie sich heute als ambivalent bewerteter Komplex von Sonderpädagogiken darstellt (Solarova 1983). Sozial- und wissenschaftshistorisch zeigt sich ganz klar, daß heilpädagogische Praktiker schon lange am Werk waren, bevor die ersten Theoretiker der Heilpädagogik (Mediziner, Theologen, Pädagogen) über Felder dieser Praxis ihre konzeptuellen Netze spannten. Die für die Entwicklung der Heilpädagogik weichenstellenden Beiträge wurden von Praktikern erbracht, die erst sekundär ihre reformerische Praxis theoretisierten; denn "die Praxis kann nicht warten, bis die Wissenschaft fertig ist" (Georgens und Deinhardt 1861, 24). Wahrscheinlich ist es sogar konstitutiv für Praxis überhaupt, daß sie auf eine Notlage hin entsteht, die sich aus der unaufhebbaren konstitutionellen "Imperfektheit" der

Menschen, jedes Menschen, ergibt. Deshalb kann man sogar sagen, daß der Mensch das einzige Wesen ist, das der Praxis bedürftig und auch fähig ist (Benner 1987; Derbolav 1987).

Menschliche Bedürftigkeit ist anthropologische Bedingung der Möglichkeit menschlicher Praxis: "Not weist auf das Notwendige hin" (Georgens und Deinhardt 1861, 88). Diesen Primat der Praxis vor den sekundären Erkenntnisansprüchen der Theorie bringt folgendes Bonmot von Sloterdijk (1996, 246) genau auf den Punkt: "Wahrscheinlich wüßten wir nicht, was ein Satz ist, der nicht stimmt, wenn wir nicht wüßten, was eine Hose ist, die nicht paßt".

Wenn der Typus sozialen Handelns, den man Erziehung und Förderung nennt, wissenschaftlich geklärt und theoretisch durchdrungen werden soll, um dann wieder unter Alltagsbedingungen ein angemessenes Handeln anzuleiten, dann muß man von der *Praxis* ausgehen: Dort sind die Handlungsregulative am Werk, um deren Erfassung es geht. Die Praxis des *Berufsalltags* der Heilpädagogen und des *Lebensalltags* der Adressaten muß der Ort sein, von dem wissenschaftlich reflektierte und normativ begründete Handlungskonzepte ihren Ausgang nehmen.

Diese Sichtweise hat Folgen auch für das Wissenschafts- und Theorieverständnis in der Heilpädagogik: Heilpädagogik als Theorie verstehe ich als "Theorie einer Praxis". Diese nur scheinbar triviale Aussage ist zu betonen angesichts einer sich beschleunigenden Eigendynamik heil- und sonderpädagogischer Forschung und Theorienbildung, die selbstreferentiell zu einer eigenen Praxis geworden ist, bei manchmal (fast) völliger Loskopplung von der heilpädagogischen Berufs- und Lebenspraxis (Haeberlin und Amrein 1987). Es ist hier wieder anzuknüpfen an die theoretische Begründung der Pädagogik durch Schleiermacher (Bollnow 1986), der von der "Dignität der Praxis" ausging, die "unabhängig von der Theorie (ist)"; allerdings wird die immer schon gegebene Praxis "nur mit der Theorie eine bewußtere", je mehr nämlich "gewußt wird, was man tut und warum man es tut" (Schleiermacher 1966, 9ff). Wir werden im Verlaufe unserer Untersuchung (Kapitel 7) noch sehen, daß die wichtigsten Förderkonzepte der (außerschulischen) Heilpädagogik (z. B. Förderpflege, Psychomotorische Förderung, heilpädagogische Übungsbehandlung oder Spielförderung/-therapie) aus der praktischen Arbeit hervorgegangen sind, wenngleich sie auch durch fachwissenschaftliche Bearbeitung anschließend eine wesentliche

Klärung, Vertiefung und Aktivierung erfahren haben, was wiederum der Praxis zugute kommt. Das Primäre in der Heilpädagogik ist nicht die Wissenschaft/Theorie, sondern das *Leben,* "der erlebte Zusammenhang" von "persönlicher Lebenseinheit und Außenwelt", wie es Dilthey in der Begründung der Geisteswissenschaften hervorhebt.

Ein maßgeblicher Vertreter der geisteswissenschaftlichen Pädagogik, Erich Weniger (1894–1961), hat eine dreistufige Vermittlung zwischen "Theorie und Praxis in der Erziehung" bestimmt (Lüders 1989, 48f): Die "Theorie ersten Grades" meint die unmittelbare Anschauung der Wirklichkeit des gelebten Lebens durch den handelnden Praktiker, seine "Voreinstellungen", in deren Lichte ihm die Wirklichkeit "gegenständlich" wird.

Die "Theorie zweiten Grades" enthält die praktischen Erfahrungen, Lebens- und Handlungsregeln des Praktikers, sein Menschenbild und seine Ideale; das, was man (etwas abschätzig) "naive Alltagstheorien" nennt. Sie wirken eher hintergründig, können jedoch der Reflexion und Selbstbesinnung zugänglich gemacht werden.

Die wissenschaftlich kontrollierte Reflexion als methodisch "strenge systematische Besinnung" ist schließlich die "Theorie dritten Grades"; sie dient der Läuterung, Klärung, Korrektur der "Alltagstheorien" (zweiten Grades). "Primat der Praxis" heißt hier also, daß Praxis Bedingung der Möglichkeit von Theorie ist. Für die Theorie gilt: "Sie dient der Praxis und gilt nur so weit, als sie der Praxis helfen, als der Praktiker etwas mit ihren Ergebnissen anfangen kann (Weniger, zit. nach Lüders 1989, 48).

Das "Bewußtsein des Lebenszusammenhanges" bedingt das "Apriori der lebendigen Anschauung vor der (einzelwissenschaftlichen) Theorie". Mit diesen Worten stellt Herman Nohl im Geiste Diltheys eine "pädagogische Menschenkunde" *vor* die Erörterung einzelner psychologischer und soziologischer Aspekte der Erziehung (Nohl 1929, 53–54).

In der heilpädagogischen Alltagspraxis stellt sich ständig neu die *Kant*ische Grundfrage der praktischen Philosophie: "Was soll ich tun?", also die *ethische* Frage nach den Zielen, Inhalten und Aufgaben vertiefter Erziehungspraxis angesichts von Situationen, die mit ihren Erschwernissen das übliche Maß überschreiten und vor denen man leicht kapitulieren und flüchten könnte. Unter beruflich-professionellen Gesichtspunkten betrachtet, erweitert sich die Fragestellung um das pragmatisch-methodische Element des "was soll ich *wie* tun?". Ich muß also über Fähigkeiten verfügen, meine guten Absichten auch in (gute) Taten umsetzen zu können.

Als *professionell* Handelnder bin ich sogar verpflichtet, mein Tun nach anerkannten Maßstäben von Fachlichkeit und Kompetenz gegenüber Dritten (z. B. meinem Dienstgeber) auszuweisen. Wir dürfen nie übersehen, daß heilpädagogische Praxis nicht nur die Umsetzung einer ethischen *Gesinnung* in sittlich gutes Handeln bedeutet, sondern auch ein nach bestimmten Regeln und Verbindlichkeiten festgelegtes berufliches Tun ist, das es sich gefallen lassen muß, nach gewissen Effizienzkriterien bemessen zu werden. In dem am Leistungsprinzip orientierten System der Schule existieren für den Lehrer Mechanismen der Leistungskontrolle in Form von Lehr- und Stoffplänen, denen er ebenso ausgesetzt ist, wie seine Schüler, wenn auch mit anderen Folgen. In der außerschulischen heilpädagogischen Praxis sind die Beurteilungskriterien eher informeller Art, aber auch hier muß man der Frage "wofür werdet ihr eigentlich bezahlt?" eine überzeugende Antwort bieten. Heute propagierte Forderungen nach "Qualitätssicherung" und "Evaluation" haben auch hier den Bewährungsdruck enorm gesteigert.

Wenn Handeln als zielorientierter Prozeß zu verstehen ist und Erziehung eine besondere Form sozial-kommunikativen Handelns ist, dann erweist sich in dieser Sicht das Problem der Handlungsreflexion und -evaluation als sehr wichtig: Hat mein (heil-)erzieherisches Handeln die beabsichtigten Wirkungen nach angemessener (Be-) Handlungszeit erzielt oder nicht? Wie sieht das Verhältnis von erwünschten Wirkungen und unerwünschten Nebenwirkungen aus?

In einer interessanten Schrift hat Spranger (1969) das "Gesetz der ungewollten Nebenwirkungen in der Erziehung" bestimmt. Ausgehend von der uns allen vertrauten Erfahrung, "daß unsere Absichten, auch die bestdurchdachten, vom ernsten Gang des Schicksals oder vom törichten Zufall durchkreuzt werden" können, heißt es zu diesem "Gesetz" bei Spranger: "Es besagt in allgemeiner Fassung nur, daß bei unserem Handeln immer noch etwas anderes herauskommt, als was wir gewollt haben" (7). Ich halte dies nicht für eine bloße Spruchweisheit, sondern sehe darin Konsequenzen begründet: Daraus folgt nämlich einmal, daß (freiwillige) Handlungsevaluation zu einem Prinzip verantwortlichen professionellen Handelns in Feldern der Erziehung werden muß, zum anderen betrifft es unser Methodenverständnis: Wenn ein Handlungsergebnis zumeist eine Mischung gewollter und ungewollter Wirkungen ist, muß mehr als dies üblicherweise geschieht, der Anteil der ungewollten (negativen) Nebenwirkungen einer heilpädagogischen Methode untersucht werden; systematisch durch empirische *Praxisforschung* oder im konkreten Einzelfall durch sorgfältige *Beobachtung*. Zum Beispiel: Die sog. "Festhaltetherapie" ist erwiesenermaßen oft kurzfristig sehr wirksam in der Modifikation autistischen oder hyperaggressiven Verhaltens; es könnte jedoch gut sein, daß sie langfristig eher ungünstige oder gar schädliche Nebenwirkungen für die Persönlichkeitsentwicklung der Kinder zeitigt. Gleiches gilt für ähnlich drastische Methoden der Verhaltensänderung in Situationen sozialer Abhängigkeit im Leben Behinderter (z. B. aversive Verhaltenskontrolle durch Schmerzreize). Gesucht sind also Methoden, die möglichst nur nützen (nach Maßgabe begründeter Ziele), sehr wenig oder gar nicht schaden; Methoden, die nichts nützen, aber auch nicht schaden, wären eine auf Dauer unbefriedigende Alternative. Zum sozialen Handeln – da es in komplex determinierten Situationen von fehlbaren Menschen getragen wird – gehört immer eine "fundamentale Unsicherheitsrelation" zwischen Intentionen und Wirkungen, die nicht-intendierte und unvorhergesehene Wirkungen sowie unvermeidliche Nebenwirkungen einschließt (Kratochwil 1988).

Idealismus und guter Wille allein genügen also nicht, wo gehandelt werden muß. Wenn man etwas aus dem Technologieparadigma auf die Situation sozialen Handelns konstruktiv übertragen kann, dann die Einsicht, daß es immer auch eine Technologiefolgen-Analyse geben muß ('technology assessment'), vor allem wenn die soziale Akzeptanz der Abnehmer meiner professionellen Dienstleistungen („Auftraggeber" und "Kunden" wie man heute so sagt) auf Dauer gesichert werden soll.

Hier ergeben sich wieder deutliche Parallelen zur Praxis von Sozialarbeit/Sozialpädagogik: Fragen der *Nützlichkeit* werden dort oft nach Kriterien der *Wirtschaftlichkeit* entschieden, wo soziale Arbeit überwiegend mit der Ausführung und Verwaltung gesetzlich definierter Eingriffe und Leistungen befaßt ist (nach Müller 1984 einer der drei Haupttypen sozialarbeiterischen/sozialpädagogischen Handelns). Aber auch im Rahmen der beiden anderen Handlungstypen – Berufsarbeit vom Typus "Zusammenleben im Alltag" und "Entwicklung von Angeboten" – richten sich immer wieder Anfragen nach Nutzen und Sinn der bezahlten Berufsarbeit an den Praktiker. Im gesellschaftlichen Rahmen ist ja seit einiger Zeit das ganze System sozialstaatlich organisierter

Dienstleistung in fundamentale Kritik von unterschiedlichster Seite geraten („Finanzkrise des Wohlfahrtsstaates"). Entmündigung durch Expertokratie, Hyperspezialisierung, („Sozialindustrialismus") oder auch Kostenexplosion bei geringem "output" sind nur einige Schlagworte dieser disparaten Kritik an organisierten und professionalisierten Formen sozialer Hilfe, die sich auch auf die Sonder- und Heilpädagogik auswirkt und dort erhebliche "Legitimationsprobleme" heraufbeschwört. Von daher muß man auch in der außerschulischen heilpädagogischen Praxis inzwischen fest damit rechnen, daß Bewährung heilpädagogischer Konzepte *auch* bedeutet, die finanzierenden Stellen von ihrem *Nutzen* zu überzeugen. Es ist zwar grundsätzlich richtig, daß die Praxis vorrangig und vorgängig vor der Theorie ist, aber die Theorie/Wissenschaft kann ja auch u. U. entscheidende Argumente liefern, die den schieren Bestand einer bestimmten professionellen heilpädagogischen Praxis sichern helfen. Um ein Beispiel zu geben: Ohne medizinische und entwicklungspsychologische Nachweise ihrer objektiven Notwendigkeit und ihrer Effizienz könnte die Praxis der Frühförderung ja u. U. als sozial- und heilpädagogische Luxuseinrichtung angesehen werden, auf die man nicht zuletzt unter Kostengesichtspunkten genauso gut verzichten könne. Die Praxis ist zwar der Ursprung und das Bewährungsfeld heilpädagogischer Konzepte, die wissenschaftliche Theorie kann diese jedoch nicht selten mit Fakten beliefern, die zur Bestandserhaltung und zum weiteren Ausbau dieser Praxis zweckdienlich sind. "Wissenschaftlichkeit", vor allem wenn sie im technologischen Gewande daher kommt, ist zwar nicht bei Praktikern sozialer und pädagogischer Arbeit "vor Ort", wohl aber bei den Entscheidungsträgern in Planung, Verwaltung und Organisation sozialer Dienste ein hochgeschätzter Wert und ein faktisches Entscheidungs- und Handlungsregulativ.

Elemente heilpädagogischen Handelns in der Berufspraxis: Nach Lowy (1983) läßt sich das Handlungsfeld in der Praxis des Sozialwesens analytisch als charakteristische Konstellation von Werten, Zielen, Legitimationen, Wissen und Methoden beschreiben. Dieses Modell läßt sich auch auf die heilpädagogische Praxis übertragen:

a) *Wertkomponente*: Da Handeln *verantwortet* werden muß, vor allem ein Handeln, das sich auf Personen bezieht, braucht der praktizierende Heilpädagoge ein gesichertes anthropologisch-philosophisch reflektiertes Fundament für seine Arbeit. Er braucht ein *Menschenbild*, aus dem berufsethisch verbindliche und persönlich bindende Motive seines Tuns erwachsen.

b) *Zielkategorien*: Heilpädagogisches Handeln als zielgerichteter Prozeß braucht wie alle Erziehung Leitvorstellungen und Zielprojektionen: Von umfänglichen Globalzielen („Selbstverwirklichung in sozialer Integration" oder "Normalisierung") bis hin zu der Ebene situations-, alters- und funktionsbezogener Feinziele von Methodik und Didaktik einzelfallgerechter Entwicklungsförderung.

c) *Legitimation*: Auch heilpädagogische Praxis vollzieht sich im Rahmen von rechtlich organisierten Institutionen öffentlicher oder privater Erziehungs-, Jugend- und Behindertenhilfe (Schule, Hort, Heim, Klinik, Ambulanz). Hier handelt der Heilpädagoge nicht "auf eigene Faust", sondern im Auftrag staatlicher oder subsidiärer nichtstaatlicher Instanzen; sein *Mandat* ist ein "doppeltes": Er handelt für seine *Klienten* (Behinderte und von Behinderung Betroffene) aber auch für seinen *Dienstgeber* und dessen gesellschaftliche Position. Nicht anders als in der Sozialarbeit kann dieses "Doppelmandat" beträchtliche Konfliktpotentiale enthalten (s. Kapitel 5.3.).

d) *Wissen*: Der Heilpädagoge braucht umfangreiches, ständig aktualisiertes, wissenschaftlich begründetes Bedingungs-, Erklärungs- und Veränderungswissen (fachwissenschaftliche Grundlagen der Heilpädagogik). Die Konzentration heilpädagogischer Arbeit auf den sozialen Gegenstandsbereich "Behinderung und behindernde Umstände" erfordert spezialisiertes Wissen, das die disziplinäre Eigenständigkeit der Heilpädagogik innerhalb aller pädagogischen Disziplinen akzentuiert (Kapitel 2.1.1.).

e) *Methoden/Interventionen*: Die besonderen (erschwerten) Erziehungs- und Entwicklungsvoraussetzungen, die wir im Begriff der Behinderung kürzelhaft zu fassen suchen, bedingen besondere methodische Umgangs- und Behandlungsformen und Konzepte, die für die Heilpädagogik spezifisch sind (s. Kapitel 7).

Diese fünf Komponenten sind in real ablaufende professionell ausgeführte Handlungsprozesse in der heilpädagogischen Praxis integriert, auch wenn sich der Aktor einiger von ihnen nicht in jedem Moment reflexiv bewußt sein mag. Unterzieht er sich der intellektuellen Anstrengung – sei es freiwillig, sei es auf Aufforderung eines Dritten – sein Handeln in systematisch geordneter

Form darzustellen und zu begründen, *warum* er in dieser faktischen Weise so vorgegangen ist, so erläutert er sein *Handlungskonzept*, das in diesem Reflexionsvorgang *Theorie und Praxis* verbindet.

Wenn man unter einer wissenschaftlichen Theorie (im Gegensatz zu einer Alltagstheorie) im kognitiven Sinne einen reflexiven Wissensbestand hypothetisch-deduktiver Art versteht, dann vollzieht sich die viel beschworene Theorie-Praxis-Integration nicht von selbst und automatisch, sondern eigentlich erst während dieses Prozesses bewußt intendierter *Klärung* und *Begründung* des Handlungskonzeptes. Es ist wahrscheinlich, daß das bewußte Einüben dieses konzeptuellen Reflexionsprozesses (z. B. unter Supervision) zukünftig die Chancen erhöht, daß der so verfahrende professionelle Praktiker Situationen seines Berufsalltags routiniert in dieser geordneten und systematischen Weise bewältigt. Erst dann könnte man im strengen Sinne von "angewandter" Wissenschaft sprechen bzw. dem Praktiker "wissenschaftlich begründete" Fachlichkeit attestieren. Da dieser Reflexionsprozeß unsicherheitsbelastet, labil und nicht zuletzt unbequem-mühsam ist, sollte man nicht damit rechnen, daß ihn der Aktor sozusagen als Referenz an die "Wissenschaftlichkeit" ganz freiwillig leistet; auch berufsethische (Selbst-)Appelle an seine "Professionalität" allein dürften nicht ausreichen, ihn zu institutionalisieren.

In diesem Zusammenhang erweist sich erneut die Notwendigkeit von Supervision, aber auch Fallbesprechungen, Protokollführung und Falldokumentation im Berufsalltag. Wenn man auf Dauer am Projekt des "wissenschaftlich ausgebildeten Praktikers" festhalten will, dann ist gerade das Medium der Supervision in der Berufsausbildung wie im Berufsalltag der bevorzugte Ort, wo heilpädagogisch tätige *Personen* ihre Handlungskonzepte klären und begründen und ihre Tauglichkeit für ihre aktuelle und zukünftige Praxis reflektieren. Allerdings muß dabei in der Person des Supervisors/Praxisberaters zweierlei sichergestellt sein: Er muß einen guten Einblick in das Praxisfeld haben, und er muß eine lebendige und kontinuierliche Beziehung zu den wissenschaftlichen Grundlagen der Heilpädagogik haben, aus der heraus innovative Impulse freigesetzt werden können.

Trotz aller möglichen Verbesserungen des Theorie-Praxis-Bezuges bleibt jedoch zwischen beiden Bereichen eine nicht restlos aufhebbare Differenz. Wissenschaftliche Theorie entsteht in einer eigenen "Lebenswelt", die konstitutiv von den Lebenswelten in der sozialen Handlungspraxis verschieden ist. Mit seinen systemspezifischen Normen und Motivationen erzeugt der "Wissenschaftsbetrieb" nicht selten eine eigene "Gegenpraxis", die der heilpädagogischen Berufspraxis nicht nur nichts nützt (das ist allenfalls bedauerlich), sondern gelegentlich direkt schadet, da sie nach der Methode idealtypischer Wirklichkeits*reduktion* utopische Modelle optimaler Praxis entwirft, an denen gemessen reale Praxis sich immer als defizitär erweisen muß.

Neben seinem (vielleicht) "schlechten Gewissen" muß der beflissene Praktiker dann auch noch mit dem Vorwurf leben, nicht eigentlich zu einer anerkannten Profession zu gehören, denn er wende kaum "wissenschaftliches" Wissen an. Unser Handlungsmodell heilpädagogischer Praxis sollte allerdings auch gezeigt haben, daß in fachlich kompetentes Berufshandeln in der Tat sehr viel mehr an wichtigen und positiven Handlungselementen einfließt, als sich im strengen wissenschaftstheoretischen Sinne begründen läßt.

Bislang war schon ausführlich die Rede von Praxis in der Heilpädagogik, wobei in gewisser Weise stillschweigend vorausgesetzt wurde, es sei hinreichend klar und selbstverständlich, was das sei: *Praxis*. Das ist jedoch keinesfalls so klar und evident, wie es den Anschein hat; es wäre sogar überaus naiv zu glauben, "Praxis" sei ein so praktischer Begriff, daß er keiner weiteren Erörterung bedürfe. Viele Verständigungsprobleme zwischen "Theoretikern" und "Praktikern" sind indirekt in einer solch falschen "Konsensusannahme" begründet, bei der jede der beiden Seiten der anderen ungeprüft unterstellt, man meine selbstredend dasselbe mit "Praxis". Bei näherer Hinsicht jedoch erweist sich der Praxisbegriff als durchaus vielschichtiger und komplexer als sein Gegenpol "Theorie", mit dem er bevorzugt verknüpft wird. Eine Systematisierung von Praxiskonzepten in der Heilpädagogik kommt deshalb an einer Erörterung von Konzepten *von* Praxis in der Heilpädagogik nicht herum. Ich muß mich jedoch auf die Dimensionen von Praxis beschränken, die für unsere eigentliche Themenstellung bedeutsam sind. Wenn alles, was Menschen bewußt tun, eine Praxis konstituiert, ist eine solche Beschränkung unausweichlich. Ich erhebe nicht den Anspruch, der Komplexität dessen, was "Praxis" genannt wird, umfassend gerecht zu werden.

5. Konzepte von "Praxis" in der Heilpädagogik

5.1. Theorie-Praxis-Technik

Der Dualismus von "Theorie und Praxis" ist ein klassischer Topos der Philosophie. Er erscheint als dialektisches Begriffspaar von Gegensatz und wechselseitiger Verwiesenheit bereits in voller Ausprägung bei Platon und Aristoteles. Diese beiden maßgebenden Denker der griechischen Antike bestimmten Grundstrukturen des Theorie-Praxis-Verhältnisses, die auch heute noch für die Handlungswissenschaften ihre Bedeutung haben.

Was war ursprünglich mit den Begriffen gemeint? *Praxis* (pragma) bedeutet zunächst das bewußte menschliche Handeln im zwischenmenschlichen Bezug, wie es in den Sozialwissenschaften heute in den Kategorien des sinnmotivierten und verständigungsorientierten "sozialen Handelns" (Max Weber) oder der "Interaktion und Kommunikation" (G. H. Mead) gefaßt wird. Im Gegensatz dazu benutzten die alten Griechen den Begriff der "*poiesis*" für das technische Herstellen von unbelebten Sachen. Wir finden den Wortbestandteil heute im Schlüsselbegriff der modernen Systemtheorie "Autopoiesis", das ist die Selbsterzeugung lebender Systeme (vgl. Luhmann 1987). *Theorie* (theoria) meint bei Platon das geistige Schauen der reinen Ideen; bei *Aristoteles* wird Theorie zu einer von allen konkret-praktischen Intentionen unabhängigen wissenschaftlichen Einstellung reiner Erkenntnisgewinnung. Die Metapher "rein" deutet schon an, daß lebenspraktische Absichten oder Zwecksetzungen als verunreinigende Beimengungen des reinen erkennenden Schauens bewertet wurden.

Während allerdings bei Sokrates und Platon der Ausgang von den reinen Ideen des Guten, Wahren, Schönen und Gerechten *sittlich verantwortete* Praxis anleiten sollte, vollzieht Aristoteles eine strikte erkenntnistheoretische Trennung von Theorie und Praxis: Der "bios theoretikos" ist "das der denkenden Betrachtung der Dinge gewidmete Leben". Wir finden sie heute wieder in der empiristischen und kritisch-rationalistischen Wissenschaftstheorie und ihrer Trennung von deskriptiven "Seinsaussagen" (wertfrei) und normativen "Sollensaussagen", die nicht Gegenstand der wissenschaftlichen Theorie seien. Diese Scheidung von Theorie und Praxis an der Trennungslinie handlungsleitender Werte und Normen gilt – idealiter – etwa für das Wissenschaftskonzept der empiristischen Behindertenpädagogik. In entscheidender Abgrenzung von der geisteswissenschaftlichen Pädagogik nach Dilthey hat mit allen Konsequenzen Brezinka (1971) diese Sichtweise in die allgemeine Pädagogik eingeführt, die sich von da ab bevorzugt "Erziehungswissenschaft" nennt. Diesen Prozeß der Verwissenschaftlichung im Sinne der empirischen Sozialwissenschaften (vor allem Psychologie und Soziologie) bezeichnete man als die "realistische Wende" der Pädagogik. "Aus Tatsachen lassen sich weder Werte noch Normen ableiten. Der Unterschied zwischen Sein und Sollen ist logisch nicht zu überbrücken" (Brezinka 1971, 7). Was aber sind "Tatsachen"? In den Handlungswissenschaften – und als eine solche begreifen wir Heilpädagogik – geht es um Menschen, strenger gefaßt um Personen, nicht um *Tatsachen*, um ein Tun mit Personen, nicht mit Sachen!

Der Anleitung der Praxis dient bei Aristoteles nicht eine (wissenschaftliche) Theorie, sondern eine *in* der Praxis entwickelte Handlungslehre (téchné). Der Dualismus von Theorie und Praxis erweitert sich so zur Trias von Theorie-Praxis-Technik (Derbolav 1987). Es existiert dann nicht mehr ein Gegensatz von praxisferner Theorie und theorieloser Praxis, wie er gemeinhin mit den beiden Begriffen suggestiv verknüpft ist, sondern Theorie und Praxis bezeichnen zwei unterschiedliche, aber gleichwertige *Lebensformen*. Widmet man sein Leben primär der betrachtenden Schau der zeitlos-ewigen Dinge (theoria) oder dem *praktischen* verantwortlichen Handeln in der Realität von Erziehung, Staat und Gemeinwesen? Die dritte Alternative, die dem Reichen offensteht, *luxuria*, ein Leben in Luxus, Völlerei und Sinnenlust, können wir hier getrost vernachlässigen. Während der Renaissance verdichtete sich dies auf die dann auch moralisch geführte Debatte um den Gegensatz von "vita contemplativa" und "vita activa".

Die Erfahrung des heilpädagogischen Berufes lehrt uns, daß wir auf Dauer für die Bewährung in den Anforderungen der Praxis einen flexiblen Wechsel beider Lebensstile brauchen: Nur wenn wir aus der Aktivität des Alltags immer wieder frei zu wählende Möglichkeiten des Rückzugs, der Muße und Besinnung uns eröffnen können, werden wir den Belastungen auf längere Zeit gewachsen bleiben. Der einzelne Heilpädagoge muß sich eine solche Kultur der Muße in einer "vita contemplativa" im Dienste seiner psychischen Hygiene entwickeln und erhalten. Auf eine konkrete Form einer solchen Kultur gehe ich unter dem Stichwort "Lesekultur" weiter unten noch ein (s. Kapitel 5.2.).

Seit Aristoteles hat der Praxisbegriff eine Differenzierung erfahren, die für die modernen Handlungsdisziplinen und ihr Praxisverständnis folgenschwer wurde. Gemeint ist die schon erwähnte Unterscheidung zweier Formen von praktischem Verhalten: Praxis und poiesis, *Handeln* und *Machen* (Böhm 1985). Beides verlangt ein verständiges und geschicktes Vorgehen im Sinne von téchné: Eine Kunstfertigkeit in der handwerklichen Herstellung von Sachen und eine Kunstlehre im handelnden Umgang mit seinesgleichen. In diesem letzten Sinne von Technik (téchné) verstand z. B. noch einer der Begründer der wissenschaftlichen Pädagogik, Schleiermacher diese als "Kunstlehre". Seit Kant (1724–1804) gilt eine für unser Verständnis von Praxis und die Differenz von Praxis und Technik wichtige Unterscheidung. Kant unterscheidet nach Naturgegenständen, die nach *Gesetzen* funktionieren und nach Vernunftwesen, die nach *Prinzipien* handeln können. Menschliche Handlungspraxis nach Prinzipien ist entweder ein "Behandeln" im Sinne des Bearbeitens von Objekten nach *Zweckmäßigkeits*prinzipien, wodurch Güter oder Sachmittel *hergestellt* werden, die man gebrauchen kann; oder Handeln ist ein Miteinanderhandeln: "Miteinanderhandeln (Praxis) aber vollzieht sich niemals als schlichte Zweckverwirklichung im Material – das wäre bereits eine technische Deformation – sondern als *Einwirken* aufeinander im Rahmen verstehender Sinnkommunikation" (Derbolav 1987, 50). Der ethisch-kategorische Imperativ seit Kant gebietet uns ja, die Menschheit in der Person jedes einzelnen als Selbstzweck („Zweck an sich selbst"), niemals als instrumentelles Mittel für heteronome Zwecke zu gebrauchen. Menschliches Handeln, auch sozial-kommunikatives, hat auch eine technische Seite (Fähigkeitsstruktur, Sach- und Situationsbezug), es erschöpft sich darin jedoch nicht, da es nicht um Herstellung sondern um *Verständigung* zwischen Subjekten geht.

Für beide Varianten von "Techniken", die handwerkliche güter- und mittelproduzierende, wie die kommunikativ-lebenspraktische, gilt allerdings, daß sie nur durch Tun, durch ihre *Ausübung* zu erwerben sind. Sie stellen ein auf praktischem *Wissen* basierendes *Können* dar, das nur im *Tun* durch *Übung* erworben werden kann. Sie sind also in einer Kette von Wissen-Können-Tätigkeit-Übung organisiert. Dieses Modell lebenspraktischer Handlungs- und Daseinstechniken weist große Ähnlichkeiten mit dem motivations- und entwicklungspsychologischen Konzept der "Kompetenz" auf. Brezinka (1987) räumt ihm als Erziehungsziel der "Tüchtigkeit" einen hohen Stellenwert ein.

Ich habe an anderer Stelle ausgeführt, inwiefern sich der *Kompetenzbegriff* als theoretischer Grundbegriff in praktischer Absicht für die Heilpädagogik entfalten läßt (Gröschke 1985b; 1986b).

Das für praktische Belange des Handelns nötige Wissen ist nicht von der Art theoretisch-wissenschaftlichen Wissens, das bei Aristoteles epistéme heißt, sondern zur Bewährung im Handlungsraum des Alltags bedarf es einer "Wohlberatenheit", eines klugen Situationsverständnisses, um unstete, ereignishafte, unerwartete Episoden meistern zu können; Aristoteles nennt das "phrónesis". Diese Art von Wissen ist uns schon einmal unter dem Namen *Topik* begegnet (s. das Handlungsmodell Lowy's in Kapitel 4.2.).

Es zeigt sich hier erneut die uns schon vertraute Tatsache, daß Praxishandeln sich zwar von wissenschaftlicher Theorie anleiten und reflexiv aufklären lassen, jedoch nicht vollständig oder auch nicht überwiegend von ihr *determiniert* werden kann.

Das *Machen* (poiesis) zielt immer auf ein dingliches Ergebnis, ein Produkt. Sein Wert bemißt sich letztlich nach der Güte des fertiggestellten Gegenstandes. Da sich Handeln (Praxis) verständigungsorientiert auf Personen bezieht, trägt es seinen Wert in sich selbst. Der "Kategorische Imperativ" sittlichen Handelns (Kant) verbietet es mir unbedingt, die Person des anderen für meine Zwecke zu instrumentalisieren; deshalb ist soziales Handeln "praxis", nicht aber "poiesis". Auch wenn der heilpädagogische Praktiker im engeren handwerklichen Sinne materialgestalterische Aktivitäten mit Behinderten durchführt (Werken und Gestalten, heilpädagogische Kunsttherapie), wendet er keine Technik im Sinne der poiesis an, denn nicht das fertige *Produkt* ist das Entscheidende, sonder der selbstaktive und kreative *Prozeß* der psychischen Auseinandersetzung der beteiligten Personen mit den Gegebenheiten des Materials und mit sich selbst und dem anderen. Ich erinnere an die von Hengstenberg (1966a) gemachte Unterscheidung von "Sachlichkeit" als personale Einstellung den Dingen gebenüber, so wie sie in ihrem Eigenwert sind, und "Versächlichung", d. h. in einer egozentrischen Haltung Menschen wie Dinge gleich behandeln (vgl. Kapitel 1.4.). Wir sprechen in der heilpädagogischen Methodenlehre zwar von "Techniken beruflichen Handelns" (z. B. diagnostische Verhaltensbeobachtung, Gesprächsführung), meinen damit jedoch handlungspragmatische

Elemente im Dienste übergeordneter Handlungspläne und -ziele und eingeordnet in Handlungskonzepte.

Bei den Begründern der Pädagogik als Handlungswissenschaft, Herbart und Schleiermacher, finden sich zwei interessante Ideen, wie die Vermittlung zwischen pädagogischer Theorie und erzieherischer Praxis im Sinne einer Kunstlehre vorstellbar sei: Herbart nennt den "pädagogischen" Takt ein solches "Mittelglied": "Ein gewisser Takt nämlich, eine schnelle Beurteilung und Entscheidung, die nicht, wie der Schlendrian ewig gleichförmig verfährt". Wenn man zu diesem Begriff des "pädagogischen Taktes" noch das aus dem alltäglichen Sprachgebrauch stammende Element von Takt als "Taktgefühl" für die Würde der anderen Person und ihr Recht auf Selbstbestimmung hinzudenkt, ist für die heilpädagogische Arbeit mit Behinderten eine wichtige Aufgabe bestimmt. Takt in diesem Sinne spielt auf eine feinfühlige Moralität "zärtlicher Berührung" an (tactus, lat. = Berührung), in der die Geste der Berührung (Tastsinn) das Nahesein mit dem personalen Sein des "Anderen" ermöglicht (Lévinas). Mit Derbolav (1987) kann man den "pädagogischen Takt" sogar als für das konkrete Handeln entscheidende "Grundtugend" bezeichnen (Gröschke 1993). Er ist auf die individuelle, einzigartige Erziehungssituation gerichtet, aber er muß gedanklich präpariert und praktisch eingeübt werden. "Im *Handeln* erlernt man die Kunst, erlernt man Takt, Fertigkeit, Gewandtheit, Geschicklichkeit; aber selbst im Handeln lernt die Kunst nur *der*, welcher vorher im Denken die Wissenschaft gelernt, sie sich zu eigen gemacht hat, sich durch sie bestimmt – und die künftigen Eindrücke, welche die Erfahrung auf ihn machen sollte, vorbestimmt hatte" (Herbart 1802, zit. nach Derbolav 1987, 64). Der pädagogische Takt ermöglicht die Konkretisierung, Differenzierung und Individualisierung des Allgemeinen (Prinzip) durch das je Besondere (situative, individuelle). Er bedeutet die "Kunst des Ausgleichs" zwischen dem "Gegebenen" und "Aufgegeben" in jeder konkreten Situation (Derbolav 1987, 66).

Schleiermacher nennt das "*besonnene Bewußtsein* des Erziehers" als vermittelnde Instanz zwischen Theorie und Praxis: "Denn wo wahre Besonnenheit ist, da wird auch im Leben immer auf den Komplex der Aufgabe gesehen, nicht auf den Augenblick allein" (Schleiermacher 1966, 55). In diesem Sinne ermahnt "Besonnenheit" den Erzieher, sich nicht im Augenblicklichen zu verlieren.

Dieses Element von "Besonnenheit" im Handeln ist ein wichtiges Korrektiv in unserem Verständnis von Praxis als zwischenmenschlichem Handeln. Der Handlungsbegriff hat eine gewisse aktivistische Note, die sich u. U. gefährlich auswirken könnte. Es muß deshalb festgehalten werden, daß Handeln nicht nur ein *Tun*, sondern auch ein *Unterlassen* sein kann: der bewußte Verzicht auf die Ausführung eines bestimmten denkbaren Tuns, das zwar erfolgversprechend und machbar wäre, zu Gunsten eines höherwertigen Prinzips. Ein Beispiel aus der heilpädagogischen Förderpraxis mit Schwerstbehinderten: Die Items eines förderdiagnostischen Instrumentes (sog. Kompetenzinventare) geben mir dezidiert vor, welche Verhaltensleistung des Behinderten unter Einsatz verhaltensmodifikatorischer Techniken erzielt werden könnte, weil sie "an der Reihe" ist. Ich verzichte jedoch bewußt auf das Einüben, weil ich nicht beweisen kann, was dieses "Können" für einen Sinn macht im Ganzen der Lebenssituation der behinderten Person. Statt dessen fühle ich mich ethisch aufgefordert, die Situation des Betroffenen mit zu(-er-)tragen, ohne sie aktivistisch zu bekämpfen. Ich werte besonnen den "Komplex der Aufgaben" im Sinne Schleiermachers und entschieden nicht nach der technischen Machbarkeit des "Augenblicks allein", alles andere wäre geist-, seelen- und herzloser "skilldrill".

Genau diese Verengung von Theorie auf instrumentelle *Technologie* einerseits und Praxis auf poiesis andererseits hat der Prozeß der Neuzeit mit sich gebracht. Wir stehen heute vor der immens schwierigen Aufgabe, seine negativen Folgen für die Lebenspraxis zu bewältigen.

Seit Bacon (1561–1626) ist Theorie (Natur-)*Wissenschaft* geworden. Ihre selbstgewählte Aufgabe sieht sie in der Erklärung und Prognose ihrer Objekte zum Zwecke ihrer Kontrollierbarkeit und technischen Beherrschung, ihre Methode ist das Experiment. In seinem "Discours de la méthode", der Gründungsurkunde dieser neuen Zeit, sagt Descartes (1596–1650): "Kennen wir einmal die Kraft und die Wirkungen des Feuers, des Wassers, der Sterne, des Himmels und aller anderen Körper um uns herum, könnten wir uns zu Herren und Meistern der Natur aufschwingen". Die *Kantische* Scheidung nach *empirisch* (Naturgesetze, Erscheinungen) und *intelligibel* (Sittengesetz, "Ding-an-sich") hat die Spaltung in Wissenschaft und Philosophie sowie *Subjekt* und *Objekt* nur besiegelt. Alles, was sich nicht als Objekt empirisch-analytisch zergliedern und experimentell manipulieren läßt, wurde aus dem Kanon der Wissenschaften ausgeklammert. Mit der Objektivierung aller Phänomene geht ihre *Reduktion* einher; um es bildlich auszudrücken: in empiristischer Einstellung wird aus dem Lebensphänomen "Atem" die Produktion von Kohlendioxid. "Diese Hypertrophie der technischen gegenüber der sittlichen Dimension hat zu einer Denaturierung moderner Lebenspraxis geführt" (Derbolav 1987, 55).

Der neuzeitliche Positivismus von Comte (1798–1857) hat die Ausrichtung der wissenschaftlichen Forschung auf technologisches Herstellungs-, Funktions- und Kontrollwissen nur vollendet; seine Maxime lautet: "voir-savoir-prévoir-régler".

Die sich mit den Phänomenen der menschlichen Lebenspraxis und ihren geistigen Hervorbringungen beschäftigenden Disziplinen hatten und haben es ja sehr schwer, sich als "Geisteswissenschaften" (Dilthey) zu behaupten. Heute, im Zeitalter von Wissenschaft als Technologie, kämpfen sie weiterhin (auf verlorenem Posten?) um ihre Existenzberechtigung. Einige ihrer Vertreter wollen ihre Rolle bereits freiwillig auf die reibungsarme Abfederung der Technologiefolgen und soziale Akzeptanzbeschaffungsmaßnahmen beschränken („wozu sonst Geisteswissenschaften"?). Die Sozialwissenschaften (allen voran Psychologie, Soziologie und auch Pädagogik) haben das Erfolgsmodell der technologieproduzierenden Naturwissenschaften bereitwillig imitiert. Man glaubt auch hier weitgehend nur reüssieren zu können, wenn man sich auf die Produktion technologischen Wissens verlegt, mit der auch die kollektive Sozial- wie die individuelle Lebenspraxis zweckrational optimiert werden können.

Alle Phänomene von Bewußtsein, Seelenleben, und Sozialität werden analytisch zergliedert und als einzelne Fakten allgemeingültigen Erklärungshypothesen unterstellt. Diese "Reduktion der Wirklichkeit zu einem Explanandum" (Benner 1987) mündete auch in den Handlungswissenschaften in eine "Logik der Forschung" (Popper), die konsequent die soziale Lebenspraxis unter die zweckrationale Kontrolle von Sozialtechnologien zu bringen sucht. Die Methode empirisch-analytischen Denkens und Verfahrens in den Wissenschaften hat dabei durchaus ihre Berechtigung und ihren Sinn, gefährlich ist ihre Verabsolutierung zum einzig gültigen Prinzip der Selbst- und Welterkenntnis. Wenn die Grundstruktur des Lebendigen der Gegensatz ist (Guardini 1985a), dann bedingt die Vereinseitigung der auflösend-zergliedernden *Analyse* die Notwendigkeit ihrer Aufhebung in der ganzmachenden *Synthese*.

Als solchen "ganzmachenden" synthetischen Begriff habe ich den Namen Heilpädagogik begründen wollen (Kap. 1.2.).

Eine solche Synthese könnte anknüpfen an die Gedanken der Frühromantik (Novalis, Schlegel, Schelling und Hölderlin), die in ihrer Unterscheidung von analytischer und synthetischer Vernunft die heraufziehenden Gefahren einer instrumentellen "Halbierung der Vernunft" (Habermas) bereits antizipierten. Es gibt Phänomene, die sich nur *gewaltsam* analytisch in Einzelteile zerlegen lassen: Das Selbstbewußtsein der Person, die Einheit ihres Leibes, die Lebenspraxis und die Natur als teleologischer Ordnungs- und Sinnzusammenhang sind solche Phänomen, die sich nach ihrer Analyse letztlich nur *synthetisch* verstehen lasen. Die Wirklichkeit im Ganzen und vor allem anderen die der menschlichen Lebenswelt sind mehr als ein "Reich manipulierbarer Objekte". Sie nur als Objekte zu behandeln, führt zu ihrer "Mimesis ans Tote" (Horkheimer u. Adorno 1977).

In ähnlich wissenschafts- und gesellschaftskritischer Einstellung hat Fromm (1973) die unter dem industriellen Zwang endloser Warenproduktion stehende kapitalistische Gesellschaft als "nekrophil" verurteilt. Ihr vorherrschender Modus des *Habens* akkumuliert Sachen und Besitz im Tauschmedium des Geldes, bis die toten Dinge Herrschaft auch über die verdinglichten zwischenmenschlichen Beziehungsformen ausüben. Als positiver Gegenentwurf steht bei Fromm die am *Sein* orientierte "biophile" Einstellung zum Leben. Diese in der marxistischen Tradition stehende Ideologiekritik "falscher" Praxis appelliert an das schlechte Gewissen des naiven Alltagsbewußtseins; als *negative* Dialektik bietet sie jedoch auch dem engagierten Praktiker kaum unmittelbare Handlungserleichterung, auf die er allerdings tagtäglich angewiesen ist: "Die Schwere des Alltäglichen setzt dem Mutwillen der Theorie Grenzen" (Sloterdijk 1996, 255).

Heilpädagogische Praxis als Sozialtechnologie?

Die skizzierte Entwicklung wissenschaftlicher Theorie zu operativen Theorien zum Zwecke technologischer Anwendung und damit einhergehend der Reduktion von Praxis auf "poiesis" ist, wie erwähnt ein Grundzug der Moderne. In einer solchen Praxis orientiert sich menschliches Handeln an technischen Kriterien eines "herstellenden Machens" (Böhm 1985, 44ff). Auch die genuinen Bereiche menschlicher Praxis Erziehung, Entwicklungsförderung und medizinisch-psychologischer Therapie, geraten in diesen technologischen Sog. Seit Lockes (1632–1704) Schriften zur Pädagogik gelten Erziehung und kindliche Persönlichkeitsentwicklung als rational planbar und machbar. Die menschliche "tabula rasa" muß von außen nur richtig und entschlossen programmiert werden, um positive Resultate zu erzielen. Eine extreme Ausprägung erfuhr diese poietisch-technische Konzeption von Erziehung, Entwicklung und Therapie im radikalen Behaviorismus Skinners (1973). Sein System einer Verhaltenstechnologie kontingenzgesteuerter Umweltprogrammierung auf der Basis der *operanten* (!) Lerntheorie war bis in die 70er Jahre ein beherrschender Ansatz in der klinischen und pädagogischen Psychologie (Gröschke 1992b). Auch hier kann es nicht darum gehen, verhaltensmodifikatorische Verfahren oder Techniken in Bausch und Bogen zu verwerfen: Als pragmatische Teilelemente im Rahmen heilpädagogischer Konzepte sind sie wertvoll und auch unverzichtbar, als technologischer *Ersatz* für erzieherisches Handeln kommen sie nicht in Frage (s. Kapitel 7.7.).

Seit Skinner erfreut sich das Thema "Verhaltenstechnologie" in der Psychologie und in der an ihr orientierten empiristischen Pädagogik zunehmender Beliebtheit. Dieses technologische Denken ist unmittelbares Ergebnis der Vorherrschaft eines bestimmten reduktionistischen Menschenbildes in der empirisch-experimentellen Psychologie: des "behavioralen Subjektmodells" (Groeben 1986), nach dem nur offen sichtbare und meßbare Verhaltensdaten Gegenstand wissenschaftlich-psychologischer Analysen und Erklärungsgesetze sein können. Der konkrete Einzelfall wird als Element einer allgemeinen Erklärungsregel untergeordnet, aus der dann unmittelbar auch Veränderungsstrategien ableitbar sind, die sich als technologische Regeln darstellen.

Westmeyer (1978, 118ff) nennt folgende Kriterien einer Verhaltenstechnologie: Eine *Technologie* ist ein Wissensbestand, der

– mit den Erkenntnissen der Wissenschaft vereinbar und mit Hilfe der wissenschaftlichen Methode überprüfbar ist, und der
– dazu verwendet werden kann, Objekte oder Prozesse natürlicher oder sozialer Art zum Zwecke der Erreichung für wertvoll gehaltener praktischer Ziele zu kontrollieren, zu verändern oder herzustellen.

Für den Einsatz einer Technologie braucht der Praktiker "technologische Regeln". Darunter versteht Westmeyer "Handlungsmaximen, Aufforderungen, in bestimmten Situationen bestimmte Maßnahmen zu ergreifen, um bestimmte Ziele zu erreichen". Ihre Praxistauglichkeit läßt sich in Form bedingter Wahrscheinlichkeiten als "Effektivitätswerte" berechnen.

Mit Böhm (1985, 61) läßt sich jetzt fragen, von welcher Art das *pädagogische* und damit auch das *heilpädagogische* Wissen ist: "Ist es ein theoretisches, ein praktisches oder ein poietisches" d. h. technologisches Wissen? Da feststeht, daß *erzieherisch* wirksames Wissen nie nur aus Theorien ableitbares Wissen ist, verschärft sich die Frage auf das Problem pädagogischer "Sozialtechnologie". Für die Praxis der Erziehung gilt: "Pädagogisches Handeln ist *Versuchshandeln,* kein instrumentelles Handeln, Erziehung ist kein Instrument und Bildung kein Produkt". Es ist ein "Versuchhandeln mit Angebotscharakter", um ein Subjekt zu selbsttätigem Lernen und Bewußtseinsbildung anzuregen (Kratochwil 1988, 170).

Wenn im Sinne Pestalozzis der Mensch vermittels der Erziehung ein Werk dreifacher Art ist, Werk der Natur, der Gesellschaft und Werk seiner selbst, oder letzthin als ebenbildliches Geschöpf Gottes existiert, dann ist dieses Werk *Person*. Und "Person kann nicht hergestellt werden" (Böhm 1985, 122). Da sie nicht Objektqualität hat – man *hat* nicht Person, ich *bin*, und der andere *ist* Person – entzieht sie sich technologischem Zugriff. Radikal hat dies Mounier (1936) in seinem "Personalistischen Manifest" ausgedrückt: "Gegen die oberflächliche Welt der Rationalismen ist die Person der Protest des Mysteriums" (zit. in Böhm 1985, 133).

Das ist jedoch nur die eine Seite des personalen Bezugs in der Heilpädagogik. Wenn sich der Erzieher selbst als Person in Beziehung zu anderen Personen begreift, kann er sich nicht gleichzeitig im sozialtechnologischen Sinne als *Sozialingenieur* gerieren Die Rede von einer angewandten Technologie („social engineering") setzt aber eine Aufspaltung der kommunikativen Beziehung voraus, "die Spaltung des Bewußtseins und die Aufspaltung der Menschen in zwei Klassen – in Sozialingenieure und in Insassen geschlossener Anstalten (Habermas 1981, 334). Da der Erzieher ineins *Adressat der Theorie* und *Akteur der Praxis* ist, bzw. in seiner Person heilpädagogische Konzepte authentisch integrieren und überzeugend vermitteln muß, würden technologische Praxisstrategien seine Akzeptanz voraussetzen: Er müßte dann bereit sein, sein Handeln im Zusammenhang mit behinderten Menschen als planmäßige Anwendung technologischer Regeln zu definieren, für die sich sogar u. U. statistische Effektivitätswerte zur Legitimation berechnen lassen. Bei der durchweg vorherrschenden sozialethischen Einstellungsstruktur und Berufsmotivation bei Studierenden oder Praktikern der Heilpädagogik ist diese Voraussetzung unrealistisch, was entschieden *nicht* zu bedauern ist! Zudem sollte es geradewegs ein Ausbildungsziel sein, angehende Heilpädagogen in einer "biophilen" statt einer "technophilen" Werthaltung zu bestärken, bzw. sie zu einer solchen wertbezogenen Selbstreflexion zu befähigen. Die Verfechter einer sozialtechnologischen Variante heilpädagogischer Praxis aus dem Lager der "kritisch-rationalen Heil- und Sonderpädagogik", selbst wenn sie gute wissenschaftstheoretische Argumente auf ihrer Seite haben, übersehen (oder unterschätzen) ganz einfach dieses Akzeptanz- und Transferproblem. Selbst wenn es hinreichend effizientes heilpädagogisches Regelwissen gäbe, ist die Wahrscheinlichkeit gering, daß es auch im sozialtechnologischen Sinne benutzt wird, also cui bono?

Unter Verweis auf das oben Gesagte ist daran festzuhalten, daß Praxis "handelnde Auseinandersetzung mit der Welt" ist und nicht nur Intervention/Modifikation; sie ist auch mehr und anderes als Praktik/Technik. Für die heilpädagogische Praxis beruflichen Handelns läßt sie sich als Verwirklichung von Handlungskonzepten bestimmen; diese bilden eine je eigentümliche und individuell wie intersubjektiv vermittelte („gebrochene") Mischung aus theoria, praxis und poiesis.

"Der nomologischen Pädagogik als Sozialwissenschaft fehlt im Grunde jedes Grenzbewußtsein, jede Einsicht in ein *vorgegebenes Anderes*, das sich auch einmal ihrem technologischen Zugriffe nicht fügen könnte" (Derbolav 1987, 156).

An dieser Stelle ist noch einmal der Handlungsbegriff aufzugreifen und noch schärfer zu bestimmen, als dies bisher geschehen ist. Ich beziehe mich dabei auf die Theorie des *kommunikativen Handelns* von Habermas (1981), der umfassend rekonstruiert, wie im Prozeß der Moderne ein bestimmter, einseitig strategisch-instrumentell ausgerichteter Typ menschlichen Handelns beherrschend wurde, der dieses überwiegend an Standards technologischer Effizienz normiert. Demgegenüber hält Habermas für den Bereich sozialen Handelns an einem Modell von Handlungsrationalität fest, durch das zwischenmenschliches Handeln vor der völligen Funktionalisierung im Dienste anonymer Systemansprüche bewahrt werden könnte. Auf die mit dieser Unterscheidung von Handlungstypen verbundene analytische Trennung von "System" und "Lebenswelt" in seiner Gesellschaftstheorie wird später nochmals einzugehen sein (Kap. 5.3.).

Aus den beiden Dimensionen "Handlungssituation" (nichtsozial/sozial) und "Handlungsorientierung" (erfolgsorientiert/verständigungsorientiert) ergibt sich ein Schema von Handlungstypen (Abb. 7), die zu unterscheiden sind (Habermas 1981, 284):

Handlungs-orientierung / Handlungs-situation	erfolgsorientiert	verständigungs-orientiert
nicht-sozial	instrumentelles Handeln	—
sozial	strategisches Handeln	kommunikatives Handeln

Abb. 7: Handlungstypen (nach Habermas)

Diese Handlungstypen setzen je unterschiedliche Arten von Handlungs*wissen* und Handlungs*intentionen* voraus: "kognitiv-instrumentell", "strategisch-zweckrational" oder "verständigungs-orientiert-kommunikativ" intendiertes Wissen. Dieses Wissen wird also entweder im interpersonalen Austausch in kommunikativer Absicht oder in nicht-kommunikativer Absicht auf Sachverhalte und Objekte der Umwelt angewandt. Für den letztgenannten Handlungstyp erfolgskontrollierter Verrichtungen, die die Manipulation von Objekten und technischen Zuständen einschließen, paßt der Begriff der Technologie (oder der poiesis bei Aristoteles). Habermas spricht von "instrumenteller Intention": "Eine erfolgskontrollierte Handlung nennen wir *instrumentell*, wenn wir sie unter dem Aspekt der Befolgung technischer Handlungsregeln betrachten und den Wirkungsgrad einer Intervention in einem Zusammenhang von Zuständen oder Ereignissen bewerten" (385). Von entscheidender Bedeutung ist nun, daß *soziales* Handeln in doppelter Weise intendiert sein kann: strategisch oder verständigungsorientiert. Wenn ich strategisch handele, bin ich an "egozentrischen Erfolgskalkülen" orientiert, d. h. ich versuche *offen* oder *verdeckt*, meine Interessen gegen die des "Gegenspielers" durchzusetzen, dem ich ebenfalls egoistische Absichten unterstelle. Soziales Handeln wird hier also zu einem Taktieren mit Zweck-Mittel-Operationen im Interesse einseitiger Gewinnmaximierung. Es liegt auf der Hand, daß überwiegend nach diesem Muster menschliche Beziehungen im Wirtschafts- und Geschäftsleben aber zunehmend auch im Privatbereich ablaufen. Soziales Han-

```
                    soziale Handlungen
                   /                \
   kommunikatives Handeln      strategisches Handeln
                               /                \
                         verdeckt            offen
                       strategisches      strategisches
                         Handeln            Handeln
                        /      \
                Täuschung      Täuschung
                unbewußt        bewußt

             (System verzerrter    (Manipulation)
              Kommunikation)
```

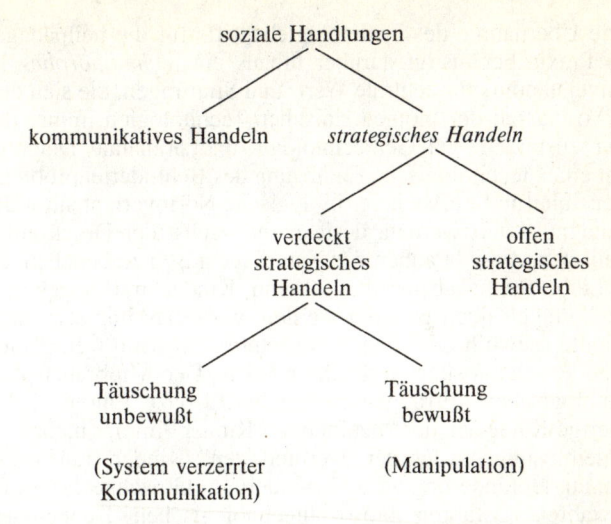

Abb. 8: Täuschung und strategisches Handeln (aus: Habermas 1981, 446)

deln fällt hier mit Ausübung sozialer *Macht* zusammen. Im *kommunikativen* Handeln sind die Interaktionspartner "nicht primär am eigenen Erfolg orientiert", sondern bemühen sich, "als Angehörige einer gemeinsamen Lebenswelt" über den offenen Austausch ihrer "Situationsdefinition" zu einer größtmöglichen Handlungskoordinierung und gegenseitigem *Verstehen* zu kommen.

Fatal wird es dann, wenn ich den anderen und/oder mich selbst über meine wahre Intention *täusche*, d. h. wenn ich in erfolgsorientierter Absicht den anderen zu einem Mittel für meine Zwecke mache, mein Tun aber mit Vokabeln selbstloser Nächstenliebe oder fachlicher Hilfeleistung verbräme. Es ergeben sich dann Formen *gestörter* Kommunikation, die sich wie in Abb. 8 darstellen lassen:

Das allseits bekannte "Helfersyndrom" wäre ein Fall solcher "verzerrter Kommunikation" (Habermas). Aber auch die Transformation heilpädagogischen Handelns in eine Sozialtechnologie – und dies war Anlaß, den Handlungsbegriff nochmals aufzunehmen – steigert die Gefahr einer solchen (unbewußt/bewußten) Täuschung, indem der andere und seine Lebenssituation zu einem manipulierbaren Objektbereich gemacht wird.

Die Übernahme des Technologiebegriffs für die heilpädagogische Praxis begünstigt darüber hinaus ein *technomorphes* Problemverständnis für zentrale Wert- und Sinnfragen, die sich durch den Vormarsch der biomedizinischen Technologien immer deutlicher zuspitzen: via Gentechnologie und pränatale Diagnostik droht eine "technologische Endlösung des Behindertenproblems". Je sensibler und treffsicherer biologische Normvarianten intrauterin diagnostiziert werden, desto mehr wächst der Druck auf die Beteiligten, diese "Pannen der Natur" technisch zu beheben, d. h. die Leibesfrucht abzutreiben. Wenn Kinder mit angeborenen Schädigungen noch geboren werden, wird dies immer mehr als verfehlte (gewollt oder ungewollt interessiert dann wenig!) technische Problemlösung verbucht werden. Der Mißbrauch dieser technologischen "Errungenschaften" wird dazu führen, daß die bisherige Kategorie der "behinderten Kinder" immer mehr in das Problemlösungsmuster der "verhinderten" Kinder transformiert wird; aus Behinderung wird Verhinderung (Gröschke 1993). Diese wahren Gefahren biosozialtechnologischen Denkens und Machens sollte man nicht noch durch einen unnötigen und mißverständlichen Sprachgebrauch Vorschub leisten!

Eine pauschale Technologiefeindlichkeit darf man sich in der Heilpädagogik allerdings auch nicht zu eigen machen. Die technologischen Möglichkeiten künstlicher Sinnesvikariate für optisch und akustisch Sinnesgeschädigte oder elektronisch gesteuerte Prothesen für Körperbehinderte eröffnen diesen Personengruppen in ungeahntem Ausmaß neue Chancen der Umweltwahrnehmung. Auch die computertechnischen Hilfsmittel im Rahmen alternativer Kommunikation mit und für Personen, die nicht oder nur sehr eingeschränkt die Verbalsprache nutzen können, ist als Segen zu betrachten. Die Ambivalenz des technologischen Fortschritts fordert also ein abwägendes, differenzierendes Urteilen!

5.2. Praxis als alltägliche Lebenswelt

"Attention à la vie"
(Alfred Schütz)

Unsere Erörterungen zum Problemzusammenhang von Theorie-Praxis-Technik könnten den Eindruck erweckt haben, als sei *Praxis* nur in der Gegenstellung zur Theorie oder in der Abgrenzung von Technik existent. Schon der Ausdruck Schleiermachers von der "Dignität der Praxis" betonte den eigenständigen Charakter von Praxis als Sinnzusammenhang konkreten menschlichen Lebens und Handelns in der Welt, ob mit oder ohne Theorie. Diese universale und immer schon existente *Lebenspraxis* ist ein Apriori, unabhängig von den historisch und soziokulturell verschiedenen Organisations- und Verständigungsformen, die die Lebenswirklichkeit der Menschen jeweils aufweist. Die Lebenswelt ist *empirisch* in dem Sinne, daß sie unserer sinnlichen Wahrnehmung unmittelbar gegeben ist und offensteht. Sie ist jedoch *nicht* empirisch im Sinne von bloßer Faktizität sensorisch gebundener Erfahrung von Tatsachen, denn die Sachverhalte der Lebenspraxis sind symbolisch "vorinterpretierte Sachverhalte", es sind "Tatsachen zweiter Ordnung". Von daher ist die Erfahrung dieser Praxis nicht rein sensorisch fixiert, sondern es ist eine kommunikative Erfahrung wechselseitig aufeinander bezogen handelnder Subjekte.

In der kognitiven Sozialpsychologie werden diese Phänomene als "soziale Kognitionen", "soziale" bzw. "interpersonelle Wahrnehmung" thematisiert; ihre Kondensationsprodukte sind "naive Verhaltenstheorien" in den Köpfen von jedermann: Mit seiner vornehmlich in sozialen Bezugsgruppen über sozialkognitive Austauschprozesse erworbenen "Psychologik" versucht der Alltagsmensch, sich über Gründe, Ursachen und Motive eigenen und fremden Verhaltens zu informieren (Attribution). Ziel ist, sich in seinem Alltag sinnvoll und zweckmäßig orientieren zu können (Gröschke 1992b).

Diese Praxis des Alltagslebens ist *vor*-wissenschaftlich nicht im Sinne von naiv und unaufgeklärt, sondern ihre (Alltags-)Theorien sind die immer schon gegebenen "umgangssprachlich eingespielten Interpretationen der alltäglichen Lebenspraxis" (Habermas 1981).

Sofern der Mensch lebt, versucht er immer, seine Welt zu verstehen, "d. h. alles, was ihm überhaupt in der Welt begegnet, wird von ihm von vornherein schon im Horizont eines bestimmten Verständnisses als dieses oder jenes, d. h. immer schon in einer bestimmten Auslegung verstanden" (Bollnow 1982, 34). Diese alltägliche Sinnwahrnehmung, Situationsdeutung und Interpretationsleistung ist ein Element "naiver", intuitiver Hermeneutik gelebten Lebens.

Dieses Verstehenwollen findet seinen Grund nicht in einer kognitiv-theoretisch orientierten Haltung reiner Erkenntnis; in den pragmatischen Gegebenheiten der alltäglichen Handlungswelt ist mir meine Welt vielmehr zur Auslegung aufgegeben. Ich muß meine Alltagswelt mindestens so weit *verstehen*, daß ich in ihr *handeln* und auf sie zweckmäßig *einwirken* kann. Sowohl unter den Bedingungen von *praxis* wie *poiesis* ist ein hermeneutischer Akt implizit erstes Glied alltäglicher Tätigkeitsprozesse, ob ich mich dabei "wissenschaftlicher" oder "naiver" Deutungsmuster bediene.

In der Lebenswelt finde ich die Welt als eine mit anderen *gemeinsame* vor. Diese von Dilthey ausgehende Sicht geht über Husserls Phänomenologie zu Heideggers Verständnis menschlichen In-der-Welt-Seins: "Die Welt des menschlichen Daseins ist Mitwelt" und "Das In-Sein des Menschen in der Welt ist Mit-Sein mit Anderen" (Heidegger 1984, 118). Wenn wir in diesem Sinne von *Lebenswelt* sprechen, meinen wir das konkrete individuelle Erleben und Erleiden im Horizont einer gemeinsam mit anderen geteilten Wirklichkeit. Der Ausdruck "Horizont" soll sagen, daß die Grenzen der mir je zugänglichen Wirklichkeit nicht fixiert sind; sie öffnen sich meiner wachsenden Erfahrung mit mir und meiner Umwelt. Der Bereich des mir fraglos Selbstverständlichen bestimmt sich dynamisch durch mein jeweiliges Selbstverständnis und das mit anderen als selbstverständlich Geteilte. Der Charakter des Vertrauten, fraglos Selbstverständlichen und Gewohnten ist zunächst das typische Erfahrungselement der Lebenswelt.

Die Begriffe "Lebenswelt, Alltag, Alltagswelt" oder "alltägliche Lebenswelt" beziehen sich alle auf dieses unhintergehbare Fundament konkreten menschlichen Daseins als In-der-Welt-Sein, der Boden, auf dem sich unser alltägliches Leben abspielt. Sie stammen aus der Phänomenologie Husserls (1859–1938), der besonders mit dem Begriff der "Lebenswelt" Kritik am Methodenideal der neuzeitlichen empiristischen Wissenschaften übte und die "Krisis der europäischen Wissenschaften" durch eine phänomenologische Grundlegung der unmittelbaren menschlichen Erfahrung zu überwinden trachtet. Husserl erkannte die Gefahr, daß durch den wissenschaftlichen Prozeß der Quantifizierung und Mathematisierung sämtlicher Phänomene der belebten und unbelebten Welt der Zugang zur unvermittelt gegebenen Wirklichkeit immer mehr durch Zahlen und abstrakte Symbole verstellt wird. Dieses der Wirklichkeit übergezogene "Kleid der Symbole" führt dazu "daß wir für wahres Sein nehmen, was eine Methode ist" (Husserl, zit. nach Sommer 1980, 33). Husserl kritisiert den Absolutismus der empirisch-analytischen Wissenschaft, die nur noch als wirklich und wahr gelten läßt, was sich durch ihre Methode "objektivieren" läßt. Seine Kritik intendiert ähnliches, wie das Sigmund Freud zugeschriebene ironische Bonmot, der gesagt haben soll, die Empiristen glichen Leuten, die endlos ihre Brille putzten, statt sie endlich einmal aufzusetzen und zu sehen.

"Lebenswelt" nach Husserl demgegenüber ist die "vor- und außerwissenschaftliche Welt der Unmittelbarkeit zur Wirklichkeit. In der Lebenswelt zu leben, heißt zunächst: Dinge in unmittelbarer Anschauung zu haben, in der ganzen sinnlichen Fülle ihrer Eigenschaften" (Sommer 1980, 34).

In einer "natürlichen Einstellung" (Husserl) leben wir in diese Welt hinein, wir gehen auf in unserem Umgang mit den Dingen, wir verlieren uns gleichsam an die Welt, "die für uns selbstverständlich da ist, und in der alles, was da ist, mit Selbstverständlichkeit da ist" (ebd., 36).

Mit den beiden Metaphern "Boden" und "Horizont" kennzeichnet Husserl Grunddimensionen der Lebenswelt, die sich um das subjektive Erleben von vertraut/unvertraut zentrieren. "Boden" ist Metapher für das mir immer schon Vertraute und Geläufige, das ich im allgemeinen als "frag"-würdig gar nicht mehr wahrnehme; ich stehe auf diesem Boden und "gehe davon aus". Dieses Grundgefühl, so allgegenwärtig und latent zugleich, wie das Einwirken der Schwerkraft auf meinen Gleichgewichtssinn, wird allenfalls in hyperkritischen Lebensereignissen erschüttert, wenn sich mir im wahrsten Sinne des Wortes "der Boden entzieht" und ich das "Bodenlose" ahne; wenn sich zeigt, daß alles auch ganz anders sein kann.

"Horizont" ist Metapher für die Grenzzone der Lebenswelt, der Übergang ins Unvertraute, Unbekannte oder sogar Unheimliche, da, wo ich nicht mehr heimisch bin. Ich kann nicht alles und jedes verstehen; da, wo mein Verständnis aussetzt, ist der "Horizont", der zwar verschiebbar und offen, aber niemals aufzuheben ist. Das Vertraute braucht das Unvertraute, wie das Licht das Dunkle.

In der erlebnismäßigen *Differenz* nach dem Muster vertraut/unvertraut liegt allerdings auch eine anthropologische Bedingung des *Vorurteils* und der Abstoßung des Fremden. Der amerikanische Persönlichkeits- und Sozialpsychologe Allport (1971) spricht von der "fast reflexartigen Vorliebe für das Vertraute", die es uns bevorzugen läßt, während das Fremde als irgendwie minderwertiger, weniger "gut" erlebt wird. So ist unsere soziale Lebenswelt auch in "Wir-Gruppen" und "Fremd-Gruppen" organisiert, die über Zugehörigkeit und Abgrenzung unser Denken, Fühlen und Handeln normieren.

Mit diesem harten Faktum sieht sich der Heilpädagoge in seiner Praxis oft konfrontiert: Wenn er sich mit seiner Person mit den als "behindert" stigmatisierten Menschen in der gemeinsamen Lebenswelt solidarisiert, muß er damit rechnen, mit ihnen zusammen als unvertrautes und befremdliches Phänomen in den Horizont der anderen gerückt zu werden, die auf soziale Distanz gehen; man wird randständig, gerät ins Abseitige.

Anschließend an Husserl hat dessen Schüler Alfred Schütz (1899–1958) den Lebenswelt- und Alltagsbegriff in die Soziologie und von dort in andere Sozialwissenschaften eingeführt. Sein Buch "Der sinnhafte Aufbau der sozialen Welt" (erschienen 1932) hatte grundlegende Bedeutung für die Entwicklung der phänomenologischen Soziologie und Sozialpsychologie (Berger u. Luckmann 1970). Über Schütz vermittelt ist auch die Rede von der Alltagswelt zu einem beliebten Thema der pädagogischen Handlungswissenschaften geworden, wo man sogar von einer "Alltagswende" spricht, die die Pädagogik wieder näher an die Lebenswirklichkeit ihrer Adressaten heranbringen soll (Dewe u. a. 1984).

Ich bin mir im Rahmen meiner Ausführungen zu "Lebenswelt" und "Alltag" sehr wohl bewußt, daß ich beide theoretischen Konzepte für die Zwecke meiner Argumentation relativ freizügig gebrauche, jedenfalls nicht im strengen philosophisch-transzendentalen Sinne, wie Husserls Begriff in der wissenschaftlichen Philosophie verwendet wird, noch kann ich hier auf die vielen Aspekte des Alltagsbegriffs eingehen, die Schütz im Laufe seiner umfangreichen Studien zur Sozialphänomenologie und Wissenssoziologie ausgearbeitet hat (er unterscheidet z. B. an einigen Stellen zwischen Alltag und Lebenswelt); für eine exakte Rekonstruktion beider Begriffe bei Husserl und Schütz siehe Welter (1986). Allerdings sollen sie jenseits des sozialwissenschaftlichen Jargons, dem sie inzwischen angehören, auf fundamentale Dimensionen menschlicher Praxis hinführen.

Husserl hat mit seinem philosophischen Begriff der "Lebenswelt" zwei verschiedene philosophische Traditionen vereint: "Welt" war immer schon als Ontologie oder Kosmologie Erkenntnisgegenstand der abendländischen Philosophie. "Leben" wird im späten 19. und frühen 20. Jahrhundert zum Grundbegriff der sogenannten Lebensphilosophie (Nietzsche, Dilthey, Simmel, Bergson, Scheler), die ihrerseits ihre Wurzeln in der deutschen Romantik hat (vor allem im Werk F. Schlegels und Schellings, vgl. Bergmann 1981). Lebensphilosophie ist nach Scheler "eine Philosophie aus der Fülle des Erlebens des Lebens heraus", ihr Gegenstand ist das von den Menschen gelebte und erlebte Leben in seiner Ursprünglichkeit, Zeitlichkeit und Geschichtlichkeit. Sie mündet bei Dilthey in eine Grundlegung der "Geisteswissenschaften" in Abgrenzung zu den die Materie nach Gesetzen erklärenden "Naturwissenschaften".

In dieser Vielfalt durchaus nicht einheitlich gebrauchter sozialwissenschaftlicher Lebenswelt- und Alltagsbegriffe und ihrer Kombinationen konzentrieren wir uns auf zwei Bedeutungsvarianten von Alltag, die Bergmann (1981, 54f) so definiert hat:

- Alltag = Sphäre des Handelns und Erlebens, die allen anderen Sphären zugrundeliegt, gegenüber Sonder- und Zweckwelten, in der spezielle Handlungslogiken gelten, und
- Alltag = Welt des "Jedermann", in der alle Gesellschaftsmitglieder Handlungskompetenz besitzen, gegenüber Bereichen mit exklusiver und monopolisierter Handlungskompetenz.

In seiner "ökologisch-reflexiven Grundlegung" der Heilpädagogik gebraucht Speck (1988) ebenfalls den Begriff der "Lebenswelt", um die alltags- und praxisdistanzierte Theorieproduktion in der heil- und sonderpädagogischen Forschung an ihren eigentlichen Wirklichkeitsbezug zurückzubinden, der sich im Zuge der fachlichen Spezialisierung in immer mehr Sonderbereiche merklich gelockert hat. Der lebensweltliche Bezug wird als einheitstiftendes Moment auf dem Weg zu einer umfassenden Heilpädagogik betont. Speck fundiert sein Lebenswelt-Konzept jedoch nicht sozialphänomenologisch, sondern mit den Prämissen der ökologischen Systemtheorie. Auf diesem Theoriehintergrund kann er die Begriffe "System" und "Lebenswelt" synonym verwenden, an deren Differenz im gesellschaftskritischen Sinne ich mit Habermas (1981) festhalten muß (s. auch Kapitel 2.1.).

An dieser Stelle unserer Überlegungen müssen wir wieder eines ausgeprägten Paradoxes inne werden; wenn wir *über* Lebenswelt und Alltag reflektieren, gebrauchen wir dafür zwangsläufig Begriffe, Ausdrücke oder sprachliche Wendungen, anders können wir die Ergebnisse unserer Reflexion anderen (dem Leser in diesem Falle) nicht mitteilen. Durch diese theoretische Einstellung entgleitet uns leicht die Unmittelbarkeit und selbstverständliche Evidenz dessen, was wir beschreiben und in "natürlicher Einstellung" tagtäglich erleben. Je mehr wir über unsere Lebenswelt *nach*denken, um so mehr verliert sie ihren Charakter des Fraglosen und Unkomplizierten. Sie erweist sich dann als komplex strukturiertes raum-zeitliches Gebilde, dessen Wahrnehmungszentrum *ich* bin, von dem ich aber weiß, daß es *polyzentrisch* ist, da jeder Handlungspartner seine eigene subjektive Deutungsperspektive einbringt. Von daher überschneiden sich die verschiedenen Lebensweltdeutungen im gemeinsamen Handlungsraum und werden dort zu zentralen handlungsleitenden Kräften. Das Reden (und Schreiben) über unsere alltägliche Lebenswelt soll in unserem Zusammenhang jedoch dazu dienen, auf dieses lebenswirkliche Fundament subjektiv sinnhafter Lebensführung von jedermann (und in diesem Falle bewußt: jederfrau) hinzuweisen, seine Wirkungsmacht als Praxis richtig einschätzen zu können. Schütz nennt diese intentionale Einstellung "attention à la vie". Im Erleben des Alltagsmenschen kennzeichnet diese naive Vertrautheit mit einem fraglos und als unzweifelhaft gegebenen Erfahrungshintergrund die Lebenswelt. Sie ist "unbefragt Boden aller Gegebenheiten, sowie der fraglose Rahmen, in dem sich mir die Probleme stellen, die ich bewältigen muß" (Schütz u. Luckmann 1979, 26). Alltag heißt Leben im Modus der Selbstverständlichkeit, was sowohl Sicherheit, Handlungserleichterung wie auch Gewöhnlichkeit und Langeweile bedingen kann. Das bevorzugte Medium der Handlungsregulation im Alltag ist zwar die *Umgangssprache*, die Lebenswelt ist allerdings sogar in der Weise ursprünglich, als sie bereits *vor*-sprachlich existiert: In der *leiblichen* Verfaßtheit der wahrnehmenden und wahrgenommenen Person. "Die lebensweltliche Intersubjektivität ist die von Menschen, die zwar auch handeln, deren Konnex untereinander aber nicht durch sprachlich vermittelte Interaktion hergestellt wird, sondern im reziproken Sich-Sehen und in der Zuwendung zu gemeinsamen Gegenständen in der gemeinsamen Welt besteht" (Sommer 1980, 38). Sogar noch näher und unmittelbarer kann diese Intersubjektivität im Alltag erfahrbar sein, als in Blick und Gegenblick des "Augen-Blicks": nämlich in der leiblichen Geste der *Berührung* mit unserem Tastsinn, im "Gespür" der Präsenz des anderen.

Wir erinnern uns in diesem Zusammenhang zurück an die Phänomenologie Lévinas (s. Kapitel 1.4.): Das "Antlitz des Anderen" ist das mir unmittelbar leiblich-sinnlich vom anderen Gegebene, mit dem er mich "anspricht", auch wenn kein Wort fällt. Dieser "Anspruch" ist zugleich bindende Verpflichtung, den Anderen als Person in meine Lebenswelt hineinzuholen, bzw. mich als Gast in seine Lebenswelt einladen zu lassen. In Kapitel 6.2. werde ich das Phänomen "Leiblichkeit" als Radikal- und Fundamentalphänomen mitmenschlicher Praxis in der Heilpädagogik näher bestimmen.

Diese, von der bereits präverbal und vorreflexiv existenten Leiblichkeit der an einer gemeinsamen Lebenswelt beteiligten Personen ausgehende phänomenologische Konzeption trägt für unsere Zwecke weiter, als die sprachpragmatisch orientierte Rekonstruktion des Lebensweltbegriffes durch Habermas (1981, Bd.2, 182ff). Wenn das Medium intersubjektiver Verständigungsprozesse sich nur aus "Sprechhandlungen" zusammensetzen würde, mit denen die Teilnehmer diskursiv kommunizieren, um ihre Situations- und Sinndeutungen aufeinander abzustimmen, wären diejenigen Personen aus dem Prozeß lebensweltlicher Verständigung exkommuniziert, die über Sprache nicht aktiv verfügen können. Oder man überantwortet ihr Geschick in die Hände von "Advokaten", die ihre Interessen (oder was man dafür hält) dann statt ihrer in – oft lebensentscheidende – moralische Diskurse einbringen; so will es die sog. "advokatorische Ethik" (Brumlik 1992; zur Kritik Gröschke 1993). Genuin heilpädagogische Konzepte, wie z. B. das in der Praxis der Schwerstbehindertenpädagogik entwickelte Konzept der "basalen Kommunikation" (Mall 1991), überwinden jedoch ein an Sprachkompetenz gebundenes Verständnis sinnerschließender Kommunikation ohne die humanitäre Errungenschaft anspruchsvoller Verständigungsorientierungsmodelle auch für diesen Personenkreis preisgeben zu müssen (Gröschke 1985a, 412, s. auch Kapitel 6.7. und 7.2.6.).

Sommer (1980) weist darauf hin, daß nicht so sehr im kognitiven Orientierungs- und Sinnmotiv, wie bei Husserl, Schütz und ihren Nachfolgern in Soziologie und Sozialpsychologie vorausgesetzt, die anthropologische Wurzel der Lebenswelt zu sehen ist, sondern in der "Sorge" für die eigene und in der "Fürsorge" für die Existenzsicherung des anderen, wie Heidegger es als Existential des In-der-Welt-Seins angesichts der Endlichkeit menschlichen Daseins beschrieben hat. Das führt zu einer Konzeption von Lebenswelt, "die das, was alltäglich geschieht, begreift aus der Vermeidung dessen, was alltäglich droht; das Ende der Existenz" (Sommer 1980, 43). Es hat zwar nicht jedes Ereignis in unserem Alltag diesen existentiellen Ernst; für den Alltag, den wir hier im Auge haben, in dem sich ein Großteil heilpädagogischer Praxis mit behinderten Personen (zumal schwerbehinderten) vollzieht, gilt dies jedoch durchaus.

In diesem gemeinsamen Alltag heilpädagogischer Lebenswelten muß ich als Heilpädagoge dafür *sorgen*, daß das Dasein des Anderen in all seinen Dimensionen ein menschenwürdiges bleibt. Als *Berufs*praxis verstanden, sorge ich gleichzeitig in dieser Praxis für meinen Lebensunterhalt (s. Kapitel 5.3.).

Die Lebenswelt hat auch eine *räumliche* Struktur: Es sind die Räume des Alltags, in denen sich unser Leben von Tag zu Tag abspielt. Dieser Raumaspekt der Lebenswelt spielt für den Personenkreis in der heilpädagogischen Praxis eine große Rolle, der auf einen sehr eingegrenzten Lebensraum verwiesen ist, wie ihn psychiatrische und behindertenpädagogische Großeinrichtungen (Anstalten) heute noch darstellen. Aber auch in kleineren Lebens- und Wohneinheiten kann die mit einer Pflegebedürftigkeit einhergehende Immobilität bei körperlich und geistig Schwerstbehinderten deren Lebensräume drastisch reduzieren, so daß sich das Leben der Betroffenen, von kurzen Unterbrechungen abgesehen, auch heute noch jahraus jahrein zwischen Schlaf- und Tagesraum abspielen kann.

Die Schaffung eines "zweiten Lebensraumes" in Tagesförder- oder bildungsstätten und die Aufnahme von erwachsenen Personen mit schweren geistigen Behinderungen in Fördergruppen der "Werkstätten für Behinderte" (WfB) waren erste wichtige Schritte in Richtung Humanisierung und Normalisierung der Lebensbedingungen durch institutionelle Binnenreform. Die Schaffung humaner "Orte zum Leben" ist und bleibt eine zentrale Aufgabe ökosozialer, lebensweltbezogener heilpädagogischer Praxis.

Im Erleben der Bewohner ist dies ihr *Zuhause*; der Ort, den sie als ihre "Welt" erleben und gestalten und dessen Gegebenheiten sie nach ihren subjektiven Möglichkeiten auf Sinn- und Bedeutungshaltigkeit befragen.

Alles, was mit mir räumlich und zeitlich koexistiert, kann zu einem Bestandteil *meiner* Umwelt werden, zu dem ich mich in eine sinnvolle Beziehung setze. "Die räumliche und zeitliche Unmittelbarkeit ist für die umweltliche Situation wesentlich" (Schütz 1932, 181). Lebensräume, die von alltäglicher Ereignisarmut, Monotonie und starren Routinen gekennzeichnet sind, bedingen dann reduzierte Wahrnehmungsweisen, in der die eigene Person zunehmend ihre Subjekthaftigkeit verliert und sich als Objekt unter Objekten fühlt.

Durch den auf breiter Front erfolgten Einzug der Massenmedien, vor allem des Fernsehens, auch noch in den letzten Tagesraum der

Behindertenheime und -anstalten, hat sich der Lebens- und Erfahrungskreis der Bewohner – soweit unsere Fremdbeobachtung das sagen kann – nur oberflächlich oder scheinbar erweitert. Sie sehen und hören zwar Dinge, die ihnen sonst versperrt bleiben; da diese Welt der Bilder und Fiktionen jedoch kein unmittelbar sinnlich und leibhaft vermitteltes Erfahrungsmedium bietet, bleibt diese Symbolsphäre ihrer Lebenswelt wohl rein äußerlich. Sie "berührt" sie nicht oder doch nur im Sinne einer Ahnung, daß es "draußen" etwas gibt, das anders ist, und dessen Sinn weitgehend verschlossen bleibt. Die passive Aufnahme ohne sinnerschließende Kommunikation mit anderen Rezipienten hat unter Versorgungsgesichtspunkten dann eher die Funktion einer kostengünstigen Lösung des Zeitbudgets; echte lebensweltliche Erfahrungsanreicherung ist dabei dann allenfalls ein zufälliger positiver Nebeneffekt. Man könnte in diesem Phänomen einen Aspekt (negativer) "Normalisierung" sehen, wenn man zur Kenntnis nimmt, wie das Alltags- und "Freizeit"-Leben der Normalbürger immer mehr zu einer Sphäre gelenkten Konsums degeneriert.

Für große Anstalten für Behinderte (häufig noch als "Fachkrankenhäuser für Psychiatrie" betrieben), die als "Vollzeiteinrichtungen" einen totalen Lebenszusammenhang für ihre Bewohner konstituieren, gelten die ehernen Gesetzmäßigkeiten sozialsystemischer Rationalisierung: Das Autonomwerden bürokratisch-administrativer Steuerungsprinzipien führt in der Tendenz dazu, daß auch das Alltagsleben der Insassen nach funktionalen Kriterien von Zweckmäßigkeit und technischer Effizienz geregelt werden muß.

Die Behinderten und Kranken, als deren *Lebensraum* die Einrichtung doch letztlich erst ihre Existenzberechtigung hat, werden zu einem Versorgungsproblem definiert, für dessen Lösung überwiegend systemfunktionale Steuerungsgrößen (Personalschlüssel, Dienstzeiten, Tagessätze usw.) maßgeblich sind. Unter solchen institutionellen Bedingungen lebensweltliche Erfahrungsräume gemeinsamen *Lebens*, *Arbeitens* und *Beheimatetseins* zu sichern und auszubauen, wird hier zu einer entscheidenden heilpädagogischen Aufgabenstellung.

Für viele schwer geistigbehinderte Personen ist in psychiatrischen Fachkrankenhäusern die "Station" bestimmender Lebensbereich. Die Schaffung und Sicherung von *Lebensqualität* für die Bewohner durch umweltbezogene Maßnahmen (innenarchitektonische Umgestaltung der Stationsräume) sowie durch beratende und mitgestaltende Einflußnahme auf die eingespielten alltäglichen Pflegeroutinen (Auflockerung des Tagesablaufs) sind in solchen Einrichtungen neben der intensiven Einzelförderung die ersten entscheidenden Beiträge zur Lebensweltgestaltung durch den Heilpädagogen (Theunissen 1991). Die herausgehobene Bedeutung der Station als Wohnraum macht heilpädagogische Ansätze von *Milieuarbeit* notwendig, durch die unter Einsatz von Phantasie und Kreativität, auch ohne hohen Material- und Kostenaufwand, der *Lebensraum* der Bewohner und gleichzeitig der *Arbeitsplatz* des Personals anregungsreicher, freundlicher und gemütlicher gestaltet werden kann. Dabei darf es nicht darum gehen, medizinisch orientierte Krankenpflege gegen personorientierte Heilpädagogik auszuspielen, sondern zwischen beiden Handlungsmustern ist ein (oft schwieriger) Mittelweg zu finden. Genuin heilpädagogische Förderkonzepte im Sinne von "Förderpflege" oder pflegewissenschaftliche Konzepte "aktivierender Pflege" versuchen, beiden Intentionen gerecht zu werden, um die humane Einheit und pragmatische Ganzheit von "bios" (körperliche Existenz), "logos" (Geist und Seele), sowie "ethos" (Sozialität) in *Pflege*, *Förderung* und *Lebensgestaltung* zu wahren.

Durch den gewachsenen Einfluß ökologischen Denkens und unter der Maßgabe des Normalisierungsprinzips räumt man Fragen einer humanen Lebens- und Wohnraumgestaltung in der Praxis der Behindertenhilfe endlich den ihnen zukommenden zentralen Stellenwert ein. Der Lebens- und Lernort "Wohnung" wird zunehmend in seiner komplexen Bedeutung für Lebensqualität und Entfaltungschancen von Menschen mit Behinderungen wahrgenommen; vor allem, wenn diese "Orte zum Leben" noch in stationären oder teilstationären Versorgungsstrukturen verankert sind. "Wohnen als Lebenshilfe" durch humane Wohnfeldgestaltung ist ein wichtiger umweltbezogener Arbeitsbereich alltagsorientierter Praxis in der Behindertenhilfe geworden (Mahlke und Schwarte 1992). Hier geht es auch um die Sicherung oder Durchsetzung von menschlich-lebensweltlichen Ansprüchen auf Geborgenheit, Beheimatetsein, Intimität gegenüber anonymisierenden Tendenzen technokratischer Verwaltung menschlicher Notlagen.

Im Kontext von Großeinrichtungen, die für die Mehrzahl erwachsener geistig behinderter und chronisch psychisch kranker Menschen immer noch Lebensraum sind, läßt sich im kleinen die zunehmende Entkoppelung von System und Lebenswelt verfolgen, die für unsere Gesellschaft aufs Ganze charakteristisch ist. Die Reformbewegung der Auflösung großer Anstalten zugunsten kleinerer "Heilpädagogischer Wohnheime" und differenzierter

Wohnverbundsysteme ist der konsequent durchgeführte Versuch, für diese Personengruppe Lebenswelten zu etablieren, in denen der Anteil anonymisierender und standardisierender Systemregulative von Verwaltung, Organisation und Management möglichst begrenzt gehalten werden kann (Theunissen 1991).

Was die *zeitliche* Struktur der alltäglichen Lebenswelt anbelangt hat Wöhler (1988) interessante Beobachtungen aus dem Praxisfeld der Frühförderung verarbeitet. Er beschreibt, wie durch die notwendige Behandlung des entwicklungsauffälligen Kindes und seiner Familie durch die einzelnen Fachvertreter (Arzt, Psychologe, Krankengymnast, Pädagoge) jede Disziplin ihre spezifische Zeitstruktur auf die Situation projiziert und damit einen je eigenen *Zeittakt* in den Lebensalltag der Familie einspielt, der von dieser oft nur mühsam oder auch gar nicht mit ihrem alltäglichen Lebensrhythmus synchronisiert werden kann.

Wöhler beschreibt, wie die persönliche Alltagszeit der Eltern eines "Fallkindes" in der Frühförderung durch ungewisse und unbekannte Zeitgestalten der Fachdisziplinen bedroht ist. („Was kommt da alles auf uns zu?"). Es gibt die neurophysiologische („kritische Phase" der Hirnplastizität), die medizinische (Arztbesuche), die entwicklungspsychologische (kindliche Entwicklungssequenzen) und die frühpädagogisch determinierte Zeitstruktur (Programmierung familiärer Lernumwelten), die von der betroffenen Familie "temporale Koordinationsleistungen" abverlangen, durch die ihre Zukunftsentwürfe immer wieder in Frage gestellt werden. Negativ betrachtet, könnte man hier einen Fall von "Kolonialisierung der Lebenswelt" durch Expertenherrschaft sehen, der die Betroffenen hilflos ausgeliefert sind. Positiv gewendet, ergibt sich daraus die heilpädagogische Aufgabe einer "ganzheitlichen", integrierenden und koordinierenden Familienhilfe nach der Maßgabe des "Partnerschaftsmodelles" von Elternarbeit in der Frühförderung.

Unter dem Begriff des "Hospitalismussyndroms" sind die extremen Folgen lebensweltlicher Erfahrungsverarmung für die Lebensäußerungen Betroffener der Psychiatrie und der Behindertenpädagogik längst bekannt. Die Leitsymptome dieses Verhaltenssyndroms sind *Stereotypien* und selbstverletzendes (*autoaggressives*) Verhalten. Bei geistig schwerstbehinderten und autistisch behinderten Personen sind diese Verhaltensmuster häufig zu beobachten. Für den Praktiker zählen sie zu den schwierigsten und am meisten belastenden Situationen des Erziehungs- und Therapiealltags.

Auf lebensweltlichem Verstehenshintergrund darf man diese Phänomene jedoch nicht einfach als objektive Manifestationen krankhaften Geschehens werten und medizinisch-therapeutisch abstellen (sofern das verhaltenstechnisch überhaupt möglich ist), sondern man hat sich *verstehend* darum zu bemühen, sie als intentionale, bedeutungs- und sinnhafte Lebensäußerungen einer ansonsten hilf- und wehrlosen Person in ihrer erlebten Situation zu deuten.

Unter der anthropologisch unverzichtbaren Prämisse, daß auch der "sprachlose" schwerstbehinderte Mensch nicht nur in einer objektivierbaren Raum-Zeit-Struktur existiert, die sein Verhalten nach dem Reiz-Reaktions-Schema bedingt, sondern in einer subjektiven und intersubjektiv erschließbaren *Lebenswelt*, sind Stereotypien und selbstverletzendes Verhalten zu verstehen als aktive "Unterbrechung räumlich und zeitlich einförmiger Lebenssituationen im Sinne einer Existenzvergewisserung" oder als hilfloser "Versuch, ein Kommunikationsdefizit auszugleichen und die interpersonellen Beziehungen wiederherzustellen" (Feuser 1989, 243). Sie sind nicht kausalmechanistisch Reflex pathologischer Prozesse im Organismus, sondern – zumindest keimhaft – personal-sozial intendierte Lebensäußerungen aus einem erfahrungsdeprivierten und erlebnisreduzierten Kontext.

Man kann diese massiven Verhaltensauffälligkeiten also durchaus *verstehen*, was nicht bedeutet, daß man sich in sie *einfühlen* könne oder sie in ihrer Sinnhaftigkeit für die betroffene Person einfach nur zu Kenntnis nehmen brauche. Da sie die Persönlichkeitsentwicklung blockieren und die Person auf ein sehr reduziertes Entwicklungsniveau ihres Weltbezugs fixieren, sind solche Stereotypien Appelle an den Heilpädagogen, dem "behinderten" Menschen erweiterte Lebensbereiche zu eröffnen, in denen er sich einrichten kann.

Verstehen lebensweltlicher Phänomene bedeutet also nicht, sie in ihrem So-Sein immer nur zustimmend zur Kenntnis zu nehmen und die Situation ansonsten dabei zu belassen.

Da der Verstehensbegriff ein Zentralbegriff der Alltags- und Lebensweltanalyse ist und Schütz als Begründer auch als ein Initiator der "Verstehenden Soziologie" gilt, müssen wir in diesem Zusammenhang kurz auf zwei wichtige Unterscheidungen eingehen: Verstehen versus *Einfühlen*, sowie *Verstehen* und *Verändern*.

In der Präzisierung des geisteswissenschaftlichen Verstehensbegriffs Diltheys unterscheidet Bollnow (1982) zwischen Einfühlung und Verstehen: "Die Einfühlung ist ein Vorgang gefühlsmäßiger Identifizierung mit dem anderen Menschen, das Verstehen dagegen der rein theoretische Vorgang einer denkenden Durchdringung seelischer und geistiger Zusammenhänge" (76). Selbst wenn wir nicht alles auf dem emotional getönten Wege der Intuition und der sympathisierenden Empathie nachvollziehen können, muß uns Befremdliches nicht fremd und unverstanden bleiben. Wir können es uns verstehend erschließen, indem wir bedenken (unter Rückgriff auf anthropologische oder theoretische Prämissen), was es für die entsprechende Person in ihrer Situation, an der ich *partizipiere*, bedeuten mag, was sie damit von sich und ihrem Welterleben ausdrücken will. Verstehen (intuitiv oder reflexiv gewonnenes) ist eine basale Voraussetzung für Handlungsfähigkeit, wie ich sie in Kapitel 4.1. bestimmt habe. Die Kennzeichnung des geisteswissenschaftlichen Praxisverständnisses als "hermeneutisch-pragmatisches Handlungsmodell" kennzeichnet diese immanente Verschränkung von Verstehen und Handeln sehr nachdrücklich. Die heilpädagogische Grundregel Moors "Erst verstehen, dann erziehen!" betont ebenso die Vorgängigkeit lebensweltlicher Verstehensbemühungen vor der konkreten Veränderungsintention. Sympathie und Zuneigung sind sicher verständniserschließende und -beschleunigende Kräfte; Verstehen beschränkt sich jedoch keineswegs in gefühlsbezogener Intuition, bei der das Denken nur stören würde. Auch das "beurteilende Begreifen" ist wie das "liebende Bejahen" (Moor 1965) ein berechtigter Modus des verstehenden Zugangs zur subjektiven Lebenswelt eines anderen Menschen. Aus dem Verstehen heraus werden Impulse zur Veränderung freigesetzt, wenn ich *fühle* und *begreife*, daß ein gegebener Lebensraum den involvierten Personen nur reduzierte Erfahrungs- und Erlebnismöglichkeiten bieten kann. *Lebensweltanalyse* ist also nicht eine nüchtern-distanzierte Bestandsaufnahme struktureller oder ereignishafter Gegebenheiten in rein theoretischer Einstellung, sondern ein partizipativer Prozeß des Erkundens qualitativer Sinnpotentiale zur Steigerung von Lebensqualität der Betroffenen; ein engagierter Versuch, zu einem "gelingenden Alltag" beizutragen (Thiersch 1986).

Die gegenüber hermeneutisch orientierten Ansätzen in den Sozial- und Handlungswissenschaften oft vorgebrachte Kritik, sie seien in ihrer Beschränkung auf reines Beschreiben und Verstehen latent konservativ oder gar restaurativ, trifft nicht zwangsläufig zu. Verstehensbemühungen aus einer Haltung von Anteilnahme und Solidaritätsgefühl heraus intendieren *verantwortliche* Versuche der *Veränderung* bestehender Strukturen. Verstehen wird zum Kern eines Handlungsregulativs hin zu einem "besseren" Alltag, der bestehende defizitäre Alltäglichkeiten aktiv überwindet. Eine solche Leitidee volleren Lebens und "gelingenden Alltags" ist normativ auf Zukunft gerichtet. Dieses pragmatische Verständnis von "Verstehen" ist mit einem klaren Bekenntnis zur Normativität (heil-)pädagogischer Praxis durchaus gut zu vereinbaren. Das hermeneutisch-pragmatische Konzept heilpädagogischen Handelns macht Ausweichmanöver in wertindifferente Sphären "reiner" Wissenschaftlichkeit ebenso unmöglich, wie es auf dem Wege zur Praxis bedenkliche Umwege über eine Erziehungstechnologie unnötig macht. Übergreifende Fragen nach Sinn und Ziel erzieherischer Praxis werden nicht arbeitsteilig an Philosophie, Theologie oder Anthropologie delegiert und dort verwaltet, sondern sind unaufhebbar Voraussetzung und Leitfaden dieses Praxishandelns.

Leben im Alltag

Die Routinestruktur der Lebenswelt ist der *Alltag*, die tagtäglich vollzogenen Muster des Umgangs mit immer wiederkehrenden Situationen und der Bewältigung der vielen mehr oder weniger banal-gewöhnlichen Dinge, aus denen über weite Strecken unser Leben besteht. Alltag sind die vielfältigen von uns praktizierten Routinehandlungen und Gewohnheiten, die flüchtigen, unscheinbaren, oft so nebenher vollzogenen Handlungen, die für sich allein betrachtet unscheinbaren Vorkommnisse, die scheinbar nicht ins Gewicht fallen, in der Summe und über die Zeit jedoch sich zu dem reihen, was unser Leben ausmacht. In den biographischen Retrospektiven erinnert man sich meist bevorzugt an entscheidende, herausgehobene Ereignisse und Erlebnisse, von denen wir unser Leben geprägt sehen; in der Summe sind es jedoch eher diese scheinbar-unscheinbaren alltäglichen Handlungen – das was ansteht, was erledigt werden muß – die unser gelebtes Leben ausmachen. Es ist sicher so, daß subjektiv hoch bedeutsame "kritische Lebensereignisse" und unsere Bewältigungserfahrung im Umgang mit ihnen über Wohl und Wehe unseres Lebens mitbestimmen; aber es sind auch und besonders die zahllosen kleinen Belastungen und Belästigungen unserer Lebensumstände, die "daily hazzles", von denen unser Wohlbefinden, unsere Lebenszufriedenheit, ja auch Gesundheit oder Krankheit auf lange Sicht abhängen. So jedenfalls hat es auch die neuere klinisch-psychologische Streß- und Bewältigungsforschung gezeigt, in der nicht mehr nur die "großen" krisenhaften Erlebnisse und Veränderungen traumatischer Art als bedeutsam erkannt wurden, sondern eben diese "daily hazzles", das was der gewöhnliche und meist ein wenig "graue" Alltag alles so mit sich bringt. Erlebtes und Erlittenes dieser Art, "ups und downs", An- und Unannehmlichkeiten: Das ist der Stoff, aus dem das Alltagsleben gemacht ist.

In systematischer sozialwissenschaftlicher Sicht auf Lebenswelt und Alltag erscheint dieser als Art und Weise, wie Menschen *miteinander* handeln, wie sie die ganze Bandbreite der sie gemeinsam betreffenden Angelegenheiten miteinander aushandeln und sich in den wechselseitig verbürgten Selbstverständlichkeiten ihrer Lebenswelt einrichten. Durch Denken, Sprechen und Tun wechselseitig aufeinander bezogener Subjekte wird Alltag *hervorgebracht*. Er besteht als vorgegebener Rahmen intersubjektiver Sinndeutung immer schon, und er wird durch Anwendung dieses Alltagswissens stets neu durch soziales Handeln hervorgebracht, aufrechterhalten und konsensuell validiert.

Besonders in der von Alfred Schütz ausgehenden Ethnomethodologie (Garfinkel) wird diese Doppelgleisigkeit des Alltags betont: Er ist präexistenter Orientierungsrahmen vom Charakter des "so oder so ähnlich immer schon Dagewesenen", und er ist stets neu reproduziertes Produkt intentional aufeinander bezogener zwischenmenschlicher Handlungen. Als "gelebte Ordnung" weist er eine komplexe Symbol- und Sinnstruktur auf, die der sozialphänomenologischen oder ethnomethodologischen Erforschung zugänglich ist. Die Ethnomethodologie im Anschluß an Garfinkel hat als Analyseeinheit dieser gelebten Ordnung alltäglichen menschlichen Zusammenlebens den Begriff des "account" geprägt. Darunter versteht man das von den Alltagshandelnden sinnhaft-verstehende Ordnen und Mitteilen von Eindrücken („so sehe ich das!") und das Hervorbringen konzertierter sinn- und zweckmotivierter Alltagsaktivitäten („so machen wir das!"); beiden Aspekten kommt für alle am gemeinsamen Alltag Beteiligten ein hohes Ausmaß an Verbindlichkeit zu.

Sucht man nach methodisch angeleiteten Wegen, sich der Alltagserfahrung von Menschen in schwierigen Lebenssituationen anzunähern, bieten sich vor allem (an-)teilnehmende *Beobachtung* und taktvolle *Befragung* an, sowie Verfahren, die in letzter

Zeit unter dem Rubrum "Qualitativer Sozialforschung" propagiert werden (Eberwein 1987). Es handelt sich um Formen offener, wenig vorstrukturierter *Exploration*, bei denen der Alltagsforscher nicht distanziert und detachiert in objektiver Manier Daten erhebt, sondern durch engagierte Teilnahme an den alltäglichen Lebensvollzügen die komplexen Sinnzusammenhänge, Deutungsmuster, Situationseinschätzungen und Verhaltensstile sich verstehend aneignet, um gemeinsam mit den Betroffenen nach neuen Wegen aus problematischen Situationen zu suchen. Die Klärung methodischer Voraussetzungen und Möglichkeiten des "Fremdverstehens" ist ein zentrales Thema der Sozialphänomenologie seit Alfred Schütz (1932). Solche Erkenntnis- und Diagnosemethoden kontrollierten Fremdverstehens sind in der sozial- und heilpädagogischen Praxis in der Konfrontation mit "Befremdlichem" von außerordentlicher Bedeutung.

Auf eine ganz andere, nach meiner Meinung viel zu wenig beachtete Erkenntnisquelle des Verstehens menschlicher Lebenswirklichkeiten wäre hier noch einzugehen: Ich meine die Lektüre guter belletristischer *Literatur* (Romane, Erzählungen, Biographien und literarische Selbstzeugnisse). Die *künstlerische* Verarbeitung und Gestaltung exemplarischer oder – mehr noch – ganz gewöhnlicher Lebensmuster liefert Einsichten in das Ganze eines Lebenszusammenhangs von Menschen, mit all seinen Widersprüchlichkeiten, dem Hoffen, Begehren, Resignieren oder Scheitern, von Entwicklung oder Stagnation, das dem analytisch-distanzierten Blick des Wissenschaftlers meist entzogen bleibt. Diese andere, aber gleichwertige Erkenntnisquelle von *Ästhetik*, *Kunst* und *Literatur* ist die komplementäre Ergänzung einer oft wissenschaftlich halbierten und damit verdünnten *Wahrnehmung der Lebenswelt*.

Für Dilthey war Dichtung ein bevorzugtes "organon" des Lebensverständnisses (s. sein Werk "Das Erlebnis und die Dichtung" 1905). "In diesen poetischen oder literarischen Vermittlungsformen von lebensgeschichtlicher Konsistenz und Kontingenz entstehen Deutungsformen des gelebten Lebens" (Herrmann 1987, 307). Im "praxeologischen Modell" der Pädagogik (s. Kapitel 3.1.) kommt in diesem Sinne dem Wechselverhältnis der lebensweltlichen Teilpraxen von *Kunst*, *Religion*, *Ethik* und *Pädagogik* (neben Politik und Arbeit) eine besondere Bedeutung zu. In dieser Perspektive werden die vielfältigen Dimensionen von Heilpädagogik und *Ästhetik* thematisiert (Hellmann u. Rohrmann 1996).

Für eine alltagsnahe, hermeneutische und pragmatische *Menschenkunde* schöpft der Heilpädagoge mitunter mehr Gewinn an Sensibilität, Aufgeschlossenheit und Tiefenwahrnehmung aus den Romanen etwa von Dostojewski, Mann, Hamsun, Dickens, Proust, Bernhard, als aus der Lektüre vieler Lehrbücher der Psychologie oder Pädagogik (die Auswahl der Autoren ist rein zufällig und soll nur ein gewisses literarisches Niveau benennen). Für das Verständnis der Erlebniswelt verhaltensauffälliger Kinder oder dissozialer Jugendlicher ist die Lektüre von Moritz' Entwicklungsroman "Anton Reiser" (1785) oder von Makarenko's "Pädagogischem Poem" (1932) vielleicht produktiver, was die Entwicklung von Intuition und Empathie oder auch nüchternem Verstehen anbelangt, als das Studium eines Lehrbuches der Verhaltensgestörten-Pädagogik. Es wäre eine wichtige, noch uneingelöste Aufgabe heilpädagogischer Ausbildung (und: *Selbstbildung*), eine solche Lesekultur zu fördern.

Exkurs:

Der lesende Heilpädagoge – Literatur als Medium heilpädagogischer Selbst- und Urteilsbildung

> Gut ist das Buch, das mich entwickelt
> (Georg Brandes 1877)

Es ist wohl unstrittig, daß ein guter Heilpädagoge über eine sowohl breit angelegte wie auch fundierte *fachliche* Ausbildung verfügen muß, will er den komplexen Aufgaben in seiner Berufspraxis professionell überzeugend und sittlich verantwortlich gerecht werden.

Für die Begründung praxistauglicher Handlungskonzepte in den verschiedenen Feldern der Erziehungs-, Jugend- und Behindertenhilfe kommt dem fachwissenschaftlichen Orientierungswissen dabei sicherlich eine besondere Bedeutung zu. Der kompetente Heilpädagoge benötigt umfangreiches und differenziertes *Bedingungs-*, *Erklärungs-* und *Veränderungswissen*, das ihm die biomedizinischen, psychologischen, rechts- und sozialwissenschaftlichen Grundlagen seines Fachgebietes bereitstellen. Die für die Berufsausbildung der Heilpädagogen maßgebende Ideal- und Leitfigur des "wissenschaftlich ausgebildeten Praktikers" faßt diesen (hohen) Anspruch in einer griffigen Formel zusammen.

Nun ist es jedem Fachkundigen – ob Dozent, Student oder Praktiker – klar, daß "gute" heilpädagogische Praxis mehr und anderes ist als angewandte Wissenschaft. Den "guten" Heilpädagogen zeichnen noch ganz andere Qualitäten aus, als die Fähigkeit, sein fachwissenschaftliches Wissen situationsangemessen in förderlicher Absicht "anzuwenden". Er muß sich darüber hinaus z. B. auch ein "Gewissen" bilden, das heißt, aus Einsicht in die Möglichkeiten des "Menschlichen schlechthin" anteilnehmend und verstehend das jeweils Richtige und Gute tun und sein Tun auch vor sich selbst und anderen verantworten. Es ist seine *Aufgabe*, heilpädagogische Handlungskonzepte mit seiner *Person* zu vermitteln und in sein persönlich geprägtes Handeln umzusetzen. In der klassischen Tugendlehre bei Aristoteles ist diese praktische Klugheit und Wohlberatenheit – die *phronesis* – Einheit von praktischer Vernunft und sittlichem Bewußtsein bezogen auf eine konkrete Situation.

Woraus speist sich diese entscheidende *ethische* Dimension seines alltäglichen heilpädagogischen Handelns, wie bildet sich dieser Komplex von heilpädagogischen *Tugenden* heraus, der sein berufliches Tun nicht nur im methodischen Sinne zu einem "richtigen" sondern auch im moralischen Sinne zu einem *guten* werden läßt? Die klassische Tugendlehre (seit Aristoteles und Thomas von Aquin), die in der gegenwärtigen Ethikdiskussion wieder eine Renaissance erfährt, belehrt uns, daß Tugenden durch gemeinsames zwischenmenschliches Handeln in der Praxis erworben und eingeübt werden. Wache, anteilnehmende Beobachtung, Lebenserfahrung und Menschenkenntnis sind dabei wichtige Bedingungen (Gröschke 1993). Ich möchte diesen Komplex von Wissen, Verstehen, Haltungen und Tugenden "Heilpädagogische Menschenkunde" nennen und im folgenden eine weitere Erkenntnisquelle für seine Hervorbringung erschließen, die mir sehr wichtig erscheint, allgemein jedoch eher zu wenig beachtet oder als Privatsache dem außerberuflichen Bereich gleichgültiger Beliebigkeit zugeschlagen wird. Ich meine die (Kunst-)Literatur als *Medium* der persönlichen *Selbsterfahrung*, *Selbstfindung* und *Selbstvergewisserung,* sowie als unerschöpfliche Quelle menschenkundlicher *Verstehenshilfe* und heilpädagogischer *Urteilsbildung*.

Es geht nicht um den Stellenwert der von Wissenschaftlern, Forschern oder auch Praktikern produzierten Fachliteratur für Studium und Weiterbildung in der Heilpädagogik, sondern um die Lektüre der von Schriftstellern verfaßten *Kunstliteratur* (vor allem Romanliteratur) und ihre heilpädagogische Bildungsbedeutsamkeit in einem *ästhetischen* Sinne.

Literatur als Medium heilpädagogischer Menschenkunde:

Allgemeine Leitformel einer solchen heilpädagogischen Menschenkunde wäre die Maxime des klassischen Humanismus: "Nichts Menschliches ist mir fremd". Für die anthropologische Orientierung des Heilpädagogen würde dies zunächst bedeuten, daß er sich in einem empathischen Sinne gerade mit den Formen menschlichen Seins *anzufreunden* hätte, die sonst Anlaß für Abwertung, Ablehnung und Ausstoßung sind: Behinderte und psychisch abweichende Menschen und ihre Schicksale.

Nun wäre es jedoch zu kurz gedacht, würde man die Lektüre-Empfehlungen für Leser in der Rolle eines Heilpädagogen nur auf die Kategorie "Literatur von und über Behinderte" reduzieren, also Biographien und Autobiographien über Behindertenschicksale – das liefe denn dann doch wieder schnell auf eine Art einschlägiger – diesmal belletristischer – Fach-Literatur hinaus.

Es geht vielmehr um die ästhetisch vermittelte Geschmacksbildung für das "Menschliche, Allzumenschliche" (Nietzsche) – auch in seiner Rückanwendung auf sich selbst, also im Dienste kritischer Selbsterkenntnis und Selbstaufklärung, die dann auch wiederum ein Aspekt der Bildung und Selbsterziehung des (heilpädagogischen) Erziehers ist. Es ist uns ja klar, daß man zwischen Person (privatem Selbst) und Berufsrolle nicht strikt trennen kann noch sollte.

Was "leistet" Literatur?

"Große Kunstwerke fegen wie Stürme durch uns hindurch, reißen Tore der Wahrnehmung auf und drücken mit ihren umformenden Kräften auf die Struktur unserer Glaubensvorstellungen. Wir bemühen uns, ihre Wirkung festzuhalten und unser erschüttertes Gebäude in die neue Ordnung zu stellen" (Steiner 1990, 7). Diese emphatische Beschreibung der Wirkung sprachlicher Kunstwerke durch den Literaturtheoretiker George Steiner umreißt, was große Literatur leisten kann. Literatur ist Spiegel der Welt. Nicht als empirisches Abbild der Wirklichkeit verstanden; sondern wie das Spiegelbild seitenverkehrt ist, verändert auch die Literatur unseren Blick auf die Welt in einer Weise, daß sie zu einer *anderen* Wirklichkeit wird.

Wenn nach Hegel Philosophie ihre Zeit in Gedanken gefaßt ist, dann ist in Abwandlung dieses Spruches Literatur ihre Zeit in *Geschichten* gefaßt. Der fiktionale oder Scheincharakter der Literatur öffnet den Raum für die *Einbildungskraft* des Lesers. Lektüre regt die Einbildungskräfte an und hält sie lebendig und beweglich. Sie beugt ihrer Verarmung vor in einer technisch eindimensionalen Welt, in der wir tagtäglich eine Invasion der von außen kommenden vorgefertigten Bilder erleben, die als "die Wirklichkeit" ausgegeben werden. So gesehen ist der Leser, der sich mit seinem Buch in eine ruhige Ecke zurückzieht, um sich in einer Haltung der *Konzentration* in die Lektüre zu versenken, ein Opponent, fast schon ein "subversives Element": er verweigert sich dem allgegenwärtigen Zerstreuungsangebot der vorfabrizierten Konserven der "Unterhaltungsindustrie" und beharrt auf der Eigenständigkeit *seiner* inneren Welt der Phantasie.

Lesen, das heißt die *gedankliche* und *emotionale* Auseinandersetzung mit einem Text, ist aktive und kreative *Individualisierungsarbeit*. In dem Maße, wie sie zugleich als lustvoll, spannend oder schön erlebt wird, wird sie zu einem sinnlichen, das heißt *ästhetischen* Erlebnis, in dem Anstrengung und Leichtigkeit, Schein und Wirklichkeit, Arbeit und Spiel zu einer Einheit verschmelzen.

Lesen ist zwar ein rezeptiver, aufnehmender Vorgang, aber wir wissen ja, daß sinnliche Wahrnehmung kein passiver Akt mechanischer Abbildung vermeintlicher Wirklichkeitsgegenstände ist, sondern aktive, subjektive Gestaltung und Interpretation. Lektüre ist also eine ausgesprochen sinnliche Tätigkeit, und für diese gilt, was die Literaturkritikerin Susan Sontag gesagt hat: "Heute geht es darum, daß wir unsere Sinne wiedererlangen. Wir müssen lernen, mehr zu sehen, mehr zu hören und mehr zu fühlen". Uns Lesern als Liebhabern der Literatur geht es nicht um die Schulmeisterfrage "was will der Dichter uns damit sagen?", sondern um unser ureigenes persönliches und subjektives *Erleben*, um Stärkung unserer individuellen Einbildungs- und *Gemütskräfte* im lesenden Erschließen künstlerischer Texte (Gedichte, Romane, Novellen) durch Nachfühlen, Nachverstehen und Erkennen, um produktive Aneignung literarischer Identifikationsangebote. "Statt einer Hermeneutik brauchen wir eine Erotik der Kunst" (Sontag 1982, 23).

Lesen bietet uns die außerordentliche Chance, so viele Personen, ihre Schicksale, Erfahrungen und Erlebnisse kennenzulernen, den Bereich des Humanen in all seinen Facetten und Varianten zu entdecken, wie es in einem durchschnittlich realen Leben kaum möglich wäre. In diesem Sinne kann man sagen, daß wir aus der Lektüre großer Romane oder Geschichten für unsere Menschenkenntnis mehr gewinnen, als aus dem Studium noch so vieler

Fachbücher aus Psychiatrie, Psychologie, Soziologie oder Pädagogik. In den Werken der Weltliteratur werden die wichtigsten Menschheitserfahrungen gesammelt, reflektiert und weitergegeben; sie bilden einen entscheidenden Teil der Erkenntnis, die wir über die Natur des Menschen besitzen.

Gute Lektüre sollte natürlich auch einen Unterhaltungswert haben. Es gilt jedoch zu unterschieden zwischen Unterhaltung, die meine geistigen Lebenskräfte unterhält, das heißt nährt, und Zerstreuung, wie sie die im massenmedialen Zeitalter ausufernden Angebote der "Kultur- und Unterhaltungsindustrie" anbieten mit ihrer unsäglichen Banalisierung der Wirklichkeit. Unsere Auseinandersetzung mit Literatur kann beitragen zum Wachhalten des humanen Bedürfnisses nach *Echtheit* und *Wahrheit*, das heute im normierenden Massengeschmack immer stärker durch Bedürfnisse nach Zerstreuung abgelöst wird. So betrachtet, kann Lektüre auch zur *Lebenshilfe* werden, ja sogar zu einer Überlebenshilfe in einer Kultur, in der das Menschliche immer mehr verflacht.

Dabei dürfen wir nicht übersehen, daß diese Art Lesenlernen durchaus einer Anstrengung bedarf: *Legasthenie* ist nicht nur ein Problem lernbehinderter Kinder! Hier gilt uneingeschränkt das Wort des alten Goethe: "Die guten Leutchen wissen nicht, was es einen Zeit und Mühe kostet, um Lesen zu lernen! Ich habe 80 Jahre dazu gebraucht und kann doch nicht sagen, daß ich am Ziel wäre!".

Lektüre bietet Chancen zur Selbstbegegnung, im Banne fremder Phantasie die je eigene zu entfalten. Sie kann anregen, was an Differenzierungsvermögen latent in mir enthalten ist. Lektüre liefert imaginäre Landkarten zur Erkundung des eigenen und des fremden "inneren Auslands". Sie macht Angebote einer Verstehenshilfe zur Erkenntnis der eigenen und der fremden Kompliziertheiten („Ich bin kein ausgeklügelt Buch, ich bin ein Mensch in seinem Widerspruch", C. F. Meyer) Und nicht zuletzt sind große Werke der Literatur Lockungen ins Abenteuer der Phantasie!

Zum Abschluß meiner kleinen Anregungen, eine Kultur des Lesens als Teil unserer Alltagskultur (wieder) zu entwickeln, möchte ich zwei Zitate von Schriftstellern anführen, die in treffender Weise andeuten, was Literatur für unsere Selbstreflexion und Bildung bedeuten könnte:

– "Ein Buch ist für mich eine Art Schaufel, mit der ich mich umgrabe" (Martin Walser)

Konzepte von "Praxis" in der Heilpädagogik

– "… Ein Buch muß die Axt sein für das gefrorene Meer in uns. Das glaube ich." (Franz Kafka)

Es bleibt natürlich eine unaufhebbare Spannung zwischen *Literatur* und *Leben*, *Kunst* und *Wirklichkeit*. Bücher, gleich welcher Art, sind kein Ersatz fürs Leben. Leben lernt man letztlich nur im alltäglichen Leben, wo nicht der ästhetische Schein, sondern der prosaische Ernst vorherrscht. "Nicht was einer über die Welt gehört oder gelesen hat, entscheidet über sein Weltverständnis, sondern was er von ihr durchgemacht und ausgehalten hat" (Sloterdijk 1996, 260).

Trotzdem wäre (frei nach Nietzsche) ohne Ästhetik "das Leben ein Irrtum". Auf seine Art hat es der saarländische Schriftsteller Ludwig Harig in eine literarische Form gebracht, was es "mit den Büchern und dem Leben" so auf sich hat (als kleine literarische Reminiszenz an meine Heimat erlaube ich mir zum Abschluß meiner kleinen Abschweifung das Zitat seines Gedichtes):

"Die Biescher un es Läwe"

"Du duscht an de Biescher kläwe",
saat mei Vadder, "isch am Läwe.
Biescher, das sin Biescher äwe,
un es Läwe is es Läwe.

Zwieschen Biescher un em Läwe,
do dezwische do gäbts Gräwe.
Biescher, das sin Biescher äwe,
un es Läwe is es Läwe.

Do die Dieppe, do die Häwe,
do die Biescher, do es Läwe.
Biescher, das sin Biescher äwe,
un es Läwe is es Läwe.

Awer nix leit so denäwe
wie die Biescher iwers Läwe.
Biescher, das sin Biescher äwe,
un es Läwe is es Läwe.

"Vadder", saan isch, "loß misch läwe,
guck, die Biescher brauch isch äwe,
weil, wenns gar kä Biescher gäwe,
is es Läwe dann noch Läwe?"

Ludwig Harig. (Aus: Die saarländische Freude.
Ein Lesebuch über die gute Art zu leben und zu denken! 1977)

Von der *Dialektik* von Literatur und Leben nun wieder zurück zum Alltag!

Das Konzept der "Alltagsorientierung" ist in den für pädagogische und soziale *Praxis* qualifizierenden Studiengängen so attraktiv geworden, weil es die wertorientierte Anwaltschaft für die Belange der "kleinen Leute", der Benachteiligten, Behinderten und Mißachteten wissenschaftlich und praktisch rehabilitiert. Im Blick auf die Niederungen der Alltäglichkeit zeigt sich das Leben von Jedermann als komplex strukturierte, sinnhafte Prozeßgestalt der Auseinandersetzung mit den kruden Gegebenheiten schwieriger Existenzbedingungen, tragischer Lebensschicksale oder krasser Benachteiligung und Unterdrückung (Armut, Not, Krankheit, Behinderung), die zu Achtung und solidarischer Anteilnahme nötigt. In diesem anteilnehmenden Blick relativiert sich jedes gesellschaftlich tonangebende Prestigemuster von Erfolg, Leistung, Macht und Einfluß; diese ideologisch viel beschworenen Leitbilder decouvrieren sich als Grund und Voraussetzung für menschenunwürdige Lebensverhältnisse, die der Praktiker im Alltag seiner Klienten antrifft.

Dieser kritische Anspruch *alltagsorientierter* sozial- und heilpädagogischer Praxiskonzepte ist unbedingt festzuhalten als Gegentendenz zu einem "diffusen, affirmativen und unkritischen Alltagsreden", wie es sich teilweise bereits verbreitet hat (Thiersch 1986, 93). Denn die Handlungsmuster der Alltäglichkeit sind, wie Thiersch bemerkt, durchaus *ambivalent*: Sich in den Gegebenheiten einzurichten, sich am Bekannten und Überschaubaren zu orientieren und sich mit den Verhältnissen pragmatisch zu arrangieren, kann auch zum selbstgenügsam-resignativen Sichabfinden mit dem scheinbar Unabänderlichen führen. Deswegen ist daran festzuhalten, daß Alltag nicht nur ein Begriff in beschreibender und verstehender Absicht sein darf, sondern einen *kritisch-normativen* Entwurf in sich tragen muß: Im Gegebenen sind "die Spuren, die über es hinausweisen" zu entdecken und engagiert aufzunehmen (Thiersch 1986, 95). Das Gegebene ist immer auch als das Aufgebene zu begreifen, die Aktualität als Virtualität. (Heil-)pädagogisches Handeln, "soll es zu einem gelingenderen Alltag beitragen, meint Kompetenz zum Handeln im Kontext gegebener Alltagserfahrungen, meint, diesen Alltag ernstnehmen, aushalten, teilen und – ebenso – meint Alltag strukturieren, aufklären und verbessern" (Thiersch u. Rauschenbach 1984, 1008). Die Orientierung am Leben unter den Bedingungen des Alltags führt zu einem entkrampfteren Verhältnis von Theorie und Praxis. Die Betonung der Unmittelbarkeit der Erfahrung und der Komplexität handlungsrelevanter Alltagsbedingungen relativiert den Anspruch der Theorie auf Gestaltungskraft für Praxis, hebt ihn jedoch nicht auf. Auch Moor, der in geisteswissenschaftlicher Einstellung am "Dasein als Ganzem" interessiert ist, hält für die Heilpädagogik die Polarität von abstrakter Theorie und lebendiger Praxis für weniger wichtig, als "diejenige von gegebenen Bedingungen und grundsätzlichen Notwendigkeiten" (Moor 1965, 7). Das Wahrnehmen dieser Notwendigkeiten setzt eine *normative* Leitidee eines "besseren Lebens" oder eines "gelingenden Alltags" voraus, auch wenn der Praktiker im Vorschein des Möglichen sich dann im realen Alltag an den harten Gegebenheiten eingeschränkter Verhältnisse immer wieder abarbeiten muß.

Die mit der Alltagsorientierung in der Praxis der sozialen Berufe einhergehende Respektierung der Erfahrung und Handlungskompetenz der Adressaten bei der Gestaltung ihres Lebens "unter erschwerten Bedingungen" schließt einen technisierten Gebrauch des Fachwissens durch den Praktiker aus. Angesichts der Besonderheiten alltäglicher Handlungssituationen kann es auch keine technologischen Patentrezepte für die Lösung anstehender Aufgaben geben: "Das Bedürfnis nach Technisierung des Fachwissens und nach Handlungsrezepten erfordert alltagstheoretische Kritik" (Dewe u. a. 1984, 72). Wenn das persönlichkeitsfördernde Potential des Lebens im Alltag in der Chance steckt, sich als kompetent handelndes Subjekt zu erfahren, das sich mit seiner Lebenswelt auseinandersetzt und arrangiert, sich *seine* Wirklichkeit aktiv aneignet und sich in ihr etabliert, dann wird die Gestaltung des *Zusammenlebens* im Alltag zu einem wichtigen Typus sozial- und heilpädagogischer Berufspraxis. Lebenswelt- und Alltagsorientierung bleibt eine maßgebliche Praxis- und Handlungsmaxime jeder wissenschaftlich *aufgeklärten*, kritisch *engagierten* und solidarisch *teilnehmenden* Sozial- und Heilpädagogik (siehe dazu das Themenheft der "neue Praxis", Zeitschrift für Sozialarbeit, Sozialpädagogik und Sozialpolitik. 3, 1995).

5.3. Berufspraxis

> Alle Berufe sind Verschwörungen
> gegen den Laien
> (G. B. Shaw:
> The doctor's dilemma, 1. Akt)

Unter der Perspektive beruflichen Alltagshandelns stellt sich Praxis als tagtägliches Aufgaben- und Bewährungsfeld dar, in dem zwar vieles durch Routinen geregelt, entlastet und gesichert sein kann, so daß der Praktiker diesen Aufgabencharakter des Alltags gar nicht mehr deutlich registriert, wo aber spätestens außergewöhnliche oder kritische Situationen ihm seine besondere, auch sanktionsbelegte Verantwortung zum Bewußtsein bringen. Die Rede von personaler Beziehung, "pädagogischem Bezug" oder dialogischer Struktur übersieht leicht diese prosaische Seite von Praxis als Ausübung eines Berufs nach ausgewiesenen und überprüfbaren Kriterien von Fachlichkeit (Professionalität).

Heilpädagogisches oder sozialpädagogisches Handeln ist eben nicht nur freiwilliges Miteinanderleben im offenen Alltag, mit gemeinsamen Aufgaben, nach frei und reversibel ausgehandelten Regeln der Situationsdeutung und -bewältigung, ist nicht nur freundlicher Umgang unter Menschen mit unterschiedlichen Lebens- und Entwicklungsperspektiven. Er hat sich schon lange zu einer *Berufsrolle* spezialisiert, die mit Lohnerwerbstätigkeit verbunden ist.

Professionell betriebene Erziehung ist inzwischen jedoch ins Gerede gekommen. In einer kritisch-polemischen Analyse von Pädagogik als Beruf behauptet Giesecke (1987) sogar, daß nach dem Ende der herkömmlichen Konzeption von Erziehung im Differenzierungsprozeß der Moderne auch der *Beruf* des Erziehers obsolet geworden sei. Der soziokulturelle Wandel habe zu einem wachsenden Schwund erzieherischer Einflußmöglichkeiten zugunsten anonymer Sozialisationsprozesse geführt (z. B. Massenmedien). Weder Eltern noch professionelle Pädagogen seien heute mehr in der Lage, die Persönlichkeit des Edukanden *im Ganzen* zu beeinflussen. Die anonyme Macht der heimlichen (-unheimlichen) und indirekten Miterzieher werde immer stärker (s. auch Postmans These vom "Verschwinden der Kindheit", 1985, sowie Coleman 1986). Den Erziehern verblieben nur noch partikulare Einflußchancen, korrigierend und interventionistisch in den ansonsten unabhängig von traditioneller Erziehung ablaufenden Lebens- und Sozialisationsprozeß einzugreifen. Deshalb sei heute "zentrale Aufgabe des pädagogischen Handelns nicht 'erziehen', sondern 'Lernen ermöglichen'. Pädagogen sind professionelle 'Lernhelfer'" (Giesecke 1987, 13).

Auch alle Zielvorstellungen von "ganzheitlicher" Persönlichkeitsbildung seien durch diesen Prozeß der Pluralisierung und Atomisierung menschlicher Beziehungen historisch überholt. Der Erzieher habe Bescheidenheit zu üben, denn: "Ganzheitlichkeit" und Professionalität schließen sich aus" (ebd. 101).

Sicher ist das planmäßige "Arrangieren situativer Lernmöglichkeiten" unter den institutionellen Rahmenbedingungen eines pädagogischen Feldes (Familie, Schulklasse, Heim usw.) eine zentrale Aufgabe des professionellen Erziehers. Ich bin jedoch überzeugt, daß auch heute noch – zumal in heilpädagogischen Praxisfeldern – die *Person* des Erziehers von umfassender („ganzheitlicher") Bedeutung ist und daß im "personalen Dialog" mehr geschieht, als der herkömmliche Begriff des Lernens (und Lehrens) erfaßt. In existenzphilosophischer Sicht betont z. B. Bollnow (1982) gerade die ungeplanten und unstetigen pädagogischen Prozesse vom Charakter der "Begegnung" als nachhaltig "erschütternd" und hochgradig lebens- und erlebnisrelevant, also "bildend" (ähnlich Buber in seiner Dialogphilosophie und -pädagogik). Es ist mir darüber hinaus zweifelhaft, ob Erziehung so ganz restlos in Sozialisation aufgeht; es scheint mir hier eine in der soziologischen Tradition von Durkheim fußende Überbewertung gesellschaftsseitiger Sozialisationseinflüsse vorzuliegen („Die Umwelt prägt den Menschen"). Immerhin sind Gieseckes Argumente sehr ernstzunehmen, beleuchten sie doch kulturelle Trends, die – wenn schon nicht gänzlich aufhaltbar – zumindest in ihren Einflüssen kritisch reflektiert und nach Möglichkeit eingedämmt werden müssen. Gieseckes Betonung, daß berufliches pädagogisches Handeln *öffentliches* soziales Handeln ist, eingebunden in gesellschaftliche Institutionen und von diesen administrativ, rechtlich oder ideologisch normiert, ist für das realistische Verständnis sozialer Berufspraxis sehr wertvoll, weil desillusionierend.

Die institutionelle und professionelle Strukturierung sozialpädagogischen und heilpädagogischen Handelns bedeutet nicht selten ein *objektives* Hindernis, sich völlig ungezwungen anteilnehmend und solidarisch auf den Alltag von Kindern und Betroffenen einzulassen. Das gilt für alle heilpädagogischen Handlungsfelder: ob in Kindergärten, Erziehungsheimen, Kliniken, Anstalten oder Beratungsstellen, überall wird die Einstellung zu den

Adressaten vom Berufsrollenverständnis der Professionellen und dem Handlungsauftrag der *Institution* mitstrukturiert. Für den Berufsanfänger führt diese unausweichliche Erfahrung nicht selten zu Identitätsverunsicherungen, bis sich mit zunehmender Adaptierung an die praktische Arbeitssituation in der Regel eine neue *Berufsrollenidentität* herauskristallisiert. Der Weg vom emphatischen Helferbewußtsein hin zur prosaischen Rolle eines Arbeitnehmers verläuft selten ohne Desillusionierungserlebnisse.

Die *Professionalisierung des Helfermotivs* ist der entscheidende Prozeß in der beruflichen Sozialisation von Angehörigen psychosozialer Berufe. Sie ist in ihrer Bedeutung für die Konstituierung der Erwachsenenpersönlichkeit durchaus ambivalent. Einerseits verschafft sie auch offiziell sanktionierte Bestätigung, daß persönliche Neigungen zu einer existenzsichernden Grundlage mit der Zusage von Status, Prestige und Einkommen wurden; andererseits bedeutet sie die eingegangene Verpflichtung, sich in seinen subjektiven Wünschen und Motiven dem Reglement des Arbeitslebens zu unterwerfen.

Der Heilpädagoge in der Berufsrolle des Lohnerziehers muß in seiner Person immer aufs neue eine kritische Balance austarieren zwischen *zweckfunktional* geregelten Strukturbedingungen der Institution, die ihn beschäftigt, und den *personalen* Ansprüchen auf Zuwendung, Emotionalität, Sinnerfüllung und authentischem Interesse, die er selbst in die Arbeit einbringt, und die ihm von seinen Klienten entgegengebracht werden. Diese latent konfliktuöse Erwartungsstruktur wirkt besonders in größeren heilpädagogischen oder medizinisch-psychiatrischen Institutionen, die durch einen entsprechend ausgeweiteten administrativen Bereich bürokratisch geregelter Arbeitsvorgaben gekennzeichnet sind. Hier wird – mitunter schmerzhaft – erfahren, daß auch ein personenbezogener sozialer Helfer-Beruf nicht nur eine "Sache des Herzens" und der guten Gesinnung ist, sondern oft auch ein ambivalentes Handeln und Taktieren unter Rahmenbedingungen formal reglementierter Einrichtungen bedeutet, in denen heilpädagogische Fachlichkeit keineswegs das oberste Prinzip ist.

Wenn Berufsanfänger nach ihrem Eintritt in das alltägliche Berufsleben mitunter ein Erlebnismuster produzieren, das man "Praxisschock" nennt, dann hat das oft weniger mit dem Ausmaß erfahrener menschlicher Not zu tun, als mehr mit der aufgenötigten Einsicht in die institutionell eng gesteckten Grenzen rein personaler pädagogisch-therapeutisch motivierter Hilfebemühungen.

Heilpädagoge

"symbolischer Dritter"

behinderte Person
Kind/Klient

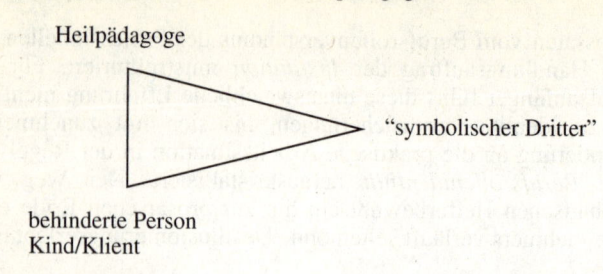

Abb. 9: Die "doppelgleisige" Struktur beruflicher Beziehungen in der Heilpädagogik (personaler Bezug und formales Rechtsverhältnis) = auch ein "pädagogisches Dreieck"!

Und wenn erfahrene Berufspraktiker in bestimmten heilpädagogischen Arbeitsfeldern Gefahr laufen "auszubrennen", dann keineswegs nur aufgrund ihrer existentiellen Überforderung angesichts schwerster Formen von Krankheit und Behinderung, sondern oft auch aus resignativer Erschöpfung nach ständigem Anrennen gegen verselbständigte und unsinnige bürokratisch-administrative Schranken engagierten fachlichen Handelns.

Heilpädagogische Praxis als Ausübung eines staatlich anerkannten Berufs unter den rechtlich-administrativen Rahmenbedingungen einer Einrichtung der Erziehungs-, Jugend- oder Behindertenhilfe stellt sich so gesehen als Handlungsfeld dar, in dem der dialogisch-personale Bezug zwischen dem Heilpädagogen und der behinderten Person immer (zumindest latent) auf eine *dritte* Position bezogen ist. Diese Position des "symbolischen Dritten" ist der *berufsorganisatorisch* geregelte institutionelle Hintergrund, vor dem sich die tagtäglichen Berufsvollzüge abspielen und durch dessen Struktur sie implizit oder explizit auch mitgesteuert werden. Es ist wichtig und erspart dem Praktiker (besonders dem Berufsanfänger) Enttäuschungen und Frustrationen, diese Struktur seines Arbeitsfeldes auch in diesem Bezug auf eine symbolische oder manifeste *externe* Position zur Kenntnis zu nehmen (s. Abb. 9):

Die Position des "Dritten" kann eingenommen werden von einem Berufskollegen, von berufsfremden Mitarbeitern, vom Arbeitsteam, vom Vorgesetzten, der Institution, der Aufsichtsbehörde, letztlich "der Gesellschaft". Es ist durchaus möglich, daß der "Dritte im (heilpädagogischen) Bunde" als *reale Person* in das personale Bezugsfeld interaktiv miteinbezogen wird (z. B. Elternarbeit, Supervision, Teamgespräche) und so zu einem unmittelbaren und gleichrangigen Handlungspartner wird. Ist der Dritte real präsent als Berufskollege oder Mitarbeiter im Team der Einrichtung, ergeben sich Möglichkeiten der fachlichen oder persönlichen Unterstützung in der Arbeit, Ansätze von Korrektur und konstruktiver Kritik; aber auch u. U. auf der *Beziehungsebene* Momente von Rivalität, Konkurrenz und Kontrolle, je nach Eigenart der Beteiligten, Soziodynamik des Teams oder Betriebsklima der Einrichtung.

Ich bezeichne jedoch mit dem Attribut "symbolisch" die nichtpersonale Präsenz einer *Instanz*, zu der die primären Partner des "eigentlichen" heilpädagogischen Bezugs (der Heilpädagoge und sein Klient) in einer eher *indirekten* Beziehung stehen, die sich nach ganz anderen Kriterien definiert.

Gemeint ist die *Fremdperspektive* sozial-administrativer Bewertung und Regelung eines formalen Vertragsverhältnisses: Der behinderte Mensch (Kind, Jugendlicher, Erwachsener) ist in dieser Perspektive nicht in erster Hinsicht die einzigartige Person namens Fritz oder Maria, sondern "Betreuungs- und Versorgungsfall XY", für den die Einrichtung eine rechtlich geregelte Form von Verpflichtung mit festgelegten Leistungszusagen und -ansprüchen übernommen hat (Erziehungs- oder Behandlungsplan, Rehabilitation, Pflegeleistungen usw.). Der Heilpädagoge steht zu dieser Instanz in einer ebenfalls rechtsverbindlichen Beziehung als *Arbeitnehmer* eines öffentlichen oder privaten Dienstgebers, der es sich prinzipiell vorbehält, Qualifikation und Arbeitsleistung seiner Angestellten nach eigenen Kriterien zu normieren und zu kontrollieren.

Selbst wenn der Heilpädagoge in seinem Berufsalltag die formalen Schranken dieses Rechtsverhältnisses zu den ihm im Auftrag der Institution übergebenen Personen („Klienten") überwindet und als *Person* mit diesen anderen *Personen* an der Gestaltung einer gemeinsamen *Lebenswelt* zusammenwirkt („Praxis als Lebenswelt"), kann dieses formal-unpersönliche Element potentiell jeder Zeit in die dichte interpersonale Beziehungsgestaltung störend und *entfremdend* hineinwirken.

Das Auftauchen dieser dritten Instanz im Horizont heilpädagogischer Beziehungsgestaltung "from face to face" ist sogar von entscheidender Bedeutung für die Ausweitung der interpersonalen *Ethik der Begegnung* zu einer gesellschaftsbezogenen *Ethik sozia-*

ler Ordnung und Struktur, wo *Recht* und *Gesetz* herrschen und nicht *Liebe* und *Solidarität*. Unter Bezug auf die Sozialphilosophie von E. Lévinas nennt der Soziologe Zygmunt Bauman (1995, 169ff) dieses moralische "Erdbeben des Dritten" die eigentliche "Geburt" der Gesellschaft. Von hier an reicht der unbedingte moralische Impuls interpersonaler Anerkennung des Von-Antlitz-zu-Antlitz nicht mehr aus, da ich mich plötzlich mit den Ansprüchen und Interessen *vieler* anderer und oft dazu noch *anonymer* anderer konfrontiert sehe. Die Moralität von *Nähe* und *Berührung* weitet sich zur Moralität *distanzierter* Beziehungen mit ihren Attributen von Neutralität und Objektivität, wo Einzelnes austauschbar, verrechenbar, ersetzlich wird. Der "symbolische Dritte" wird zum externen Beobachter, Richter und Zensor, der Interessen, Vorteile, Gewinne und Verluste gegeneinander abwägt. In diesem gesellschaftlichen Raum beginnt die Zuständigkeit der *Sozialethik*; ihr regulatives Prinzip ist nicht mehr *Nächstenliebe* sondern universelle *Gerechtigkeit* (Gröschke 1993). In dem Maße, wie Gerechtigkeit auch eine (heil-)pädagogische Tugend ist, kommt dem heilpädagogischen Praktiker wieder die prekäre Aufgabe zu, zwischen individuellem Besonderen und kollektivem Allgemeinen dialektisch zu vermitteln; – ein Spagat, der zur Zerreißprobe werden kann.

Das subjektiv authentische Erleben von gemeinsamem und solidarischem In-der-Welt-sein in der Beziehung von Heilpädagoge-Klient, aus dem beide Teile dieses Dialogs vielleicht ein Höchstmaß an Sinnerfüllung aus gemeinsamer Daseinsbewältigung schöpfen, ist leider keine Garantie dafür, daß auch die *dritte Instanz*, die hinsichtlich der Macht- und Entscheidungsbefugnisse gleichzeitig auch "letzte Instanz" ist, diese Beziehung genau so positiv beurteilt und sanktioniert. Selbst wenn sich der Heilpädagoge und sein Klient im phänomenologisch-lebensweltlichen Sinne optimal "verstehen", kann der Dienst-"Herr" zu dem Urteil kommen, daß dadurch zentrale Belange des Arbeitsauftrages oder der Interessenlage der Institution nicht erfüllt werden.

Um einige Beispiele zu geben, die nicht rein fiktiv sind:
- Durch heilpädagogische Maßnahmen soll der Stationsalltag geistigbehinderter Insassen einer großen Anstalt im lebensweltlichen Sinne flexibel umstrukturiert und angereichert werden: Die Betriebsleitung befindet und entscheidet, daß der Stationsablauf im Hinblick auf Sicherheit und Ordnung dadurch in einem nicht akzeptablen Ausmaß beeinträchtigt werde und daß

die personellen und sachlichen Mehrkosten nicht zu finanzieren seien.

– Durch seinen persönlichen Einsatz gelingt es dem Heilpädagogen, die übliche Verweildauer der ihm anvertrauten Kinder und Jugendlichen im Erziehungsheim immer mehr zu verkürzen, indem er ambulante familienentlastende und -ergänzende Angebote ausbaut: Das kollidiert früher oder später mit den betriebswirtschaftlichen Interessen der Heimverwaltung (Belegzahlen, Tagessätze, selbst wenn ein *Gesetz* (KJHG) den Ausbau teilstationärer und ambulanter Hilfeformen vorschreibt.

– In seinen Fördergruppen für (noch) nicht arbeitsfähige intensivbehinderte Erwachsene setzt der Heilpädagoge andere Schwerpunkte als die funktionale Ertüchtigung produktionsbezogener Arbeitstechniken, wie sie die Werkstattleitung erwartet. Diese sieht keine "Fortschritte" und stellt den "Sinn" der heilpädagogischen Arbeit in Frage, mit allen entsprechenden Konsequenzen.

– Eine Schulaufsichtsbehörde drängt auf Änderung der heilpädagogischen Arbeitskonzepte in einem Schulkindergarten oder einem heilpädagogischen Hort: Die Aufsichtsbeamten vermögen nicht einzusehen, daß "Spielen" statt unterrichtsbezogener Nachhilfestunden die schulischen Leistungsdefizite der betreuten Kinder auf längere Sicht verbessern solle, die Fachkräfte würden schließlich nicht fürs "Spielen bezahlt". Die Liste der Beispiele ließe sich beliebig verlängern.

Soziale Praxis ist zwar stets mehr als berufliche Tätigkeit, sie findet ihre allgemeine menschliche "Notwendigkeit im Sinne von Not, auf welche die Praxis antwortet, indem sie sie zu wenden sucht" (Benner 1983, 285). Im Prozeß der Professionalisierung sozialer Hilfe als einem Grundzug der modernen Funktionsdifferenzierung des sozialen Systems hat die Gesellschaft bestimmte Aufgaben an bestimmte Berufsgruppen *delegiert*. Sie hat sich dadurch ihrer unmittelbaren Verantwortungen für diese Probleme (etwa der Sorge für Behinderte) entlastet, erwartet jedoch nach wie vor, daß die Arbeit von diesen delegierten Berufsgruppen auch nach den allgemein vorherrschenden systemfunktionalen Kriterien von Zweckrationalität, Effizienz und Wirtschaftlichkeit gestaltet wird und kontrolliert und sanktioniert diese Berufsausübung auch (direkt oder eher indirekt).

In sozialtheoretischer Sicht hat man dieses Spannungsfeld von "System" und "Lebenswelt", im Anschluß an Habermas' (1981) Theorem von der drohenden "Kolonialisierung der Lebenswelt", in letzter Zeit verschiedentlich auch in die Analyse sozialer und pädagogischer Berufe einbezogen (Müller 1984). Die Steuerungsmedien der gesellschaftlich bestimmenden Systembereiche *Wirtschaft* (Geld) und *Verwaltung* (Macht und Gesetze) dringen nach *Habermas* immer mehr auch in die Bereiche alltäglicher erfahrungs- und erlebnisbezogener, kommunikativ geregelter Lebenswelten vor und zwingen ihnen ihre technologisch-zweckrationale Logik auf. Den sozialen Berufen kommt in dieser Perspektive dann eine entscheidende Rolle zu: Als *intermediäre* Instanzen zwischen System und Lebenswelt, sowie auch zwischen Wissenschaft und Lebenspraxis, tragen sie diese Spannung in sich, ohne sie letztlich zugunsten des einen oder des anderen Pols endgültig und verbindlich auflösen zu können. Es gibt sogar Anzeichen dafür, daß sich durch forcierte sozialstrukturelle Wandlungsprozesse in der Gegenwart diese Balance immer mehr zu ungunsten persongebundener Erziehungseinflüsse in Richtung unpersönlicher Instanzen und Institutionen verlagert. Der Erziehungssoziologe Coleman (1986) beschreibt (ähnlich wie Giesecke 1987) den Trend zur "asymmetrischen Gesellschaft", in der nicht mehr natürliche *Personen* (Eltern, Erzieher, Lehrer) den Sozialisationsprozeß der nachwachsenden Generation bestimmen, sondern "korporative Akteure"; das sind *Institutionen* und *Organisationen* mit ihrem funktionellen Positionsgefüge, ihren Rollensets und Sachgesetzlichkeiten, in denen Personen beliebig austauschbar sind. Ihr Einfluß ist allgegenwärtig, diffus und unangreifbar, so daß der Erziehungsprozeß der traditionellen Erzieher in seiner Wirkung immer stärker ausgehöhlt wird, mit entsprechend negativen Auswirkungen auf die Persönlichkeitsstrukturen (Erosion persönlicher Verantwortung, Desorientierung usw.). Selbst wenn gegenüber Coleman ähnliche kritische Einwände vorgebracht werden müssen, wie gegenüber Giesecke (1987, s. o.), muß man sich in der Heilpädagogik über die Positionen der gesellschaftstheoretischen Modernisierungsdiskussion auf dem Laufenden halten, um die Zeichen der Zeit nicht zu übersehen (Gröschke 1992a).

Hier muß auch wieder die *kritische* Funktion der Heilpädagogik zum Zuge kommen; z. B. in Form einer Institutionskritik, die sich den institutionellen Steuerungsprinzipien nicht resignativ unterwirft, sondern gerade auch deren kontraproduktiven Folgen – gemessen am primären Ziel und Zweck der Institution – erfolgs- und verantwortungsethisch kritisiert. Institutionen, die es mit der "Resozialisation" und "Rehabilitation" von Randgruppen der Gesellschaft zu tun haben – und das sind sozial- und heilpädagogische Einrichtungen ja oft – reproduzieren und verfestigen nicht selten (gewollt/ungewollt) durch die in ihnen herrschenden Normen, Werte, Rituale und Sanktionen die Muster mißglückter Lebensläufe oder "abweichenden" Verhaltens ihrer Insassen, zu deren positiver Bewältigung oder Kompensation sie eigentlich eingerichtet wurden. Als Mitglieder und bestellte Funktionäre solcher Einrichtungen tragen Professionelle also eventuell (kontraintentional) zur Konservierung der ihnen überantworteten sozialen Probleme ihres "Klientels" bei. Die unter den Leitgedanken von "Integration" und "Normalisierung" seit längerem geführte Diskussion um die richtigen institutionellen Formen von "Leben, Lernen, Arbeiten, Freizeit, Wohnen" zeigt, daß man sich in der Heilpädagogik – zumindest prinzipiell – dieser Dimension beruflich-fachlicher Verantwortung verschärft bewußt geworden ist.

Die oben aufgezeigte "doppelgleisige" Struktur des Arbeitsverhältnisses in der heilpädagogischen Praxis, die latente Präsenz einer symbolischen "Dritten Instanz" und das dadurch angelegte Spannungsmoment zwischen Praxis als gemeinsamer Lebenswelt und als formal geregelter Berufspraxis, korrespondiert mit der Unterscheidung von sozialer "Umwelt" und "Mitwelt" in der Sozialphänomenologie von Alfred Schütz (1974).

Strukturanalyse der Sozialwelt (A. Schütz): Praxis als gesellschaftliche Sphäre ist zunächst in phänomenologischer Einstellung "die von Mitmenschen belebte Welt des einzelnen Ich" (198). Diese Praxis ist nun allerdings kein durch und durch homogener Bereich, sondern "in mannigfacher Weise gegliedert in Sphären oder Regionen" (198). Die Sozialwelt ist "einheitlich und doch gegliedert". Ein zentrales Gliederungsprinzip ist das der "verschiedenen Grade von Intimität, Intensität und Erlebnisnähe", d. h. interpersonaler Nähe und konkreter Präsenz. So beschreibt Schütz (1974, 227ff) *"soziale Umwelt"* folgendermaßen:

"Ich sage von *einem Du, daß es meiner sozialen Umwelt angehört, wenn es mit mir räumlich und zeitlich koexistiert*. Daß es mit mir *räumlich* koexistiere, besagt, daß ich es 'leibhaftig' gegeben habe, und zwar, als *es selbst*, als dieses *besondere Du* und seinen Leib als Ausdrucksfeld in der Fülle seiner Symptome. Daß es mit mir *zeitlich* koexistiere besagt, daß ich in *echter* Gleichzeitigkeit auf seine Bewußtseinsabläufe *hinzublicken vermag*, daß seine Dauer mit meiner Dauer zugleich sei, daß wir zusammen altern. Die umweltliche Situation gründet sich also auf der echten Gleichzeitigkeit des fremden Dauerablaufs mit dem eigenen ... Zu ihr tritt die räumliche Unmittelbarkeit des alter ego hinzu, kraft welcher mir sein Leib in seiner Symptomfülle als Ausdrucksfeld vorgegeben ist".

Im Vorgriff auf Kapitel 6.1. möchte ich darauf hinweisen, daß Schütz hier explizit die Dimension der "Leiblichkeit" in der räumlichen Struktur der gemeinsam geteilten Umwelt betont.

Mitwelt:

"Das Wesen der mitweltlichen Situation besteht darin, daß ein alter ego mir zwar nicht in *Leibhaftigkeit*, als in räumlicher und zeitlicher *Unmittelbarkeit* gegeben ist, *daß ich aber dennoch von seiner Koexistenz mit mir, von dem gleichzeitigen Ablauf seiner Bewußtseinserlebnisse mit den meinen weiß. Dieses Wissen ist immer ein mittelbares*, niemals habe ich das alter ego in der Mitwelt *als ein Selbst* gegeben. Es ist daher auch für mich *kein Du* in dem prägnanten Sinne, den dieser Terminus in der umweltlichen Situation hat, kein *Mitmensch* also, sondern nur ein *Nebenmensch*, zu dem ich nicht in einer reinen Wirbeziehung stehe" (252).

Daneben gibt es noch die Sphäre des Vergangenen, der *Vorwelt* (Geschichte), und (hoffentlich!) der *Folgewelt* nach meiner Lebensspanne. Andere Menschen sind also für mich wie ich für sie Mitmenschen, Nebenmenschen, Vorfahren und Nachfahren. Schütz weist darauf hin, daß "Umwelt und Mitwelt nicht kontradiktorische, sondern polare Gegensätze sind" (246). Seine Analyse der Lebenswelt zeigt besonders nachdrücklich, wie komplex strukturiert das ist, was wir so leichthin *Praxis* zu nennen pflegen.

Unsere sog. "dritte Instanz" des "symbolischen Dritten" deckt sich gut mit der Position des "Nebenmenschen" bei Schütz. Er sieht allerdings – und das ist für den Berufspraktiker doch immerhin tröstlich – die Möglichkeit, daß es "Kontaktsituationen" geben kann, "durch welche Mitwelt in Umwelt überführt wird" (246), "da ich, was die Anderen in ihrer Rolle als Nebenmenschen betrifft, ihre typischen Erlebnisabläufe zu *vermuten*, und zwar *wohl begründet* zu vermuten fähig bin" (203). Auf unsere heilpädagogische Praxissituation gewendet, bedeutet dies folgendes: Der Heilpädagoge kann (und muß) sich kundig machen, welche Vorstellungen, Normen und Werte für seine fachfremden Vorgesetzten, Dienstgeber oder Verhandlungspartner der Sozialadministration denk- und handlungsbestimmend sind, dann kann er *mit ihnen* in Kontakt treten, aus dem sich Verhandlungen, Konsens oder sogar Kooperation im Dienst der gemeinsamen Sache ergeben können.

Im Verhältnis von Umwelt und Mitwelt läßt sich auch das für die heilpädagogische Praxis verbindliche Prinzip der interdisziplinären *Teamarbeit* näher beschreiben. Bei aller zu betonenden Eigenständigkeit heilpädagogischer Fachkompetenz ist "gelingende Praxis" so gut wie überall auf Kooperation verschiedener Fachvertreter angewiesen. "Nach dem heutigen Stand der Fachspezialisierung käme es einem Anachronismus gleich, wollte eine Disziplin mit universalistischem Anspruch andere als überflüssig erklären und zu verdrängen suchen" (Speck 1988, 351). Vor allem die Erfahrungen aus dem Praxisfeld der Frühförderung, aber auch aus anderen Institutionen, belegen allerdings auch die Schwierigkeiten und Konfliktträchtigkeit interdisziplinärer Teamarbeit. *Interdisziplinarität* ist kein realitätsbeschreibender Begriff, sondern eine handlungsregulierende Idee mit normativen Implikationen, der sich alle beteiligten Berufsgruppenangehörigen verpflichten müssen. Es kann nicht darum gehen, daß eine fachspezifische Perspektive (z. B. Heilpädagogik *oder* Pädiatrie *oder* Psychologie) ihre Mitwelten kolonialisiert und dominiert, sondern daß in echter Kooperationsbereitschaft eine *gemeinsame* Umwelt geschaffen wird, in der "Nebenmenschen" zu "Mitmenschen" werden.

Die strukturelle Dimension heilpädagogischer Berufspraxis beinhaltet für den einzelnen Heilpädagogen solche (un-heilpädagogischen) Bedingungen wie Abhängigkeit, Macht, Loyalitäts- und Legitimierungszwänge, Standardisierung, Hierarchie, sowie Fremdkontrolle. Soziologen sprechen in institutionstheoretischer Perspektive dann von der "Indifferenz der Berufsrolle gegenüber individuellen Besonderheiten" (Beck u. a. 1980, 227ff).

Unter den Anforderungen der Berufstätigkeit ist der Praktiker auch immer wieder genötigt, spontane subjektive Bedürfnisse nach Abwechslung oder unverstellter Authentizität zu vertagen, seine aktuelle Befindlichkeit zu relativieren und ein erhebliches Maß an *Selbstdisziplinierung* zu leisten. Um so wichtiger wird unter diesen Bedingungen die ausgleichende und rekreative Funktion von Privatsphäre und Freizeit. "Vieles deutet darauf hin, daß in den Klientenalltag eingetauchte Berufspraxis nur dann auf Dauer aushaltbar und fruchtbar sein kann, wenn sie ein Widerlager außerhalb dieses Alltags hat" (Müller 1984, 1052). Für den

Berufsanfänger gestaltet sich dieser Übergang schwierig: das "Nicht-abschalten-Können" ist jedoch ein Phänomen helfender Berufe, das auch der erfahrene Routinier durchaus noch kennt (bzw. kennen sollte!).

Die vorangehenden, mit Absicht betont nüchtern formulierten Aussagen zur beruflichen Struktur heilpädagogischer Praxis wollen keineswegs die Möglichkeiten positiver Erfahrung oder persönlicher Selbsterfüllung in der heilpädagogischen Berufsausübung leugnen. Im Gegenteil dürfte gerade ein auf Lebenshilfe, Erziehung, Förderung, Pflege angelegter personorientierter sozialer Beruf seinem Träger noch am ehesten eine optimale und sinnstiftende *Einheit* von Person und Beruf gewährleisten, selbst wenn heilpädagogische Berufe keinen der oberen Plätze in der gesellschaftlichen Hierarchie von Status, Prestige und Bezahlung einnehmen. Meine Aussagen sollen jedoch einer Idealisierung und Idyllisierung von Praxis vorbeugen, die nur in Enttäuschung und Motivationsschwund enden können, wenn der angehende heilpädagogische Praktiker sie dauerhaft nicht zur Kenntnis nimmt.

An dieser Stelle ist auf ein anderes Dilemma hinzuweisen, das sich aus der Differenzierung von menschlicher Praxis allgemein und spezieller Berufspraxis ergibt. Soziale Praxis im Rahmen fortgeschrittener moderner Gesellschaftsentwicklung transformiert sich immer stärker in Richtung einer *Expertokratie* von Einzelberufen, die das angesichts gesellschaftlicher Überkomplexität verunsicherte, desorientierte, rat- und hilflose Individuum "fürsorglich" entmündigen. Die wissenschaftlich-technologisch bestimmte Zivilisation erfordert *objektiv* immer stärkere berufliche Spezialisierung und Differenzierung; zugleich erhöht sie für das einzelne Individuum wie für jeden Einzelberuf die allgemeine Unübersichtlichkeit und Undurchschaubarkeit des Ganzen, so daß die Abhängigkeit von anderen zunimmt. Liegt ohnehin aufgrund von Behinderungen oder chronischer Krankheit bei Personen eine gesteigerte sozial-existentielle *Abhängigkeit* bereits vor, ist die latente Gefahr einer solchen "wohlmeinenden Entmündigung" durch Experten deutlich verschärft. Auch Heilpädagogen und andere Vertreter psychosozialer Berufe sind solche gesellschaftlich legitimierte und delegierte Experten für die Bewältigung der Probleme und Folgeprobleme im Umkreis von "Behinderungen" und werden unbesehen ihrerseits leicht Teil und Funktionäre einer psychosozialen Expertokratie mit ihren "weichen Kontrolldispositiven" (Michel Foucault). "Empowerment" kann auch zur Bemächtigung der Behinderten durch die vielen Experten werden! Selbst- und Mitbestimmung, Einspruchs- und Vetorechte („das können wir doch selber!"), das Prinzip "Autonom leben", werden so zu wichtigen Gegenregulativen der Betroffenen gegen die ins System eingebaute Herrschaft der Experten, die diese sogar (auch gegen die eigene Berufsrolle) zu unterstützen haben!

Wenn von heilpädagogischer Professionalität die Rede ist, denkt man zunächst eher an die technisch-instrumentelle Seite der Berufsausübung: An die routinierte Umsetzung bestimmter Konzepte, Methoden und wissenschaftlicher Erkenntnisse auf psychosoziale Problemstellungen, für die dem Heilpädagogen offiziell fachliche Zuständigkeit und Kompetenz zugeschrieben werden (Behinderungen, Entwicklungs- und Verhaltensauffälligkeiten). In der Umschreibung eines *Berufsbildes* gelangen diese Tätigkeitsmerkmale zu einer von den zuständigen Instanzen (Ausbildungsstätten, Berufsverbände, Arbeitsamt) sanktionierten allgemeinen Darstellung (z. B. in den "Blättern zur Berufskunde" oder in Ausbildungs- und Studienordnungen für Fachschulen und Hochschulen). Allgemeine Kriterien für den Grad der *Professionalisierung* einer beruflichen Tätigkeit sind (in Anlehnung an Lowy 1983):

– Wissenschaftsgrundlage
– akkreditierte Ausbildung
– Berufsbild mit umgrenzter Aufgabenbeschreibung
– Dienstleistungscharakter
– Berufskodex
– einheitliche Berufsorganisation
– gesellschaftliche Anerkennung.

Für die Heilpädagogik als *Beruf* können die ersten vier Merkmale im wesentlichen als erfüllt angesehen werden; was einen *verbindlichen* Berufskodex (Berufsordnung und ihre autonome Überwachung) und eine einheitliche Berufsorganisation betreffen, ist noch einiges zu tun. Hier gibt es in der (außerschulischen) heilpädagogischen Berufspraxis noch verschiedene Positionen und Gruppierungen, zwischen denen ein Konsens erst noch gefunden werden muß.

In Sachen "gesellschaftlicher Anerkennung" geht es nicht um berufspolitische Fragen, die rein strategisch gelöst werden könnten, sondern sehr deutlich (wieder einmal) um grundsätzliche Wert- und Sinnaspekte heilpädagogischen Tuns. Es ist wohl das Schicksal des Heilpädagogen, einen Beruf auszuüben, der sich eher relativ geringer gesellschaftlicher Wertschätzung erfreut, zumindest was Arbeitsplatzsituation und Honorierung (sprich: Bezahlung) anbelangt, von der realen Bedrohung durch Einstiegsarbeitslosigkeit einmal ganz abgesehen. Um so wichtiger ist es für den angehenden Heilpädagogen in der Ausbildung, aber auch für den Heilpädagogen in der Berufspraxis, sich immer wieder mit seinem Berufsrollenverständnis und seiner Berufsmotivation auseinanderzusetzen: mit der Frage, "warum und wozu" erlerne bzw. betreibe ich einen solchen Beruf, der im Hinblick auf die Konkurrenzgesellschaft relativ wenig Reputation und Gratifikation verschafft? Diese Frage ist eine *persönliche*, d. h. sie kann nicht allgemein und für jeden verbindlich beantwortet werden, sondern jede/jeder muß sich ihr immer wieder als Person stellen, da sie offensichtlich auf Dauer nicht mit ausschließlich professionell-technischen Zweckerwägungen subjektiv überzeugend beantwortet werden kann.

Bei Überlegungen, was den "guten" Heilpädagogen/Sonderpädagogen ausmacht, stößt man sehr schnell und unausweichlich auf diese beruf*sethische* Dimension (vgl. Anstötz 1990; Haeberlin 1996). Bei den "Klassikern" der Heilpädagogik, vor allem bei Bopp aber auch bei Hanselmann und Moor, findet man teilweise ergreifende Beschreibungen von Sinn und Ziel heilpädagogischer Tätigkeit, deren appellativem Anspruch man sich kaum entziehen kann, auch wenn sie gelegentlich der Gefahr nicht entgehen, den Heilpädagogen zu einem Heros an Menschenfreundlichkeit, Barmherzigkeit und "Heils"-Willen zu überhöhen und zu stilisieren. In den Niederungen der berufspraktischen Alltäglichkeit kann man sich nur bei Gefahr grotesker Selbstüberschätzung diesen hypertrophen Sinnmotiven gewachsen glauben. Der Schritt zum neurotischen Märtyrersyndrom oder narzißtischen Größenphantasien ist dann nur ein kleiner.

Und doch braucht der heilpädagogische Praktiker angesichts einer gesteigerten Sinnbedürftigkeit gesellschaftlich marginalisierter Lebensformen von Behinderten und Benachteiligten tragfähige Wertüberzeugungen, die für sein Tun zumindest partiell sinngebend sein können. Personalistische Wertsetzungen (vgl. Kapitel 1.4.) oder Maximen der Gleichheit *aller* Menschen (Haeberlin 1996) sind Reflexions- und Identifikationsangebote an den Heilpädagogen bei der unabschließbaren Suche nach "seinem" Sinn in der Berufsarbeit.

Die durch Professionalität gekennzeichnete heilpädagogische Berufspraxis hat, wie alle psychosozialen Berufe, mit beträchtlichen Profilierungs- und Legitimierungsproblemen zu kämpfen. Eine gewisse Ausnahme bildet hier allenfalls der Beruf des Schullehrers, der als öffentliches *Amt* noch am ehesten gesellschaftlich definiert und legitimiert ist.

Als Professionalität im berufssoziologischen Sinne gilt eine durch wissenschaftliche Ausbildung, komplexe Wissensbestände, berufliche Eigenständigkeit, Leistungsorientierung und Berufsethos geprägte Berufsauffassung, der es gelungen ist, sich in der Öffentlichkeit Anerkennung als unverwechselbares Profil professioneller Fachkompetenzen („Fachlichkeit") zu verschaffen. Durch die Einrichtung geregelter Ausbildungs und Studiengänge mit staatlicher Anerkennung der beruflichen Qualifikation hat die Heilpädagogik diesen professionellen Status erreicht; trotzdem fällt es ihr nicht leicht, im außerschulischen Bereich Eigenständigkeit und Professionalität gegenüber Nachbardisziplinen zu behaupten (Gröschke 1992b).

Wenn sie sich als Erzieher-Beruf darstellt, muß sie damit rechnen, daß ihre Professionalität als Allerwelts- und Jedermannsqualifikation in Zweifel gezogen wird, denn "erziehen" kann (vermeintlich) jeder/jede, die Kinder haben. Betont sie ihre therapeutische Spezialkompetenzen, droht die fachliche Entfremdung von ihrer pädagogischen Mutterdisziplin und – vor allem – die Korrumpierung des *erzieherischen Prinzips*. Weist sie schließlich auf die anthropologischen Besonderheiten ihres Klientels hin, riskiert sie deren bleibende Exkommunikation aus den Lebenswelten anerkannter Normalität (und die eigene Stigmatisierung als beruflichen Sonderling).

Wie man es auch dreht und wendet, der zweifelsfreie Ausweis allseits anerkannter, autonomer heilpädagogischer Professionalität dürfte kaum gelingen; und mit diesem Zustand muß die heilpädagogische Berufspraxis wohl auch auf Dauer leben (wie ihrerseits auch die Sozialpädagogik). Zu chronischen Selbstzweifeln an der eigenen Existenzberechtigung, über das immer gebotene Ausmaß positiver und konstruktiver Selbstkritik hinaus, besteht für die Heilpädagogik allerdings kein Anlaß: Die zukünftige Zeit, in der der Beruf des Heilpädagogen *in der Sache* überflüssig sein wird oder von anderen Professionen mit gleichem oder besserem Ergebnis (in faktischer *und* ethischer Hinsicht) abgelöst werden könnte, ist nicht abzusehen. Selbst wenn heilpädagogische Praxis im strengen Blick der Berufssoziologen eher zu den "Semi-Professionen" gehören sollte (wie z. B. Lehrer, Sozialarbeiter, Krankenschwester), kann sie mit dieser Klassifizierung leben. Es ist ihr gesellschaftliches Schicksal, als Beruf, den es zwar geben muß, die verbreitete Geringschätzung ihres Klientels zu teilen; zu dieser *Solidarität* muß sich der heilpädagogische Praktiker bekennen.

6. Grundphänomene personaler Existenz: Fundament heilpädagogischer Konzepte

Sucht man in praktischer Einstellung danach, wie heilpädagogische Konzepte *substantiell* begründet werden könnten, bietet es sich an, von den unmittelbaren Gegebenheiten menschlichen Lebens auszugehen, die man ohne weiteres erfahren kann, wenn man sich auf menschliche Praxis im heilpädagogischen Feld einläßt. Aus der erkenntnismäßigen und lebendigen Erfassung des Gegebenen, dessen, was uns an der Person in der heilpädagogischen Praxis entgegentritt, kann das "Aufgegebene" abgeleitet werden; das, was zu tun ist, um diese Gegebenheiten und den in ihnen liegenden *Möglichkeiten* im konkreten Fall weitgehend gerecht werden zu können.

Da ich in meinem Verständnis von Heilpädagogik die *Person* ins Zentrum der Überlegungen um eine angemessene Praxis gerückt habe, ist von der erfahrbaren Wirklichkeit personaler Existenz auszugehen und zu fragen, was an elementaren Tatsachen uns an der Person des "Behinderten" begegnet, an dem unser heilpädagogisches Verstehen und Handeln anknüpfen kann.

Mit dem Ziel einer *realanthropologischen* Fundamentierung heilpädagogischer Praxiskonzepte fragen wir nach solchen elementaren *Phänomenen*, die das Dasein der Person markieren. Ich behaupte dabei nicht eine absolute Unhintergehbarkeit dieser Elementarphänomene; auch wenn sie uns in der Praxis sinnlich unmittelbar gegeben sein mögen, erweisen sie sich bei näherer Hinsicht als komplex strukturiert und von daher theoretischer Analyse zugleich zugänglich und auch bedürftig. Die gesuchten und im folgenden darzustellenden Phänomene stellen in gewisser Weise jedoch die Basis menschlich-personaler Existenz dar, auf der in *pragmatischer* Absicht tragfähige heilpädagogische Konzepte aufgebaut werden können.

Wie immer, wenn es in der Heilpädagogik um anthropologisch und ethisch orientierte "Letztbegründungen" geht, habe ich dabei leitmotivisch die Person des "Schwerstbehinderten" im Auge, zeigen sich doch an ihr in radikaler Verschärfung die existentiellen Grundbedingungen menschlicher Lebenswirklichkeit in ihrem schlichten Dasein. Noch aus einem weiteren Grunde empfiehlt sich der Bezug auf die Existenzweise schwerstbehinderter Menschen: Da die subjektive Erlebnisseite ihrer sprachlosen "conditio humana" von uns – wenn überhaupt – nur im Analogieschlußverfahren annäherungsweise erschlossen werden kann, können wir uns letztlich nur an den *Phänomenen* orientieren, die wir an ihrer Person und in ihrem Verhalten sinnlich wahrnehmen, erfahren, beobachten können. Der personale Sinnbezug und der Ausdrucksgehalt dieser Phänomene muß zwar oft mühsam gedeutet werden; aber an dem Dasein dieser elementaren Erscheinungen lebendiger personaler Wirklichkeit ist nicht zu zweifeln: Leiblichkeit, Bewegung, Spielphänomene, Entwicklungs- und Lernprozesse sind solche Grundphänomene, die wir auch – zumindest in Ansätzen – schon bei Menschen mit schweren körperlichen Schädigungen wahrnehmen können. Sie können zugleich Anknüpfungspunkte realwissenschaflich begründbarer und alltagspraktisch tauglicher heilpädagogischer Konzepte sein, die keinen qualitativen oder *wesensmäßigen* Unterschied zwischen den verschiedenen persönlichen Formen und Daseinsweisen heilpädagogischer Bedürftigkeit machen.

Ich entscheide mich hier also bewußt für solche Phänomene, die empirisch faßbar sind und durch ihren Bezug zu den empirischen Grundlagen- oder Informationswissenschaften der Heilpädagogik (vor allem den verschiedenen Disziplinen der Psychologie) auch analytisch durchgearbeitet werden können, wenngleich sich diese Analyse immer wieder auch philosophisch-anthropologischer Reflexionen versichern muß. Wir werden sehen, daß die in diesem Zusammenhang gewohnten Grundbegriffe der allgemein-pädagogischen Anthropologie: *Bildbarkeit*, *Erziehbarkeit* und *Erziehungsbedürftigkeit* mit den von mir als Grundphänomene ausgewählten Erscheinungen durchaus in einer engen sachlichen Beziehung stehen. Sie liegen lediglich auf einer anderen Abstraktionsebene.

Ein weiterer *methodologischer* Aspekt ist bei den nachfolgenden Erörterungen zu beachten: Ich beabsichtige nicht, die als Elementar- oder Grundphänomene bezeichneten Aspekte personaler Existenz im Sinne der Wissenschaftsdisziplinen, aus denen sie stammen (Anthropologie, Philosophie und Psychologie), umfassend abzuhandeln, sondern reflektiere sie bewußt unter der Perspektive einer *heilpädagogischen* Anthropologie. Ich verstehe sie als grundlagenwissenschaftliche Beiträge zu einer integralen heilpädagogischen Anthropologie, die den Blick dafür schärfen soll, was an Tatsachen des Lebens uns in der heilpädagogischen Praxis real begegnet und wie heilpädagogische Konzepte diesen Tatsachen gerecht werden könnten. Es handelt sich um eine nicht erschöpfende Auswahl; es sind auch andere Akzentsetzungen denkbar, um ausgehend von der Person zu solchen konkreten Anknüpfungspunkten heilpädagogischer Konzeptbildung zu gelangen.

In einem philosophisch-anthropologischen Entwurf in der Nachfolge von Husserl und Heidegger hat Eugen Fink (1979) "Grundphänomene des menschlichen Daseins" bestimmt, die in ihrer nur künstlich aufzulösenden Verklammerung "das Grundgefüge unseres widerspruchsvollen, paradoxalen Seins" bilden (43). Es sind bei Fink die Phänomene Liebe, Tod, Arbeit, Herrschaft und Spiel, die sich bei ihm jedoch weniger auf die konkrete personale Existenz eines Einzelnen beziehen, als vielmehr allgemeine Existentialien und Coexistentialien des Menschen als historisches Gattungswesen sind. Dennoch bietet Finks Entwurf eine meinen Absichten entgegenkommende Orientierung an.

Zunächst jedoch ist es erforderlich zu klären, was im erkenntnistheoretischen und methodologischen Sinne unter "Phänomenen" und "phänomenologisch" zu verstehen ist.

6.1. Zum phänomenologischen Ansatz

> Man suche nur nichts hinter den Phänomenen:
> sie selbst sind die Lehre
> (Goethe, Maximen und Reflexionen)

Methodologisch gesehen bilden "Phänomene" den Gegenstandsbereich der Phänomenologie als einer der Hauptrichtungen der Philosophie des 20. Jhd. (Röd 1996). Was ist ein Phänomen? Man versteht in der Philosophie zunächst darunter das in unmittelbarer sinnlicher Anschauung *Gegebene*, sich *Zeigende*, das man beschreibend erfassen kann. Einem solchen Phänomen kommen die Attribute der unmittelbaren *Evidenz*, wirklicher *Existenz* und der *Einheit* in der Erscheinung zu. Ein Phänomen ist also offenkundig wirklich, unableitbar und unteilbar vorhanden.

Im Anschluß an seinen Lehrer Edmund Husserl, den Begründer der Phänomenologie, begreift Heidegger (1927) ein Phänomen als "das Sich-an-ihm-selbst-Zeigende, wie es sich von ihm selbst her zeigt", hinter dem wesenhaft nichts anderes steht. Dieses Verständnis von Phänomenen ermöglicht die Erschließung des konkreten menschlichen Daseins als "In-der-Welt-Sein" (Heidegger 1927). Der spätere Existenzphilosoph und erste Begründer einer phänomenologisch eingestellten "verstehenden" Psychopathologie, Karl Jaspers (1883–1969), hat Phänomene als "Einzeltatbestände des Seelenlebens" bestimmt, die wahrnehmbar sind und die sich der Untersucher als "wirklich erlebte *subjektive* Gegebenheiten des Seelenlebens anschaulich vergegenwärtigen" kann (Jaspers 1973, 250). Er stützt sich dabei entweder auf die Mitteilungen und Erlebnisschilderungen des seelisch kranken Menschen („Patient"), an denen er verstehend Anteil nimmt oder auf die Ausdruckserscheinungen („sinnhafte Objektivitäten") auf Seiten des Kranken, die er *deutend* und einfühlend verstehen und erklären muß. („Ausdruck, Handlungen, Werke"; Jaspers 1973, 45). Für dieses phänomenologische Verfahren, das Jaspers als *empirische* Methode versteht, gilt eine besondere *Einstellung*: "Wir müssen alle überkommenden Theorien, psychologischen Konstruktionen, alle bloßen Deutungen und Beurteilungen beiseite lassen, wir müssen uns rein dem zuwenden, was wir in seinem wirklichen Dasein verstehen, unterscheiden und beschreiben können. Dies ist eine, wie die Erfahrung lehrt, schwierige Aufgabe. Diese eigentümliche phänomenologische Vorurteilslosigkeit bei der Anschauung der Erscheinung als solcher ist nicht ursprünglich Besitz, sondern mühsamer Erwerb nach kritischer Arbeit und oft vergeblichen Bemühungen … Und es ist eine immer neue Mühe und ein immer von neuem durch Überwindung der Vorurteile zu erwerbendes Gut: diese phänomenologische Einstellung. Die eindringende Versenkung in den *einzelnen Fall* lehrt phänomenologisch oft das Allgemeine für zahllose Fälle. Was man einmal erfaßt hat, findet man meistens bald wieder. Es kommt in der Phänomenologie weniger auf Häufungen von zahllosen Fällen an, sondern auf möglichst restlose innere Anschauung von Einzelfällen". Diese *pragmatisch* interessierte, phänomenologische Einstellung ist eine wahrhaft philosophische Haltung gegenüber den Dingen und Erscheinungen der Welt, man "gerät in begründetes Staunen. Es ist keine Gefahr, daß dies Staunen je aufhöre" (so Jaspers 1973, 48).

Was sind *heilpädagogische* Grundphänomene? Zunächst einmal sind sie im oben bestimmten Sinne der philosophischen Phänomenologie der unmittelbaren *Anschauung* und dem *Miterleben* zugängliche Gegebenheiten heilpädagogischer Praxis; näher hin: der in dieser als besonders erziehungs- und hilfsbedürftig sich befindenden *Personen*, die üblicherweise als "behindert" bezeichnet werden. Solche heilpädagogischen Phänomene bezeugen die *personale Existenz* und *interpersonale Coexistenz* eines Menschen, der als "behindert" besonderer heilpädagogischer Hilfen bedarf, um sich in personaler und sozialer Integration möglichst uneingeschränkt entwickeln zu können. Wenn man sich in phänomenologischer Einstellung in ein Verhältnis zu behinderten Menschen begibt, können vielfältige heilpädagogisch bedeutsame Phänomene erschlossen werden; und es ist ein ausgesprochener Vorzug der phänomenologischen Methode, daß sie für *neue* Entdeckungen offen ist, daß sich die scheinbar wissenschaftlich endgültig durchrationalisierte und objektivierte Lebenswelt als erneuerungsfähig, unausgeschöpft, ja in gewisser Weise "wieder verzaubert" erweist. Leiblichkeit, Bewegung, Entwicklung, Spielen und Lernen sind insofern Grundphänomene, als sie unzweifelhaft auch bei schwersten Formen von Behinderung (her-)vorkommen und deshalb immer Anknüpfungspunkte für kommunikativ intendierte heilpädagogische Entwicklungsförderung oder Daseinsgestaltung sind.

Mindestens das komplexe Phänomen der Leiblichkeit der Person ist ein solches apriorisches, stets gegebenes und unhintergehbares Grundphänomen heilpädagogischer Begegnung mit behinderten Menschen.

Heilpädagogisch bedeutsame Grundphänomene weisen drei wichtige Aspekte auf: den anthropologischen, den ethischen und den pragmatischen Aspekt.

a) Anthropologischer Aspekt:

Es sind Phänomene der sozialen Lebenswelt, näherhin der interpersonellen, kommunikativ verfaßten Sphäre von Begegnung, Beziehung, Erziehung und Förderung "unter erschwerten Bedingungen" (Moor), die den Heilpädagogen angehen. Sie konstituieren jedoch keine Sonder-Anthropologie, sondern sind allgemein menschliche Gegebenheiten der universellen "conditio humana". In heilpädagogischer Perspektive sind sie allenfalls auf einer *basalen* oder *fundamentalen* Stufe der Person-Umwelt-Beziehung aufzusuchen.

b) Ethischer Aspekt:

Es sind solche Grundphänomene aufzusuchen, die unabweislich volles Menschsein und Personsein auch unter Bedingungen schwerster organischer Schädigung oder Veränderung bezeugen. Sie eröffnen darüber hinaus immer Räume und Möglichkeiten der Eigenaktivität und Selbstgestaltung für den behinderten Menschen, so daß praktische Heilpädagogik ein von Respekt und Achtung getragener kooperativer Prozeß gemeinsamen Lebens, Lernens, Arbeitens, Spielens wird.

c) Pragmatischer Aspekt:

Da Heilpädagogik keine reine Reflexionswissenschaft, sondern eine auf sozial-pädagogische Praxis gerichtete Handlungswissenschaft ist, müssen heilpädagogische Grundphänomene konkrete Anknüpfungspunkte für entwicklungsförderliches pädagogisch-therapeutisches Handeln bieten. Sie bilden die Knotenpunkte eines konzeptuellen Netzes ganzheitlich ausgerichteter, die Person und ihr soziales Umfeld einbeziehender heilpädagogischer Handlungskonzepte. Die verschiedenen Grundphänomene stellen jeweils Schwerpunkte dar, aus denen eine gewisse *diagnostisch* begründete Indikation für spezielles methodisches Handeln abgeleitet werden kann.

Ich werde in Kap. 6.2. zeigen, daß diese drei für heilpädagogische Grundphänomene konstitutiven Aspekte im besonderen Maße dem Phänomen der Leiblichkeit zukommen, das ich in diesem Sinne als *Leibapriori* der Heilpädagogik auffasse.

Der phänomenologische Ansatz in der Heilpädagogik

Obwohl noch in der repräsentativen Darstellung der "Theorie der Behindertenpädagogik" (Bleidick 1985) der Ansatz der Phänomenologie nicht vertreten ist, läßt sich seit einigen Jahren eine deutliche Zunahme phänomenologischer Analysen und Reflexionen in der Heilpädagogik beobachten.

Das gilt zumindest für das Gebiet der Heilpädagogik bei *schwerer* geistiger Behinderung, wo die Besinnung auf basale anthropologische Gegebenheiten von Entwicklung, Erziehung und Förderung fast zwangsläufig den phänomenologischen Weg eines voraussetzungslosen "zu den Sachen selbst" nahelegt. Aber auch auf anderen Gebieten, den kategorialen Ansatz der Sonderpädagogik übergreifend, erfahren phänomenologische Zugangsweisen zu zentralen heilpädagogischen Themen eine neue Wertschätzung z. B. was die Elemente *Beziehung, Spielen* und *Bewegung* betrifft.

Im Rahmen seiner "Grundfragen der Heilpädagogik" formuliert Kobi (1993) auch die *phänomenologische* Frage; die Frage nach dem "was": was ist Heilpädagogik/Heilerziehung; was begegnet uns in einer heilpädagogischen Situation? usw. (s. auch Kapitel 2.1.1.). Trotz aller Skepsis wegen der Vagheit sprachlich verfaßter phänomenologischer Beschreibungen sieht er die heilpädagogische Bedeutung der phänomenologischen Methode in folgenden Punkten, die ich hier ausführlich zitieren möchte (Kobi 1993, 363):

"– Sie bietet die Chance, auch das Unscheinbare, das Randständige, das Abtrünnige und Ausgeschlossene, ja sogar das Absurde und Unverständliche ins Blickfeld zu fassen, ins Bewußtsein zu heben und ihm damit Existenz zuzubilligen.

– Sie bietet zugleich aber auch die Chance, sich aus irgend einem Grund hervordrängende Phänomen, wie z. B. die Erzieherschaft unmittelbar und akut bedrängende Verhaltensauffälligkeiten, in übergreifenden Gesamtzusammenhängen zu sehen und ob der Dramatik das Alltägliche, Übliche und Banale nicht aus den Augen zu verlieren und auch einer sogenannt 'stillen Symptomatik' (depressiver Bravheit z. B.) Aufmerksamkeit zu schenken.

– Da die phänomenologische Methode ferner nicht auf eine durch Masse auszuweisende Allgemeingültigkeit im positivistisch-naturwissenschaftlichen Sinne aus ist, sondern dem Vielen wie dem Einzelnen, dem Häufigen wie dem Einmaligen gleichermaßen offen und bedacht gegenübertritt, erhält auch das in Zeit und Raum individuelle, nicht reproduzierbare und unwiederholbare Phänomen die ihm eigene Existenz, Wahrheit und Dignität zugesprochen. Sie kann damit auch all das zur Darstellung bringen, was von empirischer Seite mangels Masse, Dauer, Härte Regelhaftigkeit und Signifikanz entweder von vornherein als zur 'strengen' Erforschung untauglich weggeschoben oder als seiner Art nach zu wenig konsistent über Bord geworfen wird."

Für die von Husserl begründete phänomenologische Methode gelten alle Phänomene – auch noch die unscheinbarsten, verstelltesten und verdecktesten – als bedeutungshaltige, authentische und genuine Gegebenheiten, vor und außerhalb aller theoretischen Analysen und Konstruktionen. Phänomenologische Wesenserhellung ist dabei (zunächst) Erinnerung an das Selbstverständliche, Alltägliche, aber weithin Vergessene. Die phänomenologische *epoché* fordert eine Umlenkung der Blickrichtung auf die Welt der elementaren Gegebenheiten, die uns in "natürlicher Einstellung" zunächst einmal gegenübertritt, frei und unbelastet von jedweder wissenschaftlichen Abstraktion und unter Preisgabe aller bislang geltenden Auffassungen, Konventionen und Meinungen (s. o. das Zitat von Jaspers 1973). In der Allgemeinen Pädagogik konnte sich der phänomenologische Ansatz im großen Zusammenhang der geisteswissenschaftlichen Pädagogik etablieren, vor allem was seine Konzentration auf Sinnverstehen und Alltäglichkeit betrifft (Danner 1994). Wie die geisteswissenschaftliche Richtung in den 60er Jahren von der "empirischen Wende" verdrängt wurde, geriet auch die phänomenologische Zugangsweise zur Pädagogik in den Hintergrund. Folgt man der Einschätzung von

Werner Loch (1983), so sind die produktiven Potentiale der Phänomenologie für die Allgemeine Pädagogik, besonders für eine pädagogische Anthropologie, längst nicht ausgeschöpft. Diese Diagnose gilt wohl auch für die Heilpädagogik. In der Psychologie beobachtet man seit einigen Jahren im Zusammenhang von Versuchen einer historischen Erneuerung ihres Gegenstandsverständnisses (Geschichtlichkeit des Seelischen) ebenfalls ein wiedererstarktes Interesse am phänomenologischen Ansatz (Jüttemann 1995).

Die phänomenologische Methode in der Pädagogik umfaßt drei Schritte: Vorurteilsfreie, natürliche *Einstellung*, dichte *Beschreibung* und tentative *Wesenserhellung* und *-erfassung* (Danner 1994). Dabei spielen Sympathie und Intuition eine anleitende Rolle. Phänomenologische "Wesenserkenntnis" erhebt nicht den Anspruch auf endgültige Gewißheit oder gar Wahrheit; sie macht Deutungsvorschläge für Erfahrungen. "Phänomenologie bleibt in diesem Sinne eine nie abreißende Auslegung von kommunikativ strukturierten Erfahrungen" (Lippitz 1984b, 117). Phänomenologische Beschreibung hat also den Charakter der Einlegung und Zuschreibung von Sinn und Bedeutung („Attribution" vgl. Loch 1983). Dieser wichtige methodische Hinweis auf Deutung und Auslegung (Interpretation) stellt Anschlüsse her zum *hermeneutisch-pragmatischen* Ansatz der geisteswissenschaftlichen und existentialistischen Pädagogik (im Anschluß an Dilthey oder Heidegger). Der phänomenologisch eingestellte Forscher (oder Praktiker) will "dahinterkommen", wie es möglich ist, daß ein mit Leib, Seele, Bewußtsein und Selbstverständnis als Ich ausgestattetes Lebewesen wie der Mensch überhaupt solche sinngebenden Intentionen zum Ausdruck zu bringen vermag (wie Antriebe und Gefühle, Vorstellungen und Gedanken, Urteile und Absichten). Der Phänomenologe will bei seinen Beschreibungen nicht (wie der Hermeneutiker) den in menschlichen Ausdrucksweisen verborgenen Sinn "auslegen", sondern den leibhaftigen menschlichen Verhaltensweisen überhaupt erst den Sinn "einlegen", der sie verständlich macht (Loch 1983, 163).

Die Entdeckung der "Intentionalität" als Grundstruktur unseres Bewußtseins (Husserl im Anschluß an Franz Brentano) unterläuft die Aufspaltung der Welt in Subjekt und Objekt der cartesianischen Tradition. Es gibt kein gegenstandsloses "reines Bewußtsein" (das "cogito" Descartes'), aber auch nicht das "Ding an sich" (Kant). Wir sehen, denken, fühlen immer etwas, wir lieben, hassen hoffen, fürchten immer etwas. Weder gibt es reine Subjektivität noch bloße Verdinglichung; so gelingt Husserl die Überwindung des Gegensatzes von Idealismus und Realismus (Rentsch 1995). Die "Gegebenheitsweisen" des Gegenstandes der Wahrnehmung verweisen auf die verschiedenen "Erfüllungsmöglichkeiten" der Intentionalität des Wahrnehmungssubjektes. Gewohnte und vertraute Gegenstände lassen sich auf immer neue Weise sehen, eingelebte Erfahrungen und Routinen auf kreative Weise erneuern. So konnte Husserl zu recht sagen: "Wer mehr sieht, hat Recht!" (Rentsch 1995, 386).

Von entscheidender Bedeutung für die heilpädagogische Rezeption der Phänomenologie wurde Husserls Insistieren auf dem "Leibapriori" der menschlichen Erkenntnistätigkeit, ihre unauflösbare Verwebung in Leibesbewegungen („Kinästhesen"). Auf die idealistische "Phänomenologie des Geistes" Hegels antwortet Husserl mit einer "Phänomenologie des Leibes" (Loch 1983). Der Leib ist das unabdingbare "Orientierungszentrum" und "Willensorgan" jeglicher höherer Erkenntnistätigkeit. Besonders der französische Phänomenologe Maurice Merleau-Ponty (1908–1961) hat in seinem Hauptwerk "Phänomenologie der Wahrnehmung" (1945, dt. 1966) das Grundphänomen der Leiblichkeit philosophisch und anthropologisch weiter entfaltet (s. u.). Im Spätwerk vollzog Husserl eine entschiedene Wende zur "Lebenswelt", die mit ihrer Rehabilitierung von Alltäglichkeit und Ganzheit für jede auf Praxis bezogene Handlungswissenschaft (wie es die Heilpädagogik ist) bedeutsam sein muß. Diese Wende hin zu Lebenswelt und Alltag aus den abstrakten Höhen des "transzendentalen Ich" kommentiert Sloterdijk auf seine ironische Art als "Sich ans Niedere halten, die Welt aus der Perspektive von unten sehen, im Banalen vor Anker gehen ... Aus den neuentdeckten Niederungen blüht eine Hermeneutik des Banalen auf, die uns erklärt, was für ein Mysterium es ist, wenn wir uns die Mühe machen, da zu sein" (Sloterdijk 1996, 253). Nach Reinigung des ironisch-abschätzigen Beiklangs trifft dieses Aperçu – wie ich meine – sehr prägnant die Bedeutung dieser philosophisch-anthropologischen Denkbewegung für die Begründung einer basalen Heilpädagogik.

Mit dem Konzept der "bruchlos in purer Seinsgewißheit daseienden" Lebenswelt, der "primären Welt" des gelebten Lebens, ergab sich in der *Ethik* eine bemerkenswerte Wendung von formalen Ethiksystemen in der Nachfolge Kants hin zur alltagsnäheren pragmatischen "Lebensweltethik" in der Tradition des Aristoteles (Schulz 1989; Gröschke 1993, 119ff). Dieser geht es nicht um die theoretische Erfindung oder kritisch-rationale Begründung universeller ethischer Prinzipien als vielmehr um die Auslegung und Interpretation der in der sozialen Handlungspraxis latent existierenden moralischen Regulative (z. B. berufliche "Tugenden").

Die beiden phänomenologischen Problemtitel "Leiblichkeit" und "Lebenswelt" sind gedanklich unlösbar miteinander verbunden; sie beziehen sich auf eine Wirklichkeit, in der die Person unhintergehbar mit ihrem Leib in zunächst "passiver Intentionalität" bereits auf Welt bezogen ist. Ihr "In-der-Welt-Sein" ist immer ein leibliches, weil elementar leibgebundenes.

6.2. Grundphänomen Leiblichkeit

> Körper, den ich habe,
> Leib, der ich bin.
> (Gabriel Marcel)

Was begegnet uns, wenn wir uns auf die Präsenz eines schwerstbehinderten Menschen einlassen, oder besser: Wie stellt sich eine *Beziehung* her zu einem Menschen, der sich nicht sprachlich artikulieren kann und der auch in seinem gestisch-mimischen Ausdrucksverhalten motorisch extrem eingeschränkt ist? Was ist sozusagen die "Rohform" personalen Daseins *vor* der Verfügbarkeit über die sozialkommunikativ üblichen und gewohnheitsmäßig erwarteten Fähigkeiten interpersonaler Kontaktaufnahme und Beziehungsgestaltung?

Wenn wir so fragen, stoßen wir zunächst auf das Faktum der *Leiblichkeit* des anderen. Ich nehme ihn sinnlich wahr in seiner körperlichen Gestalt. Ich bin unangenehm berührt, erschreckt oder vielleicht fasziniert von der Deformation seiner Körpergestalt, die sich meiner ästhetischen Erwartungshaltung und meinen Wahrnehmungsgewohnheiten verweigert; aber ich erkenne in der Faktizität dieses Körpers das schiere Dasein eines Menschen. So betont auch Siegenthaler (1983, 122), die unbezweifelbare sinnanthropologische Relevanz der Wahrnehmung der Körperlichkeit in all ihren Gestaltungsformen: "Fraglos soll angesichts dieser Menschengruppe mit Intensivform geistiger Behinderung bloß die eine Tatsache sein: *daß wir es hier mit Menschen zu tun haben*, auch wenn ihr Antlitz oft bis zur Unansehnlichkeit verzerrt, ihr Körper mißbildet ist und nichts an eine Würde erinnert." Der Charakter dieser existentiellen Grenzsituation (Jaspers) zwingt mich zur Wahrnehmung des anderen in der basalen Dimension seiner ungeschützten Leiblichkeit.

Wir haben nun mit *Körper* und *Leib* bzw. Leiblichkeit sinnverwandte aber nicht identische Begriffe für dieses Basisphänomen eingeführt. Wie hängen sie zusammen, wo liegen die Unterschiede von Körper und Leiblichkeit?

Um diese diffizile Frage annähernd angemessen beantworten zu können – denn letztlich ist sie erkenntnistheoretischer Art – müssen wir einen bestimmten philosophischen Standort einnehmen.

Dann können wir zunächst sagen, daß der *Körper* des Menschen der raumzeitlich ausgedehnte, physikalisch erfaßbare Leib in seiner materiellen Substanz ist. Wie der Mensch, hat auch das Tier einen Körper, der zum Objekt des forschenden oder diagnostischen naturwissenschaftlich-medizinischen Blicks werden kann, wenn er z. B. krankhafte Funktions- oder Normabweichungen aufweist. Auch den eigenen Körper kann ich selbstbeobachtend zu einem Objekt machen, wenn ich ihn reinige oder pflege; aber diese Objektbeziehung ist doch von einer ganz anderen Qualität als meine Beziehung zur Umwelt, denn ich *habe* nicht nur einen Körper, sondern ich *bin* Körper.

Diese *Erlebnisseite* meiner Körperlichkeit wollen wir hier mit dem Begriff Leib und als Erlebnisphänomen *Leiblichkeit* nennen.

Vor der Phänomenologie hatte die mit Schopenhauer und Nietzsche einsetzende sog. Lebensphilosophie die Leiblichkeit des Menschen philosophisch rehabilitiert. Die Lebensphilosophie (neben Schopenhauer und Nietzsche vor allem Dilthey, Simmel, Bergson und Scheler) trat in betonte Gegenstellung zum Rationalismus mit seiner Vernunftanthropologie und betonte die vitalen, organismischen, vor- und außerrationalen Seiten der menschlichen Existenz (Wille, Gefühl, Intuition). In Schopenhauers Metaphysik ist der blind waltende Wille das kreative Urprinzip der Welt; die äußerlich sichtbaren Dinge nur Erscheinungen und subjektive Vorstellung („Die Welt als Wille und Vorstellung" 1819). Den Willen, diese unpersönliche, hinter den Dingen wirkende universelle Kraft, erfahren wir aber allenfalls nur in unserer Leiblichkeit, in den Bewegungen und Strebungen unseres Leibes, der deshalb nicht nur als Ding unter Dingen (Körper) den Kategorien von Raum, Zeit und Kausalität unterworfen ist, sondern (auch) in seinen Bewegungen Resultante dieses Willens ist und damit einer rein verstandesmäßigen Erfassung entzogen bleibt. Die Einheit von Wille und Leib erfahren wir unmittelbar, vorreflexiv, als sinnliche Erfahrung, als Gefühl. Es handelt sich bei dieser leiblichen Selbsterfahrung um ein universelles und archaisches Wissen, das "in concreto jeder unmittelbar, d. h. als Gefühl, besitzt" (Schopenhauer Bd.2, §21, 130). In diesem Sinne ragen wir mit unserem Leib in die metaphysische Sphäre hinein; wir sind Teil der "sinnlichen" (empirischen) und "intelligiblen" Welt (Kant).

In Nietzsches Nachlaß aus den 80er Jahren des 19. Jahrhunderts finden sich die Notate: "Wesentlich: Vom Leib ausgehen und ihn als Leitfaden zu benutzen. Er ist das viel reichere Phänomen, welches deutlichere Beobachtungen zuläßt … Der Glaube an den Leib ist besser festgestellt als der Glaube an den Geist" (Nietzsche, Gesammelte Werke, hrsg. v. Schlechta, Bd. 3, 476).

Die Phänomenologie hat Ernst gemacht mit Nietzsches Diktum und eine weite Strecke am "Leitfaden des Leibes" philosophiert: Sie hat ihn in der Tat als reiches Phänomenfeld erschlossen. Neben und nach Husserl, für den der Leib "Nullpunkt aller Orientierungen" ist, hat vor allem Merleau-Ponty (1945, dt. 1966) Leiblichkeit als Grundbedingung jeglicher Selbst- und Welterfahrung untersucht.

Der Leib als Träger der Sinnesorgane schafft mir Zugang zur Welt, indem er einen "intentionalen Bogen" zu ihr ausspannt. Ohne Leib gäbe es kein Bewußtsein oder wäre dieses leer, denn Bewußtsein ist immer intentional Bewußtsein von etwas, und diesen Inhalt liefern ihm die Sinne, die Fern- und die Nahsinne: Bewußtsein ist stets "inkarniertes Sein". Dieser unauflösbare Doppelaspekt macht die "Ambiguität" der menschlichen Existenz in der Welt aus. Der Leib ist "sichtbar und sehend zugleich" (Merleau-Ponty), weder reines Subjekt noch bloßes Objekt. Die sinnenvermittelte Wahrnehmung ist rezeptiv-produktive Erschließung von Selbst und Welt, bei der der Leib als Verankerung *in* der Welt wie als Öffnung *auf* die Welt unserer Wahrnehmung seine Struktur vorgibt. Wahrnehmung geschieht "nach Maßgabe des Leibes". Damit ist *Sinn* (Bedeutung) als Ergebnis von Wahrnehmung stets "inkarnierter Sinn", d. h. bleibend verknüpft mit der leiblichen Grundverfaßtheit des menschlichen Lebens. Sinn und Bedeutung sind sinnlich-ästhetisch grundiert. Anders betrachtet: Leibliche *Ausdrucksbewegungen* (z. B. Gesten und Gebärden) sind intentionale sinn- und bedeutungsstiftende (motivierte) Akte der Person und Versuche der personalen Selbstbezeugung. Sie sind keinesfalls bloße physiologisch bedingte Reflexmechanismen einer Körpermaschine. Nicht erst dem Bewußtsein (wie noch bei Brentano und Husserl), sondern bereits dem Leib kommt der Grundzug der

Intentionalität zu; wobei Leib und Bewußtsein ohnehin nicht Gegensätze sondern Teile einer primordinalen und letztlich unteilbaren *Leib-Seele-Geist-Einheit* sind. Leiblichkeit ist eine existentielle Modalität der Person: Das Subjekt wie es leibt und lebt. Für Husserl ist das "leibliche Ich" das "als worin ich ganz unmittelbar kinästhetisch walte". Leiblichkeit bedeutet in Verständnis von Merleau-Ponty von Anfang an bezogen sein und geöffnet sein auf Welt hin: "Der eigene Leib ist in der Welt, wie das Herz im Organismus: Er ist es, der alles sichtbare Schauspiel unaufhörlich am Leben erhält, es sinnlich ernährt und beseelt, mit ihm ein einziges System bildend" (Merleau-Ponty 1966, 239). Dieses leibhafte "être-au-monde" besagt: "Je schon finde ich mich situiert und engagiert in einer physischen und sozialen Welt" (1966, 412). Mit den Begriffen von *Befindlichkeit* und *Situiertheit* kommen deutlich existentialistische Züge in die Leibphänomenologie Merleau-Pontys (Heidegger, Sartre, Jaspers).

Das Leben des einzelnen ist wesentlich *Co-* oder *Interexistenz*, Zusammen- oder Nebeneinanderleben mit anderen in einer gemeinsamen Welt. Die "Generalthesis des alter ego", so der Sozialphänomenologe und Soziologe Alfred Schütz, ist ein Grundzug der Lebensweltanalyse und des philosophisch-anthropologischen Verstehens menschlichen "In-der-Welt-seins" (Heidegger). "Die existentielle Leiblichkeit ist die Mitte der primären Welt, in der deren naturaler Grund und deren kommunikative Verfaßtheit sich vereinen und durchdringen" (Rentsch 1990, 109).

Da wir das Leben nie allein bestehen können, stets auf die Hilfe und das Wohlwollen anderer angewiesen sind, ob wir nun Kind oder Erwachsener, gesund und stark, krank, schwach oder behindert sind, ist der andere (der Mit- oder Nebenmensch, A. Schütz) von Anfang an – genetisch und systematisch – in jede anthropologische Bestimmung von Menschsein hineinzunehmen. Deshalb spricht Rentsch (1990) in kritischer Abgrenzung von der monologisch-subjektzentrierten Existentialontologie Heideggers auch konsequent von praktisch-kommunikativen "Interexistentialien" und nicht einfach von Existentialen wie Heidegger (1927), da dieser Formen der Interexistenz zu sehr als negativ-uneigentliche "Verfallenheit an das Man" diffamiert hatte. Statt "Sorge" als zentrales Existential muß menschliches Leben (auch) als "Fürsorge" in seiner prinzipiellen interexistentiellen Verfaßtheit in den Blick genommen werden. Diese Sicht ist auch für jede integrale Ethik (nicht nur für eine heilpädagogische) von zentraler Bedeutung. Merleau-Ponty kommt das große Verdienst zu, die intentionale, auf *Sozialität* primär angelegte Grundstruktur des Leibes aufgewiesen zu haben, die den Weg zu elementaren Formen leiblicher *Kommunikation* eröffnet.

Die phänomenologisch eingestellte Rede von der Leiblichkeit der Person sollte jedoch nicht verdecken, daß dieser Leib kein Neutrum ist, sondern immer ein *geschlechtlich* differenzierter Leib: Ein männlicher oder weiblicher, der Leib eines Knaben oder Mädchens, eines Mannes oder einer Frau. Diese *sexuelle Differenz* ist nicht nur ein "factum brutum" unserer biologischen Konstitution, sondern auch *erlebnismäßig* von hoher Bedeutung. Sie bestimmt den zärtlichen Umgang zwischen Eltern und Kind, die erotischen Umgangsformen zwischen Männern und Frauen, aber auch professionelle Interaktionen im Bereich von Pflege und Erziehung – etwa bei Kranken und Behinderten – wo nicht selten tief in die leibliche Intimsphäre eingegriffen werden muß. Die temporäre oder bei schwerstbehinderten, pflegebedürftigen Menschen auch lebenslange Außerkraftsetzung solcher, die Integrität berührenden Kontaktschranken beschwört schnell Probleme der Nähe-Distanz-Regulierung herauf, sowie selbstwertbezügliche und reziproke Affekte wie Scham, Abscheu oder Ekel. Im Jugendalter mit seinen verschiedenen und wechselhaften Kulturen kommt der Ausstaffierung des Körpers (Haartracht, Kleidung, Schmuck Tätowierung) eine wichtige identitäts- und geschlechtsrollenverbürgende Ausdrucks- und Darstellungsfunktion zu. Die sexuelle Differenz von "männlich/weiblich" ist zunächst eine naturale Gegebenheit der "conditio humana". Ihre entwicklungs- und erlebnisbezogenen Konsequenzen sind in jedem individuellen Einzelfall sehr komplex und unterliegen vielfältigsten psychosozialen und soziokulturellen Einflüssen. Was allgemein "das Sexuelle" sei, ist kaum abschließend zu bestimmen. Es gilt hier weiterhin das Wort von Sigmund Freud: "Im Ernst, es ist nicht so leicht anzugeben, was den Inhalt des Begriffes 'sexuell' ausmacht" (GW XI, 313); es gilt vielmehr: "Sexualität ist das, was Menschen sich darunter vorstellen" (Kentler 1984, 254).

Über das bisher Gesagte hinausgehend kommt dem Phänomen der Leiblichkeit auch eine fundamentale *ethische* Bedeutung zu. In seiner sinnlich wahrnehmbaren, leiblichen Gestalt begegnet uns der Andere als "Antlitz", das uns moralisch bedingungslos verantwortlich macht (Lévinas 1983). Die Begegnung "von Angesicht zu Angesicht" unter den Bedingungen leibhafter Nähe "berührt mich" unvermittelt und persönlich und macht mich in dieser Verantwortung für den anderen unersetzlich. Lévinas betonte immer wieder nachdrücklich, daß diese Beziehung – die Urszene der Moral – tief im präreflexiven und vorsprachlichen Bereich begründet ist. Nicht *Ich* entscheide mich, die Anwesenheit des Anderen zur Kenntnis zu nehmen und mich eventuell um ihn zu kümmern, sondern die schiere leibliche Präsenz des *Anderen* als "Antlitz" macht mich verantwortlich. Diese radikale Verantwortlichkeit bleibt auch – und besonders dann – bestehen, wenn ich den anderen nicht verstehe, weil er sehr anders ist, als ich selbst (z. B. "schwer geistig behindert").

Kommunikation im üblichen Sinne eines Austausches von Mitteilungen zwischen zwei potentiell gleichen Partnern ist nicht Bedingung oder Garant dieser moralischen Verantwortung, sie ist bedingungslos und unbedingt (s. dazu die subtile Analyse von Kleinbach 1993, der sich vor allem auf Lévinas bezieht). Die leibphänomenologisch fundierte Ethik von Lévinas, die für ihn Grundlage jeglicher Philosophie ist, überbietet in ihrer Radikalität auch die Dialog-Philosophie Martin Bubers, deren Ich-Du-Struktur noch zu sehr an die Bedingung der Möglichkeit wechselseitigen Austausches zweier – potentiell – gleich starker Dialogpartner gebunden ist. Die alltäglichen zwischenmenschlichen Begegnungen mit anderen Menschen, bei denen deren "Antlitz sichtbar, ja funkelnd als moralische Forderung aufscheinen könne", so Bauman (1995, 190), der sich ebenfalls auf Lévinas bezieht, muß gerade die Anderheit des anderen und damit seine prinzipielle Unverfügbarkeit hüten und respektieren. "Das Antlitz ist die Anderheit des Anderen, und Moral meint Verantwortung für diese Anderheit" (Bauman, 1995, 195).

Trotz Schopenhauer und Nietzsche kann auch die modische "Wiederentdeckung des Körpers" (z. B. neue "Körpertherapien") die "Leibvergessenheit" der modernen Kultur nicht überwinden. Bei dieser modischen Körperfixiertheit handelt es sich eher um eine Instrumentalisierung und Fetischisierung des narzißtisch besetzten "body" im Zeichen von "life style" und Fitness.

Der Philosoph Gabriel Marcel spricht den Leib des Menschen (denn das Tier hat in diesem Sinne keinen Leib) als Grenzfall des "Habens" an und zugleich, da ich Leib nicht nur *habe*, sondern durch und durch *bin*, als Grenzfall im existentiellen Modus des "Seins": Körper, den ich habe, Leib, der ich bin (Marcel 1968). Mit einer im Deutschen sprachlich möglichen Unterscheidung läßt sich sagen: Der *Leib*, der wir *sind*, ist nicht identisch mit dem *Körper*, den wir *haben*. Diese komplementäre Strukturformel der menschlichen Existenz läßt sich auch so variieren: "Ich *bin* mein

Leib und *habe* ihn zugleich als Körper" (Honnefelder, zit. nach Schockenhoff 1996, 217). Aus der eigentümlichen Zwischenstellung zwischen dem Sein und dem Haben ergibt sich im übrigen die (relative) Freiheit der Person in ihrem Leib, die ihr einen gewissen Spielraum gegenüber ihrem Körper eröffnet (z. B. für Askese, Martyrium, Suizid oder medizintechnische Eingriffe, z. B. Transplantationen).

Zu keinem Ding der Außenwelt haben wir eine derartige Beziehung wie zu unserem Körper, qua Erleben von *Leiblichkeit*. Auch Plessner (1965) hat in seiner philosophischen Anthropologie die besondere Dialektik von Leibsein und Leibhaben herausgearbeitet. Das In-seinem-Leib-Sein des Menschen als Wurzel seiner Personalität führt dazu, daß der eigene Leib durchlebt wird, lustvoll, schmerzhaft, satt, behaglich, als *Inkarnation des Ichs*. Er kann ihn jedoch im Modus des Habens auch instrumentell einsetzen, um durch Körperbeherrschung in Bewegung und Tun sich mit seiner Umwelt aktiv auseinanderzusetzen. Von daher kann man sagen, daß der Leib zum "Subjektivitätszentrum des Empfindens, Strebens und Handelns" wird (Revers 1972). Als gefühlter und erlebter Leib spielt er eine herausgehobene Rolle in der Sinneswahrnehmung und ebenso in allen Tätigkeiten. Vom Leib her als dem Sitz der spezialisierten Sinnesorgane, aber auch mit und durch den Leib als einzigem großen Organ der Selbst- und Welterfahrung (taktil-kinästhetische Wahrnehmung im "Körperkontakt"), erlebt die Person ihr In-der-Welt-Sein. Da Wahrnehmung integral vom eigenen Leib her geschieht und an ihn gebunden ist, erklärt sich so die *Aspektivität* der Wahrnehmung in der leiblichen Perspektive *meiner* Person. Deshalb kann man nicht nur vom Leib als Wurzel der *Personalität* reden, sondern (mit Revers) von der "Personalität des Leibes". Selbst wenn wir das erkenntnistheoretische Leib-Seele-Problem ausklammern, können wir doch sagen, daß sich das *innere* Erleben der Person leiblich manifestiert; Seelisches drückt sich körperlich aus: "Der Leib ist Werkstoff der personalen Seele" (Revers 1972, 140), wie auch in der Versehrtheit des Leibes des Schwerstbehinderten die "leidende Subjektivität der Person" zum Ausdruck kommt.

Wenn wir von leiblichen Ausdrucksphänomenen sprechen, vom Verhältnis von "innen und außen", darf man das nicht räumlich mißverstehen: "Innen" und "Außen" sind keine getrennten Räume mit semipermeablen Grenzschichten, sondern leibseelische Äußerungen vollziehen sich nach dem verschachtelten Muster einer "Innenwelt der Außenwelt der Innenwelt", wie es der Dichter

Peter Handke ausdrückt. Goethe hat diese eigentümliche Form phänomenaler Naturbetrachtung, die auch für das Verständnis von Leiblichkeit gilt, sehr eindrücklich in folgende Versform gebracht:

> Müsset im Naturbetrachten
> Immer eins wie alles achten.
> Nichts ist drinne, nichts ist draußen:
> Denn was innen das ist außen.
> So ergreifet, ohne Säumnis,
> Heilig öffentlich Geheimnis.
>
> Freuet euch des wahren Scheins,
> Euch des ernsten Spieles.
> Kein Lebendges ist ein Eins,
> Immer ist's ein Vieles.
>
> (Goethe 1817–1824, zit. nach Conrady 1994, 920)

Die oben zitierten Sichtweisen von Leiblichkeit der Person sind von eminenter heilpädagogischer Relevanz: Wo *Sprache* nicht verfügbar ist, um sich wechselseitig auszutauschen, wird die "Körpersprache", die eher eine Sprache der Leiblichkeit ist, zum *Ausdrucksmedium* subjektiv-personalen Erlebens im fördernden Dialog. Ansätze "basaler Kommunikation" (Mall 1991) und "basaler Stimulation" (Fröhlich 1991b) nehmen heilpädagogisch darauf Bezug. Als vollgültige, aber eben vor- oder außersprachliche Form der Kommunikation finden sie eine philosophische Rechtfertigung in Marcels Aussage, der erkannt hat, daß ohnehin "Worte für die eigentliche Verfassung der Existenz stets unzureichend sind". Auch Nietzsche betont die präverbale und präreflexive Wirklichkeit des Lebens als Ausdrucksmedium der Subjektivität, die sich nicht erst im Geistigen zeitigt. Der Leib sei "die große Vernunft", das Selbst, das "nicht Ich *sagt*, sondern Ich *tut*". Bei Goethe heißt es in diesem Zusammenhang: "Durch Worte sprechen wir weder die Gegenstände noch uns selbst völlig aus." (Goethe "Anschauendes Denken", 1981, 144).

Zweifel und Skepsis gegenüber den Ausdrucksmöglichkeiten der *Sprache*, ihren Gehalten an Sinn, Authentizität und Wahrheit, sind spätestens seit Nietzsche ein latenter Grundzug der Moderne (Steiner 1990). Diese wachsende Sprachskepsis begünstigte die Suche nach anderen Ausdrucksmöglichkeiten individueller, kultureller und ästhetischer Sinngehalte, die man in der "Leiblichkeit" entdeckte, so daß – zumindest in der ästhetischen Theorie – unter dem Titel "Leibhafter Sinn" ein "anderer Diskurs der Moderne" eröffnet wurde (Braungart 1995). An diese, stark von der Phänomenologie (Merleau-Ponty) und Existenzphilosophie (Heidegger, Sartre) inspirierte Richtung könnte auch eine methodisch und theoretisch ambitionierte philosophische und *ästhetische* Grundlegung heilpädagogischer Konzepte der *Kommunikationsförderung* mit Gewinn anknüpfen. Damit könnte die für die Heilpädagogik insgesamt mißliche einseitige *Vernunftanthropologie* relativiert werden.

Während wir beim jüngeren Kind und beim intensiv behinderten Menschen in der Regel eine unverstellte Kongruenz, ein Übereinstimmen von Seelischem und Körperlichem erwarten können („Kinder und Narren können sich nicht verstellen"), sind der erwachsene Mensch und auch schon das ältere Kind zu allerlei Täuschung (und Selbsttäuschung) "fähig", so daß es zu Spannungen und Dissonanzen zwischen diesen beiden Seiten der Person kommen kann; d. h. ich kann mich "verstellen", auch wenn das auf Dauer viel psychische Energie absorbiert und ein hohes Ausmaß rigider Selbst-"Beherrschung" abverlangt.

Ein Sonderfall einer solchen "Verstellung" leib-seelischer Ausdrucksphänomene ist die unbewußt motivierte *hysterische* Inszenierung mit ihren oft sehr markanten theatralischen senso- und psychomotorischen Symptomen (Lähmungen, An- und Parästhesien, Anfälle). Bei diesen *Konversionsprozessen* wird der Körper zum Spielball verdrängter Motive und Affekte. Die Leib-Seele-Einheit ist auseinandergerissen (sog. hysterische Dissoziation).

Zu denken wäre hier auch an sogenannte funktionelle körperliche Störungen (Schmerzzustände, Erschöpfung, organisch nicht erklärbare Krankheitssymptome) angesichts unbewältigter ("verdrängter") psychischer Erschütterungen und Konflikte. Gerade im heilpädagogischen Feld begegnen uns gehäuft solche Probleme, z. B. der "Annahme" einer kindlichen Behinderung bei Eltern oder des "Ausbrennens" von Betreuungspersonen oder Erziehern.

Im Bereich der Fürsorge und der Pflege schwerstbehinderter Menschen, die ja körperlich meist extrem beeinträchtigt und "entstellt" sind, besteht die latente Gefahr der *Verdinglichung* der Person, indem das Spannungsverhältnis von Körper und Leib nicht erkannt oder nicht ausgehalten wird und personale Leiblichkeit auf den objektalen Status des Körpersubstrates reduziert wird. Dieser Körper wird gewartet, versorgt, verpflegt, er wird zum "Leib für andere" (Sartre), ohne daß er noch in seiner leiblichen Personalität zur Kenntnis genommen wird, als "Leib für mich", in dem allein meine Subjekthaftigkeit aufgehoben ist und ihr latentes

Bedürfnis nach dialogischem Bezug. Ohne die Absicht einer Wertung und in voller Anerkennung der oft lebenswichtigen und lebenserhaltenden Funktion routinierter körperlicher Pflegehandlungen an Behinderten und Kranken sehen wir hier die Notwendigkeit einer Markierung zwischen medizinisch orientierter *Krankenpflege* und heilpädagogisch intendierten Konzepten einer "Förderpflege", wobei letztere der Gefahr ausweichen muß, den Körper des Behinderten als Leistungsaggregat festgesteckter Förderziele zu instrumentalisieren.

Am entschiedensten ist der personale Gedanke der Leiblichkeit wahrscheinlich in der *anthroposophischen* Heilpädagogik gewahrt, wo ja gelehrt und praktiziert wird, im "seelenpflegebedürftigen" Menschen die leiblich unvollständige *Inkarnation* einer intakten Geistgestalt zu respektieren (Müller-Wiedemann 1994).

Das Phänomen der Leiblichkeit hebt die unselige Trennung von Subjekt und Objekt auf, die seit Descartes die Humanwissenschaften und deren Praxis belastet. Für den Rationalismus seit Descartes gibt es nur zwei Kategorien von Dingen: "res extensa" (ausgedehnte, materielle Dinge) und "res cogitans" (geistig-immaterielle Dinge). Der Leib nun ist, wie besonders Husserls Phänomenologie der kinästhetischen Sinnlichkeit herausgearbeitet hat, weder nur Ding (Körper) noch reiner Geist oder Seele, er ist als "inkarniertes Sein" beides in eins, personale Existenz im Leib-Sein. Im Leib herrscht Koinzidenz von Subjekt und Objekt. Die Phänomenologie hat gezeigt, daß es mehr Seinsweisen gibt, als das dualistische Schema des Rationalismus (Geist oder Materie, psychisch oder physisch) vorgibt. Damit einher geht dann auch unter der Perspektive der *Praxis* ein entsprechendes Verständnis der Phänomene "Körper" und "Leib". Wenn man im Sinne des geisteswissenschaftlichen hermeneutisch-pragmatischen Konzepts menschlicher Handlungspraxis (vgl. Kapitel 3.2.) den menschlichen Leib als Teil des teleologischen Ordnungs- und Sinnzusammmenhanges der belebten Natur versteht (Dilthey), dann nötigt diese Sicht zu einem anderen Umgangsstil mit Leib als *Natur*. Die Abkehr von der selbstherrlichen Willkür der Natur*beherrschung* (und -ausbeutung) im Sinne von Technologie und "*poiesis*" und Hinwendung zur Natur*pflege* muß sich auch auf das Verhältnis Körper/Leib übertragen: Es darf in einer so verstandenen Praxis nicht um *Beherrschung* und Zähmung des Körpers und seiner Reaktionen gehen, sondern eher um *Pflege* des Leibes, die allerdings mehr sein muß als Sorge für körperliche Hygiene. Konzepte *ästhetischer Erziehung* und *Förderung* behinderter Personen, die im Sinne körperkultureller Bildung die musisch-kreativen Selbstdarstellungs- und Ausdrucksmöglichkeiten der Person ansprechen (Malen, Formen, Rhythmik, Bewegung, Tanz), weisen in diese Richtung, ebenso Ansätze der heilpädagogischen *Kunsttherapie* bei Kranken und Behinderten (Menzen 1994). Und wenn man im Rahmen der (außerschulischen) heilpädagogischen Praxis von "Leibeserziehung" redet, darf darunter nicht nur die Vermittlung und das Training psychomotorisch-sportlich-gymnastischer Fertigkeiten leistungsorientierter Körperbeherrschung betrieben werden (s. auch Kapitel 7.2.1. und 7.2.2.).

Aus der Erlebnisperspektive meines Leibes erscheint Umwelt nicht jenseits einer fixen Grenze zwischen mir und nicht-mir (Körperoberfläche), sondern als *Horizont* des Leibes. "Seine Wirklichkeit endet nicht an den gestalthaften Grenzen des Körpers, sondern er ist durch Hören, Sehen, Riechen und Fühlen, durch Bewegung, Ernährung, Vermehrung und Denken in diese Welt hineinverwoben" (v. Uslar 1973, 388). Der Leib als Wahrnehmungsorgan ist in seiner Struktur schon intentional auf Umwelt und Mitwelt bezogen. Der *Körper* existiert im *Raum*, der Leib befindet sich in der *Welt*. Die Person in ihrer Leiblichkeit wahrzunehmen, heißt also auch, ihre *Beziehungsbedürftigkeit* anerkennen. Die Ansprüche des Leibes fordern nicht nur Versorgung, sondern dialogische Antwortbereitschaft.

Dadurch ist der Heilpädagoge als antwortende Person auch leibhaftig gefordert, nicht nur mit seinem klugen Wissen und seinen guten Worten. Anthropologisch über den Leib vermittelt, ist heilpädagogische Praxis *leibhaftiges Engagement* für einen anderen, der gerade wegen seiner körperlichen Gebrechlichkeit besonderer praktischer Hilfe bedürftig ist. Mit dieser leibanthropologischen Begründung gehört deshalb auch die *Förderpflege* zu den alltagsorientierten, genuin heilpädagogischen Praxiskonzepten. Das setzt in der Praxis der Schwerstbehindertenhilfe funktionierende, gleichberechtigte und von wechselseitiger Respektierung getragene Kooperation zwischen Pflegekräften und Heilpädagogen voraus; eine Aufgabe, die lösbar, aber nicht unkompliziert ist.

Betrachten wir das Phänomen der Leiblichkeit unter einer entwicklungspsychologischen Perspektive, so ergibt sich folgender Befund: Das Kind wird zwar mit einem Körper geboren, der wächst und sich entwickelt, aber als Rohform der Subjektivität muß das Kind seine Erfahrungen von sich und den Dingen der Umwelt sich erst "einverleiben". Leiblichkeit ist also ein *Entwicklungsphänomen* und als solches dynamisch an Zeit gebunden. Im geistigen Erwachen des Säuglings hebt sich über das Spiel mit den eigenen Körperteilen (ab 4. bis 5. Monat) langsam das Erlebnis der eigenen subjektiven Leiblichkeit ab von der Wahrnehmung der Dinge *außerhalb* des kindlichen Selbst. Es läßt sich ein spielerisches Ertasten und Erspüren des eigenen Körpers beobachten, der ja zugleich Ausgang und Ende dieses Wahrnehmungsaktes ist. In diesem sensomotorischen *Funktionskreis* konstituiert sich für das Kleinkind Leiblichkeit als Wurzel von Selbstbewußtsein und Selbstgefühl. Aufgrund entwicklungspsychologischer Untersuchungen zur Genese des kindlichen Selbstkonzeptes kann angenommen werden, daß sich spätestens ab neun Monaten beim Kleinkind ein deutliches *Bewußtsein* eigener Aktivität und ihrer Auswirkungen auf die Umwelt beobachten läßt, ein Gewahrwerden der sich vollziehenden eigenen Aktivität über selbstinitiierte Körperbewegungen. Damit ist ein "existentielles Selbst" grundgelegt, während es erst mit Beginn des zweiten Lebensjahres dem Kind möglich ist, z. B. Attribute seines leistungsbezogenen Handelns selbstreferentiell kognitiv und emotional zu bewerten („kategoriales Selbst"). Mit wachsendem Ausmaß der frühkindlichen sensomotorischen Körpererfahrungen baut sich auf kinästhetischem Fundament das *Körperschema* auf, bzw. das Kind entwickelt zunehmend differenziertere "Landkarten des Körpers" (Ayres 1984) und speichert sie kognitiv. Über dieses Phänomen der "Kinästhesen" (Husserl), der leibhaften Empfindungen von Körperbewegungen, kommt das Element "Bewegung" ins Spiel, das im Abschnitt 6.3. behandelt wird.

Das Kind erspürt sich in seinem Körper als raumausfüllend ausgedehnt („res extensa"), so kommt es zur subjektiven Konstitution von Räumlichkeit. Es erfährt aber auch die Begrenzung seines körperlichen Ichs in der Wahrnehmung der äußeren Objekte in ihrer Widerständigkeit. So läßt die "eigene Leiblichkeit die Dinglichkeit der Dinge zum Vorschein kommen" (von Uslar 1973, 392). Durch das Leibsein grenzen wir *an* äußere Dinge, wir ruhen mit unserem Gewicht *auf* ihnen, bewegen uns *zwischen* ihnen und können sie tastend erfahren.

Diese stabilen Grenz- und Widerstandserfahrungen zwischen Körperwelt und Dingwelt im Medium der Leiblichkeit sind offensichtlich für die kindliche Persönlichkeits- und Lernentwicklung von größter Wichtigkeit. Viele wahrnehmungs- und entwicklungsgestörte Kinder weisen in diesen basalen Erfahrungsfundamenten Lücken auf, die ihre weitere Entwicklung blockieren. Affolter (1987) hat ein wichtiges heilpädagogisches Förderkonzept entwickelt und wahrnehmungspsychologisch begründet, bei dem durch aktives und gezieltes therapeutisches "Führen" der Arme und Hände dem Kind maximale sensorische Widerstandserfahrungen vermittelt werden sollen, die Sicherheit und Orientierung bieten und das Fundament der Wahrnehmungsentwicklung konsolidieren.

Die besondere Betonung der Leiblichkeit als Fundament personaler Existenz in unserer heilpädagogischen Betrachtungsweise soll zugleich auch einige Aporien auffangen, in die philosophisch-anthropologische Aussagen zum Wesen des Menschen leicht führen, sobald sie auf behinderte Personen angewandt werden. In solchen Konzeptionen, etwa bei Scheler, konstituiert sich die Person durch Selbstbewußtsein, Verstand und "geistige Akte", wobei dann (seit W. v. Humboldt) der *Sprache* die entscheidende Rolle als genuin menschliches Ausdrucksmedium zugeschrieben wird. In dieser Sichtweise geraten dann intelligenzgeschädigte, "geistig" behinderte, schwerst körperbehinderte oder auch "geisteskranke" Personen in eine auch anthropologische Randstellung. Ihre Teilhabe am "wahren" Menschsein erscheint fragwürdig; sie erscheinen dann immer nur im Aspekt ihrer Defektivität als essentielle "Minusvarianten" menschlicher Existenz. So können in einer Art perverser Paradoxie dann gerade hochgradig *idealistische* Aussagesysteme zum "Wesen des Menschen" umschlagen in Begründungen für die existentielle Aussonderung derjenigen, die dieser "Geistesgaben" nicht teilhaftig sind, u. U. bis hin zu ihrer physischen Ausrottung als "Ballastexistenzen" (Haeberlin 1996, 147–164).

Wenn wir aber in wertnormativer (Vor-)Entscheidung für die Leitidee der Person sagen: "Der Mensch ist Mensch in jedem Betracht" (Montalta 1967, 9), dann ergibt sich eine Art heilpädagogischer "Umwertung der Werte", so daß Moor dann sagen kann: "Der Schwache, der Gebrechliche, der Leidende zeigt uns deutlicher, um was es in einem Menschenleben geht" (1965, 147). Allerdings brauchen wir dann einen anderen anthropologischen Anknüpfungspunkt, "wenn wir das spezifisch Menschliche nicht beschränken auf das sogenannte Geistesleben, auf den Verstand oder das reflexive Bewußtsein". Mit diesem Anspruch mißt auch Buytendijk (1967, 21) der Leiblichkeit des Menschen grundlegende Bedeutung als "leibliche Subjektivität der individuellen Person" bei, und zwar jedem Menschen, auch dem "tief Schwachsinnigen", der nicht anders *ist*, sondern in seinem Leib "bewohnt er eine schwachsinnige Welt, in der die Dinge und Geschehnisse (für ihn) eine debile Bedeutung haben" (276).

Über das Phänomen des Leiberlebens ergibt sich die besondere Nähe von *Körperbehinderung* und *Kranksein*, die ja in der Praxis der Körper- und Schwerstbehindertenpädagogik durch eine intensive Zusammenarbeit pflegerischer, krankengymnastischer und heilpädagogischer Fachlichkeit beantwortet werden muß. Als ein Leitziel der Körperbehindertenpädagogik gilt, daß der in seiner körperlichen Verfassung dauerhaft geschädigte Mensch sich allmählich aus dem Gefühl ewigen Krankseins lösen und das Behindertsein ertragen muß; "er muß aus dem dauernden Krankheitserlebnis erlöst werden" (Bläsig, zit. bei Bleidick 1984, 466).

Unserer Leiblichkeit werden wir dann immer besonders gewahr, wenn unsere körperliche Verfassung beeinträchtigt ist, in einem gestörten *Wohlbefinden*: "Wenn aber das Wohlbefinden gestört ist, bemerkt man den eigenen Leib" (Plügge). Wir fügen hinzu: Man bemerkt zugleich sich selbst, "der diesen Leib wahrnimmt und hat, ertragen oder beherrschen muß" (Buytendijk 1967, 69). So auch Marcel: "Wer sich unwohl befindet, hat keinen schmerzhaft kranken Organismus. Er ist unwohl" (1985, 30). Um so mehr muß der heilpädagogisch Tätige das Ausdrucksverhalten des auf seine Leiblichkeit fixierten Schwerstbehinderten "lesen" lernen, um dessen *Befindlichkeit* verstehen und darauf antworten zu können.

In diesem Sinne kann man zusammenfassend von einem heilpädagogischen "Leibapriori" sprechen (Gröschke 1997): Der Leib der Person ist die gegebene Fundamentalebene ihrer Existenz, die allem weiteren vorausgesetzt ist: Leiblich bin *ich* anwesend, nicht nur nimmt mein Körper einen bestimmten physikalischen Raum ein. Bewegung, Entwicklung, Spielen, Lernen, Tätigkeit, Sprachlichkeit sind leibhaftig gebundene („leibhaftige" und "leibeigene"), leiblich verwickelte Phänomene, die das *Existential* der Leiblichkeit bedingt.

6.3. Bewegung

> Bewegung ist aller Entwicklung,
> aller Erziehung, aller Bildung Anfang
> (Mimi Scheiblauer)

Der menschliche Leib ist immer ein bewegter Leib, auch wenn seine Bewegtheit meist nicht bewußt registriert wird. Bewegung ist ein charakteristischer Ausdruck von Lebendigkeit. Der Leib ist das vestibulär-kinästhetisch-taktile Fundament unserer Sinnestätigkeit und der gesamten Wahrnehmungsentwicklung. In seiner körperlichen Dimension ist er der Träger der Sinnesorgane, die nach physiologisch beschreibbaren Bedingungen *tätig* werden, wenn Reize aus dem Inneren des Körpers oder aus der Umwelt auf sie einwirken. Im *phänomenologischen* Sinne ist der Leib in seiner Offenheit auf die Welt hin sogar ein einziges großes Organ der Wahrnehmung von Welt, ein totales Sensorium.

Im *biologischen* Sinne vermitteln die sensorischen Systeme des Körpers (Sinnesorgane) physikalische Energien zu *Empfindungen*, aus denen innere Repräsentationen (*Wahrnehmungen*) als *Perzepte* der Außenwelt gebildet werden. In diesen äußerst komplexen Prozessen, wo Körperliches (Materielles) in Seelisches (Immaterielles) übergeht, hat das Körperorgan "Gehirn" die entscheidende Vermittlungsfunktion (Hülshoff 1996). Trotz aller Fortschritte der Neurowissenschaften bleibt dieses sog. "Leib-Seele-Problem" allerdings auch weiter ungelöst. Im Grunde genommen gilt hier immer noch der Satz des hl. Augustinus: "Die Weise, in der ein Geist mit einem Leib verknüpft ist, ist gänzlich wunderbar und kann vom Menschen nicht begriffen werden – und doch ist gerade dies der Mensch" (zit. in Schockenhoff 1993, 88–89). Jedenfalls ist dieses Verhältnis von Sinnestätigkeit und Wahrnehmungs- und Erlebnisprozessen ein sehr dynamisches objektives und *bewegtes* Verhältnis. Das organische System der Sinnesrezeptoren wird für gewöhnlich wie folgt eingeteilt:

a) Propriozeptoren: Stellungs-, Spannungs-, Lage-, Bewegungs- und Drehbewegungssinn
b) Interozeptoren: Organempfinden
c) Exterozeptoren, unterteilt in: Kontaktrezeptoren: Tast-, Druck-, Berührungs-, Schmerz-, Temperatur- und Geschmackssinn; Distanzrezeptoren: Gesichts-, Gehör- und Geruchssinn.

Wahrnehmung ist jedoch nicht nur Perzeption (Sinnestätigkeit) sonder Apperzeption (kognitive Bedeutungsgebung, Erkenntnis, Sinnerfassung). Wahrnehmung ist definiert als ein "aus externen Sinnesdaten und internen Komponenten (Erfahrung, Einstellung, Motivation) bestehender Komplex *psychischer* Erscheinungen, deren Inhalt im Raum lokalisiert wird und dadurch zur Auffassung von Gegenständen der Außenwelt führt". Man unterteilt in der Regel weiterhin in Objektwahrnehmung, Personwahrnehmung und auch Selbstwahrnehmung (s. dazu Gröschke 1992b, 156ff).

Mit dem von Husserl eingeführten Begriff der "Kinästhesen" ist das *Bewegungsmoment* der Leiblichkeit auch phänomenologisch ins Spiel gebracht. Man versteht darunter die sinnlichen Empfindungen der organismusinternen und -externen Eigenbewegungen (Muskel- und Bewegungssinn). Alle Bewegungen, die in der Welt außerhalb des Körpers wahrgenommen werden, lassen sich ontogenetisch auf diese kinästhetischen Empfindungen zurückführen. Auch das Stillhalten und die Ruhe sind aktive Kinästhesen, die in sich sowohl sinnliche Empfindung wie auch Tätigkeit sind. "Die Kinästhese der Ruhe ist nicht die Ruhe der Kinästhesen" (Husserl, zit. nach Lévinas 1983, 147). Empfindung und Bewegung gehen hier ineins. Deswegen sind beruhigende und entspannende Methoden (Yoga, Meditation, Autogenes Training) auch keine Mittel des "Abschaltens", sondern ein aktiv herbeigeführter Weg *leiblicher Selbsterfahrung* und Konzentration, der uns mit der ständig präsenten Wirklichkeit unseres lebendigbewegten Leibes in Kontakt bringt. Marcel hat diesen Befindlichkeitszustand sehr schön beschrieben: "Die Räder stehen still. Ruhe ist reine Leib-Erfahrung, in der sich der Körper nahezu aufgelöst hat, gleichsam gewichtslos schwimmend im tragenden Wasser der Ruhe" (1985, 31). Das Bild der mechanischen "Räder, die stillstehen" will sagen, daß die äußere instrumentelle, motorische Tätigkeit aufgehört hat, daß Ruhe aber keineswegs Abwesenheit oder gar Gegenteil von Bewegung ist. Ruhe und Bewegung sind vielmehr die Bi-Pole einer dialogisch verfaßten leib-seelischen Einheit, eines *Gestaltkreises* ohne Anfang und Ende. Diesen besonderen Charakter des Lebendig-Konkreten hat, wie wir gesehen haben (vgl. Kapitel 1.2.), Guardini in seiner Lehre vom "Gegensatz" untersucht.

Wahrscheinlich wird das oben erwähnte vestibulär-kinästhetisch-taktile Fundament der Sinnestätigkeit bereits intrauterin durch die zunächst passiv aufgenommenen Reizeinwirkungen auf das Kind im Mutterleib beim Umhergehen und Sichbewegen der Mutter grundgelegt. Es konstituiert sich hier ontogenetisch ein komplexes *somato-sensorisches System*, das "innen und außen" (Oberflächen-, Tiefen- und viszerale Sensibilität) zu einer Einheit integriert (basale sensorische Integration, s. Hülshoff 1996, 91ff). Dieses umfassend zu verstehende "Gespür", der "Tastsinn" in seiner elementaren Bedeutung für Selbstwahrnehmung und Selbsterleben, ist die *biopsychische Matrix* menschlicher Entwicklung. Bereits Aristoteles hat in seiner Schrift "De anima" („Über die Seele"), der Gründungsurkunde antiker Psychologie, darauf hingewiesen, daß ein Lebewesen erst dann tot ist, wenn auch der Tastsinn erloschen ist. Dieser ist die letzte Basis des Lebens, von

Die Sinne	Integration ihrer Reizeinwirkungen			Endprodukte
Auditives System (Hören)			Sprechvermögen Sprache	Konzentrationsfähigkeit Organisationsfähigkeit Selbsteinschätzung Selbstkontrolle Selbstvertrauen Akademisches Lernvermögen Fähigkeit zum abstrakten Denken und Verarbeiten von Gedanken Spezialisierung jeder Seite des Körpers und Gehirns (Lateralität)
Vestibuläres System (Schwerkraft und Bewegung)	Augenbewegungen Haltung Gleichgewicht Muskeltonus Schwerkraftsicherheit	Körperwahrnehmung Koordination der beiden Körperseiten Bewegungsplanung	Augen-Hand-Koordination Visuelle Wahrnehmung Zweckgerichtete Aktivität	
Propriozeptives System (Muskeln und Gelenke)		Aktivitätsniveau Aufmerksamkeitsspanne Emotionale Stabilität		
Taktiles System (Berührung, Tastsinn)	Saugen Essen Mutter-Kind-Bindung Wohlbefinden bei Berührung			
Visuelles System (Sehen)				

Abb. 10: Wahrnehmungsintegration (a) und Stufen der Wahrnehmung (b)

b)

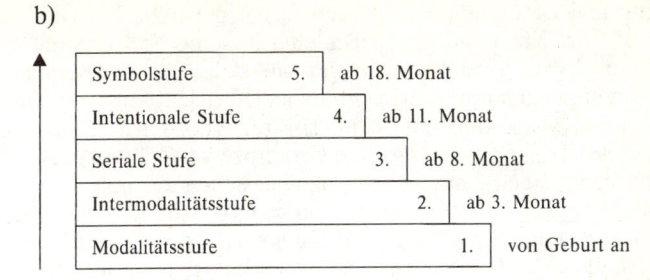

Symbolstufe	5.	ab 18. Monat
Intentionale Stufe	4.	ab 11. Monat
Seriale Stufe	3.	ab 8. Monat
Intermodalitätsstufe	2.	ab 3. Monat
Modalitätsstufe	1.	von Geburt an

Abb. 10: Wahrnehmungsintegration (a) und Stufen der Wahrnehmung (b)

der auch umgekehrt die Entwicklung beginnt, denn ohne den Tastsinn könnten auch die anderen („höheren") Sinne nicht in Gebrauch genommen werden. Diese sinnesanthropologische Einsicht gilt noch heute. J. G. Herder (1770) hat diese sensualistische Grunderfahrung in eine Formel gefaßt, die bewußt gegen Descartes "cogito, ergo, sum" gemünzt war: "Ich fühle mich! Ich bin!" (zit. nach Braungart 1995, 66).

Durch Bewegtwerden und zunehmendes Mitbewegen *im* Körper und dann postnatal *am* Körper der Mutter erfährt das Kind Orientierung und Sicherheit und emotional auch eine Art Grundgeborgenheit. Hier zeigen sich bereits ontogenetisch die engen Verschränkungen sensomotorischer und emotionaler Entwicklungsprozesse der frühen Kindheit im kinästhetischen Medium („motion and emotion"). Dem beständig auf Schwerkrafteinwirkung eingestellten *vestibulären* System kommt in dieser Entwicklungsstufe basaler Wahrnehmungsprozesse die Funktion eines primären Bezugssystems zu. Die Gravitation ist die einzige Konstante in unserem Lebensraum („alles, was steht, fällt!").

In den heilpädagogisch intendierten Modellen der frühkindlichen Wahrnehmungsentwicklung von Affolter, Ayres oder Prekop findet man mit recht guter Übereinstimmung die Beschreibung der hierarchisch-sequentiellen Entwicklung zunächst modalitätsspezifischer, dann intermodaler, serialer bis hin zu eindeutig intentionaler und symbolisch vermittelter Wahrnehmungsprozesse in den ersten zwei Lebensjahren (Abb. 10).

Im Konzept der "sensomotorischen" oder "praktischen Intelligenz" als der basalen und primären Phase der kognitiven Entwicklung (0–18 Monate) hat Piaget die Einheit von Wahrnehmung und Bewegung als Fundament der geistigen Entwicklung erfaßt. Das Kleinkind greift handelnd in seine Nah-Umwelt ein („Greifschema"), verändert sie und paßt sich selbst den veränderten Bedingungen immer wieder neu an (Kreislauf von *Assimilation* und *Akkomodation* unter dem selbstregulatorischen Prinzip der *Äquilibration*). Frühe elementare Lernprozesse sind also in Bewegungshandlungen einverwoben, bzw. bestehen aus ihnen. *Sensomotorik* bedeutet die funktionelle Einheit von Empfindung, Wahrnehmung und Bewegung. *Psychomotorik* nennt man diesen "Gestaltkreis" (V. v. Weizsäcker), wenn immer mehr intentionale und emotional-motivationale Impulse eingespeist werden (Bewegungsantriebe und Tätigkeiten).

Das für heilpädagogische Praxis so bedeutsame Phänomen "Wahrnehmung" ist also das verbindende Element zwischen Leib und Bewegung. Daraus ist abzuleiten, daß Wahrnehmungsförderung am günstigsten im Rahmen alltagspraktischer *Tätigkeiten* betrieben werden sollte, bei denen das Kind mit all seinen Sinnen, Gefühlen und Absichten körperlich aktiv engagiert ist.

Wir reden meist ohne weiteres Nachdenken von "Psychomotorik", so als sei mit der Nennung dieses Funktionsbegriffs alles geklärt. Dabei ist der damit angesprochene Zusammenhang ein "konkretes Rätsel" (Jaspers 1973): "Ein rein *Seelisches* gibt sich im *Motorischen* kund, es ist die einzige Stelle der Welt, wo "Magie" wirklich ist: Unmittelbare Umsetzung des Geistigen in das Sinnlich-Räumliche" (630). Wenn sich diese körperlich-leiblichen Bewegungsmuster vor allem in Gestik und Mimik darstellen, spricht man von *Ausdrucksbewegungen*, die für die Kommunikation mit schwerbehinderten Personen in Form von *Gesten und Gebärden* eine hohe Wertigkeit besitzen. Im Sinne des "normativen Entwicklungsmodells" (Speck) ist die "sensomotorische Phase" (Piaget) für viele Behandlungskonzepte im Bereich der Frühförderung oder der Schwerstbehindertenpädagogik eine produktive Erkenntnis- und handlungsleitende Heuristik. Praktische Erfahrungen mit "basaler Stimulation" oder "sensorischer Integrationsbehandlung", sowie Versuche mit entwicklungsanregenden Bewegungsreizen bei blinden, körperbehinderten oder frühgeborenen Kindern belegen ebenfalls die Wichtigkeit der Bewegung für die frühe menschliche Entwicklung. Die als "körperbehindert" bezeichneten Personen sind vor allem *motorisch*, d. h. bewegungsbeeinträchtigt („gelähmt") und deshalb in ihrer Mobilität eingeschränkt und folglich oft auf fremde Hilfe angewiesen. Ganzheitliches "Lernen durch Bewegung" ist inzwischen ein klassischer methodischer Behandlungsansatz in der heilpädagogischen Praxis geworden.

Als eine der ersten hat Marianne Frostig (1975) ein heilpädagogisches Konzept der Bewegungserziehung entwickelt, durch das die Entwicklung von Kindern umfassend („ganzheitlich") zur Entfaltung gebracht werden soll, d. h. "ihre physischen und psychischen Fähigkeiten, ihre Fähigkeiten zu lernen und miteinander auszukommen, ihr Selbstgefühl und ihre Beziehung zur Umwelt" (Frostig 1992, 13). Mit ihrer Analyse der sensorisch-perzeptiven und motorischen Anteile kindlicher Bewegungsmuster in alltagsnahen Übungssituationen und ihrer Wechselwirkungen im Sinne sensomotorischer und psychomotorischer Entwicklungsprozesse ist Frostig (neben anderen) zu einer der Wegbereiterinnen motopädagogischer und -therapeutischer Ansätze geworden (Kiphard 1979, s. Kapitel 7.2.2.).

Voraussetzung für handelnde Umweltbewältigung sind Wahrnehmung, gefühlshafte Stellungnahme und kognitive Bewertung einerseits und adäquate Bewegungsantworten andererseits, die in sich eine untrennbare Funktionseinheit bilden. "In der Bewegung erfährt das Kind seine Leiblichkeit. Es lernt, seine Gefühle motorisch auszudrücken. Dabei beginnt es, die dingliche und soziale Umwelt zu verstehen und sich in ihr zu orientieren" (Kiphard 1979, 20).

Wie bereits erwähnt, kommt es über die kinästhetisch-vestibuläre Wahrnehmung, Leibwahrnehmung, Wahrnehmung *von Bewegung* und Wahrnehmung *in der Bewegung*) zur Erschließung des Raumes und damit verbunden auch zur Ausbildung von Zeitgefühl. Es verschränken sich zunehmend der okulomotorische *Sehraum* mit dem *Tastraum*, der durch die Bewegungen der Finger, der Hand, durch alle Kinästhesen des Tastsinns gebildet wird. Über die Kinästhesen der Kopfbewegungen vermittelt, verbinden sich Seh- und Tastraum zum "Auge-Hand-Feld" (Plessner), durch das die nun intentional eingesetzte Hand zum "Werkzeug der Werkzeuge" werden kann (Aristoteles), zu einer einzigartigen "Werkzeugmaschine" (Sartre). Entsprechend werden unter dem Titel "Handgeschicklichkeit" („Händigkeit") sehr wichtige und grundlegende (basale) Kompetenzen in allen Ansätzen heilpädagogischer Frühförderung angezielt und bilden unverzichtbare Beobachtungseinheiten in allen Verfahren der Entwicklungsdiagnostik (Brack 1993).

In letzter Zeit hat vor allem Eggert (1994) ein komplexes Programm psychomotorischer Entwicklungsförderung theoretisch begründet und empirisch erprobt, auf das später noch einzugehen sein wird (s. Kapitel 7.2.2.).

Auf ein ganz wichtiges Bewegungsphänomen ist noch hinzuweisen: Auf den *Rhythmus*, nicht verstanden als Prinzip zeitlicher Strukturierung sondern eben als subjektives Bewegungselement, das am bewegten Leib erfahren wird. In der *Rhythmik* werden leibliches Erleben und leiblicher Ausdruck eigenschöpferisch gestaltet. Ausgehend vom System rhythmisch-musikalischer Erziehung nach E. Jaques-Dalcroze (1865–1948) haben vor allem Mimi Scheiblauer und Elfriede Feudel die Rhythmik als pädagogisch-therapeutischen Ansatz in die Heilpädagogik eingeführt. Auf der Grundlage der anthroposophischen Menschenkunde im Anschluß an Rudolf Steiner (1861–1925) wurde die Heileurhythmie entwickelt. Aber auch unter zeitstrukturellen Gesichtspunkten verdient das Prinzip "Rhythmus" Beachtung: Indem Rhythmen labile Entwicklungsverläufe von außen anleiten, sichern und stabilisieren, sind sie in hohem Maße geeignet, zum heilpädagogischen Aufbau des "inneren Haltes" einer "haltschwachen" Person beizutragen. Paul Moor hat die Rhythmisierung von Erziehungsabläufen im Alltag wiederholt als haltgebendes Moment im Rahmen heilpädagogischer Einwirkungen auf das entwicklungsauffällige Kind betont. Mit diesem Aspekt von Rhythmus als strukturierendes Moment individueller Erziehungs- und Entwicklungsverläufe im Rahmen der Biographie einer Person („Lebenslauf") ist zugleich auch eine Brücke geschlagen zwischen Bewegung und Entwicklung im übergreifenden Sinne.

6.4. Entwicklung

Wenn wir *Entwicklung* als Grundmerkmal lebendiger personaler Wirklichkeit betrachten, können wir diesen Sachverhalt sicher nicht ohne weiteres in die gleiche phänomenologische Reihe mit Leiblichkeit und Bewegung stellen. Während uns Leiblichkeit als Phänomen unmittelbar sinnlich gegeben ist, und wir Bewegung ebenso unmittelbar als präsenten Ausdruck unserer eigenen und fremden Lebenssituation erleben und wahrnehmen können, ist Entwicklung ein vergleichsweise abstrakteres Merkmal. Es ist ein stärker theoretisch gebundener Begriff; *Entwicklung* hat ganz deutlich den Charakter eines theoretischen Konstrukts, in das verschiedene Menschenbildannahmen, Beschreibungs- und Erklärungsmodelle menschlicher Ontogenese eingeflossen sind (*Gröschke* 1992b).

Trotzdem ist an der phänomenalen Tatsache, daß jeder Mensch sich entwickelt, kein Zweifel möglich. Wenn wir nur einen hinreichend großen Zeitabschnitt unserer Beobachtung zugrunde legen, stellen wir bei uns wie bei anderen eine ganze Reihe von *Veränderungen* innerhalb unserer Persönlichkeit fest, die wir als Ausdruck und Resultat von Entwicklung als Erfahrungsverarbeitung verstehen. Die Frage ist nur, wie man über die vielfältigen Veränderungen im Erleben, Denken und Verhalten der Person über die Zeit zu einer begrifflichen und inhaltlichen Bestimmung des *Konstrukts* Entwicklung kommen kann, wie Entwicklungsmerkmale am besten zu klassifizieren und zu systematisieren wären, damit man unter praktischen Gesichtspunkten mit ihnen arbeiten kann.

Ohne Entwicklung gäbe es im übrigen ja auch keine Erziehung, auch keine Heilerziehung. Wenn sich psychophysisch über die Zeit nichts ändern würde, ließe sich pädagogisch und auch therapeutisch nichts ändern. *Erziehung* ist ja allgemein zu verstehen als das Insgesamt von "Handlungen, durch die Menschen versuchen, das Gefüge der psychischen Disposition anderer Menschen in irgendeiner Hinsicht dauerhaft zu verbessern oder seine als wertvoll beurteilten Komponenten zu erhalten oder die Entstehung von Dispositionen, die als schlecht bewertet werden, zu verhüten" (Brezinka 1977, 95). Heilpädagogische Praxis, etwa im Bereich der Frühförderung, ist ja bewußte (gewollte), pädagogisch geplante und methodisch ausgeführte *Optimierung* von blockierten oder erschwerten Entwicklungsprozessen. Sie ist es nicht *nur*, aber doch in weiten Teilen ihres Spektrums.

Leib-seelische *Veränderungen* im menschlichen Lebenslauf sind also ein Faktum, das auf langfristige Entwicklungsprozesse hinweist. Solche Veränderungen psychophysischer Art stehen in Zusammenhang mit der *Geschichtlichkeit* des Lebens, das Medium dieser Veränderungen ist. Zwischen Geburt und Tod liegt eine (unbestimmte) Zeitspanne, die über den Leib zu "meiner Zeit" wird. Jeder Herzschlag, jeder Atemzug ist ein leiblicher Taktgeber meiner *Zeitlichkeit*. In den körperlichen Wachstums-, Veränderungs- und Verfallsprozessen sedimentiert sich meine Lebensgeschichte. Der Leib trägt die Spuren meiner Geschichte in seinen Lach- oder Gramfalten, in seinen Stigmen und Narben. Seine Vitalität bestimmt mit über meine Zukunft. Das heranwachsende Individuum reagiert auf die körperlichen Prozesse (Wachstum, Organentwicklung, aber auch Krankheiten, Verletzungen), der alternde Mensch auf die körperlichen Anzeichen des Abbaus und Verfalls. In der Normalbiographie (d. h. wenn alles soweit "gut geht") sind vielleicht der erste Zahn und das erste graue Haar solche signifikanten Veränderungen des Körpers, die zu subjektiven Symbolen "denk"-würdiger Veränderungen in der zeitlichen Prozeßgestalt des Leibes auf dem Weg durch seine Zeit werden. In der Pubertät sind es die sexuellen Reifezeichen, die das Selbsterleben des jüngeren Menschen nachhaltig verändern.

Der Rahmen der menschlichen Entwicklung ist der individuelle *Lebenslauf*; die Lebens- und Erlebniszeit zwischen Zeugung, Geburt und Tod des Individuums. In dieser Lebensspanne ereignen sich Veränderungen, Erfahrungen und Lernprozesse, die von der Psychologie mit dem Begriff der *Persönlichkeitsentwicklung* erfaßt werden.

In der riesigen Fülle der Einzeluntersuchungen zu den unzähligen Aspekten dieses komplexen Geschehens, das wir Entwicklung nennen, geht der Blick für das Ganze eines individuellen Lebenslaufes leicht verloren. Da das Verstehen des "Ganzen", der sinnhaft strukturierten "Prozeßgestalt" eines Lebenslaufes, ohnehin nicht das Anliegen empirisch-analytischer psychologischer Forschung ist, will ich hier kontrastierend noch einmal die Erkenntniskraft der *Poesie* zur Darstellung der Grundstruktur eines menschlichen Lebenslaufs bemühen. Vor mehr als 200 Jahren (genau 1783) hat Matthias Claudius in seiner unnachahmlichen, naiv-ironischen und lakonischen Art das Ganze eines menschlichen Lebenslaufs in die Form eines Gedichtes gefaßt, das ich hier anführen möchte:

Der Mensch
Empfangen und genähret
Vom Weibe wunderbar,
Kömmt er und sieht und höret
Und nimmt des Trugs nicht wahr;
Gelüstet und begehret
Und bringt sein Tränlein dar;
Verachtet und verehret,
Hat Freude und Gefahr;
Glaubt, zweifelt, wähnt und lehret,
Hält nichts und alles wahr;
Erbauet und zerstöret
Und quält sich immerdar;
Schläft, wachet, wächst und zehret;
Trägt braun und graues Haar:
Und alles dieses währet,
wenn's hoch kömmt achtzig Jahr.
Dann legt er sich zu seinen Vätern nieder,
Und er kömmt nimmer wieder.

Im ironisch-distanzierten und gleichzeitig empathisch-identifizierenden Blick des Dichters ist diese abgerundete *Sinngestalt* eines menschlichen Lebenslaufs erfaßt. Das Gedicht enthält das ganze Programm einer Entwicklungspsychologie der Lebensspanne: die sinnlichen, kognitiven, emotionalen und sozialen Prozesse der Auseinandersetzung einer Person mit ihrer Welt beim unabschließbaren Versuch, den Erfahrungen einen Sinn abzuringen, der das Ganze zusammenhalten könnte.

Im Zusammenhang mit dem Konzept Entwicklung will ich hier nicht weiter auf die körperlich-leiblichen Veränderungsprozesse im Lebenslauf eingehen, so bedeutsam für das Selbsterleben der Person sie auch sein mögen. Sie sind als Reifungs-, Wachstums- und organische Um- und Abbauprozesse ja eigentlich *biologische* oder psychophysische Phänomene. Ich will vielmehr langfristige Veränderungsprozesse im Bereich der *psychischen* („seelischen") Dimensionen der Person zum Thema machen, wie sie durch erzieherische Einwirkungen *intentional* oder wie sie durch lebensweltlich-alltägliche Erfahrungen *funktional* entstehen. Es interessieren uns also hier Aspekte des pädagogisch-psychologischen Begriffs menschlicher Entwicklung. Da es nicht darum gehen kann, diesen Begriff umfassend oder gar vollständig in seinen Dimensionen zu bestimmen – das würde die Verarbeitung ganzer Bibliotheken entwicklungspsychologischer Fachliteratur voraussetzen – werden wir uns auf die allgemeinen Aspekte von Entwicklungsprozessen beschränken, die für unseren Aussagezusammenhang besonders wichtig sind und über die in der Entwicklungspsychologie weitgehend Übereinstimmung besteht.

Unter rein deskriptiven Gesichtspunkten betrachtet, handelt es sich bei Entwicklung zunächst um längerfristige (psychische) *Veränderungen* der Person, die in Abhängigkeit vom Lebensalter stehen (Baltes 1990). Das Lebensalter allerdings ist hierbei keine erklärende, sondern eine Indikator-Variable: das jeweilige chronologische Alter der Person ist nicht die Ursache der Entwicklung, sondern allenfalls eine grob orientierende Rahmenbedingung von Entwicklungsverläufen. Das muß besonders bei der Personengruppe der geistig Behinderten beachtet werden, wo ja erhebliche Diskrepanzen zwischen Lebensalter und psychophysischem und sozio-emotionalem *Entwicklungsstand* symptomatisch sind („Entwicklungsretardierung").

In einem nächsten, präziseren Schritt läßt sich sagen, daß Entwicklung zu verstehen ist als eine nicht-zufällige, beschreib- und erklärbare *Veränderungsreihe*, die sich auf die Gesamtpersönlichkeit wie auf Teilbereiche bezieht und mit dem individuellen Lebenslauf verknüpft ist (Oerter und Montada 1995). Allerdings wird man es unter praktischen Anwendungsgesichtspunkten nicht bei solchen rein deskriptiven Aussagen belassen können. In der Praxis geht es ja nicht nur um genaue Beschreibung und Erklärung von Entwicklungsprozessen bei auffälligen Personen, sondern um deren Erleichterung, Verbesserung oder Optimierung im Sinne von Entwicklungs*beratung*, *-förderung* oder *-intervention*. Mit anderen Worten: Erforderlich sind auch Bewertungs- und *Wertmaßstäbe*, an denen orientiert begründete Entscheidungen über notwendige praktische Maßnahmen bei *Entwicklungsabweichungen* getroffen und verantwortet werden können. Ein praktisch taugliches Entwicklungskonzept muß also normativ-evaluative Kriterien mit einbeziehen. Deshalb scheint mir für heilpädagogische Zwecke letztlich folgende Arbeitsdefinition von Schmidt (1970, 20) geeignet:

"Wir bezeichnen folgende psychophysische Veränderungsreihen als Entwicklung, deren Glieder existentiell auseinander hervorgehen (d. h. in einem natürlichen inneren Zusammenhang stehen), sich Orten in einem Zeit-Bezugssystem zuordnen lassen und deren Übergänge von einem Ausgangszustand in einen Endzustand mit Hilfe von Wertkriterien zu beschreiben sind."

Was die Erklärung von Entwicklungsprozessen anbelangt, gibt es in den entwicklungspsychologischen Theorien viele unterschiedliche Konzepte und Modelle, die hier herangezogen werden: *Wachstum, Reifung* in den traditionellen älteren Entwicklungstheorien, *Lernen, Eigenaktivität, Selbstregulationsprozesse* in der *handelnden* Auseinandersetzung mit der Umwelt in den modernen entwicklungspsychologischen Theorien. Indem Person-Umwelt-Transaktionen als entwicklungsbestimmende Bedingungen betont werden („Entwicklung als Handlung im Kontext"), gibt es inzwischen fließende Übergänge zwischen der Entwicklungspsychologie und der Sozialisationsforschung. Erstere betont eher die personale Seite der Entwicklungsvorgänge, letztere – eher soziologisch orientiert – die soziokulturellen und soziökologischen Rahmenbedingungen menschlicher Entwicklung. Da es der Heilpädagoge in der Praxis mit interpersonellen Beziehungsmustern in sozialstrukturierten Umwelten zu tun hat („Behinderungszustand als psychosoziales Feld", Kobi 1993), braucht er für sein Praxishandeln beide Perspektiven: *Person* und *Umwelt* in ihrer *Wechselwirkung*.

Als Übersicht über die verschiedenen entwicklungspsychologischen Theorien führt Oerter (1995, 24) folgendes Schema an, das

		Umwelt	
		passiv	aktiv
Person	passiv	endogenistische Theorien	exogenistische Theorien
	aktiv	konstruktivistische Stadientheorien	Interaktion zwischen Person- und Umweltveränderung

Abb. 11: Entwicklungspsychologische Modelle des Person-Umwelt-Bezugs (Oerter 1995, 24)

ich hier zur Erinnerung übernehme (Abb. 11, s. auch Gröschke 1992b, 143). Im Spannungsfeld zwischen Anlage und Umwelt, Person- und Umweltfaktoren konzipieren sie dabei eher die Person als *aktiv* an ihrer Entwicklung beteiligt (Selbstregulations- und Handlungstheorien) oder sie räumen eher der Umwelt entscheidende Bedeutung ein, wobei die Person als *passiv-rezeptiv* gedacht wird (Behaviorismus, Verhaltens- und Lerntheorien). Endogenistische Modelle betonen Wachstums-, Reifungs- und Abbauprozesse organismischer Art. In der heilpädagogischen Arbeit mit schwerstbehinderten Menschen, wo man häufig mit progredienten, krankheitsbedingten Abbauprozessen psychophysischer Art konfrontiert ist, sind auch diese Theorien nach wie vor durchaus von Bedeutung.

Letztlich liegen den verschiedenen psychologischen Konzeptionen, die Entwicklung der Person zu beschreiben und zu erklären, unterscheidbare *Menschenbild*-Annahmen zugrunde; Vorstellungen, wie man sich die Komplexität menschlichen Verhaltens am besten vereinfachend denken sollte, um zu hinreichend angemessenen theoretischen Aussagen kommen zu können. Diese Menschenbild-Hypothesen (latente anthropologische Prämissen) sind nicht wahr oder falsch, sondern für verschiedene Fragestellungen unterschiedlich *zweckmäßig*. Da man sich beim praktischen Gebrauch psychologischer Erkenntnisse mit diesen immer die basalen Menschenbild-Annahmen einkauft, von denen sie ausgehen, will ich hier zwei der für die Psychologie zentralen Menschenbild-Hypothesen anführen, die immer wieder an der Basis entwicklungs-, persönlichkeits- und motivationspsychologischer Konzepte identifiziert werden können: Man bezeichnet sie als das *mechanistische* und das *organismische* Menschenmodell.

– Mechanistisches Modell: Der Mensch wird durch die Umwelt zu dem, was er ist. Er ist überwiegend reaktiv, d. h. antwortet auf Reize (Stimuli) der Umwelt mit Reaktionen. Die Verknüpfung von Reiz und Reaktion läßt sich gesetzmäßig fassen (S-R-Lerntheorien). Verhalten und Entwicklung lassen sich sozial-technologisch steuern und programmieren (Verhaltensmodifikation). Untersuchungsmethode ist das Experiment, in dem unabhängige Variablen manipuliert und in ihrer funktionalen Wirkung auf abhängige Variablen studiert werden.

– Organismisches Modell: Der Mensch wird zu dem, was er ist, durch seine eigene Aktivität; er ist Produzent der eigenen Entwicklung, die in bestimmten Persönlichkeitsbereichen nach einer "sachimmanenten Entfaltungslogik" in Stufen und Sequenzen fortschreitet. Die Umwelt stellt Anregungsbedingungen bereit, die Entwicklung erleichtern oder erschweren, jedoch nicht determinieren können. Die Stadientheorie der kognitiven Entwicklungen von Piaget ist das prominenteste und einflußreichste Beispiel für diese *konstruktivistische* Sicht menschlicher Entwicklung (Person als Konstrukteur von inneren Schemata und Strukturen, mit denen die Welt erkannt und bearbeitet wird). Regulierendes Prinzip der Entwicklung ist eine dem Organismus zugeschriebene Tendenz zur Aufrechterhaltung eines inneren Gleichgewichts (Äquilibration) oder der Aufhebung von Widersprüchen und Konflikten (Dialektik, Synthese).

Natürlich ist uns das organismische Modell fast schon instinktiv sympathischer, wer möchte sich schon gern als "Maschine" verstehen, kompliziert zwar (vielleicht ein superschneller Computer) aber eben mechanisch-apparativ funktionierend? Es sei deshalb nochmals betont, daß es hier *nicht* um wahre oder falsche Bilder geht („So ist es, und so ist es nicht!"), sondern um Zweckmäßigkeitsüberlegungen. Es handelt sich um Menschen-Modelle, die als *Analogien* zu gebrauchen sind. Zur Ehrenrettung des allzu schnell verpönten "mechanistischen Modells" muß ja darauf hingewiesen werden, daß Bedingungen der Umwelt (z. B. "Sach- oder Situationszwänge") unser Verhalten in der Tat oft mehr bestimmen als uns (unserem Selbstbild) lieb ist. In der erzieherischen-therapeutischen Alltagspraxis machen wir ebenfalls reichen Gebrauch von der Möglichkeit, "das Gefüge der psychischen Dispositionen anderer Menschen dauerhaft zu verbessern" (Brezinka), indem wir mit *Lob* und *Tadel*, *Zuwendung* und *Zurückweisung*, *Bestärkung*, *Korrektur* und *Vorbild* operieren, auch wenn diese "Erziehungsmittel" letztlich nur *indirekt* wirken. Wenn wir wissen und begründen können, *warum* und *wozu* wir dies tun, ist dagegen auch nichts einzuwenden, bzw. andere Möglichkeiten stehen uns oft auch gar nicht zu Gebote.

Wenn wir im folgenden Entwicklungsphänomene eher unter den Prämissen des organismisch-konstruktivistischen Modells weiter untersuchen, so leiten uns dabei also nicht Sympathie- oder Geschmacksurteile, sondern praktisch-pragmatische Erwägungen: Die Annahmen und Konsequenzen dieses Entwicklungsmodelles sind für die heilpädagogische Praxis sehr ergiebig. Im Zusammenhang mit dem Thema "Wahrnehmung und Bewegung" haben wir ja bereits zentrale Aussagen der kognitiven Stufen- und Sequenztheorie Piagets und seiner Schule angeführt (Bedeutung der Senso- und Psychomotorik, Wahrnehmungsförderung durch Alltagshandeln usw.).

Entwicklung ist als *lebenslanger* Prozeß der Persönlichkeitsänderung durch *Handeln*, *Erfahrungsverarbeitung* und *Lernen* zu verstehen. Zentrum und Initiator dieses Prozesses ist das *Selbst* (die Person), das bestrebt ist, bei allem inneren und äußeren Wandel die Vorgänge als sinn- und bedeutungshaltig zu erleben, um so seine Identität zu entwickeln und zu wahren („man as a meaning-making animal", Kegan 1986).

Der Entwicklung in der *Kindheit* kommt insofern eine herausgehobene Bedeutung zu, als es in dieser Lebensphase zu einer Fundamentierung der Persönlichkeit kommt: Aufbau basaler Fähigkeits- und Lernstrukturen („learning to learn") sowie sensomotorische und emotionale Grundierung der kindlichen Persönlichkeit. Darüber hinaus ist auch jede folgende Lebensphase entwicklungsoffen. Entwicklung ist ein fortschreitender Prozeß der psychischen *Differenzierung* und *Integration/Organisation*: Von einem Ausgangszustand relativer Globalität und Diffusität schreiten Entwicklungsprozesse fort zu Zuständen wachsender Differenzierung, Artikulation und hierarchischer Integration/Organisation und Ordnung (orthogenetisches Prinzip).

Beispiele: Aus diffusen Lust-Unlust-Empfindungen differenzieren sich situationsbezogene Emotionen; aus ungesteuerten Massenbewegungen des Säuglings entwickelt sich zunehmend intentionale Kontrolle über grob- und feinmotorische Bewegungsmuster (Geschicklichkeit). Handlungsmuster entwickeln sich immer mehr zielbezogen und geraten unter die Kontrolle generalisierter kognitiver Handlungspläne und Erwartungshaltungen usw. (Piaget: Wechselspiel von *Assimilation* und *Akkomoda*-

tion im Aufbau *äquilibrierter* kognitiver Schemata und Strukturen).

Aus dieser Sicht von Entwicklung ergeben sich folgende pädagogische Handlungsprinzipien:

– sequentielle Entwicklungsdiagnostik (momentanes funktionelles Entwicklungsniveau und "Zone der nächsten Entwicklung),
– Gewährenlassen und Selbständigkeitsförderung
– "Fördern durch Fordern" (Vermittlung dosierter Diskrepanzerlebnisse zwischen Können und Wollen/Sollen).

Ich hatte an anderer Stelle (Gröschke 1985b; 1986b) den Vorschlag gemacht, das entwicklungs- und motivationspsychologische Konstrukt der *Kompetenzentwicklung* als Grundbegriff für die Heilpädagogik aufzugreifen. Bestimmt man den praktischen Aufgabenbereich der Heilpädagogik als "Entdeckung und Förderung kindlicher Kompetenzen" ist damit die *pädagogische* Intention heilpädagogischen Handelns besonders betont, vor eher medizinisch-reparativen oder psychologisch-psychotherapeutischen Sichtweisen und Praktiken. Der *Kompetenz*-Begriff stammt aus der Schule psychologischer Theorienbildung, die sich am organismischen Menschenbild orientiert (s. auch Kapitel 7.2.5.). *Jedes* Kind wird als ein von Geburt an selbstaktives, wahrnehmendes, lernendes und Erfahrungen strukturierendes Wesen angesehen; kindliches Verhalten ist von Anfang an informations- und reizaufsuchendes "epistemisches" Verhalten. Die offensichtlichen Verhaltensphänomene bei Kleinkindern, wie Neugier-, Explorations- und Spielverhalten, sind auf ein dem Organismus inhärentes Motiv zurückzuführen, das man *Effektanz-Motiv* nennt: Es motiviert Handeln um seiner selbst Willen. Die *emotionale* Selbstbestätigung durch selbstinitiiertes Handeln hat in dieser Sicht Vorrang vor der *instrumentellen* Funktion des Verhaltens (Bewältigung situativer Anpassungserfordernisse). Die angeborene Motivation auf die Umwelt einzuwirken, um antizipierte Effekte hervorzubringen, ist auf sensorische und vor allem sozial-emotionale Rückmeldung (Feedback) über die erzielten Handlungseffekte angewiesen; lerntheoretisch könnte man von "Verstärkung" sprechen. Hier treten dann die Handlungspartner des Kindes ins Spiel: Ihre Reaktion auf das kindliche Spontanverhalten bedeutet für das Kind Ermutigung, Bestätigung oder auch Demotivierung weiterer Erkundungs- und Bewältigungsanstrengungen. In diesem Wechselspiel von Aktion und Re-Aktion (Responsivität) in der frühkindlichen Dyade werden grundlegende *Bindungen* aufgebaut (oder auch verfehlt). Diese Kind-Umwelt-Bezüge in der Genese kompetenten Verhaltens gelten auch prinzipiell für das behinderte Kind oder für Schwerstbehinderte auf frühkindlichem Entwicklungsniveau. Wenn diese Personen schon ein eingeschränktes Niveau an Effektanz-Motivation aufgrund primärer Schädigung oder sensorischer Deprivation aufweisen, so ist der Erzieher um so mehr gefragt: Er hat dafür zu sorgen, daß die behinderte Person sich zunehmend als selbstaktiv Handelnden erlebt, indem er ihre latente Handlungsbereitschaft unter Einsatz seiner eigenen Person mit Geduld und Feinfühligkeit aktiviert, ermutigt und bestätigt.

In dieser kompetenztheoretischen Sichtweise können im Kindes- und Jugendalter häufig vorkommende Verhaltensstörungen (Aggressivität, Impulsivität, Ängste, Lernstörungen) als Resultate fehlender oder nicht aktualisierter Kompetenzen verstanden werden. Die pädagogisch-therapeutische Vermittlung von problemlösenden *Handlungsfähigkeiten* und die Stärkung des subjektiven Kompetenzbewußtseins („Selbstvertrauen") sind dann die geeigneten Interventionsformen. Diese Ansätze der sozial-kognitiven Verhaltensmodifikation rechnen jedoch weniger stark mit angeborenen Entwicklungsmotiven, die nur zur Entfaltung gebracht werden müssen, sondern versuchen eher direktiv, dem Kind fehlende kognitive und sozial kommunikative Fähigkeiten durch Übung und Vorbildwirkung (Modell-Lernen) zu vermitteln. Insofern setzen sie stärker auf die entwicklungsfördernde Rolle von Umwelteinwirkungen; ihr zugrundeliegender Entwicklungsbegriff ist deutlich sozialisationstheoretisch orientiert (s. Kapitel 7.2.4.).

Die von Piaget ausgehenden Konzeptionen einer hierarchisch-sequentiellen Entwicklung sensomotorischer und sozial-kognitiver Strukturen und Schemata nach einer organismus-immanenten "Entfaltungslogik" bergen eine gewisse individualistische Tendenz in sich: Sie sehen im Kind den *vereinzelten* und einsamen Problemlöser, der – mit einer widerständigen Aufgabensituation konfrontiert – im Wechselspiel seiner assimilatorischen und akkommodatorischen *Operationen* eine erweiterte kognitive Struktur aufbaut, die es ihm gestattet, die Aufgabe zu lösen, bis zum nächsten Punkt einer ungleichgewichtigen Person-Aufgaben-Kombination.

Erziehung stellt sich in dieser Sicht in erster Linie als Arrangement entwicklungslogisch strukturierter Aufgabensituationen dar, die das Kind dann letztlich selbständig (d. h.: allein) zu bewältigen hat. Von intensiver personal-dialogischer Kooperation von Kind und Erzieher ist in diesem Modell kaum die Rede. Erziehung hat sich eher passivisch den Prämissen einer gewissen Wachstumsideologie in der erziehungsphilosophischen Tradition von Rousseau unterzuordnen (Aebli 1984).

In der unterschiedlichen Gewichtung umweltabhängiger, aktiv erzieherisch einwirkender Momente auf die kindliche Entwicklung und umweltabstinenter, erzieherisch passiver Wachstumsvorstellungen zeigen sich nach Böhm (1985, 77ff) zwei grundsätzlich verschiedene Weisen des wissenschaftlichen Zugriffs auf Erziehung: die "naturoptimistisch-gesellschaftskritische Variante" richtet ihr Augenmerk auf die ontogenetische Entwicklung als biologoisch-psychischer Reifungsprozeß; die "naturpessimistisch-gesellschaftsaffirmative Variante" betont Erziehung als Sozialisationsprozess in und durch die soziale Umwelt. Für die erste Position steht paradigmatisch Rousseau, für die andere Durkheim. In der *Rousseauistischen* Tradition herrscht die Idee der "natürlichen Entwicklung" vor, in die so wenig wie möglich eingegriffen werden soll. In der soziologisch-sozialisationstheoretischen Sicht nach Durkheim ist Entwicklung Produkt der Erziehung und diese ein Werk der Gesellschaft, durch das die Heranwachsenden erst gesellschaftsfähig gemacht werden.

Beide Positionen sind sicherlich Extreme, die sich im Gang der Wissenschaftsentwicklung einander angenähert haben (z. B. moderne Interaktions- und Kommunikationstheorien, Hurrelmann und Jaumann 1985).

Indem der heilpädagogische Praktiker allerdings von Konzepten aus der einen oder anderen Theorietradition Gebrauch macht, muß er darauf achten, daß dadurch nicht unter der Hand eine einseitige Akzentsetzung ins Spiel kommt. Gerade die im Rahmen der Ansätze heilpädagogischer Übungsbehandlung verwendeten Konzepte stammen überwiegend aus der *Rousseau*-Tradition, auch wenn man es ihnen nicht immer auf den ersten Blick ansieht.

Das gilt ganz besonders ausgeprägt für die *Montessori-Pädagogik* mit ihrer leitenden Vorstellung von der Entfaltung eines "immanenten Bauplans" des Kindes, der sich in eine spezifisch "vorbereitete Umgebung" einfügt; das gilt auch für den in der romantischen Naturauffassung verwurzelten Fröbel, und das gilt für die zahlreichen heutigen an Piaget orientierten Wahrnehmungs- und Frühförderungsansätze (Gröschke 1988).

Da auch der von mir als basaler Wertbegriff für die Heilpädagogik favorisierte Begriff der *Person* und *Personalität* in seiner transzendenten Intention eher von den konkreten Umweltabhängigkeiten von Entwicklung und Erziehung abstrahiert (vgl. Kapitel 1.4.), brauchen wir für die heilpädagogische Praxis als *komplementäres* Korrektiv sozialpsychologisch-sozialisationstheoretische Leitideen, die von der Umweltbezogenheit, der *sozialen Abhängigkeit* und der sozial-*normativen* Steuerung von Erziehungs- und Entwicklungsprozessen ausgehen. Wenn *Normalisierung* und *soziale Integration* praxiswirksame Handlungsmaximen heilpädagogischer Arbeit sein sollen, dann muß der Heilpädagoge sich der sozial-gesellschaftlichen Einbindung seines erzieherisch-therapeutischen Geschäftes jederzeit bewußt sein.

Für eine den Aufgabenstellungen angemessene Konzeption von Erziehung und Förderung in der heilpädagogischen Praxis brauchen wir ein Entwicklungsmodell, wie es in letzter Zeit als *transaktionales, ökobehaviorales* Modell in der Entwicklungspsychologie erarbeitet wurde: Entwicklung als Handlung im sozialen Kontext. Die charakteristischen Elemente dieses Modells sind folgende:

a) Entwicklung wird verstanden als Ergebnis der selbstaktiven, intentionalen und zielgerichteten Handlungen der Person, sich mit ihren individuellen Zielen und Möglichkeiten an kontextuelle Anforderungen und Gelegenheiten anzupassen und diese zu bewältigen.

b) Solche Handlungen führen nicht nur zu Veränderungen *in der Person*, sondern auch zu Veränderungen *im Kontext* der Entwicklung. Die auf diese Weise induzierten Umweltänderungen bieten so ständig die Gelegenheiten für neue entwicklungsanregende Handlungen, so daß sich Entwicklung in *kreisprozessualen* Bewegungsmustern zwischen Person und Umwelt vollzieht.

Wir haben uns deswegen so relativ ausführlich mit dem Phänomen Entwicklung und darauf bezogenen Begriffen und Theorien befaßt, weil *Entwicklungsförderung* eine zentrale Praxisaufgabe in der Heilpädagogik ist und der Entwicklungspsychologie dabei eine grundlegende Bedeutung als Informations- und Orientierungswissenschaft zukommt, ohne daß heilpädagogische Praxis damit schon zur angewandten Entwicklungspsychologie erklärt werden könnte. Abschließend wären allerdings aus heilpädagogischer Sicht einige kritische Vorbehalte anzumelden: Entwicklung, so wichtig sie als Leitidee auch ist, darf nicht zu einem *Leistungsbegriff* werden. Gerade ihre Verquickung mit dem Begriff der *Persönlichkeit* zu Vorstellungen einer differenziert fortschreitenden *Persönlichkeitsentwicklung* nach Maßgaben hehrer Selbstverwirklichungsideen aus der Humanistischen Psychologie legt diese Gefahr nahe. Die Personengruppe der intensivbehinderten Menschen mahnt uns hier wieder zur Vorsicht und nüchternem Realismus. Was heißt hier Entwicklung angesichts anthropologischer *Grenzsituationen*, die nicht unseren landläufigen Erwartungen einer ständigen Vorwärts- und Aufwärtsbewegung entsprechen, sondern "wo es aufgrund von Abbauprozessen um ein allmähliches Abwärtsführen geht, wo bereits vorhandene Fertigkeiten von Monat zu Monat verschwinden, ohne daß der Erzieher einzugreifen vermöchte"? Siegenthaler (1983, 163) sagt hier zu Recht, daß in diesen Fällen Entwicklung nicht als ständiges *Werden* begriffen werden kann, sondern als hinzunehmende und zu ertragende "Verwandlung, als Anderswerden". Darin sieht er auch die Notwendigkeit begründet, unser Menschenbild in der Heilpädagogik *offen* zu halten, mit der paradoxen Situation zu leben, ein Menschenbild zu haben, das in gewisser Weise zugleich auch in Offenheit und Unabgeschlossenheit "bildlos" sein muß.

Ein weiterer Punkt ist zu betonen: Das für die heilpädagogische Praxis unverzichtbare *Individualisierungsprinzip* sollte unser Bewußtsein für die Wahrnehmung individuell höchst *unterschiedlicher* und letztlich ja *einzigartiger* Entwicklungsverläufe von Personen schärfen. Jeder hat seine *eigene* Biographie und entwickelt sich nach seinem *eigenen* Muster, auch wenn man im generalisierenden Blick der psychologischen Entwicklungstheorien im interindividuellen Vergleich viel gemeinsame und übereinstimmende Muster entdecken kann. Auch für die menschliche Entwicklung gilt die Maxime: Es ist normal, verschieden zu sein! (und sich verschieden zu entwickeln). Die Orientierung an *nomothetischen* Entwicklungsgesetzmäßigkeiten darf unsere *idiographische* Wahrnehmung des individuellen Einzelfalles nicht trüben.

Eine oben skizzierte Konzeption von Entwicklung als aktive Auseinandersetzung einer Person mit ihrer Welt wahrt eine gewisse Offenheit des Entwicklungsverlaufs, in dem auf die Postulierung eines idealen Endzustandes optimaler Persönlichkeitsentwicklung bewußt verzichtet wird. Hier stoßen wir auch wieder unausweichlich auf die *Leibgebundenheit* der menschlichen Existenz, auch was ihre Entwicklungsformen und -möglichkeiten betrifft. Die Leiblichkeit ist das Medium dieser Veränderung und Verwandlung des individuellen Lebenslaufs durch seine Zeit. In Zeiten und Zuständen von Gesundheit, Wachstum, Kraft und Stärke ist die Leiblichkeit positive *Erfüllungsgestalt* meiner Entwicklung; in Zeiten der Krankheit, Gebrechlichkeit und Hinfälligkeit ist sie genauso ihr natürliches *Grenzmedium*. Wittgenstein variierend kann man also sagen: Die Grenzen meines Leibes sind die Grenzen meiner Welt.

6.5. Spielen

> Spielen-Lernen ist zugleich ein Erlernen von Sachlichkeit, von Sach- und Selbstbeherrschung. Und wenn es auch noch Spaß macht – was wollen wir mehr
>
> (Hans Scheuerl)

Ist von *Spiel* und *Spielen* die Rede, denkt man im allgemeinen an das Kindesalter, für das diese beiden Phänomene als charakteristische Tätigkeitsformen gelten können. Doch Spielen ist darüber hinaus eine *Lebensform*, die als Grundmerkmal zum menschlichen Leben schlechthin gehört.

Auch bei Fink (1979) ist das Spiel ein "Grundphänomen", ein menschliches Existential und Co-Existential: "Das Spiel ist ein fundamentaler Zug unseres Daseins, der in keiner Anthropologie fehlen kann" (369). Spielerische Äußerungsformen sind basale Antriebskräfte menschlich-personaler Entwicklung: "Ohne das Spiel versänke das menschliche Dasein ins Vegetative" (370).

In der Kulturgeschichte läßt sich die Lebensform "Spiel als Bestandteil magischer, mythischer, ritueller, kultisch-religiöser oder höfischer Zeremonien und Praktiken bis in die Anfänge überlieferter Tradition zurückverfolgen. Spiele gehörten ebenso zum Alltagsleben des einfachen Volkes, sofern der harte Lebenserwerb Zeit frei ließ für Spiel, Feste und Feiern. In seinem erstmalig 1938 erschienen kulturhistorischen Werk hat Huizinga den "homo ludens", den spielenden Menschen, dem von der Naturgeschichte geschaffenenen "homo sapiens" und dem zivilisationsschaffenden "homo faber" gleichberechtigt zur Seite gestellt.

Huizinga wurde mit seiner kulturgeschichtlichen Untersuchung zu einem der wichtigsten Anreger der modernen humanwissenschaftlichen Spielforschung. Ich greife an dieser Stelle eine Aussage von ihm auf, mit der das Spiel als primäre Daseinsform im Sinne einer anthropologischen Konstanten qualifiziert wird. "Im Spiel haben wir es mit einer für jedermann ohne weiteres erkennbaren und unbedingt primären Lebenskategorie zu tun, mit einer Ganzheit, wenn es je etwas gibt, das diesen Namen verdient" (Huizinga 1956).

Spiel als Daseinsform ist universal und ubiquitär, es ist ein "Modell des Lebens" (Schäfer 1986). Sein jeweiliges So-Sein, die Formen und Funktionen des Spiels, sind natürlich kultur-, zeit- und lebensaltersgebunden. Spiel ist nicht nur "Modell", sondern sogar "archetypisches Symbol des Lebens": "Menschliches Dasein ist In-der-Welt-sein und als solches Spiel im Spielfelde der Möglichkeiten", so der katholische Religionsphilosoph Bernhard Welte (1975, zit. nach Schneider 1995, 135).

Für die philosophisch-pädagogische Anthropologie Weltes ist das Spielen neben Denken, Wollen, Glauben sogar ein gleich wichtiger Grundvollzug *personalen* und *copersonalen* Daseins, in dem vor allem die *ästhetische* Dimension Gestalt bekommt. So stellt das Phänomen Spiel den Anschluß her zur *ästhetischen Praxis* in unserem praxeologischen Modell von Pädagogik/Heilpädagogik (s. Kapitel 3.1.). Da Spielen ein "personaler Grundakt ganz eigener und unableitbarer Art ist" (Schneider 1995, 208), gehört es mit ins Zentrum einer *personalistischen* (s. Kapitel 1.4.) und *phänomenologisch* (s. Kapitel 6.1.) ausgerichteten Konzeption von Heilpädagogik. Im Sinne des berühmten Satzes von Schiller (1793/94), daß der "Mensch nur spielt, wenn er ganz Mensch ist, und nur ganz Mensch ist, wenn er spielt", bietet gerade auch das *Medium* Spielen wertvolle *pragmatische* Anknüpfungspunkte für ganzheitliche heilpädagogische Handlungskonzepte (s. Kapitel 7.2.3.).

Da wir uns in diesem Zusammenhang für Spielen als Grundphänomen in einem heilpädagogischen Verständnis interessieren, untersuchen wir an diesem kaum überschaubaren Komplex besonders die kindlichen *Spieltätigkeiten*. Die Spielformen der Erwachsenenkultur („Gesellschaftsspiele", "Glücksspiele") sollen hier nicht weiter verfolgt werden.

Als Verständigungsrahmen stellen wir den Überlegungen zum *Kinderspiel* die Rahmendefinition von Scheuerl (1981) voran, die – obwohl nicht unumstritten und allgemein gültig – doch nach wie vor aus phänomenologischer Sicht die Charakteristika von Spiel und Spielen umfassend beschreibt: "*Spiel, Spielen* ist ein Bewegungsablauf, der durch die Momente der Freiheit, der Ambivalenz, der relativen Geschlossenheit und besonderen Zeitstruktur und Realitätsbeziehung („innere Unendlichkeit", "Scheinhaftigkeit", "Gegenwärtigkeit") von anderen Bewegungsabläufen unterschieden werden kann.

Spieltätigkeiten sind dann dadurch definiert, daß sie solche Bewegungsabläufe erzeugen oder aufrecht erhalten" (Scheuerl 1981,

48). Das Moment der *Freiheit* meint *Zweckfreiheit*, Spielen als Selbstzweck, als intrinsisch motiviertes Geschehen; *Ambivalenz* bezieht sich auf den inneren motivationalen Spannungsbogen von Anspannung und Lösung („innerer Aktivierungszirkel", *Heckhausen*); *Geschlossenheit* (i. e. Spielfigur und "Spielraum"); *innere Unendlichkeit* (i. e. Selbstwiederholungstendenz, Ausdehnung in der Zeit); *Scheinhaftigkeit* meint den fiktionalen Charakter des Spiels und *Gegenwärtigkeit* schließlich die selbstvergessene Vertiefung im Hier-und-Jetzt des Spiels oder die wache Einhaltung der Spielregeln. Bemerkenswert ist bei Scheuerl die Auffassung von Spiel als gestaltetem *Bewegungsablauf*. Das deckt sich gut mit der grundlegenden Bedeutung, die wir dem Element der Bewegung beigemessen haben (vgl. Kapitel 6.3.).

Aus handlungstheoretischer Sicht stellt Oerter (1993) "Spiel als Handeln besonderer Art" dar, wobei dem Spiel drei konstitutive Tiefenmerkmale entsprechen:

- "Spiel als Handlung um der Handlung willen" (Selbstzweck des Spiels),
- Spiel als "neue Realitätskonstruktion" in der "eingebildeten Situation" (Imagination, Symbolisierung, "so-tun-als-ob"),
- Wiederholungstendenz und Ritualisierung („Funktionslust", "Flow-Erlebnis", Regelbindung und Variation).

Auch Oerter betont die *existenzsichernde* und *existenzsteigernde* Bedeutung des Spiels, seine zentrale Entwicklungsbedeutsamkeit für den allmählichen Aufbau von "Gegenstandsbezügen" und damit auch seine sozial-kulturelle *Bildungsbedeutsamkeit*.

Das Phänomen *Spielen* weist eine doppelte Eigenschaft auf, die bemerkenswert ist: Das Kleinkind *kann* von Anfang an spielen und muß zugleich spielen *lernen*. Spielen ist also ein kindliches Fundamentalphänomen, das – obwohl von Anfang an als Fähigkeit präsent – an *Entwicklung* und damit *Lernen* gebunden ist. Aus den frühkindlich präsenten spielerischen Aktivitäten entwickeln sich die differenzierten Muster des Spielens, durch die das Kind gleichzeitig basale Lern- und Entwicklungsschritte vollzieht. Für das kleine Kind ist das Spiel der vorherrschende Handlungstyp, sowie später für Heranwachsende und Erwachsene die *Arbeit* mehr zur Hauptform des Handelns wird. Die Bedeutung des Spiels für das frühe Kindesalter ist unumstritten: In dieser Zeit intensiver Lernfortschritte nimmt das Spielen im gesamten Verhaltensrepertoire des wachen Kindes topographisch und zeitlich einen hervorragenden Rang ein. Im Spiel und spielerisch verlaufen basale Wahrnehmungs- und Lernprozesse, die das Kind in näheren Kontakt zu seiner Umwelt bringen. Spielen-Lernen, Neues-Lernen im Spiel und spielerisch vollzogene Lernformen sind dabei die Hauptakzente des funktionalen Zusammenhanges zwischen kindlichem *Spiel* und kindlichem *Lernen*.

Man kann sogar behaupten, daß Spielen als "ontologisches Prinzip eine Grundbedingung für die Entwicklung des Lebens ist" (Röhrs 1983); es ist im Kindesalter die entscheidende "Schlüsselfunktion für die Aktivierung der Entwicklungsfähigkeit, für die Erschließung der *Bildsamkeit*" (59).

Der spielerische Umgang zwischen Eltern und Kind, die *soziale Interaktion*, ist die eigentliche Quelle des Kinderspiels. Das Spiel ist eine *Sozialform*, eine universelle Form sozialen Austausches. "Spiele vermitteln uns irgendwie ein Alphabet der menschlichen Gesellschaft", so der bekannte Spielforscher Sutton-Smith (1986, 72).

Der gesamte Phänomenbereich des Kinderspiels läßt sich allerdings nicht mehr im Rahmen einer einheitlichen *Spieltheorie* erfassen. Vielmehr existieren heute eine Vielzahl unterschiedlicher Einteilungssysteme und Theorieansätze, die jeweils Aspekte und Elemente dieser komplexen Form kindlicher Lebensäußerung thematisieren oder sich von verschiedenen methodischen Standorten aus mit dem Spiel befassen (Kreuzer 1983; Einsiedler 1991; Mogel 1991; Oerter 1993). Man kann ungefähr drei große Richtungen in der modernen Spielforschung unterscheiden:

a) den *phänomenologisch-anthropologischen* Ansatz, der die Wesenselemente dieser Lebensform beschreibt und anthropologisch deutet,

b) den *sozial-kognitiven* Ansatz, der das Kinderspiel als Element und Durchgangsphänomen der kindlichen Persönlichkeitsentwicklung untersucht und

c) den *therapeutischen* Ansatz, wo aus der Perspektive der verschiedenen Psychotherapie-Schulen Spiel als Mittel und Medium der Kindertherapie eingesetzt und begründet wird (vgl. zusammenfassend van der Kooij 1986).

Die primäre Nahumwelt, die das Kleinkind in Erfahrung bringt, ist zunächst sein eigener Körper. Spielen mit den eigenen Körperteilen, den Händen und Füßen, ist die erste Spielform, die man bereits in den frühen Entwicklungsmonaten des Kleinkindes beobachten kann. Wie schon am Phänomenbereich "Leiblichkeit" gezeigt, kann man sagen, daß das Kind durch dieses Körperspiel seinen Körper zunehmend "verleiblicht", es erfährt ihn als tast-

und bewegbaren Gegenstand und zugleich als Teil seines Selbst, das spürt und sich bewegt, sowie Lust und Schmerzen erlebt. Dieses "spielerische Einüben, Funktionalisieren und Koordinieren der Körperlichkeit und der Sinnesfunktionen" (Röhrs 1983, 61) über *Bewegungsspiele* regt das Kind dann zu weiteren explorativen Aktivitäten an.

Exploration als Vorläufer und Frühform des kindlichen Spiels befähigt das Kind, sich zunehmend in den sozialen und objektalen Dimensionen seiner Welt zu orientieren und sich diese Welt aktiv anzueignen. Eine stabile, sicherheitsstiftende *Bindung* zu einer konstanten Betreuungsperson ist allerdings eine unabdingbare Voraussetzung von Explorations- und Spielbereitschaft, die Existenz eines "entspannten Feldes". Die Entwicklungsreihe verläuft dabei vom "was ist das?" der sinnlichen Orientierungsreaktion und des Explorationsmotivs zum "was kann ich damit machen?" des *Funktionsspiels* mit den eigenen Händen und Füßen, später dann mit einem und dann mehreren Spielobjekten. Diese ontogenetische Veränderungsreihe der Verhaltensentwicklung von orientierenden, explorativen zu komplexeren spielerischen Aktivitätsformen verläuft beim behinderten (körperlich- oder sinnesgeschädigten) Kind ähnlich, wenn auch *verzögert* und darum besonders unterstützungsabhängig. Sie ist eingebunden in die Entwicklungssequenz der kindlichen Wahrnehmung und Kognition (Gröschke 1991a, b).

Spielen hat eine betont *aktivitätsregulierende* Funktion, worauf bereits Montessori mit ihrem Prinzip der "Polarisation der Aufmerksamkeit" hingewiesen hatte. Die durch eine physische Schädigung bedingte oder eine sozio-emotionale Deprivation verstärkte mangelnde Spontanaktivität oder aber ungesteuerte Bewegungsunruhe (Hyperkinetik) eines behinderten Kindes machen eine gestalt- und ordnunggebende, aktivierende oder beruhigende Einwirkung auf das Kind notwendig, um die entwicklungsblockierende Ausgangslage des kindlichen Aktivitätsniveaus langsam in selbstorganisierte Anpassungsreaktionen überzuführen. Hierbei ist das *gemeinsame, angeleitete* Spiel ein geeignetes Medium. Die etwa für ein Kleinkind mit einem Down-Syndrom oder mit angeborenen neuromuskulären Störungen („floppy-infant") typische muskuläre Hypotonie macht eine basale Aktivierung von *Orientierungsreaktionen* auf Reize der dinglichen und sozialen Umwelt zu einer vordringlichen Aufgabe der Frühförderung dieser Kinder, in die sich Ergotherapie, Physiotherapie und Heilpädagogik teilen.

Die Ausbildung eines stabilen *Seh-Greif-Schemas* (bzw. Hör-Greif-Schemas bei blinden Kindern, Brambring 1993) ist dabei ein wichtiger Entwicklungsbaustein. Zunächst ist die auf den eigenen Körper, später auch auf Spielobjekte bezogene Aktivierung des *Explorationsmotivs* eine entscheidende heilerzieherische Aufgabe, die dann, wie oben schon ausgeführt, in gemeinsame Spielsequenzen übergeleitet werden kann. Die gezielte heilpädagogische Befähigung zum Spielen-Können ist für das behinderte Kind *Lebenshilfe* im ganz elementaren und basalen Sinn.

Von den zahlreichen Versuchen, der Komplexität und Polyvalenz des Phänomens "Kinderspiel" definitorisch gerecht zu werden, führen wir die Merkmale an, die Hering (1979, 79ff) aus pädagogischer Sicht am Spiel bestimmt, sie ergänzen Scheuerls und Oerters Aussagen.

– Spiel als der aus der übrigen Wirklichkeit ausgegrenzte Bereich (fiktionaler, als-ob-Charakter des Spieles, "make believe"); Spiel als Prozeß der symbolischen Auseinandersetzung mit der materialen und sozialen Umwelt (Spiel als kindliche *Handlungsform*)
– Spiel als Reflex der umgebenden, Resultat der vergangenen und Vorgriff auf zukünftige Wirklichkeit (Spiel als *personaler Integrationsort* von Vergangenheit, Gegenwart und Zukunft)
– Spiel als Modus des Erlebens und der Perzeption von Wirklichkeit (die Person schafft und erlebt im Spiel ihre *subjektive* Welt).

Zum erstgenannten Merkmal (Spiel als *andere* Wirklichkeitssphäre) ist allerdings anzumerken, daß es erst für ein fortgeschrittenes Stadium der Spielentwicklung gilt (für die Phase des Symbol- oder Fiktionsspiels etwa ab dem zweiten Lebensjahr, nach dem Erwachen der kindlichen Symbolisierungsfähigkeit).

In der Zeit des Kleinkindalters ist das Spiel die für das Kind gültige Form der Wirklichkeitserfahrung; eine endgültige Differenzierung in eine "reale" und eine "imaginäre", symbolische Wirklichkeitssphäre hat noch nicht stattgefunden. Der Wirklichkeitssinn des jüngeren Kindes ist ein "magischer Realismus". Spielgegenstände sind in dieser Phase wichtige "Übungsobjekte" (Winnicott) im "intermediären Raum" von Kind und Welt.

Ein weiteres Merkmal: "Spiel als Integrationsort persönlicher Vergangenheit, Gegenwart und Zukunft" (s. o.) verdient nähere Beachtung. Dieses Charakteristikum verleiht dem Spiel seine besondere Bedeutung als *personales* Gestaltungs- und Ausdrucksmedium: Auch wenn es möglich ist, am Spiel des Kindes allgemeine, vielleicht sogar universale Merkmale und Aspekte zu beschreiben und Spielentwicklungssequenzen und Spielformen zu klassifizieren, ist nicht zu übersehen, daß jedes Kind doch auf seine *eigene* und einzigartige Weise spielt. Kein Spiel eines Kindes ist identisch mit dem eines anderen.

Vor allem in psychoanalytischer Perspektive wird betont, wie sich die unbewußt gewordenen Ablagerungen früher biographischer Erlebnismuster des Subjekts über das Medium der Phantasie im Spiel reaktivieren lassen, wie der "Spielraum" (Winnicott) zu einem einzigartigen Modell der Beziehung des Subjektes zu seiner Welt wird, in dem das lebensgeschichtlich bedingte subjektive Moment in gestalterische Interaktion tritt mit den Elementen der umgebenden Welt (Schäfer 1986; Oerter 1993).

In dieser biographischen Fundierung liegt ja auch das Potential für den therapeutischen Einsatz des Kinderspiels oder auch des Psychodramas im Erwachsenenalter. Es spielt immer die *Person*, wie sie durch ihre je einzigartige Lebensgeschichte konkret geworden ist.

Auch wenn man sich in der heilpädagogischen Spielförderung oder -behandlung an Phasenmodellen der Spielentwicklung orientiert, darf man nicht nivellierend über die persönlich einzigartige Weise der Spielgestaltung eines konkreten Kindes hinwegsehen, auch wenn sein Spielverhalten sonst typische Kennzeichen einer bestimmten Entwicklungsphase diagnostisch zu erkennen gibt.

Dem Spiel ist darüber hinaus eine polare Spannung zwischen Gegenwart und Zukunft eigen (Gröschke 1988). Diese dialektische Spannung hat bereits Schleiermacher "im Spiel" gesehen (in doppelter Bedeutung des Wortes): Die Spannung zwischen *Erfülltheit des Augenblicks* und *Vorbereitung auf die Zukunft*. Für das Kinderspiel gilt zugleich das Moment der Freiheit von externen Zwecksetzungen, das Spielen aus reiner Freude am spielerischen Tun, aber doch enthält das Spiel des Kindes auch *übende* Elemente, über die sozusagen nebenher basale Fähigkeiten für spätere Problemlösungen erworben werden.

Zum Verhältnis von Spiel im Modus der Gegenwärtigkeit und Vorübung für die Zukunft, worin sich ihm zugleich das Verhältnis von Individualität und Sozialität, Freiheit und Ordnung ausdrückt, schreibt Schleiermacher (1966, 247):

"Man muß die Kinder also gar nicht auf eine solche Weise freilassen, daß die spielende Lebenstätigkeit übungslos wird, denn eine regellos spielende Tätigkeit kann auf keine Weise entwickelnd sein. Auch ihr Spiel muß unter einer Regel stehen und eine Regel darstellen; man muß demnach die Kinder immer auf einen Weg führen, wo ihre Tätigkeit einen realen Gehalt bekommt" (s. auch Bollnow 1986).

Die einfachste Regel für eine Spielform ist ihre *Wiederholung*, wodurch die darin enthaltenen Fähigkeiten sensomotorischer, kognitiver oder sozial-kommunikativer Art zugleich eingeübt werden, ohne daß dem Kind diese Übung als solche störend bewußt würde. Im Zusammenhang von *Spielen* und *Üben* ist nun bemerkenswert, daß sich selbst im frei und ungezwungen wirkenden Funktions- oder Gestaltungsspiel auch schon des kleinen Kindes sehr schnell eine Art "Wiederholungszwang" einstellt, nämlich das beharrliche Wiederholen und Üben einer funktionalen Verrichtung bis zu ihrer Befriedigung auslösenden Meisterung.

Hier zeigen sich besonders enge Verknüpfungen von funktionellem sensomotorischen Üben und motivationalen und emotionalen Erlebnisprozessen von Selbstwirksamkeit und Selbstwert in einem die ganze Person umgreifenden Sinne. Dieser ins Spiel eingebaute selbstauferlegte "Zwang" zum steten übenden Wiederholen bis zum spielenden *Können* wirkt wie eine "List der Natur", die im Medium des Spiels die Vervollkommnung des Individuums anstrebt (Röhrs 1983, 62). Piaget betont in diesem Zusammenhang die *assimilatorischen* Prozesse der funktionellen Übungsspiele des Kleinkindes.

Im Phänomen "Spiel" ist die polare Spannung, man kann auch nach Scheuerl von *Ambivalenz* sprechen, von Spiel und *Ernst*, Spiel und *Wirklichkeit*, Spiel und *Lernen/Arbeit*, Freiheit und *Bindung* immanent enthalten. Besonders sensibel hat Fröbel diese Polarität von Freiheit und Bindung, Gestalt und Prozeß erfaßt. Aus ihr gewinnt das Spiel seine eigentliche Faszination. In seinem Aufsatz über den Ball als Spielgabe an das Kind schreibt er: "Die Wirkung nie schwindender Anziehung des Spiels liegt in der innigen Wechseldurchdringung von Gesetz und Freiheit und Leben zu einer in sich einigen Erscheinung" (Fröbel zit. in Nohl 1958, 78).

Die Polarität in der Einheit kann zur Polarisierung, d. h. Vereinseitigung eines Aspektes, verzerrt werden, wenn das Spiel einer totalen Didaktifizierung unterliegt, etwa wenn es zu reinen "Lernspielen" verzweckt wird. Spiel, bzw. Spielen ist keine *Methode* direkter pädagogisch-psychologischer Verhaltensbeeinflussung oder -modifikation. Dieses Monitum ist gegenüber der heilpädagogischen Übungsbehandlung oder Spielbehandlung durchaus angebracht, wo das Spiel mitunter mit einem Lernzielkatalog überfrachtet wird.

Wenn das ins Spiel "eingebaute" Element *Übung* betont wird, nähert man sich der lerntheoretischen und sozial-kognitiven Sichtweise: Das in einem emotionalen und sozialen Schonraum vom Ernstfall entlastete *Ausprobieren* von Teilfähigkeiten und Aktivitätsroutinen, die später in komplexere Handlungsprogramme eingefügt werden, ist in dieser theoretischen Sicht die zentrale Funktion des Spiels. Dieses "mastery play" (Bruner) birgt in sich einen selbstverstärkenden motivationalen Mechanismus, ähnlich dem Kompetenzmotiv, indem es die Verhaltensaktivität im Bewegungsablauf durch das Erlebnis der selbstaktiven Meisterung und der inhärenten "Funktionslust" (K. Bühler) aufrechterhält. In der sozial-kognitiven Lerntheorie gilt dieses Erlebnis von Selbstwirksamkeit ("self-efficacy", Bandura) als wirkmächtigster Verstärker des Verhaltens (Gröschke 1985b; 1992b).

Bruner (1987) betont die nicht zu übersehende interaktive und sozial-kommunikative Dimension von Spiel und Übung. In seiner empirischen Analyse des Sprachentwicklungsprozesses im ersten und zweiten Lebensjahr hat Bruner sehr schön herausgearbeitet, wie im Rahmen spielerisch-strukturierter Interaktionssituationen (Funktions- und Versteckspiele) zwischen Erzieher und Kind das vorsprachliche Kind langsam in den Gebrauch der *Sprache* eingeführt wird, indem es lernt, wie man mit Worten Dinge begleiten und zunehmend auch bewirken kann. "Ein Spiel ist auf seine eigene Art eine kleine Proto-Konversation" (Bruner 1987, 38).

Als Analyseeinheit für diese Transaktionsmuster zwischen Erzieher und Kind führt er den Begriff des "Formats" ein; er versteht darunter "ein eingespieltes, standardisiertes Ablaufmuster von Handlungs- und Redeaktivitäten zwischen Kind und Erwachsenem. Häufig handelt es sich dabei um kleine Spiele, in welchem die Rollenzuteilung an Kind und Erwachsenen im Laufe der Entwicklung variabel wird (was gerade durch die Standardisierung der Rollenstruktur an sich erleichtert wird)" (Bruner 1987, 131). Die Bedeutung dieses Ansatzes für eine spielpädagogische und handlungsorientierte *Sprachförderung* retardierter Kinder ist erst in Ansätzen erschlossen (Wohlfarth 1985; Oerter 1993; s. auch Kapitel 7.2.6.).

Zum Abschluß dieses Kapitels über die Bedeutung des Spielens als Grundphänomen menschlichen Lebens soll noch eine *Klassifikation* von kindlichen Spielformen vorgestellt werden, die für die heilpädagogische Praxis der *Spielförderung* heuristisch tauglich sein sollte. Die Einteilung nach Phasen der kindlichen Spielentwicklung erfolgt in orientierender Absicht und unter dem Vorbehalt, daß davon losgelöst jedes Kind, auch jedes geschädigte/ behinderte, sich personal einzigartig in seinem konkreten Spielverhalten verwirklicht. Für die heilpädagogische Praxis der Spielförderung, vor allem im Bereich Frühförderung oder Schwerstbehindertenförderung, sind besonders *sensomotorisch* orientierte Spieltheorien bedeutsam. Fehlentwicklungen von *Wahrnehmung* und *Bewegung* sind in diesem Bereich ja erwiesenermaßen von basaler Bedeutung für behinderte Entwicklungsverläufe, auch für Beeinträchtigungen der Spielentwicklung. Entsprechend sind hier auch heilpädagogische Ansätze elementarer Förderung zum Spielen und durch Spielen zu suchen. Sensomotorisch akzentuierte Spieltheorien stammen in erster Linie von Charlotte Bühler und Jean Piaget (Einsiedler 1991).

Die Spielformen im Kindesalter nach Ch. Bühler:

Das elementare Bedürfnis zur Beherrschung des Bewegungsapparates in den ersten Lebensmonaten ist der antreibende Impuls für die Entwicklung von Spielformen. Aus diesen körperbezogenen Bewegungsspielen entwickeln sich dann einerseits Fiktions- und andererseits Konstruktionsspiele. Entsprechend kommt *Bühler* zu folgender Klassifikation von Spielen im Kleinkindalter:

a) *Funktionsspiele*: Es sind dies zunächst spielerische Bewegungen und Erkundungen des eigenen Körpers in seiner Funktionstüchtigkeit, später dann Hantierungen an Gegenständen. An dieser frühkindlich-primären Spielform wird deutlich, daß das Spielen seine Wurzeln im *Bewegungsverhalten* und in der *Leiblichkeit* hat. *Bühler* merkt dazu an: "Nicht das gegenständliche Material wird geformt, sondern geformt wird mit und an dem Material eine Bewegung, eine Funktion".

b) *Fiktionsspiele*: Auf diesem Niveau (auch Illusionsspiel genannt) gibt das Kind den ausgeführten Funktionen einen Sinn und eine *Bedeutung*. Sie werden nicht nur der "Funktionslust" wegen immer wieder neu ausgeführt, sondern sie stellen etwas dar und drücken eine bewußte Intention aus (z. B. mit der Puppe spielen, *als ob* sie ein Kind wäre). Hier zeigt sich die Spielhandlung als Ausdruck der individuellen *Phantasietätigkeit*. Das Spiel ist *objektivierte* Phantasie. In den Spielprodukten (Objektivationen) repräsentiert sich die Subjektivität des Spielers.

c) *Rezeptionsspiele*: Im Rahmen dieser spielerischen Aktivitäten eignet sich das Kind beobachtend interessante und wichtige Dinge seiner Umwelt durch die Rezeption kindgerechter Medien an, indem es z. B. Bilderbücher ansieht, Geschichten, Märchen oder Kinderlieder anhört, zuschaut, wie andere etwas vormachen. Es handelt sich dabei durchaus um eine Aktivität, denn das Kind zeigt bald spontane Tendenzen zur *Nachahmung* (Nachahmung durch Lernen am Modell).

d) *Konstruktionsspiele*: Bei diesen serialen Spielhandlungen kommt es zu ersten produktorientierten Leistungen, durch die das Kind etwas *herstellt* und etwas darstellt. Aus Teilen etwas bauen, kann als Prototyp des konstruktiven Spielens gelten. Diese Spielform zeigt fließende Übergänge zu werkschaffenden *Arbeitsprozessen*.

Die Klassifikation der Spielformen nach Piaget:

In Piagets Entwicklungstheorie steht die Entwicklung der *kognitiven* Strukturen (des Denkens) eindeutig im Zentrum der Aufmerksamkeit. Seiner Spieltheorie wurde deshalb auch der Vorwurf gemacht, Spielen lediglich auf eine Vorform des Denkens reduziert zu haben, nach dem Motto: das Kind spiele, solange es nicht zu operativen Denkformen in der Lage sei; Spiel werde so zu einer "absterbenden Variante der Intelligenz". Für Piaget ist frühkindliches Spiel Vorherrschaft der *Assimilation* über die *Akkomodation*. Letztere dominiert im Nachahmungsverhalten (Imitation) (Piaget: "Nachahmung, Spiel und Traum", 1969). Erst im ausgebildeten Intelligenzakt sind Assimilation und Akkomodation synchronisiert (Äquilibration der kognitiven Struktur).

Im Spiel der sensomotorischen Phase wird ein Objekt an ein bereits bestehendes Schema assimiliert, ohne daß seine objektiven Eigenschaften beachtet würden; ähnlich wie bei Bühler ist bei Piaget das Spiel ein Einüben sensomotorischer Handlungsschemata mit der betonten Tendenz, durch Interiorisation („Verinnerlichung") zu einer Beschleunigung der Handlungsmöglichkeiten durch entwickeltes Denken zu kommen. Die Entwicklungssequenz des Spielverhaltens deckt sich mit den beiden ersten Phasen der kognitiven Entwicklung: der Phase der sensomotorischen Intelligenz und der Phase des präoperationalen Denkens. Bis zum Alter von etwa sieben Jahren unterscheidet Piaget drei große Arten des Spiels, die er nochmals stadienspezifisch unterteilt („Übung, Symbol, Regel").

a) *Das sensomotorische Übungsspiel* (zwischen null bis zwei Jahren); es entspricht im wesentlichen dem Funktionsspiel Bühlers.

b) *Das Symbolspiel* („so tun als ob"); ihm liegt das Vorhandensein von Ansätzen der Vorstellungskraft (Symbolisierungsfähigkeit) des Kindes zugrunde (z. B. Vorstellung eines abwesenden Objektes (Objektkonstanz). Dem symbolischen Spiel spricht Piaget für die weitere Übung des vorstellenden Denkens dieselbe Funktion zu, wie dem sensomotorischen Übungsspiel für das Training der Sensomotorik.

c) *Das Regelspiel*: Auf der Basis gegenseitiger Übereinkunft zweier Spielpartner werden Regeln eingehalten, die den Spielablauf strukturieren und die spezifische Erlebnisqualität des Spiels garantieren. Dieser Spieltyp ist eindeutig *sozial* akzentuiert; er setzt beim Kind ein Bewußtsein von der Bedeutung sozialer Normen voraus (*Dezentrierung* und *Perspektivenwechsel*) und damit eine – zumindest ansatzweise – Überwindung seines Egozentrismus im Prozeß der Sozialisation. Allerdings ist nicht erst das Regelspiel eine *soziale* Spielform. Bereits die sensomotorischen Funktionsspiele entstehen aus spielerischer Interaktion und werden durch diese aufrecht erhalten und ausgebaut. Es sind bereits prototypische "Rollenspiele", in denen sich beide Spielpartner wechselseitig nachahmen (beide lernen "am Modell").

Bringt man die besonders von Piaget und Bühler bestimmten Grundformen des Kinderspiels in ein Übersichtsschema, so ergibt sich folgendes Bild (Abb. 12), das ich mit kleinen Modifikationen dem Beitrag von Stuckenhoff im Band 1 des "Handbuchs der Spielpädagogik" (1983, 190) entnehme.

Die Altersangaben sind, wie immer in der Entwicklungspsychologie, *Richtwerte* im Sinne von Durchschnittsnormen; gerade bei einem so deutlich subjektiv getönten Verhaltensphänomen wie dem kindlichen Spiel gibt es beträchtliche interindividuelle und intraindividuelle Unterschiede, die als normal zu gelten haben. Für die heilpädagogische Praxis ist das Modell der Spielentwicklung als Heuristik gemäß dem "normativen Entwicklungsmodell" zu verwenden, d. h. die heilpädagogische Spielförderung (z. B. im Praxisfeld Frühförderung) sollte sich an solchen Sequenzmodellen diagnostisch und didaktisch orientieren, ohne sie rigide zu imitieren oder praktisch zu exekutieren.

6.6. Lernen

In unserer Reihe von Grundphänomenen menschlichen Daseins sind die zugeordneten *Begriffe* auf verschiedenen Abstraktionsebenen angesiedelt. Während Leiblichkeit, Bewegung und Spielen unmittelbar sichtbare und erfahrbare Sachverhalten bezeichnen, ist z. B. Entwicklung ein theoretischer Sammelbegriff für die Lebensphänomene, die nicht direkt wahrnehmbar, sondern aus Verhaltensänderungen über die Dimension der Zeit *erschlossen* werden müssen.

Ähnlich verhält es sich mit dem Begriff *Lernen*. Auch er steht für Erscheinungen, die nicht unmittelbar sinnlich zugänglich sind, die vielmehr ebenfalls aus bestimmten Verhaltens- und Erlebnisindikatoren erschlossen werden müssen. Der Lernbegriff ist für Psychologie und Pädagogik von zentraler Bedeutung; er ist ein Grundbegriff beider Disziplinen. Entsprechend vielfältig und komplex sind auch die psychologischen und pädagogischen Ansätze einer systematischen Beschreibung, Erklärung und Voraussage von menschlichen Lernprozessen im Rahmen von Erziehung und Sozialisation.

Für Entwicklung und Lernen ist *Veränderung* das gemeinsame Kennzeichen. Unterschiedlich ist jeweils die zeitliche Erstreckung

Grundformen	Beispiele
I. Sensomotorische Übungsspiele ab. 3. Lebensmonat	
1. Spiele der Funktionslust	a) Spiele mit den eigenen Gliedmaßen b) Spiele mit der Stimme c) Spiele mit Gegenständen (Aufforderungscharakter)
2. Spiele der Neugier und des Erforschens	a) Spiele mit Gegenständen der weiteren Umwelt b) Neugier-getragene Spiele zur Erforschung der häuslichen (familialen) Umwelt und der in ihr befindlichen Gegenstände
3. Spiele des Veränderns, des Formens und Umformens	a) Spiele mit Sand und Wasser, Matsch b) Spiele mit einfachen, formbaren Materialien c) Spiele mit Zeichen-Materialien, um Striche, Kreise zu produzieren, also zu kritzeln d) mit dem Ziel etwas zu zerreißen, umzustoßen, um es zu verändern
II. Symbolspiele/Fiktionsspiele ab 16./17. Monat	
1. Erwachsenen-Imitation	a) Rollenspiele (Vater-Mutter-Kind etc.) b) Arbeitsspiele (Gartenarbeit, Berufsspiele, Kinderessen)
2. Spiele des Sich-groß-Zeigens	a) Spiele der Ich-Stärkung (z. B. sich vor anderen produzieren) b) Spiele einfacherer Mutproben, also Spiele mit einem gewissen Risiko (z.B. über einen Baumstamm balancieren)
3. Spiele mit Wettkampfcharakter	Spiele des Sich-Vergleichens (z. B. Wer wirft am weitesten? wer läuft am schnellsten?
Konstruktionsspiele ab 16./17. Monat	
1. Spiele einfachen Konstruierens	Spiele mit Baucharakter (z. B. Auftürmen von Bausteinen)-prozeßorientiert
2. Bau- und Bastelspiel	Planvolles Bauen und Basteln – produktorientiert
III. Regelspiele im 5. Lebensjahr langsam beginnend, mit allen Konsequenzen erst zwischen dem 7. und 11. Lebensjahr	
1. Kooperative Wettspiele	Spiele mit bindender Regelung z. B. Räuber u. Gendarm, Reise nach Jerusalem, Ballspiele, Laufspiele
2. Tänze, Singspiele, Abzählreime	z. B. Reigen, Kreisspiele, Ritualspiele
3. Gesellschaftsspiele	Brett-, Karten-, Würfelspiele

Abb. 12: Klassifikation von Kinderspielen (nach Stuckenhoff 1983, 130)

der gemeinten Veränderungsprozesse: *Lernen* steht für eher aktuelle und kurzfristig erfolgende Verhaltensänderungen, *Entwicklung* für langfristige biopsychosoziale Veränderungsreihen. Wiederum gemeinsam ist beiden Grundsachverhalten, daß sie aus Verhaltensindikatoren *erschlossen* werden müssen. Entwicklungs- und Lernphänomene können jedoch nicht ausschließlich nur auf der Verhaltensebene befriedigend erklärt werden, sondern beziehen sich letztlich auf "dahinterliegende" generalisierte Dispositionen, Kompetenzen, Motive, Werte und Normen, die im Laufe der ontogenetischen Entwicklung der Person von dieser *gelernt* werden.

In formaler Hinsicht kann man folgende Möglichkeiten von Veränderung unterscheiden (nach Flavell zit. in Montada 1982, 59ff):

a) *Addition* neuer Elemente und Strukturen zu den bereits existierenden (z. B. Wortschatzzuwachs)
b) *Substitution* als Ersetzen einer früheren Funktion durch eine "reifere" (z. B. krabbelt das Kind nicht mehr sobald es frei laufen gelernt hat)
c) *Modifikation* als *qualitative* Verbesserung einer Verhaltensform nach einem bestimmten Wertkriterium (z. B. das Sublimierungstheorem der Psychoanalyse: Neugier und Wissensstreben als Sublimierung libidinös-aggressiver Strebungen)
d) *Differenzierung* im Sinne einer Verfeinerung von Elementen und Strukturen (z. B. Begriffsdifferenzierung: "Tier" nach Merkmalen wie "Säugetier, Raubtier, hundeartig, Wolf" usw.; Gefühlsdifferenzierung: aus diffusen Lust-Unlust-Gefühlen werden einzelne Emotionen)
e) *Hierarchische Integration*: Sinnvolle und funktionale Verknüpfung von Elementen und Formen zu immer komplexeren Ganzheiten (z. B. sensorische Integration im Aufbau sinnvoller Wahrnehmungsakte, Erwerb von Heuristiken und Problemlösungskompetenzen).

Die verschiedenen Varianten der psychologischen *Lerntheorien* akzentuieren dabei unterschiedliche Aspekte und Formen dieser Veränderungsmuster (z.B. sensomotorische, instrumentelle oder kognitive Lernformen und -produkte).

Was versteht man nun aber *allgemein* unter Lernen? Wenn es als menschliches *Grundphänomen* gelten soll, muß ein allgemeines Begriffsverständnis existieren, auf das sich die verschiedenen theoretischen Erklärungsversuche dann im einzelnen beziehen können.

Als Rahmendefinition hat sich in der Lernpsychologie folgende Konzeption von Lernen verbreitet: Man versteht darunter eine *Veränderung* im *Verhalten* oder im *Verhaltenspotential* eines Subjekts in einer bestimmten *Situation*, die durch wiederholte *Erfahrungen* des Subjektes in dieser Situation hervorgerufen wurde und die nicht durch angeborene Reaktionsbereitschaften, Reifung oder zeitweilige organismische Zustände (z. B. Ermüdung, Drogeneinfluß usw.) erklärt werden kann (Hilgard und Bower zit. nach Weidenmann und Krapp 1986, 114). Allerdings geht mit dieser Rahmendefinition schon eine gewisse behavioristisch akzentuierte Ausrichtung auf das *äußere* Verhalten einher (Kriterium der Verhaltensänderung).

Im pädagogischen Sinn muß man Lernen allerdings auch unter dem Aspekt der Selbstentfaltung von *Innerlichkeit* betrachten. Lernen ist zugleich ein innerer und äußerer Prozeß der Vermittlung zwischen Organismus und Umwelt, Subjekt und Objekt. Ich zitiere deshalb an dieser Stelle die pädagogische Arbeitsdefinition von Lernen, die Derbolav (1987, 101) vorgeschlagen hat:

"Wir werden also Lernen in psycho-physisch neutraler Weise als produktiven Leistungsaufbau kennzeichnen müssen, der Innerlichkeit (Verstehen, Einsicht) und Äußerlichkeit (Verhalten und Haltung) übergreift und dabei auch Einwirkung und Selbsthervorbringung zu einer dialektischen Struktur verbindet."

In allen Lerntheorien herrscht darin Übereinstimmung, daß der Lernprozeß unter motivationalen Gesichtspunkten primär durch ein *Diskrepanz-* oder *Konflikterlebnis* im Umgang mit der Umwelt in Gang gesetzt wird, mit der Tendenz einer Wiederherstellung der gestörten Harmonie oder des Gleichgewichts auf einer neuen Stufe. Sowohl in den kognitiven Äquilibrationstheorien als auch in der psychoanalytischen Lerntheorie ist dieses Konfliktmoment Motor des Lernens.

Die drei "klassischen" Lerntheorien der Psychologie (*klassisches* oder *respondentes* Konditionieren, *operantes* und *Modell-*Lernen) beschreiben, wie Situations- oder Umweltaspekte (Stimuli, Reize) mit Verhaltensänderungen (Reaktionen auf seiten der Person) systematisch zusammenhängen. Aus der Kenntnis entsprechender *funktionaler* Zusammenhänge oder Gesetzmäßigkeiten eröffnen sich praktische Anwendungsmöglichkeiten, Lernprozesse durch systematische Kontrolle und Manipulation der Reizbedingungen planmäßig auszulösen und zu steuern (s. auch Gröschke 1992, 165ff).

In der heilpädagogischen Praxis haben sich seit längerer Zeit Ansätze der lerntheoretisch begründeten *Verhaltensmodifikation* ausgeweitet, die eine Intensivierung der Förderprozesse sowie das Um- und Neulernen problematischer Verhaltensweisen versprechen (s. Kapitel 7.2.4.). Zur Systematisierung der verschiedenen Arten und Formen menschlichen Lernens hat Gagné (1980) eine *Taxonomie* von Lerntypen entwickelt, die auch praktisch-pädagogisch bedeutsam ist. Er unterscheidet acht Lernarten und ordnet sie in einer Hierarchie so an, daß die höheren Lerntypen jeweils die darunterstehenden entwicklungspsychologisch voraussetzen. Diese Lernformen bilden Elemente und Fragmente komplexerer menschlicher Fähigkeiten, deren Aufbau sie gewährleisten.

Typ 1: *Signallernen*: Das Individuum lernt eine allgemeine, diffuse Reaktion auf einen Alarm- oder Signalreiz. Positiv bewertete Reize lösen Hinwendungsreaktionen aus, negativ bewertete Angst- und entsprechend Flucht- oder Vermeidungstendenzen. Voraussetzung auf seiten der Person ist eine basale Antwortbereitschaft, die primär reflektorisch begründet ist (im Sinne einer "reaktiven Spontaneität"). Durch häufige *Wiederholungen* (Übung) und räumlich-zeitliche *Kontiguität* kommt es zu dauerhaften Reiz-Reaktions-Verknüpfungen, die Pawlow erstmals als "klassisches Konditionieren" beschrieben hat.

Typ 2: *Reiz-Reaktions-Lernen*: Der Lernende erwirbt eine differenzierte Reaktion auf einen genau unterschiedenen Reiz oder eine eindeutig bestimmte Reizkombination. Reizdifferenzierung ist hierbei ein zentraler Prozeß; die Reaktion gelangt dadurch unter Reizkontrolle. Durch Belohnung, Bekräftigung oder *Verstärkung* (Kontingenz) wird das Reaktionsmuster dauerhaft, durch Wegfall der Verstärkung wird es gelöscht (Extinktion). Es werden *Wirkreaktionen* („operants") im Sinne von Bewegungslernen erworben, die sich gezielt in kleinen Schritten aufbauen lassen (Prinzip der Verhaltensformung oder "shaping"). Das von *Skinner* analysierte "operante Konditionieren" ist hier gemeint.

Typ 3: *Kettenbildung („chaining")*: Es kommt zu einer sequentiellen Verknüpfung von einzelnen "operants" durch Kontiguität zwischen den jeweils benachbarten Gliedern der Kette; durch Übung und durch diskriminante Reize (Fremd- und Selbstinstruktion, Symbole) kommt es zu einer Automatisierung des Verhaltensablaufs in der richtigen Reihenfolge. Der letzte Verhaltensakt führt zur Verstärkung der gesamten Reaktionskette. Einfache sensomotorische Ketten bilden das Fundament für komplexere Handlungsabläufe.

Typ 4: *Sprachliche Assoziation*: Durch das Beherrschen von *Begriffen* ökonomisiert sich der Prozeß der Kettenbildung, wobei dann zunehmend neue sprachliche Verbindungen nach den *Regeln* der Syntax, Semantik und Pragmatik entstehen.

Typ 5: *Diskriminationslernen*: Durch diese Lernform kommt es zu einer hochgradigen Differenzierung des individuellen Reaktionsspektrums. Das Erkennen und differenzierte Beantworten von Unterscheidungsmerkmalen der Reizklasse ist hier von entscheidender Bedeutung. Lernen bedeutet ja eigentlich, die Umwelt nach immer komplexeren und differenzierteren Merkmalen und Aspekten zu strukturieren und sich in seinem Anpassungsverhalten immer effizienter auf wechselnde Bedingungen einstellen zu können. In dem Maße, wie bereits Begriffe erworben wurden, sind es nun symbolisch und sprachlich vermittelte Unterscheidungen, die zunehmend verhaltensregulierend werden.

Typ 6: *Begriffslernen*: Durch die zunehmende Fähigkeit zur inneren symbolischen Repräsentation der Wahrnehmungsgehalte (Entwicklungsreihe von der aktionalen über die ikonische zur symbolisch-verbalen Repräsentation) gelingt es dem Lernenden, auf eine Klasse von Reizen, Objekten oder Ereignissen nach deren gemeinsamen Merkmalen mit einer gleichbleibenden Reaktion zu antworten. Der gelernte Begriff gestattet die Klassifizierung von Objekten und/oder Ereignissen und befreit den Lernenden von der Notwendigkeit konkret-sinnlicher Anschauung. Lernen vollzieht sich nun vor allem im inneren Symbolraum des *Denkens*, indem *geistige Operationen* durchgeführt werden können, die zu einer wesentlich gesteigerten Flexibilität des Verhaltens als *Handeln* führen. Das kleine Kind lernt z. B., wie man mit Worten Dinge und Ereignisse beeinflussen und bewirken kann („How to do things with words", *Austin*).

Typ 7: *Regellernen*: Bei dieser fortgeschrittenen Lernart sind Ketten von Begriffen im Spiel, die Relationen zwischen Dingen und Ereignissen bezeichnen („wenn A, dann B", "runde Dinge rollen", usw.) Nach solchen selbst entdeckten oder vermittelten Regeln steuert und *organisiert* die Person ihr kognitives Verhalten und ihre umweltbezogenen Handlungsmuster („Denken: das Ordnen des Tuns", Aebli). "Regelgesteuertes" Verhalten ist natürlich flexibler und effizienter als rein "kontingenzgesteuertes" Verhalten (Skinner).

Typ 8: *Problemlösen*: Diese nach Effizienzkriterien höchste Lernform stellt eine Erweiterung des Regellernens dar. Bereits gelernte Regeln des Denkens werden neu- und reversibel kombiniert und ermöglichen ein zielgerichtetes problemlösendes Denken. Der Problemlösungsprozeß zeigt dabei charakteristische Sequenzen, die man als Problemlösungsstrategien rekonstruieren und didaktisch vermitteln kann. Formal-logisches Denken ist charakteristischer Ausdruck dieser Lernform. An dieser Stelle gehen die kognitiven Lerntheorien in komplexe Handlungstheorien über (Hoffmann und Kintsch 1996).

In einer real-anthropologischen Betrachtungsweise menschlichen Lernens erweist sich ganz klar, daß *jede* Person zu Lernprozessen auf mindestens den ersten drei bis vier Niveaustufen fähig ist, bzw. *orthodidaktisch* befähigt werden kann. Das gilt auch für den

Fall einer intensiven Schädigung des biologischen Substrats des Lernens, als das wir das *Zentralnervensystem* (ZNS) anzusehen haben. In der Lernhierarchie-Konzeption Gagnés steckt auch die orthodidaktisch-remediale Strategie für den Förderprozeß, zunächst untergeordnete Lernformen zu *aktivieren*, sie durch Übung zu *stabilen* "learning sets" zu machen, über die dann in geplanten kleinen Schritten ein positiver *Transfer* vom niedrigeren Lernniveau zu dem nächst höheren angebahnt werden kann. Beispiele für diese Förderkonzeption bietet Merkens (1984).

Zwei wichtige Kritikpunkte an dieser insgesamt bewährten, aber auch nicht gänzlich unproblematischen Konzeption einer psychologisch-pädagogischen Lernhierarchie dürfen nicht verschwiegen werden: die letztlich vorherrschend bleibende *behavioristisch*-lerntheoretische, bzw. *kognitivistisch* erweiterte Ausrichtung des Modells begünstigt eine passivisch-*rezeptive* und mechanistische Sicht der lernenden Person, so als ob diese nur sekundär auf Reize *reagiere*, bzw. der objektive Gehalt eines bestimmbaren Reizes die Reaktion *determiniere*. Die *selbsttätigen*, aktiv-aneignenden Anteile der wahrnehmenden und damit immer subjektiv deutenden, *bewertenden* und *auswählenden* Person werden dabei tendenziell leicht unterschätzt.

Im Extremfall kann eine so (miß-)verstandene *Lerntherapie* dann zu einem rigiden Dressat degenerieren, indem der Therapeut oder Erzieher die Bedingungen so setzt, daß der Lernende in der Tat nur mit einem sehr einseitigen und eingeschränkten Anpassungsverhalten reagieren kann oder aber mit totaler Lernverweigerung.

Zum anderen forciert der hierarchisch strukturierte Aufbau des Lernmodells von Gagné eine kognitivistisch-logozentristische Förderungsstrategie, in der nur die relativ "höheren" Lernformen auf Kosten der "niedrigeren" geschätzt werden, wobei letztere möglichst rasch und restlos zu überwinden seien, da sie primitive oder "unreife" Varianten des menschlichen Lernens darstellten, die eher für subhumane Spezies typisch seien. "Geistig" intensiv behinderte Personen, die zu sprachlichem oder begrifflichem, regelgesteuertem, ganz zu schweigen von problemlösendem Lernen dauerhaft nicht in der Lage sind, verfallen dann u. U. – zumindest latent und implizit – einer solchen Ächtung.

Der ausgeprägte *Rationalismus* kognitivistischer Lerntheorien, nach denen sich die Entwicklung der Person letztlich durch kontinuierlichen *Zuwachs* intellektueller Denk- und Leistungsmöglichkeiten auszeichnet, benachteiligt dadurch implizit die *Personen*, deren Lebensweise dominant durch sinnlich-konkrete Wahrnehmung bestimmt und deren Verhalten in Erlebnisstrukturen eingebettet ist, die dem "normalen" Alltagsmenschen schwer zugänglich sind. "In ihm kommt ein gedankenloser Dezisionismus gegenüber Menschen zum Ausdruck, die ihr Selbst- und Weltverhältnis jenseits der alltäglichen Routine zu gründen und zu vermitteln haben" (Lippitz und Meyer-Drawe 1984, 16). Wenn man diesen Dezisionismus auch nicht als Absicht unterstellen kann, zeigt sich immerhin, daß eine zu stark rationalistisch-kognitivistisch ausgerichtete Lerntheorie für den Personenkreis der geistig stärker behinderten Menschen nur bedingt anwendungstauglich ist. Sie begünstigt sogar u. U. eine *ethische* Position, die den Besitz von Menschenrechten (sogar Lebens- und Bildungsrecht) an die Voraussetzung kognitiv-rationaler Leistungen bindet (s. Kapitel 1.4.).

Vor diesem besonderen heilpädagogischen Hintergrund gewinnen dann auch *phänomenologische* Konzeptionen menschlichen Lernens an Relevanz, die zwar noch nicht sehr weit ausgebaut sind, dennoch aber bereits jetzt zu wichtigen Korrekturen an den vorherrschenden psychologischen Lerntheorien führen. In ihnen wird – bewußt alltags- und lebenswelt-bezogen – menschliches Lernen als Modifikation und *Umstrukturierung* präexistenter lebensweltlicher Erfahrungshorizonte thematisiert; dadurch werden sie in gleicher Weise offen für das Gelingen wie die Gefährdungen und existentiellen Behinderungen menschlichen Lernens. Lernen erscheint als *Umlernen* auf dem Hintergrund eines immer schon bedeutungshaltigen Erfahrungshorizontes des Zur-Welt-Seins der Person, "als Prozeß der Erfahrung, der Strukturierung und Modifizierung von Erfahrungshorizonten, des geschichtlich-konkreten Zur-Welt-Seins, für das die logische Ordnung der Dinge nur *eine* mögliche Perspektive unter anderen ist" (Meyer-Drawe 1984, 34). Ein beherrschendes Thema der Phänomenologie ist ja die Sensibilität und Offenheit für *alle* Formen personaler Lebens- und Weltsinn-Konstruktionen, "der Sinn der Welt in statu nascendi, einem fragmentarischen Sinn, der sich dem Nicht-Sinn abringt" (Merleau-Ponty, zit. nach Lippitz und Meyer-Drawe 1984, 11).

Die modellimmanente kognitive Schwerpunktsetzung der gängigen Lerntheorien vernachlässigt darüber hinaus die Rolle *emotionaler* Voraussetzungen oder Komponenten des Lernens. Das Lernfeld ist ja nicht nur ein kognitiver Raum problembezogener Istwert-Sollwert-Relationen, sondern ein interaktives Beziehungsfeld personaler Bezüge, die ja oft konflikthaft belastet sein können durch Ängste, Aversionen und biographisch bedingte Übertragungs- oder Verdrängungsprozesse, die zu *affektiven* Lernblockaden führen. Die in der Lern- und Verhaltenstheorie enthaltene Konzeption der individuellen Lern- oder Verstärker*geschichte* („reinforcement history") ist nur ein sehr oberflächliches Äquivalent für ein tiefenhermeneutisch eingestelltes Interesse an der subjektiven Lernbiographie der Person (Gröschke 1983). "Gestörtes Lernen", ein Kardinalproblem sowohl schulischer wie außerschulischer Heil- und Sonderpädagogik, hat ja seine Hintergründe ganz oft außer oder anstatt in kognitiven Beeinträchtigungen in *lebensgeschichtlich* verwurzelten *affektiven* Belastungsfaktoren, die oft niemand recht erkannt oder gar mit der betroffenen Person aufgearbeitet hat.

Lernen ist eine zentrale Form personspezifischer intensiver *Selbsttätigkeit*, wahrscheinlich sogar die wichtigste Funktion menschlicher Selbstwerdung; so sieht es bereits Kant, für den im Geiste der Aufklärung *Lernen* neben *Erziehung* und *Bildung* das spezifische Humanum schlechthin ist: Allein der Mensch erwerbe durch Lernen die ihn auszeichnenden Fähigkeiten.

Zöge man von einer Person alle Fähigkeiten und Merkmale ab, die durch Lernen erworben wurden, bzw. die durch Lernprozesse erst zu ihrer wahren Ausformung gelangten, bliebe wohl nur noch Vegetatives übrig. Die menschliche Existenz gründet basal in der im Vergleich zu anderen Lebewesen qualitativ gesteigerten *Fähigkeit* zu lernen. Im Entwicklungsprozeß der Person kommt es durch beständig ablaufende Lernprozesse zu zunehmenden Veränderungen der persontypischen Verhaltensmuster, Einstellungen und Werthaltungen: "Der Mensch wird zum Menschen durch Lernen" (Kanter 1980, 46). Dabei laufen die einzelnen Lernakte nie isoliert, sondern stets *interdependent* ab und bilden im Lernaufbau zunehmend differenziertere und zugleich komplexere Verhaltensmuster, die die vollentwickelte Person ausmachen.

Die Einsicht in die fundamentale Bedeutung des Lernens in der menschlichen Entwicklung *lebenslang* hat in der Behindertenpädagogik konsequent zur Festlegung einer Personengruppe als "lernbehindert" geführt, bei der – in Abwesenheit grober organisch-sensorischer Einschränkungen – die altersüblichen Möglichkeiten zu lernen in auffälliger Weise verfehlt werden. Zahlenmäßig stellen diese Kinder und Jugendlichen mit Abstand sogar die größte einzelne Behinderungsgruppe dar. Allerdings werden in der realexistierenden Sonderpädagogik der Lernbehinderten überwiegend die Beeinträchtigungen der *schulischen* Lernfähigkeit zum bestimmenden Thema für Theorie und Praxis. Der theoretische Leitbegriff der "Lernbehinderung" bezieht sich auf einen real-anthropologischen Sachverhalt, nämlich auf die *schwerwiegende*, *umfängliche* und *langdauernde* Beeinträchtigung der Lernprozesse und des Lernaufbaus eines Menschen. Ihre pädagogische Korrespondenz findet diese in einer ebensolchen Beeinträchtigung der Erziehungsfähigkeit und der Bildbarkeit des Menschen und betrifft damit seine gesamte Personengenese. Lernbehinderung wird auf diese Weise zur "pädagogisch-anthropologischen Kategorie" (Kanter 1980, 34).

Es ist in diesem Zusammenhang außerordentlich wichtig zu betonen, daß es keine *generelle* und *homogene* Lernfähigkeit der Person gibt, damit auch natürlich keinen totalen Mangel an dieser Fähigkeit im Sinne einer völligen Lernunfähigkeit oder resultierend daraus gar Bildungsunfähigkeit. Das Konstrukt "Lernfähigkeit" steht für eine Reihe sehr komplexer person- und umweltbezogener Einzelmerkmale und Dispositionen, die in nahezu unüberschaubar komplizierten Wechselwirkungsprozessen Qualität und Quantität der ablaufenden Lernprozesse bestimmen. Vor allem ist sie nicht eine fixierte *Anlage* oder ein Potential im Sinne einer einmal gegebenen (oder vorenthaltenen) "Begabung"; daß "Begabung" in weitem Umfang durchaus "lernbar" sein kann, ist ja eine der wichtigsten Erkenntnisse der empirischen Sozialisations- und Bildungsforschung. Da Lernen aber doch immer eine wie auch immer geartete Lern*fähigkeit* voraussetzt, diese aber nicht als fixe Begabung oder inneres Potential gedacht werden kann, stellt sich die Frage einer alternativen wissenschaftstheoretischen und pädagogischen Rekonstruktion der Bedingungen und Voraussetzungen menschlichen Lernens.

Der amerikanische Erziehungsphilosoph Scheffler (1985) hat dazu einen interessanten Vorschlag gemacht. Erziehung und Förderung können nach Scheffler nicht als Entwicklung innerer Anlagen gedacht werden, wie das bei den pädagogischen Perfektibilisten in der *Rousseau*schen Tradition üblich ist. Sein pragmatisch fundierter theoretischer Gegenvorschlag geht von drei Voraussetzungen aus:

a) Es soll eine "praktische Theorie" sein, d. h. ihre Aussagen sollen unmittelbar für praktische Unternehmungen zweckdienlich sein, wie z. B. "for the healing of the sick, the construction of shelters, the rearing of the youth". Medizin, Technik und Pädagogik seien prototypische Professionen, die auf "praktische" Theorien angewiesen seinen. Zu diesen gehörten immer *Wertaussagen* und *Handlungszielangaben*.

b) Basis ist eine allgemeine *Handlungstheorie* mit Betonung der soziokulturellen Einbindung von Lernen und Entwicklung, ihre Brennpunkte sind *Intentionalität*, *Selbstreflexion*, *Entscheidung* und *Verantwortung* der Handelnden.

c) Es wird die universale Gültigkeit des *Kant*ischen kategorischen Imperativs als Beurteilungsmaßstab für die Praxis postuliert, d. h. die Person darf pädagogisch oder sonstwie niemals für fremde Zwecke instrumentalisiert werden (Person als "Zweck an sich selbst").

Scheffler wendet sich gegen drei Mythen im Zusammenhang mit der Rede von Potential- und Begabungsentfaltung: Den Mythos "fixierter Potentiale" (Anlagetheorie), den Mythos "harmonischer Potentiale", als ob alle angelegten inneren Fähigkeiten des Menschen untereinander konfliktfrei seien und schließlich damit verbunden gegen den Mythos "der einheitlich wertvollen Potentiale", die "natürlich" und darum zum Guten führend seien (wie in den naiven Versionen der "Selbstverwirklichungstendenz" der Humanistischen Psychologie). Dieser Mythos blende Wertfragen aus (welche Anlagen und Dispositionen sollen sich entfalten, welche besser nicht?). Indem er den Zusammenhang von Lernen, Handeln und kulturellem Kontext betont, unterscheidet Scheffler nach "capacity" (erreichbare Fähigkeit), "propensity" (vorhersagbare Entwicklungstendenz) und "capability" (jeweiliges individuelles Vermögen, etwas zu *tun*, wenn man es *will*).

Erreichbare Fähigkeiten (capacities) sind Zuschreibungen (Attributionen) künftiger individueller Möglichkeiten (was traue ich der Person zu?). Diese Zuschreibungen des Erziehers – und das ist der springende Punkt – beinhalten dann auch die ethische Verpflichtung, alle kommenden Hindernisse und Hemmnisse in Erwägung zu ziehen und möglichst abzubauen, die der Person die Zielerreichung erschweren oder verhindern. *Fähigkeit* ist also ein *kontextueller* Begriff. Vorhersagbare Tendenzen („propensities") betreffen die Angabe von Bedingungen konditionaler Art, die erfüllt sein müssen, damit die Person die Lernschritte vollziehen kann, die man ihr zuschreibt und zutraut. Entwicklung bedeutet also nicht ein inneres phasengesetzliches Entfaltungsgeschehen, sondern ist als "Handlung im Kontext" auf unterstützende Umweltbedingungen angewiesen.

Die heilpädagogische Qualifizierung und Konkretisierung besonderer Frühfördermaßnahmen bei einem definierten "Risikokind" zur Vermeidung einer drohenden Behinderung wäre hierzu ein relevantes Beispiel. Es liegt in der Verantwortung der *Umwelt*, durch Gewährleistung dieser Maßnahmen dem betroffenen Kind eine günstige Entwicklung zu ermöglichen (pädagogische "Verhinderung" einer "drohenden Behinderung").

Das jeweilige individuelle Vermögen („capability") bezieht sich auf die Frage, ob die lernende und handelnde Person auch ein *subjektives* Interesse an der Erreichung eines Lernzieles hat, ob sie *motiviert* ist, von ihren Fähigkeiten auch Gebrauch zu machen "capability to exploit available capacities"). Hier geht es um den wichtigen Tatbestand, daß eine Lernstörung nicht unbedingt immer auf ein Fähigkeitsdefizit hindeutet, sondern ihren Grund auch in einem Motivationsproblem haben kann.

Dieser interaktionistisch angelegte Versuch Schefflers, ohne eine substanzphilosophisch belastete Version des Begabungsbegriffes in der Erziehung auszukommen, ist gerade auch für die heilpädagogische Praxis bedenkenswert: Wenn *Begabung*, *Lernfähigkeit* und *Intelligenz* kontext-relationale und interaktionale Größen sind, ist damit die Gefahr einer einseitigen Defizit-Orientierung vermindert, die im Sinne eines "blaming the victim" die "behinderte" Person als Opfer auch noch zum Schuldigen erklärt. Wenn sie sich nur sehr eingeschränkt entwickelt und wenig lernt, liegt das jedoch nicht (nur) an ihr, sondern auch an der *Umwelt*, die es versäumt den relativen Mangel durch kompensatorische Lern- und Entwicklungshilfen auszugleichen. Für den Behinderungsbegriff ergibt sich aus diesen Überlegungen eine Bestätigung für die Erkenntnis: Behinderung ist keine *Wesenheit* sondern ein *Verhältnis*.

6.7. Weitere Grundphänomene: Sprachlichkeit, Tätigkeit

Unsere bisherige Übersicht über heilpädagogisch relevante Grundphänomene personaler Existenz steckt einen weiten und offenen Rahmen ab, innerhalb dessen *ethisch* reflektierte *anthropologische* Bestimmungen in *pragmatischer* Absicht durchgeführt werden können. Die dafür erkenntnisleitenden Fragen sind die alten Fragen Kants:

– Was kann ich wissen?
– Was soll ich tun?
– Was darf ich hoffen?

Sie kulminieren in der einen entscheidenden Grundfrage jeglicher Anthropologie: Was ist der Mensch? Auch J. P. Sartre hat – zweihundert Jahre nach Kant – diese Fragen – in moderner Form – seiner großen Untersuchung des Lebens des Schriftstellers Gustave Flaubert (1821–1880) vorangestellt: "Was kann man heute von einem Menschen wissen?" (Flaubert, Der Idiot der Familie, Bd. 1, 1977, 7).

Die Wahl einer *phänomenologisch* orientierten Untersuchungsmethode für heilpädagogische Fragestellungen (vgl. Kapitel 6.1.) hat den Vorteil, das Feld der Untersuchung offen und unabschließbar zu halten. Läßt man sich in einer phänomenologischen *Einstellung* auf die uns in der heilpädagogischen Praxis begegnenden Menschen ein, so können weitere bedeutsame Phänomene ihrer Lebenswirklichkeit entdeckt und erschlossen werden.

Auf zwei solcher Phänomene möchte ich noch etwas näher eingehen; ihre Allgegenwärtigkeit bei jeder Person, unabhängig von ihren spezifischen "Behinderungen", gibt ihnen den Status von "Grundphänomenen": Sprachlichkeit und Tätigkeit.

A) Sprachlichkeit

Bei J. G. Herder (1744–1803), einem der Begründer der neuzeitlichen Sprachphilosophie, finden wir die Auffassung, daß der Mensch Sprache habe erfinden müssen, um seine Instinktschwäche und seine naturale Verfassung als "Mängelwesen" auszugleichen und zu überwinden. Als emotional getöntes *Ausdrucksphänomen* ist sie zunächst "Wort der Seele" (Herder), mit dem der Mensch auf Erlebnisse (Eindrücke) antwortet. Auch nach Schopenhauer (1788–1860) entsteht die Sprache aus affektiven "Interjektionen" als Ausdruck unmittelbarer *Gefühls-* und *Willensbewegungen*. Sprache als Ausdrucksverhalten und "leibliche Gebärde" (Merleau-Ponty) weist also engste Beziehungen zu den Grundphänomenen "Leiblichkeit" (s. Kapitel 6.2.) und "Bewegung" (s. Kapitel 6.3.) auf. Auch in der späteren Sprachpsychologie (etwa bei G. H. Mead oder W. Wundt) wird der Ursprung der Sprachlichkeit in den psycho-physischen Ausdrucksbewegungen gesehen. Die symbolischen "signifikanten Gesten" (Mead) oder die Sprache der *Gebärden* sind die anthropologische Wurzel der Lautsprache. "In-der-Sprache-sein" ist also ein anthropologischer Grundzug, ein "Existential und Interexistential" (Heidegger), auch *vor* dem verbalen *Sprechen* und dem faktischen Gebrauch der *Lautsprache*.

Das "Prinzip des aktionsbegleitenden Sprechens" (Speck 1993) ist deshalb zu Recht ein wichtiges didaktisches Prinzip, ein Handlungsregulativ, für die heilpädagogische Arbeit mit geistigbehinderten – auch schwerbehinderten – Menschen. Diese Form der sprachlich begleiteten Beziehungsgestaltung (Kommunikation) und des gemeinsamen Tuns (Gegenstands- und Sachbezug) nimmt auch den (lautsprachlich-) behinderten Menschen hinein in die gemeinsame Welt der Sprache als einer sozialen Welt der Symbole, Bedeutungen und Bezüge („Lebenswelt"), in der *Bildung* möglich wird.

In der allgemeinen Heilpädagogik interessiert das Phänomen der Sprachlichkeit vor allem in *kommunikativer* Hinsicht, als Form einer "Mit-teilung". Ihre Grundformel wäre: "Ich sage Dir etwas"; sie verbindet ein Ich, ein Du und ein Etwas in ihrer gegenseitigen Beziehung.

Es ist eine "wesentliche Dimension des Personalen: Sprache zu sein, wobei Sprache nicht nur als die Rede des Wortes verstanden werden darf" (Schneider 1995, 165). Diese *personal-kommunikative* Dimension der Sprachlichkeit reicht weiter als die des gesprochenen oder geschriebenen Wortes; sie umfaßt auch die Berührung der Haut, den Blick des Auges, den Tonfall der Stimme. Entsprechend bestimmt Kleinbach (1993) in phänomenologischem Sinne "Stimme, Blick, Berührung" als Formen des "Anrufs" in der Kommunikation mit schwerstbehinderten Personen.

Von besonderer Bedeutung sind hier auch die lautsprachergänzenden oder -ersetzenden Zeichen- und Symbolsysteme (z. B. Bliss) in der Kommunikationsförderung und im Unterricht mit geistig behinderten Personen (Adam 1990). Für die Lebensführung und die Kultur der *gehörlosen* Menschen, bei denen sich meist nur eine sehr eingeschränkte Laut-Sprachkompetenz entwickelt, kommt der *Gebärdensprache* eine ganz zentrale Bedeutung zu. Ihre Geringschätzung innerhalb der traditionellen Gehörlosenpädagogik mit ihrem Dogma des "Oralismus" (bedingungslose Lautspracherziehung) wird zunehmend kritisiert, bzw. sogar als Repression offensiv bekämpft (Lane 1994). International kämpfen zahlreiche Organisationen gehörloser Menschen für die Anerkennung der Gleichwertigkeit der Gebärdensprache und gegen den ihnen zugewiesenen "Taubstummen-Status". Der von ihnen bevorzugte Weg sozialer Integration geht in Richtung einer eigenen subkulturellen Lebenswelt der Gehörlosen - und Gebärdensprachgemeinschaft mit ihrer reichen kulturellen Tradition, die ihnen eher Zugehörigkeit und wechselnde Anerkennung garantiert als der marginale Status als abweichende Minderheit gegenüber der Mehrheit der Hörenden, denn "Sprache ist nicht nur reines

Das Organon-Modell der Sprache nach Karl Bühler

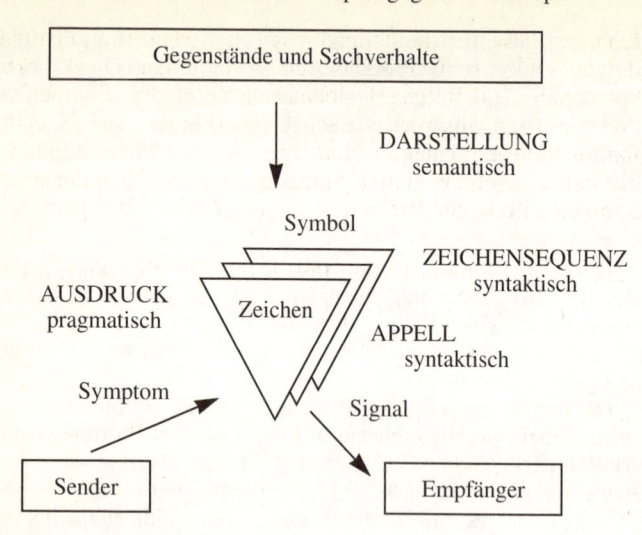

```
                Gegenstände und Sachverhalte
                            │
                            ▼         DARSTELLUNG
                                      semantisch
                      Symbol
                         △
                        △ │          ZEICHENSEQUENZ
   AUSDRUCK            △  │           syntaktisch
   pragmatisch       Zeichen
                        △            APPELL
                         ▽            syntaktisch
       Symptom                Signal
            ↘                   ↘
        ┌────────┐           ┌──────────┐
        │ Sender │           │ Empfänger│
        └────────┘           └──────────┘
```

Abb. 13: Das Organon-Modell der Sprache nach Karl Bühler

Kommunikationsmittel, sondern auch der Hort kulturellen Wissens und sozialer Identität" (Lane 1994, 70).

Im Rahmen seiner Sprachtheorie hatte der Psychologe Karl Bühler (1934) ein sog. "Organon-Modell" der Sprache entwickelt (Organon = geistiges Werkzeug). Danach sind sprachliche oder andersartige Zeichen und Symbole sowohl *Symptom* innerer Zustände des Senders, *Symbole* für Gegenstände, Sachverhalte und Ereignisse der Außenwelt, wie auch *Signale* an den Empfänger. Sprache (umfassend verstanden) hat also drei Grundfunktionen zu erfüllen: *Ausdruck*, *Appell* und *Darstellung*.

Abb. 13 (aus Scherer und Wallbott 1990, 352) verdeutlicht die Zusammenhänge im Rahmen eines Kommunikationsmodells.

Sprache im engeren und "eigentlichen" Sinne, d. h. *Lautsprache*, spielt für die Gruppe der sog. *sprachbehinderten* Menschen eine besondere Rolle. Im heilpädagogischen Verständnis ist sprachliches Sich-Äußern immer verbalisiertes Erleben eines individuellen Menschen. Nicht *die* Sprache eines Menschen ist also beeinträchtigt, gestört, behindert, sondern der betroffene Mensch *in* seiner Sprachlichkeit. Nicht Sprache an sich ist "Gegenstand" der Sprachheilpädagogik, sondern der in seinem Sprachgebrauch behinderte Mensch. Im Sinne der sprachwissenschaftlichen Unterscheidung von *Syntax*, *Semantik* und *Pragmatik* interessiert also besonders der kommunikative Aspekt der Sprechakte im Rahmen lebensweltintegrierter "Sprachspiele" (Wittgenstein). Heilpädagogische Sprachförderung muß also personorientiert, ganzheitlich und lebensweltbezogen ansetzen; eingebunden in einen gemeinsamen Prozeß der "Entdeckung der Sprache" (Zollinger 1995).

Zum Abschluß dieser kurzen Reflexion zum Phänomen der Sprache möchte ich aus einem Text des Religionsphilosophen Romano Guardini(1951, in 1985a) zitieren, in dem – wie ich finde – sehr feinfühlig beobachtet und interpretiert wird, was denn Sprache bedeutet:

"Was ist denn ein Wort? Man sagt wohl, es sei 'geistig', und meint, ihm damit eine Ehre anzutun. In Wahrheit verflüchtigt man es dadurch, denn es ist menschlich, innigste Einheit von Geist und Körper. Es ist ein Gebilde von Tönen und Geräuschen, gegliedert durch die Verschiedenheit seiner Laute, den Grad ihrer Stärke und den Rhythmus seines Ganges. In dieses Gebilde gibt der Mensch hinein, was verborgen in seinem Geist und Herzen lebt. Ich denke etwas, und niemand weiß davon. Dann aber bilde ich ein solches aus Lauten sich formendes Wort und gebe meinen Gedanken hinein, richtiger gesagt, das Wort entsteht, indem der Gedanke lauthaft wird, und im Ertönen des Wortes wird mein Inneres offen. Offen im Raum, der zwischen mir, dem Redenden, und dem anderen, dem Hörenden, ist.

Damit ist nicht bloß der physikalische Raum gemeint, sondern der menschliche; selbst körperlich-geistig, gebildet aus der äußeren Meßbarkeit der Abstände und der personalen Beziehung zwischen unser beider Ich und Du. Das erste Element ist immer da; das zweite hingegen ersteht durch unsere gegenseitige Zuwendung in Aufmerksamkeit, Wahrheitswillen, Ehrfurcht, Liebe, und dauert so lange wie sie. In diesem Raume steht das Wort, und solange es ertönt, ist darin mein Gedanke offen. Rasch verklingt es; Stille tritt ein, und der Gedanke ist wieder verborgen; aber nun nicht mehr nur in mir, sondern der andere hat ihn gehört und trägt ihn im eigenen Geiste. Dann antwortet er – wie schön ist der Ausdruck: er antwortet, bildet das Gegen-Wort – und der geheimnisvolle Vorgang vollzieht sich von ihm zu mir herüber. Ich wiederum spreche, nun als neue Antwort, und so entfaltet sich der Gedanke. Im Austausch von Person zu Person vollzieht sich Mitteilung und Gegenmitteilung, drückt sich Übereinstimmung und Widerspruch aus, und jedesmal wird der Sinn des Gemeinten zwischen uns weiter offenbar: es vollzieht sich Wahrheit und Gemeinschaft in der Wahrheit.

So viel ist schon das Wort. Aber wir müssen richtiger sagen: der Satz. Denn das Erste sind ja nicht Worte, die dann zu größeren Einheiten zusammengefügt würden; so zu denken, wäre Mechanismus. Sondern das Erste sind Aussagen, Erkenntnishandlungen, das aber heißt: Sätze. Das Wort ist ein Element der Erkenntnishandlung, so steht es von vornherein im Satz, ist wesentlich Satzglied ...

Und nun ist dem Menschen etwas Wunderbares gelungen – wieder eine der Urformen, in denen er das Chaos bezwingt; diesmal jenes Chaos, welches 'Vergessen' heißt: er vermag in Zeichen, die bleiben, das verhallende Wort festzuhalten. Schon im Lautgebilde des Wortes hatte der Geist seinen Leib gefunden. Doch der Laut bestand nur im Vorübergang, so verging mit ihm dieser Leib. Nun schafft ihm der Mensch gleichsam einen zweiten Leib, der nicht mehr der Welt des Ohres, sondern jener des Auges angehört. Jeder Laut wird zu einer schaubaren Figur, einem Schriftzeichen; das gesprochene Wort wird zum gedruckten, und die Rede steht jetzt auf den Blättern des Buches.

So ist das Buch zum Stehen gekommenes Sprechen: der Leser vermag aus den dauerfähig gewordenen Zeichen immer wieder das Wort hervortreten zulassen. Freilich wird damit auch klar, was Lesen eigentlich sein müßte: eben ein Erwachenlassen des ursprünglichen Sprechens."

B) Zum Tätigkeitskonzept

> Die grundlegende "Einheit" des Lebensprozesses
> ist die Tätigkeit des Organismus
> (Leontjew 1980)

In der Reihe personaler Grundphänomene haben wir mit "Spielen" und "Lernen" zwei Phänomene bereits kennengelernt, die man als Formen von *Tätigkeit* auffassen kann. Tätigkeit wäre also der Oberbegriff, unter den sich verschiedene Tätigkeitsformen, u. a. Spielen und Lernen, subsumieren lassen. Auch der Oberbegriff "Entwicklung" läßt sich hier zuordnen, denn Entwicklung läßt sich allgemein als ontogenetische Sequenz gerichteter Tätigkeiten eines Individuums in verschiedenen Entwicklungskontexten verstehen („Person als Akteur ihrer eigenen Entwicklung").

Der Begriff der Tätigkeit betont also zunächst die Phänomene der *Selbstaktivität/Selbstgestaltung* und des *Gegenstandsbezugs* menschlicher Entwicklung. Das Moment der Selbstaktivität verweist übrigens auch auf das Grundphänomen der *Bewegung*, so daß wir hier wieder einen Beleg für das enge Beziehungs- und Verweisungsverhältnis haben, in dem alle diese anthropologischen Phänomene stehen.

Das Tätigkeitskonzept ist ein theoretischer Grundbegriff der "kulturhistorischen Schule" der russischen Psychologie, die vor allem von der "Troika" Wygotski (1896–1934), Leontjew (1903–1979) und Luria (1902–1977) repräsentiert wurde (Jantzen 1987; 1990). Innerhalb der modernen Entwicklungspsychologie findet sie seit einiger Zeit starke Beachtung als "kontextualistische Entwicklungstheorie" (Miller 1993; Oerter und Montada 1995).

Ich möchte für unsere Erkenntniszwecke vor allem den *Gegenstandsbezug* näher beleuchten, da ihm eine besondere pädagogisch-didaktische Bedeutung im Rahmen heilpädagogischer Handlungs- und Förderungskonzepte zukommt (im Sinne von Lerngegenständen). Leontjew schreibt dazu: "Eine gegenstandslose Tätigkeit ist undenkbar ... Deshalb werden wir vom Gegenstand ausgehen, wenn wir zwischen einzelnen Arten der Tätigkeit unterscheiden" (Leontjew 1959, dt. 1980, zit. nach Flammer 1988, 242). Wygotski betont von Anfang an den *sozialen* Bezug und die *interpersonelle* Struktur menschlichen Handelns und seiner Entwicklung: "Der Weg vom Objekt zum Kind und vom Kind zum Objekt verläuft über eine andere Person" (Wygotski 1985, zit. nach Miller 1993, 344). Das *Kind*, die andere *Person* und der sozial-kulturelle Kontext mit seinen *Objekten* verschmelzen in einer gemeinsamen *Tätigkeit* (z. B. beim Spiel, Oerter 1993).

Im *pädagogischen* Denken bezeichnet man diese Grundfiguration als das "pädagogische Dreieck" aus "Erzieher-Educand-Aufgabe (Bildungsziel, -inhalte, -mittel, -methode", Derbolav 1987, 16f). Ihre Vermittlung vollzieht sich über *dialektische* Prozesse, die "widersprüchliche" Elemente zur *Synthese* auf einer qualitativ neuen und höheren Ebene führen („aufheben").

In der Tätigkeitstheorie werden meist drei Ebenen von Tätigkeiten/Handlungen unterschieden (*Tätigkeit* ist also der Oberbegriff, der *Handlung* als Unterform enthält, welche wiederum aus einzelnen *Operationen* besteht).

a) *Tätigkeitsebene*: Auf ihr geht es um *Sinn* und *Bedeutung* einzelner Handlungen, die als letztes *Motiv* hinter oder über den instrumentellen *Zielen* einer Handlung stehen. Warum tut jemand etwas, welchen subjektiven Sinn und Wert hat es für ihn und welche Lebensbedeutung? Tätigkeit und Motiv (Sinnmotiv) sind so eng miteinander verknüpft, daß das eigentliche Motiv dem Handelnden eher unbewußt ist.

Auf dieser Ebene geht es um existentielle "Daseinsthematiken", die tief in die subjektive Lebensgeschichte eingelassen sind. Oerter (1993) beschreibt z. B., welche Entwicklungs- und Beziehungsthematiken als "übergeordneter Gegenstandsbezug" auf der

Tätigkeitsebene dem *Kinderspiel* zugrundeliegen (Allmacht, Selbstwirksamkeit und Kontrolle, Rivalität, Eifersucht, Bindung und Sicherheit). Sie kulminieren in der einen großen Entwicklungsaufgabe des "Erwachsensein Wollens" (Oerter 1993, 180ff).

b) *Handlungsebene*: Hier geht es um den konkreten, bewußten und zielgerichteten (intendierten) Prozeß, in dem sich ein Akteur auf einen (materiellen oder immateriellen) Gegenstand bezieht, den er "bearbeitet", um ein bestimmtes Ergebnis zu erzielen (Spielzeug, Werkstoff, Lernaufgabe). Der Akteur kennt sein Ziel und weiß um sein Handeln.

c) *Operationsebene*: Jede komplexere Handlung setzt sich aus Handlungselementen und -komponenten zusammen, die automatisiert sind und darum rasch und zielstrebig ausgeführt werden können (z. B. sensomotorische Schemata wie Greifen, Gehen oder sprachliche Fertigkeiten wie Benennen, Erklären). Es sind motorische oder mentale Fertigkeiten (skills) im Rahmen komplexerer lebenspraktischer Fähigkeiten (Kompetenzen). Im Rahmen der Spielförderung sind es oft notwendige "Bausteine", die erst vermittelt und eingeübt werden müssen, bevor sich komplexere Spielformen entwickeln können (Gröschke 1991a, b). Leontjew unterscheidet darüber hinaus noch basale psychophysiologische *Funktionen*, die der operatorischen Ausführung einer Aufgabe dienen (Muskelkontrolle, propriozeptive und sensorische Bewegungssteuerung, Vigilanz).

Bei Wygotski findet man die wertvolle Idee einer "Zone der nächsten Entwicklung", womit das potentielle Entwicklungsniveau oberhalb des aktuellen Entwicklungsstandes gemeint ist, auf dem das Kind (der Lerner) mit Unterstützung kompetenter Sozialpartner Aufgaben bewältigen kann, zu deren Lösung es allein nicht fähig ist. Die Aufgabe des Partners (Erziehers) besteht dabei wesentlich darin, dem Kind durch entwicklungs- und bedürfnisgerechte Objektangebote den Aufbau von Gegenstandsbezügen zu ermöglichen, die alle drei Ebenen der Tätigkeit umfassen. Im dialektischen Wechselspiel von "Aneignung/Vergegenständlichung" einerseits und "Subjektivierung/Objektivierung" andererseits lernt, handelt und entwickelt sich die Person (Oerter 1993; Gröschke 1992b, 147).

Unter Bezugnahme auf Leontjew, Jantzen und Oerter hat Kornmann (1991) tätigkeitsabhängige Veränderungen des Gegenstandsbezugs in eine Entwicklungssequenz gebracht, aus der sich auch praktische Konsequenzen für eine ökologisch valide *Entwicklungsdiagnostik* ableiten lassen. Er unterscheidet folgende, aufeinander aufbauende Tätigkeitsstufen mit ihren spezifischen Gegenstandsbezügen:

– Wahrnehmungstätigkeit (eher rezeptiv und reaktiv, vom Objekt ausgelöst)
– Manipulierende Tätigkeit (vom Subjekt ausgehend, explorativ und experimentell)
– Gegenständliche Tätigkeiten (Herstellung und Gebrauch von Objekten in kulturell festgelegter Form, Sprachgebrauch)
– Symbolische Tätigkeit/Spieltätigkeit (Symbolisierungsfähigkeit, mentale Repräsentation, Symbol-, Rollen- und Regelspiele)
– Lerntätigkeit (kognitives Lernen, geistige Operationen)
– Arbeit (produktive Arbeit als Mittel der gesellschaftlichen Reproduktion, Berufstätigkeit).

Jede dieser Stufen ermöglicht spezifische Erfahrungen. Diese eröffnen u. a. den "Zugang zu anderen Objekten auf gleichen oder anderen Tätigkeitsstufen und – vor allem – das Erreichen der nächsthöheren Tätigkeitsstufe bei dem gleichen Objekt" (Kornmann 1991, 186). Dieser Entwicklungsgang ist jedoch auf jeder Stufe an *biologische* (organische) und *soziale* (interpersonelle) Bedingungen geknüpft. Sind diese eingeschränkt, kommt es zu *Behinderungen* der Entwicklung.

7. Systematik heilpädagogischer Handlungskonzepte

7.1. Konzepte und Methoden

Die Erfindung neuer Methoden der Entwicklungsförderung und Erziehung angesichts besonderer Entwicklungsausgangsbedingungenn bei behinderten Kindern und angesichts des Versagens der Normalpädagogik war der entscheidende Impuls für die Entstehung des heilpädagogischen Gedankens. Von ihrem Beginn an war Heilpädagogik pädagogische Nothilfe, gespeist von einem *edukativen* und einem *sozial-caritativen* Motiv.

Zumindest seit Hanselmann und Moor versteht sich die Heilpädagogik als "spezielle Pädagogik", und dieses "Spezielle" bezieht sich nicht im Sinne einer Sonder-Anthropologie auf besondere Menschen (sog. "Behinderte"), sondern auf Kinder, Jugendliche und Erwachsene, deren psychosoziale Entwicklung unter besonderen – besonders erschwerten – Bedingungen verläuft. Deshalb bedarf es eben auch besonderer erzieherischer, pädagogisch-therapeutischer und bildender Mittel und Methoden, u. U. auch besonderer Einrichtungen und Lebensformen, um diese Erziehungs- und Lebenserschwernisse ausgleichen zu können. Diese pädagogisch-therapeutischen Mittel und Methoden konnten und können von den gesellschaftlich je üblichen, konventionellen Formen und Institutionen der Regel-Pädagogik nicht in hinreichendem Maße gewährleistet werden.

Das *Projekt Heilpädagogik* begann in der zweiten Hälfte des 18. Jahrhunderts unter dem Einfluß der Aufklärungsphilosophie und einer wissenschaftlich-empirischen Anthropologie mit der Suche Einzelner nach geeigneten Wegen der Erziehung und Förderung blinder und tauber Menschen und erfaßte im Laufe der Weiterentwicklung im 19. und 20. Jahrhundert immer mehr Personengruppen, bei denen die Regel- oder Normalpädagogik versagte: Körperbehinderte, Schwachsinnige und Lernbehinderte, psychisch und psychosozial besonders auffällige Kinder und Jugendliche, immer jedoch unter dem Aspekt von *Entwicklungsförderung* mit *pädagogischen Mitteln und Methoden* von Erziehung und Bildung. Dies war von Anfang an der mehr oder weniger deutlich in Erscheinung tretende pädagogische Charakter der Heilpädagogik (s. Kapitel 2.2.).

Für die Entwicklung der Taubstummenpädagogik, das erste Fachgebiet der Heilpädagogik, war die *Methodenfrage* von konstitutiver Bedeutung. Alle fachlichen Diskussionen kreisen um den Streit: Gebärdensprache versus Lautsprache. Seit de L'Epée, Sicard, Itard, Heinicke, im 18. und 19. Jahrhundert bis in die heutige Zeit gab es diesen tiefen "Methodenstreit" in der Gehörlosenpädagogik (Lane 1994). Die Blindenpädagogik erreichte einen entscheidenden Durchbruch, als Louis Braille (1825) die Punktschrift als Medium und Methode der Unterrichtung und kulturellen Bildung blinder Menschen erfand.

Ohne J. G. M. Itards Erfindung spezieller Methoden der Wahrnehmungsförderung und Verhaltensmodifikation während seines klassisch gewordenen Erziehungsversuchs mit "Victor", dem "wilden Jungen von Aveyron", und die Weiterentwicklung der "physiologischen Methode" der Schwachsinnigen-Erziehung (Séguin, Georgens und Deinhardt, Montessori) stünde dieser Zweig der Heilpädagogik heute arm da. Erst der wachsende Einfluß der klinischen Psychologie (Psychoanalyse, Verhaltenstherapie, Gesprächstherapie) auf die Heilpädagogik in unserem Jahrhundert hat das Methodenrepertoire der Heilpädagogik bei kindlichen Verhaltensstörungen entscheidend erweitert und insgesamt effizienter gemacht.

Gerade diese Entwicklung hat jedoch auch unter dem Schlagwort "Therapeutisierung" die problematische *Ambivalenz* der Methodenfrage in der Heilpädagogik besonders deutlich gemacht. Die für die Heilpädagogik typische Fundierung durch psychologische und medizinisch-psychiatrische Beiträge steigerte ihre besondere Neigung zu (Behandlungs-)Methoden, denn (klinische) Psychologie und Psychiatrie sind in Theorie und Praxis auf ein *Therapiemodell* ausgerichtet. Dies wiederum bedeutet eine stete, latente Gefährdung oder Infragestellung des pädagogischen Charakters der Heilpädagogik, denn *Erziehung/Bildung* und *Therapie/Behandlung* sind zwei zwar verwandte, aber letztlich doch unterschiedliche professionelle Handlungstypen (Krawitz 1992).

Die medico-pädagogische Entwicklungslinie in der Heilpädagogik war zwar historisch gesehen lange Zeit bestimmend, praktische Heilpädagogik ist jedoch nicht eine Art "ärztlich-pädagogische Heilkunde" (s. Kapitel 1.3.), auch wenn sich diese antiquierte Sichtweise stellenweise noch in gewissen ärztlichen Kreisen in der Kinderheilkunde oder Kinderpsychiatrie zu halten scheint.

Diese kurzen Streiflichter in die Geschichte der Heilpädagogik unter dem Aspekt der *Methoden* machen eines deutlich: Heilpädagogik ohne spezielle Methoden der Förderung/Erziehung/Therapie ist undenkbar – aber: die Akzentuierung der Methoden bedeutet auch eine latente Gefährdung des Eigencharakters der Heilpädagogik, *ihrer pädagogischen Identität*. Es existiert in der Tat in der Heilpädagogik eine eigentümliche und stets problematische Dialektik von *Methodensuche* und *Methodensucht*. Die Methodenentwicklung in der Heilpädagogik hat inzwischen zu einer recht paradoxen Situation geführt. Es existieren mehr *Mittel* (Methoden) als *Ziele* der Heilpädagogik! (Gröschke 1996)

Was sind heilpädagogische Methoden?

In der Wissenschaft wie auch in der Praxis sind Methoden zentrale Kristallisationspunkte theorie-orientierter Erkenntnissuche oder des praktischen Tuns. Auf die Methoden wissenschaftlicher Erkenntnisgewinnung in der Heilpädagogik will ich hier nicht eingehen (Stichwörter: geisteswissenschaftliche versus empiristische Methoden, s. Kapitel 2.1.), sondern auf Methoden als *spezifische Verfahrensmuster professioneller Praxis* in der alltäglichen Heilpädagogik, also als *Elemente des beruflichen Alltagshandelns* in verschiedenen heilpädagogischen Praxisfeldern.

Von der ursprünglichen griechischen Wortbedeutung her hat sich die Metapher von "methodos" als Weg oder Straße bis in die Jetztzeit durchgehalten: ein geregelter Gang im Verfolgen eines praktischen Zieles, "ein kurzer Weg, auf dem wir so schnell wie möglich Wissen und Fertigkeit erlangen können", wie es ein Philosoph der Renaissancezeit im Geiste des Aristoteles klassisch definierte. Bereits bei Aristoteles finden wir ein auf Praxis bezogenes Verständnis von Methode, wonach diese ein geregeltes, lehr- und lernbares Verfahren ist, das Kunstfertigkeit – also *Übung* – in der praktischen Anwendung voraussetzt, auf *Einsicht* in Wirkzusammenhänge beruht und auf das Hervorbringen eines guten *Zieles* gerichtet ist. In diesem Sinne sind Methoden eingrenzbare, wiederholbare spezifische Handlungsmuster, in denen *Wissen, Können und Sollen* eingeschlossen sind:

– Wissen: Worauf beruht die Wirkung der Methode?
– Können: Wie wende ich sie erfolgreich an?
– Sollen: Was soll sie bezwecken/bewirken?

Dabei ist *das Ziel/der Zweck* absolut vorgängig. Ich habe nicht Methoden und suche mir dann Ziele, auf die ich sie anwenden kann; sondern in der praktischen Situation stellen sich Aufgaben, für deren angemessene Lösung der Einsatz passender Methoden u. U. in Frage kommt. Weder sind Methoden Mittel für jeden beliebigen Zweck, noch heiligt der Zweck jedes methodische Mittel.

Das oben angedeutete Verständnis von Methode als einem Teilelement von Praxishandeln ist auch deshalb erhellend, weil es zwei verschiedene, aber gleich wichtige Aspekte deutlich hervorhebt: auf eine angemessene Weise in der Praxis methodisch zu handeln bedeutet, zugleich *wirksam* wie auch *moralisch* gut zu handeln.

In der Pädagogik wird die Bestimmung der Ziele und Inhalte von Erziehung und Bildung in der Regel der *Didaktik* zugewiesen (*was* soll gelehrt/gelernt werden?), während die *Methodik* eine pädagogische Mittellehre meint (*wie* sollen die Inhalte und Ziele vermittelt werden?). Zwischen Didaktik und Methodik besteht von der Sache her (dem pädagogischen Gegenstand) natürlich ein unauflösbares Entsprechungsverhältnis, ein Implikationszusammenhang. Versteht man praktische Heilpädagogik als verstehens- und verständigungsorientiertes, *kommunikatives* oder sogar dialogisches *Handeln*, ist nach den Prämissen der Kommunikationstheorie ohnehin beides impliziert: der *Inhalts-* und der *Beziehungsaspekt*. Das Fach Didaktik/Methodik ist nicht umsonst und von ungefähr ein Herzstück jeder heilpädagogischen Berufsausbildung (Köhn 1994). In seinem Arbeitsbuch zur Didaktik/Methodik der Heilpädagogik, die er "Heilpädagogische Maßnahme" nennt, wenn sie von Heilpädagogen in ihrem jeweiligen Arbeitsfeld mit professionellem Anspruch durchgeführt wird, beschreibt Köhn (1994) die Strukturelemente und den Handlungsprozeß in der heilpädagogischen Praxis. Als die drei wesentlichen "Strukturkerne" in seiner Konzeption bestimmt er "Befunderhebung", "Behandlung" und "Beratung". Um diese drei Strukturkerne, die gleichzeitig auch die drei Hauptphasen des Handlungsprozesses sind, gruppieren sich organisch die vielfältigen methodischen Elemente praktischen Handelns (Abb. 14).

Methoden als Handlungsmittel praktischer Problembewältigung sind gegenstands- und bereichsspezifisch. Ihr praktischer Einsatz ist nur dann angemessen, wenn man ein angemessenes professionelles *Selbst- und Gegenstandsverständnis* hat. Man muß wissen, welchen Sinn und Zweck Methoden im Rahmen

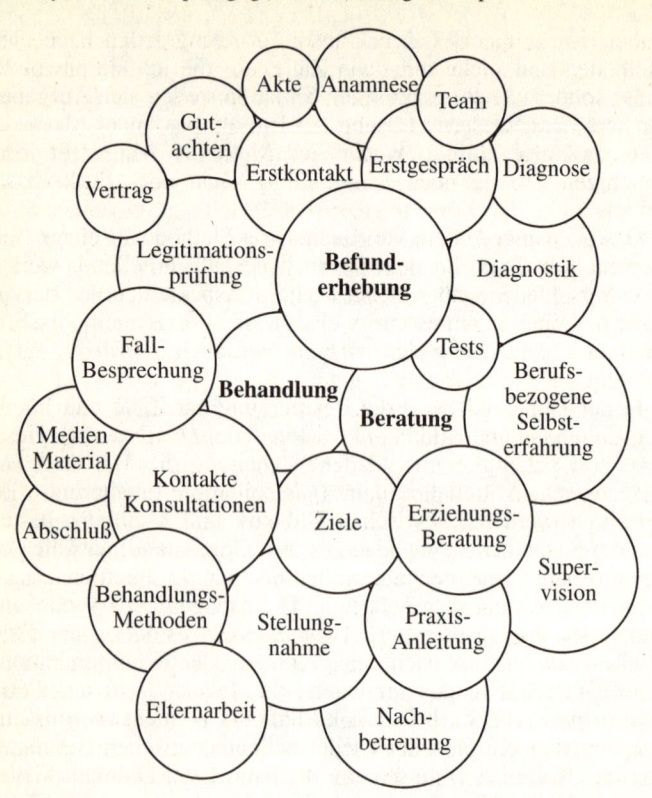

Systematik heilpädagogischer Handlungskonzepte

Abb. 14: Skizze der Heilpädagogischen Maßnahme (Köhn 1994, 17)

meines beruflichen Handelns haben. Gegenstand heilpädagogischen Handelns sind durch Behinderung beeinträchtigte Erziehungs- und Beziehungsverhältnisse, in denen gelingende Kommunikation Bedingung für die Aufhebung oder Kompensation der Beeinträchtigung ist. Heilpädagogen sind in erster Linie (Heil-)Erzieher, ihr beruflicher Auftrag bezieht sich primär auf *Förderung, Erziehung und Bildung* unter diesen erschwerten Bedingungen.

Dieses heilpädagogische Selbst- und Gegenstandsverständnis hat Auswirkungen auf die Beantwortung der Frage, was *heilpädagogische Methoden* sind. Man könnte es sich leicht machen und sagen, heilpädagogische Methoden sind Methoden, die von Heilpädagogen angewendet werden. Diese gleichsam operationale Definition kann jedoch nicht recht befriedigen. Heilpädagogisch sind Methoden vielmehr dann (und nur dann?), wenn sie kommunikativ, dialogisch, *beziehungsorientiert* angelegt sind, *Entwicklung* und *Selbstwerdung* ermöglichen wollen/sollen, und ihr Anwender durch berufsspezifisches Wissen und Können *legitimiert* und *befähigt* ist, behinderungsbedingte Entwicklungs- und Erziehungserschwernisse sachkundig zu behandeln.

Von ihrer Intention her speist sich ihre Anwendung zugleich aus einem für alle Menschen universell gültigen *edukativen* und einem auf Menschen in besonderen, nämlich wesentlich erschwerten Lebensbedingungen bezogenen *Hilfe-Motiv*.

Heilpädagogik ist ein erzieherischer und helfender Beruf (*Erziehung/Bildung* und *Lebenshilfe* unter erschwerten Bedingungen). Von daher betrachtet ist es nicht nur ein Verlegenheitsbegriff, wenn wir die speziellen heilpädagogischen Methoden mit dem Doppelattribut als *pädagogisch-therapeutische* Methoden qualifizieren (Borchert 1996). Ein auf Kommunikation und Dialog angelegtes Selbstverständnis von Heilpädagogen macht dann in seiner Konsequenz die Suche nach *kommunikationsfördernden* Methoden zu einer vordringlichen Aufgabe, besonders in solchen Praxisfeldern, wo die üblichen Formen der verbalsprachlichen Kommunikation versagen: etwa bei gehörlosen, autistischen oder geistig schwerbehinderten Menschen (z. B. Gebärdensprache, Körpergestalttherapie oder basale Stimulation/Kommunikation). Auf diesen Gebieten kommt der weiteren Entwicklung von Verfahren und Methoden sog. "alternativer und unterstützter Kommunikationshilfen" („alternative and augmentative communication") eine besondere und vordringliche Bedeutung zu.

Allerdings ist festzuhalten, daß Heilpädagogik sich auch nicht auf die Anwendung spezieller Methoden reduzieren läßt. Ein solches "Werkzeugkisten"- oder "Instrumentenkoffer-Modell" heilpädagogischer Praxis ist in seiner technischen Verkürzung völlig unangemessen. Man trifft es dort an, wo Heilpädagogik lediglich als besondere Variante von Sozialpädagogik verkannt wird. Es ist zwar verständlich, wenn Sozialpädagogen und Erzieher im Sinne einer heilpädagogischen Zusatzausbildung an der Aneignung wirksamer Methoden, besonders auch therapeutischer Art, interessiert sind; ohne grundlegende Einführung in umfassendes heilpädagogisches Denken und Handeln halte ich dieses Ausbildungsmodell jedoch für bedenklich! Die Gleichung Heilpädagogik *gleich* Sozialpädagogik *plus* spezielle heilpädagogische Methoden geht hinten und vorne nicht auf! Innerhalb des Gesamtbereiches aller pädagogischen Disziplinen ist die Heilpädagogik *neben* der Sozialpädagogik ein eigenständiges Fachgebiet mit eigener Geschichte, eigenem Selbstverständnis, eigenen Aufgabenfeldern und daraus organisch hervorgehend eigenen Methoden. Dieses komplexe Fachgebiet kann man sich kaum anders als in einem grundständigen Studium aneignen und persönlich anverwandeln (s. Kapitel 2.3.).

Das schließt nicht aus, daß die Heilpädagogik ihre bewährten Methoden an benachbarte Berufe weitergibt. Der Entwicklungsstand der Heilpädagogik, ihr gefestigtes Selbstverständnis läßt diese Weitergabe durchaus zu. Eine solche Anwendung heilpädagogischer Methoden durch benachbarte Disziplinen ist dann jedoch *nicht* gleich *heilpädagogisches Handeln*! Die Vertreter der aufnehmenden Berufe (Sozialpädagogen, Psychologen, Ergotherapeuten u. ä.) müssen ihrerseits entscheiden, wie sie die für sie fachfremden heilpädagogischen Methoden mit ihrem berufsspezifischen Handeln abstimmen.

Die Methodenfrage und das Problem der Sozialtechnologie

Wenn wir unsere handlungstheoretische Analyse der Methodenfrage wieder aufgreifen, ergibt sich folgender, nicht unproblematischer Befund:

Da methodisches Handeln auch *ziel- und zweckorientiert* ist (sein muß), gehört es handlungstheoretisch betrachtet *auch* zum Typ des erfolgskontrollierten Handelns. Und dieses gerät leicht in den utilitaristischen Sog eines an äußeren (z. B. ökonomischen) Nützlichkeitskriterien ausgerichteten strategisch-instrumentellen Handelns (Habermas 1981, s. Kapitel 5.1.). Dadurch wiederum verstärkt sich die Tendenz, heilpädagogische Praxis nach dem Schema einer *Sozialtechnologie* zu betreiben und dem Heilpädagogen die Rolle eines "Sozialingenieurs" zuzuweisen.

Die Methodenfrage in der Heilpädagogik eröffnet also ein Spannungsfeld von *kommunikativen* und *strategisch-instrumentellen* Handlungsformen, das auch ethisch sehr brisant ist (Gröschke 1993). Dieses immanente Spannungsverhältnis zwischen *Kommunikation* und *Nützlichkeit* spitzt sich in dem Maße zu, wie heilpädagogisches Handeln heute verstärkt genötigt ist, sich als *nützlich* (z. B. kostengünstig) und *erfolgreich* auszuweisen.

Bei Paul Moor findet man den immer noch gültigen Gedanken, daß praktische Heilpädagogik nicht nur ein *Tun*, sondern oft auch ein *Lassen* sein muß, natürlich nicht ein sträfliches Unterlassen notwendiger Hilfeleistung, sondern ein bewußtes, geduldiges Wachsen- und Sichentwickelnlassen vor allem der pathischen Seite der menschlich-personalen Existenz, also der Gemütskräfte. Moor teilte bekanntlich die vor allem aus der Psychologie entlehnten pädagogischen Methoden ein in Methoden des *pädagogischen Zugriffs* (sehr drastisch!) und in Methoden der *pädagogischen Zurückhaltung* (Gröschke 1992b). Der im Methodenverständnis üblicherweise eingebaute aktivistisch-instrumentalistische Zug suspendiert allzu leicht das für angemessenes pädagogisches Handeln kennzeichnende und unaufhebbare Spannungsverhältnis von Tun *und* Lassen und verführt zu einer technologischen Machbarkeitspädagogik. In der Praxis der Frühförderung kann sie einem in Form einer überzogenen Förderungseuphorie bisweilen begegnen oder in der Arbeit mit geistig schwerstbehinderten Menschen im Sinne einer rigiden Entwicklungstherapie um jeden Preis.

Einen, wie ich meine, entscheidenden Einwand gegen ein sozial-technologisches Verständnis von Praxis als Anwendung von Methoden möchte ich nochmals geltend machen: eine solche Sicht begünstigt eine verdinglichende, objektivierende Einstellung zum anderen und ist mit einem Verständnis von Entwicklung, Erziehung und Förderung als *Interaktion und Kommunikation* schwerlich vereinbar. Sie gefährdet die *Selbstgestaltungstendenzen* des Individuums, die es gerade im Falle von Entwicklungshemmungen besonders zu unterstützen gilt. Der für heilpädagogisches Handeln konstitutive *Beziehungsaspekt* fällt leicht der Intention von Einwirkung und Veränderung zum Opfer.

Heilpädagogische Methoden, wenn sie richtig "angewendet" werden, sind eher strukturierte Angebote an den anderen, sich auf eine spielerische *Interaktion* einzulassen, die zu Dialog und Kommunikation führt und – nebenbei – noch zu Kompetenzzuwachs und Lerngewinn. Es sind strukturierte Beziehungsangebote, bei denen der Heilpädagoge spezifische *Regeln* beachtet, diese jedoch stets modifiziert, wenn die zentrale Handlungsmaxime heilpädagogischer Arbeit, das *Individualisierungsprinzip*, ihn dazu veranlaßt. Der Einzigartigkeit jedes Menschen können Methoden nur bedingt gerecht werden.

Gemeinsamer Nenner: Interaktion

Wenn heilpädagogische Methoden ihre angestrebte Wirkung entfalten sollen (Förderungsabsicht und Förderungserfolg), muß sich ihr Anwender (ob Heilpädagoge oder andere Fachkraft) in eine engagierte *Interaktion* mit dem behinderten Menschen einlassen. Dieser muß spüren und erleben, daß der Heilpädagoge mit ansteckender Begeisterung bei der Sache ist – vielleicht nicht in jedem Moment, aber immer wieder – (Methoden als *Medien sozialer Aktivierung*). Der Heilpädagoge muß sich vom Interaktionsprozeß, den seine Methode initiiert, mitreißen lassen, gleichzeitig im Sinne methodischer Selbstkontrolle jedoch stets den Überblick über das Geschehen behalten – eine durchaus schwierige Aufgabe, deren Bewältigung jedoch wahres Können und Meisterschaft beweist. Die Qualität und Intensität dieser Wechselwirkung, dieser *Interaktion*, ist das allen heilpädagogischen Methoden gemeinsame (meta-)methodische Wirkprinzip, ihr gemeinsamer Nenner. Mit einer solchen persönlich engagierten Ko-Operation ist eine persönlich distanzierte, kühl kalkulierende Handhabung von Methoden unverträglich. Sie würde den anderen auf den Status eines Behandlungsfalles oder -objektes degradieren.

Übrigens ist man in der neueren Psychotherapieforschung zu einer ganz ähnlichen Wertung schulen- und methodenübergreifender Wirkvariablen gekommen, die man in allgemeinen therapeutischen *Grundhaltungen* und in der Qualität der interpersonellen *Beziehung* gefunden hat, die sich im persönlichen Engagement des Therapeuten für den gemeinsamen Problemlösungsprozeß manifestieren müssen. Solche Variablen sind etwa das intensive Engagement des Therapeuten bei seiner Arbeit („role investment"), gegenseitiges Vertrauen und empathische Resonanz („empathic resonance") sowie wechselseitig stützende wie auch herausfordernde Zuwendung („mutual affirmation", Grawe u. a. 1994).

Heilpädagogische Handlungskonzepte und Methoden

Statt *Methoden*, möchte ich meinen Vorschlag aus Kapitel 4.2. wieder aufgreifen, *Konzepte* als angemessene Handlungseinheiten für die Gestaltung heilpädagogischer Praxis anzusehen. Innerhalb solcher heilpädagogischer *Handlungskonzepte* sind methodisch-didaktische Elemente eingebaut; sie stehen jedoch *nachgeordnet* im Dienste *vorgängig* zu treffender anthropologisch-ethischer Grundsatzentscheidungen.

Ich verstehe Konzepte als Brückenglieder zwischen (wertabstinenter) allgemeiner Theorie und wertgeleiteter konkreter Berufspraxis von Heilpädagogen. Sie bilden eine Einheit von an Personen gebundenen Kognitionen (*Fachwissen*), wertenden Stellungnahmen („*Gewissen*"), Motiven (*Absichten, Zielen*) und *Interaktionsbeziehungen* zwischen mindestens zwei Personen.

Welches Konzept ist für mich als Heilpädagoge *persönlich* bindend und handlungsleitend, und welche daraus ableitbare Methode ist für den *konkreten* behinderten Menschen förderlich? Um einige Beispiele zu nennen: Nicht jeder Heilpädagoge ist so spielfähig und spielfreudig, daß er das Medium des Spiels im Sinne der Konzepte der Heilpädagogischen *Übungsbehandlung, Spielförderung* oder *Spieltherapie* authentisch praktizieren könnte. Nicht jede Heilpädagogin ist so bewegungsfreudig, sportlich und "beweglich", daß sie das Medium *Bewegung* im Sinne der Konzepte der *Psychomotorik, Mototherapie* oder der Heilpädagogischen *Rhythmik* überzeugend vermitteln und anwenden könnte. (Was hier für Heilpädagogin und Heilpädagoge gesagt wurde, gilt natürlich auch vice versa). Und trotz aller Ganzheitlichkeitspostulate: Nicht für alle und jeden behinderten Menschen eigenen sich alle diese "klassischen" heilpädagogischen Methoden gleich gut. Ihrer je besonderen *Indikation* sollte man sich schon bewußt sein.

Heilpädagogische Handlungskonzepte sind zentriert um ein ausgewähltes *Grundphänomen* menschlich-personaler Existenz, dessen Bedeutung für das individuelle Erleben und Verhalten des zu fördernden Menschen sie "gründlich" reflektieren, dessen Entwicklungspotential sie diagnostisch einschätzen und im gemeinsamen (interpersonalen) Handeln interaktiv und kommunikativ zu entfalten trachten. Solche Grundphänomene als "Material" heilpädagogischen Handelns sind vor allem *Leiblichkeit, Wahrnehmung, Bewegung, Spielen, Lernen*, die so zum systematischen Ausgangs- und Bezugspunkt heilpädagogisch förderlichen Beziehungshandelns werden (s. Kapitel 6). Ein problem- und gegenstandsangemessenes pädagogisch-therapeutisches Handlungskonzept für die Heilpädagogik besteht aus drei Elementen, aus deren Zusammenspiel sich förderliche Wirkungen entfalten:

– *Person*: Der Heilpädagoge mit seinen Grundhaltungen von Authentizität, Ehrlichkeit und Selbstkongruenz gegenüber sich und dem anderen

- *Milieu*: Ein entwicklungsförderlich gestalteter Lebensraum, ein strukturiertes Lebens-, Erfahrungs- und Lernfeld („therapeutisches Milieu")
- *Methodik/Therapeutik*: Die spezifischen pädagogisch-therapeutischen Verfahren und Methoden zur Gestaltung und Strukturierung der Interaktion und Kommunikation.

Auf die pädagogisch-therapeutische Wirkung des Milieus will ich noch besonders hinweisen: Heilpädagogen können erst dann ihre spezifischen Verfahren und Methoden zur Entfaltung bringen, wenn sie geeignete *Räume* zur Verfügung haben (Spiel- und Bewegungsräume, Lern- und Übungsräume). Darüber hinaus haben sozial-ökologische Rahmenbedingungen („Lebensräume") einen subtilen, aber nachhaltigen positiven oder auch negativen Einfluß auf menschliches Verhalten. Über gezielte Maßnahmen einer angemessenen *Lebensraumgestaltung* in Kindergarten, Heim, Schule oder Werkstatt kann man langfristig förderliche und Lebensqualität sichernde Wirkungen erzielen, die über den Wirkungsgrad von Methoden weit hinausreichen.

Paul Moor (1965, 494) hat uns daran erinnert, daß – allen Methoden vorgeordnet – die "innere Haltung des Erziehers, seine Geduld, seine Konsequenz, seine Strenge, über allem diesem aber seine Liebe" ihn immer wieder zu der Erkenntnis führen, "daß jedes Erziehungsmittel (und jede Methode, D. G.), etwas ist, das auch wieder überwunden werden muß". Und in seinem "Stanser Brief" von 1799 hat der große Pestalozzi schon gesagt: "Ich kannte keine Ordnung, keine Methode, keine Kunst, die nicht auf den einfachen Folgen der Überzeugung meiner Liebe gegen meine Kinder ruhen sollten".

In diesem Sinne *soll* und *kann* und *muß* die Suche nach guten Mitteln und Methoden für die heilpädagogische Praxis auch in Zukunft weitergehen.

7.2. Leitkonzept Entwicklungsförderung

Auf der Suche nach einem Sammelbegriff, der die vielfältigen Arbeitsaufgaben und Tätigkeitsmerkmale der außerschulischen heilpädagogischen Praxis systematisieren und bündeln könnte, bietet sich am ehesten der Begriff der *Förderung* an. Für den schulischen und schulbezogenen Bereich sind *Lehren* und *Unterrichten* die traditionellen und aufgabenangemessenen Leit- und Zielvorstellungen, wenngleich sich auch der Alltag von Schule in den diversen Institutionen des Schul- und Bildungssystems nicht auf den Aspekt systematisch betriebener und didaktisch gesteuerter Lehr-Lernprozesse nach dem Muster der Curriculumstheorie reduzieren läßt. Schule, ob Regel- oder Sonderschule, soll ja auch ein alltäglicher, umfassender Lebens- und Erfahrungsraum sein, auch wenn sie in ihrer heute vorherrschenden real-existierenden Form diesem pädagogischen Anspruch immer weniger gerecht wird.

Außerhalb der formal reglementierten und öffentlich sanktionierten Aufgabenzuweisung in den Erziehungsinstitutionen Schule und auch "Vorschule" (Kindergarten) kann *Förderung* als angemessene Bezeichnung für das handlungsbezogene *Leitkonzept* heilpädagogischer Maßnahmen und Aktivitäten gelten. Mit diesem *Leitkonzept Förderung* will ich mich zunächst im folgenden – auf dem Hintergrund meiner allgemeinen handlungspragmatischen Aussagen (Kap. 4.1. und 5) sowie meines Verständnisses personaler Grundphänomene (Kap. 6) – etwas näher befassen.

Heilpädagogische Fördermaßnahmen werden konzipiert und realisiert mit dem Ziel, einer beeinträchtigten Person *Lern-* und *Entwicklungshilfen* anzubieten, durch die sie ihre Fähigkeiten der Daseinsgestaltung optimal entfalten, bewahren oder wiederherstellen kann. Eine ständige individual-, alters- und umweltspezifische Anpassung des Förderkonzepts ist dabei eine wesentliche fachliche und ethische Maxime; d. h. für die sich durch Wachstum, Entwicklung oder krankhafte Einwirkungen ändernde Person muß kontinuierlich eine optimale *Passung* zwischen momentanem Entwicklungs- oder Befindlichkeitszustand, Umweltgegebenheiten und heilpädagogischen Förderangeboten gesucht werden. Was zu einer bestimmten Zeit förderlich gewesen war, kann durch zwischenzeitlich eingetretene personinterne oder umweltabhängige sowie interaktional bedingte Veränderung seine Wirksamkeit und Zuträglichkeit verloren haben. Der Dynamisierung personspezifischer Entwicklungs- und Veränderungsprozesse muß eine Flexibilisierung der Zielsetzungen, methodischen Ansätze und Medien des Förderkonzeptes entsprechen.

Förderung läßt sich auf diesem Hintergrund präziser dann als *Entwicklungsförderung* fassen. Die Ausführungen zum Grundphänomen "Entwicklung" (s. Kapitel 6.4.) haben gezeigt, daß in der Entwicklungspsychologie heute ein kontextualer, interaktionaler und handlungstheoretisch fundierter Begriff von Entwicklung bestimmend ist. Menschliche Entwicklung wird im Rahmen dieser Modellvorstellung als ein von Menschen beeinflußter, durch

Menschen modifizierbarer und daher auch von Menschen zu verantwortender Prozeß verstanden. Im basalen Menschenbild der Entwicklungspsychologie kam es zu einer Verschiebung von einer mehr passiv-endogenistischen zu einer betont aktiv-exogenistischen und kontextualistischen Auffassung von menschlicher Entwicklung.

Im System heilpädagogischer Grundbegriffe von Speck (1988, 238ff) ist "psychophysische Entwicklungsbeeinträchtigung" der "heilpädagogische Ausgangsbegriff", aus dem sich pädagogisch "spezielle Erziehungsbedürfnisse" oder ein besonderer "Erziehungsbedarf" ableiten lassen. Diesen "heilpädagogischen Legitimationsbegriff" hält Speck mit Recht für praktisch tauglicher als den vereinfachenden Problembegriff "Behinderung". Im interdisziplinären Praxisfeld der Frühförderung hat der Begriff der *Entwicklungsförderung* seine markanteste Ausprägung und Praxisrelevanz gefunden.

Ein heilpädagogisch reflektiertes Praxiskonzept von Entwicklungsförderung konzentriert sich auf das *erzieherische* Moment und führt von daher zur Frage nach den handlungsleitenden *Ziel-* und *Normvorstellungen*, die im Begriff von Förderung immer mit enthalten sind. Es geht um die impliziten oder auch expliziten Vorstellungen von Normalität oder Optimalität menschlicher Entwicklungsverläufe. In der "Pädagogischen Anthropologie" von Roth (1966) liegt diese praktische Aufgabe im Wechselspiel von "Bildsamkeit und Bestimmung" begründet. Der pädagogische Praktiker muß die in jedem Menschen angelegten Möglichkeiten der Selbstrealisierung erkennen, aktiv fördern und bilden. Da nicht alle Potentiale gleichwertig und gleich wünschenswert sind, bedarf es aktiver Bestimmungsleistungen, welcher von ihnen auf Kosten anderer bevorzugt ausgebildet werden sollen. Da beim psychophysisch geschädigten Menschen der Gang des normalen Entwicklungsaufbaus in gewisser Weise "durcheinander geraten" ist, braucht der Heilpädagoge begründetes Erklärungs- und Veränderungswissen, um zu entscheiden, wo er fördernd in das Entwicklungsgeschehen eingreifen muß, damit sich die desynchronisierten Prozesse wieder *selbst regulieren* können und die betroffene Person zu dem ihr möglichen Maß an Selbstbestimmung und Selbstgestaltung finden kann.

Trotz der mit einer "Behinderung" gegebenen, vielleicht lebenslang irreversiblen Beeinträchtigungen, eine optimale *Daseinsgestaltung* zu ermöglichen, ist Aufgabe und Zielsetzung jeglicher Art von Förderung.

Im handlungstheoretischen Sinne läßt sich als allgemeines Ziel der heilpädagogischen *Förderung* Aufbau, Erhaltung oder Wiedergewinnung von *Handlungsfähigkeit* der geförderten Person bestimmen. Diese Zielbestimmung mit der Zentrierung auf den Handlungsbegriff setzt ein Menschenbild voraus, in dem Selbstaktivität, Intentionalität und Interaktivität entscheidende Kernannahmen sind (s. Kapitel 1.4.). Da Handeln sich immer auf konkrete *Umweltsituationen* mit ihren jeweiligen Anforderungsstrukturen sachlicher oder sozialer Art bezieht, ist weiterhin eine sozial-ökologische Perspektive für die Bestimmung von personspezifischen Förderzielen maßgeblich. Es ist jeweils zu bestimmen, *in* welcher sozialen Umwelt und *für* welche soziale Umwelt die zu fördernde Person handlungsfähig gemacht werden soll; ebenso sind auch die positiven wie negativen *Ressourcen*, protektiven wie vulnerablen Bedingungen der jeweiligen *Lebensmilieus* in den Förderplan miteinzubeziehen. So kann effiziente Förderung auch darin bestehen, durch intermediäre Beratung Dritter (Eltern, Lehrer, Erzieher, Ärzte, Verwaltungsvertreter) oder entsprechende Veränderungsmaßnahmen die sozialökologischen Rahmenbedingungen eines Lebensraumes und die in ihm praktizierten Alltagsroutinen, pädagogischen oder therapeutischen Gepflogenheiten, so umzugestalten, daß sie mit dem (Wieder-)Aufbau von Handlungsfähigkeit der Zielperson von Förderung besser vereinbar sind.

Für schwerer beeinträchtigte Personen ist natürlich im Förderkonzept eine schrittweise und zeitlich geordnete Vermittlung einzelner *Komponenten* der Handlungsfähigkeit vorzusehen (z. B. sensomotorische Schemata, Ereigniserwartungshaltungen, Bedürfnisbefriedigungserwartungen, Selbsteffektanz usw.). Wahrscheinlich lassen sich diese Elemente menschlicher Handlungen am besten im Rahmen gemeinsamer Alltagsverrichtungen vermitteln, also unter aktiver Beteiligung an den Handlungen und Tätigkeiten des Erziehers (z. B. Affolter 1987).

Aufbau von personaler Handlungsfähigkeit bei intensiv behinderten Menschen ist eine normative handlungsleitende Zielvorstellung für den Heilpädagogen, deren Realisierungsbereich im Einzelfall nur durch konkrete *Erziehungsversuche* auszutesten ist. Auch die intensivbehinderte Person muß für potentiell *handlungsfähig* gehalten werden, selbst wenn im konkreten Fall nur eine sehr begrenzte Handlungsautonomie erreichbar ist. Diese kann – zum Beispiel – schon darin bestehen, daß eine solche Person es gelernt hat, ihren Körper trotz zerebralparetischer Verkrampfungen so zu beherrschen, daß sie sich an den elementaren Pflegeverrichtungen wie Trockenlegen, Baden oder Essen selbst aktiver beteiligen kann.

Am Fall der geistig schwerstbehinderten Person können wir auch besonders deutlich herausarbeiten, wie eine Zielformulierung im Zusammenhang mit dem Leitkonzept Förderung gewonnen werden kann, die weder allzu funktionalistisch-instrumentell nur an Einzelfertigkeiten orientiert ist („skill drill"), noch idealistisch überhöhte und damit unverbindliche Globalziele und Totalentwürfe "gelingenden Lebens" oder "optimaler Persönlichkeitsentwicklung" beschwört. Beim geistig Schwerstbehinderten radikalisiert sich die Frage nach Sinn und Zweck des Erzieherischen auf ihr Kernverhältnis. Siegenthaler (1983, 189ff) führt dazu aus, daß die Voraussetzung jeglicher Erziehung in einer charakteristischen Polarität von *Gegenwärtigkeit* und *Zukunft* liegt. Es ist notwendig, "das Erziehungsgeschehen bezüglich des Zieles in der Spannung zwischen dem gegenwärtigen Augenblick und einem erst zukünftig zu erreichenden Zustand zu sehen" (auch Gröschke 1988; Kleinbach 1993). Da die Person in ihrem Eigenwert stets "letzter Bezugspunkt unseres Denkens" bleiben muß und z. B. eine massive hirnorganische Schädigung einer Weiterentwicklung durch Förderung und Lernen u. U. sehr enge Grenzen setzt, fragt sich hier besonders dringlich, was Zielperspektive von Erziehung und Förderung sein könnte. Siegenthaler erkennt, daß eine Zielorientierung zweifacher Ausrichtung notwendig ist: "Am punktuellen Aufgehobensein der Behinderung und am zukunftsgerichteten Aufbau" (193). Einerseits ist es durch echte und intensive Zuwendung im mitmenschlichen Dialog möglich, "im gegenseitigen Zueinander von Erzieher und Kind eine Fülle zu erleben, die sich *augenblickshaft* einzustellen pflegt; wo Behinderung das Erziehungsverhältnis nicht mehr beeinträchtigt" (ebd.). Andererseits ist auch die andere Seite, die des "Aufbauens von Fertigkeiten und Funktionen" wichtig, das der behinderten Person vermehrte Selbständigkeit ermöglichen soll. "Es geht darum, zwischen beiden die Mitte zu finden: Das zu planen, was durch Übung differenziert oder im gegenwärtigen Zustand erhalten bleiben kann – und gleichzeitig für jene Augenblicke offen zu sein" (192).

Seit Schleiermacher sind "Erfülltheit des Augenblicks und Vorbereitung auf die Zukunft" dialektisch aufeinander bezogene Gebote jeglicher verantwortungsbewußter Erziehung. Erfüllung im Augenblick zwischenmenschlicher Begegnung ist dabei nicht nur ein Gegenmittel gegen eine überzogene technizistische Förderungseuphorie, sondern "absichtslose Zuwendung" ist selber ein hochgradig emotional entwicklungsförderndes Element (Gröschke 1993; Kleinbach 1993). Ursula Haupt hat als Leitziel für die heilpädagogische Förderung von Kindern mit schwerer geistiger Behinderung die schöne Formel gefunden: "Einladung zur Teilhabe und aktiven Mitgestaltung gemeinsamen Lebens" (in Fröhlich 1991). Die ethische Schärfung des pädagogischen Grenzbewußtseins, der *objektiv* (biologisch) und *subjektiv* (personale Würde) gesetzten *Grenzen* der Förderung, vor allem bei Menschen mit sehr schweren Schädigungen/Behinderungen, führt zu der (nur scheinbar paradoxen) Einsicht, daß heilpädagogische Förderung Entfaltung der *Fähigkeiten* und Respektierung der *Unfähigkeiten* (meiner eigenen, wie der des anderen) sein muß.

Im praxisleitenden Konzept *Förderung* muß vom Heilpädagogen eine Vermittlung von *gegenwärtiger* Wirklichkeit der Person und *zukünftigen* Möglichkeiten und Anforderungen geleistet werden. Diese Vermittlungsleistung hat die eigenen personalen und fachlichen Gegebenheiten (Persönlichkeit und Professionalität) ebenso zu berücksichtigen, wie die Biographie, das konkrete Dasein und den Lebensentwurf der zu fördernden Person. So hat bereits Nohl (1929) in seiner geisteswissenschaftlich fundierten "Pädagogischen Menschenkunde" diese doppelte Ausrichtung der erzieherischen Aufgabe zwischen Gegenwart und Zukunft, Sein und Sollen, beschrieben: "Die Grundeinstellung, mit der der Pädagoge dem Kinde gegenübersteht, ist also eine eigentümliche Mischung von realistischem und idealem Sehen" (Nohl 1929, 55).

Zum Stellenwert heilpädagogischer Diagnostik im Rahmen von Förderkonzepten

Für ein personbezogenes Konzept von Förderung gilt in ausgesprochener Weise die heilpädagogische Maxime von Paul Moor: "Erst verstehen, dann erziehen!". Weiter fragt Moor (1965): "Wie kommen wir dazu, wie lernen wir es, das entwicklungsgehemmte Kind zu verstehen?" (15). Vor der heilpädagogischen Behandlung komme die "Erfassung des Kindes", allerdings nicht im Sinne einer objektivierenden Tatbestandsdiagnostik, sondern gesucht sind "Wege der verstehenden Erfassung" (227).

Sicherlich muß der Heilpädagoge *auch* "Tatsachenmaterial" sammeln; aber nach dem Sammeln komme als eigentlich entscheidender Schritt das "Deuten" dieses Materials. In diesem (hermeneutischen) Akt von Deutung oder Interpretation muß der innere Sinnzusammenhang der "Daten" erschlossen werden. Sie müssen als *intentionale* und *sinnvolle* Äußerungen der konkreten Personalität des erfaßten Menschen erkannt werden, auch wenn einzelne Äußerungsformen nach der üblichen "Grammatik" der "normalen" Lebensformen unlogisch, unsinnig, bizarr oder pathologisch erscheinen mögen.

In der grundsätzlichen Annahme personspezifischer Intentionalität und subjekthafter Sinnhaltigkeit *aller* menschlichen Lebensäußerungen treffen sich mehrere der für die Heilpädagogik bedeutsamen psychologischen Theorien: Nicht nur die Phänomenologie, sondern auch die materialistische Tätigkeits- und Aneignungstheorie (z. B. Jantzen 1987; 1990) und die psychoanalytische Theorie (z. B. Leber 1984) sind überzeugt – allerdings mit jeweils unterschiedlicher anthropologischer Begründung – daß *in* und *hinter* allen menschlichen Verhaltens- und Ausdrucksformen („Symptomen") sich ein Sinn verbirgt, der deutend erschlossen und symbolisch entschlüsselt werden kann (Jantzen u. a. 1996). Dieser Sinn ist lebensgeschichtlich (biographisch) konstituiert, so daß eine dem heilpädagogischen Selbstverständnis angemessene *Diagnostik* immer *biographische*, lebenslaufbezogene Diagnostik sein muß. Ihr ganzheitlicher Anspruch, intersubjektive Verstehenszugänge zu ermöglichen, fordert in der Konsequenz komplexe Methoden diagnostischer Informations- und Datensammlung und ihrer idiographischen Auswertung.

Von der (an-)teilnehmenden *Beobachtung* und den basalen Methoden diagnostischer *Gesprächsführung* (Anamnese, Exploration) abgesehen, sind die wichtigsten Instrumente heilpädagogischer Diagnostik *psychologischer* Herkunft (Tests und andere *psychodiagnostische* Verfahren). Aus dieser Tatsache ergaben sich kontroverse Fachdiskussionen um die Möglichkeiten und Grenzen einer genuinen heilpädagogischen *Förderdiagnostik* (Bundschuh 1996; Gröschke 1992b).

Als ein Ergebnis dieser fachlichen Erörterungen zu Fragen der Diagnostik in der Heilpädagogik wurde immerhin die Erkenntnis wiederhergestellt, daß eine *heilpädagogische* Diagnose nicht zum Selbstzweck werden darf, sonst trifft das sarkastische, gegen die Medizin gerichtete Bonmot von Karl Kraus auch auf die Heilpädagogik zu: "Eine der am meisten verbreiteten Krankheiten ist die Diagnose".

Es zeichnet sich ein Konsens insofern ab, als erkannt wird, daß Sinn und Zweck diagnostischer Erhebungen in der heilpädagogischen Fallarbeit nicht in der objektivierenden Messung isolierter

Persönlichkeitsmerkmale noch in der Erstellung einer umfassenden Persönlichkeitsdiagnose liegen, sondern in der Sicherung konkreter *Entwicklungsausgangsbedingungen* orthodidaktischer oder anderer heilpädagogischer *Fördermaßnahmen*, sowie in ihrer prozeßbegleitenden und evaluierenden Funktion (Status- *und* Prozeßdiagnostik). Insofern hatte bereits Moor das Desiderat einer *heilpädagogischen* Förderdiagnostik gegenüber der Dominanz psychodiagnostischer Methoden formuliert, als er sagte: "Zum *pädagogischen* Verstehen kommen wir, indem wir das psychologische Verstehen ordnen auf die pädagogischen Notwendigkeiten hin" (Moor 1965, 299). Diese Ordnungsleistung im Umgang mit den psychodiagnostischen Daten mit Blick auf die (heil-)pädagogischen Notwendigkeiten ist die eigentliche Aufgabe der heilpädagogischen Förderdiagnostik. Sie umfaßt *objektivierende* (erklärende) und *subjektivierende* (verstehende) Anteile:

– Mit stichhaltigen und objektiven Daten und Argumenten muß der Heilpädagoge gegenüber externen Instanzen (Eltern, Lehrern, Ärzten, Behörden) begründen können, weshalb eine Person besondere heilpädagogische Fördermaßnahmen benötigt (handlungslegitimierende Funktion der Diagnostik) und
– er muß sich durch seine Diagnose Wege öffnen, durch die er zur subjektiven Erlebniswelt der zu fördernden Person Zugang finden kann (verständigungssichernde Funktion der Diagnostik).

Neben den *psychometrischen* Verfahren (Intelligenz- und Leistungsstests, Persönlichkeitsfragebögen), die von Fall zu Fall zum Einsatz kommen, sind es in der Praxis der heilpädagogischen Förderdiagnostik vor allem zwei weitere Klassen von diagnostischen Verfahren, mit denen der Heilpädagoge gut vertraut sein muß:

a) *Entwicklungstests*: Entweder in der Version als Such- oder Siebtests („screening") zur Abschätzung des momentanen kindlichen Entwicklungsstandes (in Risikopopulationen) oder in ihrer speziellen Form zur differenzierten Erfassung zentraler frühkindlicher Entwicklungsmerkmale und -sequenzen und ihrer Abweichung vom durchschnittlichen Profil der Normalentwicklung (Entwicklungstests und -skalen). Diese Gruppe von Verfahren spielt in Früherkennung, Frühförderung und Frühtherapie eine wichtige Rolle (zu Einzelheiten dazu s. Brack 1993; Bundschuh 1996).

b) *Verhaltensinventare*: Es handelt sich hierbei um systematische Sammlungen entwicklungsbezogener und alltagsnaher Fähigkeiten und Fertigkeiten (Kompetenzen) bei geistig behinderten Personen verschiedener Intensitätsstufen (von Lernbehinderungen bis schweren geistigen Behinderungen), anhand derer das gegenwärtige Kompetenzniveau in den verschiedenen Bereichen erfaßt und seine förderabhängigen Veränderungen laufend kontrolliert werden können (Bundschuh 1996). Sie gehören zu den Methoden der (systematischen) *Beobachtung*. Bei ihrer Verwendung kommt dem Heilpädagogen die wichtige Aufgabe zu, kritisch zu beurteilen, welchen Beitrag die aufgeführten Verhaltensaspekte (Items), die gleichzeitig implizit ja auch Förderziele sind, zur Erhöhung von *Lebensqualität* und *Selbständigkeit* der behinderten Personen leisten. Ein unreflektierter, standardisierter Gebrauch dieser ansonsten wichtigen diagnostischen *Hilfsmittel* ist mit dem Prinzip heilpädagogischer Verantwortlichkeit für den gesamten Förderungsprozeß unvereinbar.

Da das verbindliche Leitziel heilpädagogischer Förderung die Vermittlung lebensweltbezogener *Handlungsfähigkeit* ist, muß sichergestellt sein, daß die diagnostisch erfaßten und eingeübten Verhaltensmuster und Kompetenzen Teilelemente sinnvoller Handlungszusammenhänge sind, bzw. werden. Auf der Basis einer differenzierten Erfassung des Niveaus "momentaner Handlungsfähigkeit" sind unter Einbeziehung entwicklungspsychologisch begründeter und handlungsökologisch reflektierter Erkenntnisse Richtziele für die "Zone der nächst höheren Entwicklung" abzuleiten.

Unter Berücksichtigung der Anforderungen des jeweiligen *Lebensortes*, an dem sich die Person befindet, sowie in Voraussicht zukünftiger Handlungserfordernisse für kommende Lebensorte (z. B. vom Heim in die Außenwohngruppe) ist es Ziel der Förderung, ein "ABC der Elementarbildung für das Alltagsleben" zu vermitteln (Winkler 1988, 305). Um eine solche lebensweltangemessene "antizipatorische Sozialisation" gezielt in Angriff nehmen zu können, wäre eine Phänomenologie alltäglicher Lebenssituationen wichtig, die z. Zt. noch weitgehend fehlt. Bekanntlich sind die aus der Curriculumtheorie operational ableitbaren Erziehungs- und Bildungsziele sehr bedenklich, da sie rein funktionalistisch auf gesellschaftliche *Verwendungssituationen* abstellen, also ein sozialtechnologisches, instrumentalistisch-poietisches Verständnis von Erziehung implizieren.

Das Konzept Förderung umfaßt in sich sehr komplexe Teilaufgaben. Deshalb bezeichne ich es auch als *Leitkonzept*, dessen

Dimensionen im folgenden (in Anschluß an Speck 1988) näher spezifiziert werden sollen:

Aufgabenschwerpunkte und Dimensionen des Leitkonzepts Förderung:

- *Lebenslaufbezogene* Aufgaben: Frühförderung, Kindergarten- und Vorschulerziehung, schulische Förderung, berufliche Bildung, Erwachsenenbildung;
- *Lebensortbezogene* Aufgaben: organisations- und institutionsbezogene Aufgaben in Tages- oder Vollzeitheimen, klinischen Einrichtungen, Beratungsstellen, Werkstätten und Rehabilitationseinrichtungen, Freizeiteinrichtungen, Schulen und Familien;
- *Methodenbezogene* Aufgaben: Erziehung (Persönlichkeitsbildung und Sozialerziehung), Beurteilung (Diagnostik, Bewertung, Zuordnung), Unterricht (in Schulen durch Lehrer), Therapie, Beratung, Pflege;
- *Ziel- und zweckbezogene* Aufgaben: Prävention, Rehabilitation, Normalisation, Integration;
- *Sozialökologische* Aufgaben: Elternarbeit (Kooperation), Teamarbeit (interdisziplinäre Kooperation), Öffentlichkeitsarbeit, Reflexion von Berufsrolle und beruflichem Selbstverständnis.

Diese Schwerpunkte und Dimensionen umreißen das Gesamtprogramm von Förderung. Es ist klar, daß kein einzelner Heilpädagoge für alle Aspekte und Bereiche qualifiziert und zuständig sein kann. In der Praxis werden sich eigene person- und kompetenz- (mitunter auch zufalls-)abhängige Schwerpunktsetzungen ergeben (persönlicher Arbeitsstil). Die lebenslauf-, lebensort- und methodenbezogenen Spezialisierungen der Sonder-(Schul-)Pädagogik (schulisches Lernen, Lehren, Unterrichten) klammern wir aus diesem Zusammenhang wieder aus unserer Betrachtung aus.

Im Rahmen der – vorwiegend außerschulischen – Aufgabenfelder heilpädagogischer Entwicklungsförderung haben sich methodische Schwerpunkte und Ansätze komplexer Handlungskonzepte herauskristallisiert, die ich nun im folgenden näher systematisieren möchte. Da sie durchweg ihren Ursprung in der Praxiserfahrung ihrer "Erfinder" hatten, wenngleich sie anschließend auch durch wissenschaftliche Bearbeitung wesentlich differenziert und optimiert wurden, bezogen (und beziehen) sie sich auf reale und konkrete *Phänomene* personaler Existenz entwicklungsauffälliger und behinderter Menschen in ihren konkreten sozialen und soziokulturellen Lebenszusammenhängen. Wir kön-

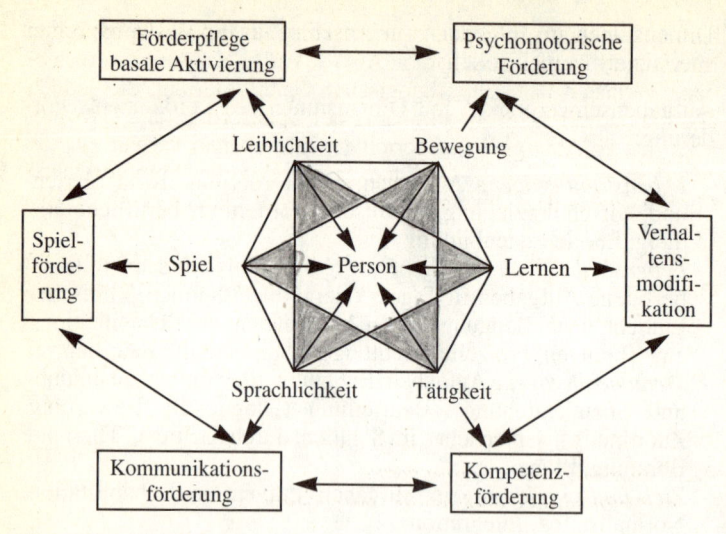

Abb. 15: Systematik heilpädagogischer Förderkonzepte

nen von daher unsere beschreibende Auflistung menschlicher *Grundphänomene* in Kapitel 6 zur Basis eines Ordnungsversuchs machen. Dann ergibt sich folgende Systematik von Handlungskonzepten im Überblick (Abb. 15).

Es ist dabei zu beachten, daß die Zuordnung eines Förderkonzepts zu einem bestimmten Grundphänomen *schwerpunktmäßig* erfolgt. Meine Ausführungen (s. Kapitel 6.1. bis 6.7.) sollten auch gezeigt haben, daß alle diese Basalphänomene in einem innigen und lebendigen Funktionszusammenhang der Person stehen, aus dem man sie nur akzentuierend hervorheben kann. Mit anderen Worten: In allen auf personale Ganzheit angelegten Förderkonzepten sind *alle* Grundphänomene involviert, wenn auch ihre relative Gewichtung sich bei den verschiedenen Konzepten verschiebt: Das theoriehaltige Phänomen "Entwicklung" ist in dieser Systematik Leitidee im Sinne einer übergeordneten *Entwicklungsförderung* als allgemeinem Leitkonzept.

Ein weiterer Punkt wäre klarzustellen: Ich betrachte die dargestellten Förderkonzepte nicht als kanonisierte *Methoden* mit standardisierten Verfahrensregeln ihrer praktischen Anwendung, sondern als offene *Handlungsansätze*, unter die sich verschiedene Einzelmethoden oder Förderprogramme subsumieren lassen, wenn sie nur die schwerpunkthafte Zentrierung auf ein Basisphänomen miteinander gemeinsam haben. Also z. B.: Es existieren verschiedene Varianten der heilpädagogischen Spielförderung, die jedoch alle methodisch schwerpunktmäßig auf Spielformen und Entwicklung der Spielfähigkeit ausgerichtet sind; ebenso verhält es sich mit dem allgemeinen Handlungsansatz der psychomotorischen Förderung, in dem sich mehrere bewegungspädagogisch ausgerichtete Einzelmethoden und Förderprogramme wiederfinden.

Methodische Konzepte in der Heilpädagogik (wie in anderen Handlungsdisziplinen) laufen sonst Gefahr, sozial-technologisch mißverstanden und vor allem technizistisch fehlpraktiziert zu werden. Eine sozialtechnologische Auffassung heilpädagogischer Praxis halte ich für handlungsethisch unangemessen (vgl. Kapitel 5.1.).

7.2.1. Schwerpunkt "Leiblichkeit": Förderpflege und basale Aktivierung

Auf dem Grund der personalen Existenz eines Menschen finden wir das Spannungsverhältnis von *Körper* und *Leib*. Unser Körper als materielle Substanz und biologisches Substrat all unserer Lebensäußerungen ist ein kreatürlicher *Grenzwert*, an den wir unmittelbar gebunden sind. Es gibt zwar gerade in der autobiographischen Literatur körperbehinderter Menschen höchst eindrucksvolle Schilderungen, wie Personen sich trotz schwerster körperlicher Beeinträchtigung aus diesen Fesseln freigemacht und zu hohen Leistungen gefunden haben, das ändert jedoch nichts an dem Grundsachverhalt, daß unser Körper versorgt und funktionsfähig sein muß, sonst ist alles andere gefährdet. Wenn wir krank sind, erleben wir schmerzlich diese körperliche Gebundenheit unserer Existenz. Für die Personengruppe der schwerstkörperbehinderten, mehrfachbehinderten und auch chronisch kranken Menschen ist diese Zentrierung auf den kranken, gebrechlichen und schmerzenden Körper ein vorherrschender Erlebnis- und Seinsmodus. Er bedeutet (u. U. lebenslange) Angewiesenheit auf Hilfe und *Pflege* und damit einhergehend oft gesteigerte soziale *Abhängigkeit*, wenn der körperlich extrem behinderte oder chronisch kranke Mensch zu einem "Pflegefall" oder "Pflegling" wird, dessen personale Existenz auf die Wartung seiner Körper- und Vitalfunktionen reduziert wird.

Auch institutionell hatten früher im klinischen Bereich Psychiatrie und Behindertenpädagogik im Zusammenwirken eine

Sonderung in zwei Klassen von Personen vollzogen, die nur mühsam überwunden wurde: Es gab "Heil"- oder "Pflegeanstalten", letztere für die "reinen Pflegefälle", wo keine Behandlung mehr erfolgversprechend schien. Die auch heute noch existierende Finanzierung von Heil- und/oder Pflegemaßnahmen durch zwei verschiedene Kostenträger („Pflegefälle": Kostenträger Sozialhilfe, bzw. Pflegekassen; "Behandlungsfälle": Kostenträger Krankenkassen) könnte diese unselige Trennung latent weiterhin begünstigen und etwa über Pflegesatzregelungen die Lebensqualität der als "Pflegefälle" etikettierten Personen jederzeit gefährden. Die bisherigen Erfahrungen mit der "Pflegeversicherung" haben diese Bedenken aus heilpädagogischer Sicht eher noch verstärkt.

Allerdings ist die Sicherung des körperlichen Überlebens und die Garantierung eines Mindestmaßes körperlich-leiblichen *Wohlbefindens* durch intensive Pflegemaßnahmen schiere Voraussetzung jeglicher weitergehenden Persönlichkeits- und Entwicklungsförderung. Was bedeuten aber Wohlbefinden und Wohlbehagen für Menschen, die sich nicht sprachlich artikulieren können? "Wohlbehagen ist die von ganz unten gegebene Zustimmung der Leibperson zu bestimmten Handlungsabläufen an der Oberfläche der Existenz" (Rombach 1987, 301). Diese "Zustimmung" drückt sich eher in der Stimmung des Betroffenen aus, von der seine "Stimme" nur ein Teil ist. Die Theorie der menschlichen Bedürfnisse aus der Humanistischen Psychologie A. Maslows beschreibt den hierarchischen Aufbau des personalen Bedürfnis- und Motivsystems: Erst müssen die periodisch auftretenden physiologisch-körperlichen Mangel- und Sicherheitsbedürfnisse („deficiency, basic needs") verläßlich befriedigt werden, ehe psychologisch höherstehende Motive sich überhaupt nur entwickeln können (Bedürfnis nach Liebe und Zugehörigkeit, nach Achtung sowie die Wachstumsmotive in Richtung "Selbstverwirklichung" (Quitmann 1985, 217ff; Gröschke 1992b).

Zunehmende Unabhängigkeit von externen Pflegemaßnahmen und basalen körperlichen Versorgungsleistungen durch andere ist sicherlich ein wichtiges heilpädagogisches Förderziel lebenspraktischer Ertüchtigung; andererseits muß realistisch zur Kenntnis genommen werden, daß zumindest der Personenkreis der schwerst-körper- und mehrfachbehinderten Kinder, Jugendlichen und Erwachsenen auf Dauer auf intensive und zeitaufwendige Pflege und Versorgung angewiesen bleibt (permanenter "Pflegebedarf" als besondere Lebensbedingung). Hier stellt sich für Heilpädagogen und andere Betreuungspersonen die Frage, wie die den Alltag bestimmenden Pflege- und Versorgungsmaßnahmen genutzt werden könnten, um über die allein schon sinnvolle weil notwendige Sicherung der basalen körperlichen Funktionen (Atmung, Ernährung, Körperpflege, Hygiene) hinaus auch entwicklungsanregende und fördernde Angebote machen zu können.

Die Antwort sind Versuche einer *Förderpflege* oder basalpädagogischen Betreuung, wie sie in die Praxis der Schwerstbehinderteneinrichtungen inzwischen Eingang gefunden haben (Fröhlich 1991a, b). Zugleich gehen mit diesen Föderansätzen systematische Versuche einher, eine allgemeine *basale Pädagogik* zu begründen; eine leibnahe Pädagogik "von unten", die durch elementare Entwicklungsanregung der Sinnes- und Wahrnehmungstätigkeit *kommunikative* Fähigkeiten anbahnt und die personale Leib-Seele-Geist-Einheit *vom Körper her* erschließt.

Da sich die betroffenen Personen in der Regel auf einem elementaren Niveau der *sensomotorischen* Entwicklung befinden, versucht man, ihnen während der täglich häufigen und langandauernden Pflegeverrichtungen (z. B. Baden, Wickeln, Körperpflege) eine intensive taktil-kinästhetische *Anregung* durch den Einsatz verschiedener Pflegeutensilien oder multimodaler Reizträger zu bieten. So läßt sich jeder pflegerische Kontakt mit einer schwerbehinderten Person, sei es, daß sie zu säubern, zu füttern oder zu kleiden ist, als Gelegenheit zur *aktivierenden Förderung* basaler Wahrnehmungsprozesse durch taktile oder kinästhetische Stimulation und sensorische Integration verstehen. Im Wissen um diese Möglichkeit "basaler Stimulation" kann jede pflegerische Verrichtung zu einem sinnesanregenden und auch durch den engen Körperkontakt kommunikativ wirksamen "somatischen Dialog" werden („basale Kommunikation"). Indem man Bewegungsmuster, z. B. beim An- und Auskleiden, öfter und langsam mit der Person wiederholt, beim Waschen die Person frottiert, eincremt, beim Schwimmen Hautkontakt herstellt usw. lassen sich über den Körper vermittelt und auf ihn bezogen person- und umweltsschließende Wahrnehmungsmodalitäten anregen. Anregungen durch *Druck*, *Berührung*, *Spüren*, *Bewegung*, *Temperatur*, *Vibration* sind dabei die basalen Wahrnehmungsmodalitäten, die sensomotorische *Handlungsfähigkeit* fundieren. Zur Absicht einer solchen "basalen Stimulation" schreibt Fröhlich (1991b, 224): "Das Kind bekommt in einer warmen, zugewandten und freundlichen Atmosphäre einfache sensorische Erlebnisse, sein Körper wird so bewegt, daß er unterschiedliche Unterlagen spürt, daß er unterschiedliche Materialien berührt. Wasser spielt eine große Rolle, das Kind kann darin die Erfahrung machen, daß sein Körper leichter ist, daß Bewegungen einfacher durchzuführen sind. Allen Angeboten ist gemeinsam, daß sie versuchen, das Kind erfahren zu lassen, "ich kann mit meinem Körper etwas spüren" und "es existiert eine Welt außerhalb meines Körpers". Was hier für das Kind gesagt wird, gilt auch für schwerstbehinderte erwachsene Personen, die sich in der Organisation ihrer Wahrnehmungsprozesse auf dieser frühen Entwicklungsstufe befinden. Auch die Anregungen Affolters (1987) zum "geführten Spürenlassen" körperbezogener Umweltreize und "Widerständigkeiten" im Rahmen "problemlösender Alltagsgeschehnisse" lassen sich in die anfallenden Pflegevorgänge mit pädagogischer Phantasie und Sensibilität gut einbauen.

Aus seiner Arbeit mit schwerstgeistig und mehrfachbehinderten Erwachsenen in psychiatrischen Anstalten und Heilpädagogischen Heimen hat Theunissen (1991; 1995) das Konzept einer "ästhetischen Erziehung" entwickelt, das im Rahmen einer "individualbasalen" Betreuung/Förderung dieser Personen von der Förderpflege und ihren aktivierenden pflegerischen Maßnahmen mit dem Ziel einer Verselbständigung in Bereichen der Nahrungsaufnahme, Körperhygiene, Toilettenregelung oder des An- und Auskleidens hin zu einer "allseitigen Persönlichkeitsentfaltung mittels ästhetischer Materialien und Prozesse" führen soll. Das Attribut "ästhetisch" bezieht sich auf die sinnlichen, emotionalen und auch verstehend-begreifenden Dimensionen elementarer menschlicher Lebensäußerungen. Im Sinne von Hentig soll ästhetische Erziehung "den Menschen von klein auf die Gestaltbarkeit der Welt erfahren lassen, ihn anhalten, mit der Mächtigkeit der ästhetischen Wirkungen zu experimentieren und die menschliche Variation nicht nur der Ausdrucksmöglichkeiten, sondern auch gerade der Aufnahme- und Genußmöglichkeiten zu erkennen" (v. Hentig, nach Theunissen 1991, 111). Indem gezielt entwicklungsangemessene ästhetische Materialien und Prozesse eingesetzt werden (Wasser, Sand, Ton, Papier, Farben, Musikinstrumente, Kneten, Malen, Basteln, Spielen) werden zunehmend *Gegenstandserfahrungen* und gegenstandsbezogene *Ausdrucks-* und *Gestaltungsformen* aktiviert, über die eine ontogenetisch primäre, auf wechselseitigem Körperkontakt basierende Subjekt-Subjekt-Beziehung zu einer umwelterweiternden Subjekt-Objekt-Relation ergänzt und erweitert wird. Dadurch kann sich der Behinderte aus einer symbiotischen Beziehung heraus zu wachsender Autonomie entwickeln. "Folgerichtig ist die Subjekt-Objekt-Relation grundsätzlich ein wichtiger Gesichtspunkt im Rahmen der ästhetischen Praxis" (Theunissen 1991, 184). Auf die erhebliche Bedeutung der Entwicklung von "Gegenstandsbezügen" habe ich bei der Erörterung des Phänomens "Tätigkeit" in Kapitel 6.7. hingewiesen.

Bei allen diesen angesprochenen Förderansätzen geht der Weg von der *Stimulation* zur *Kommunikation*, von der basalen Anregung der Sinne zum interpersonellen Austausch. Die unauflösliche funktionelle Einheit von *Wahrnehmung* und *Bewegung* verweist bereits auf die Bedeutung *psychomotorischer* Förderkonzepte, die sich hier bruchlos anschließen lassen (s. Kapitel 7.2.2.).

In der praktischen Durchführung heilpädagogischer Förderpflege stellt sich das Problem der fachlichen *Kooperation*: Für Pflegeaufgaben gibt es die Berufsgruppe der Pflegekräfte; andererseits ist *Förderpflege* ein genuin heilpädagogisches Konzept. Um in der Praxis Rivalität, Kompetenzstreitigkeiten und einen unguten "Kampf um den Behinderten" zu vermeiden, ist folgende kooperative Lösung denkbar: Wenn Pflegekräfte speziell mit der Aufgabe der täglichen Sicherung einer physischen Grundversorgung betreut sind, besteht für den Heilpädagogen kein Anlaß, sich in das "Pflegeverhältnis" zusätzlich noch einzumischen. In diesem Falle kommen ihm eher Funktionen der heilpädagogischen Weiterbildung, fachlichen Anleitung und aktiven Entlastung der pflegenden Mitarbeiter zu. Dies gilt auch besonders dann, wenn er selbst nicht unmittelbar im alltäglichen Gruppendienst eingesetzt ist, sondern gruppenübergreifende und koordinierende Aufgaben wahrnimmt. Heilpädagogische *Kompetenzen* sind ja nicht immer und ausschließlich an *professionelle* Heilpädagogen als ausführende Organe gebunden. Sie können von diesen auch an andere vermittelt und abgegeben werden, damit auch so die zu bewältigende Gesamtaufgabe in einem komplexen Praxisfeld: heilpädagogische und "ganzheitliche" Qualitäten gewinnt. Die naheliegende Furcht, sich dadurch überflüssig zu machen oder als Beruf selbst abzuschaffen, ist angesichts der Aufgabenfülle in der heilpädagogischen Praxis ziemlich unbegründet.

Ist der Heilpädagoge persönlich und unmittelbar für eine oder mehrere behinderte Personen zuständig, darf er sich niemals für elementare (und handgreifliche) Pflegeverrichtungen zu schade sein oder sie an andere abschieben, auch wenn sie ihm – etwa aus ästhetischen Gründen – zunächst viel (Selbst-)Überwindung abverlangen. Das wäre mit dem berufsethischen Grundgebot bedingungsloser personaler Annahme des anderen unvereinbar. *Ganzheitlichkeit* als zentrales Postulat heilpädagogischen Handelns bedeutet ja auch, daß man *alle* Bildungsstufen der menschlichen Individualgenese *pädagogisch* gestaltet – und zumindest in seiner frühen Entwicklung ist der Mensch "Säugling", "Pflegling" und "Zögling". Bei einigen Menschen, den körperlich schwerstbehinderten, bleibt der Status als "Pflegling" auch über das Kindesalter hinaus bestehen („Pflegebedürftigkeit"), ohne daß der betroffene Mensch jedoch auf diesen Status *reduziert* werden darf.

Die Aussagen zu den Zielintentionen von Förderpflege und basaler Aktivierung sollten eines ganz deutlich gemacht haben: Zu einer *heilpädagogischen* Handlungsform werden Pflegeaktivitäten erst dann, wenn sie nicht bei der Sicherung der vitalen *körperlichen* Funktionen physischer Existenz stehenbleiben, sondern wenn sie im Bewußtsein ausgeführt werden, daß sie nicht eine anfällige "Körpermaschine" zum Gegenstand haben, sondern einen *Leib* ansprechen, der entscheidend mehr ist als bloß organisches Substrat, nämlich subjektives Wahrnehmungs- und Erlebniszentrum der *Person*, elementares Ausdrucksmedium dieser *Subjektivität* und Brücke zwischen Person und ihrer Mit- und Umwelt.

Eine die körpermedizinische Sichtweise von "Pflegebedürftigkeit" ergänzende heilpädagogische Perspektive zeigt, daß mit diesem Begriff kein statischer, an körperlichen Merkmalen der Person allein festzumachender Merkmalskomplex gemeint sein kann, sondern daß sich "Pflegebedürftigkeit" als wandelbares Interaktionsmuster *personaler* (physischer, emotionaler, kognitiver) und *interpersonaler* Bedingungen darstellt.

Rekapituliert man noch einmal die grundlegende Bedeutung der "Leiblichkeit" im Hinblick auf das Handlungskonzept Förderpflege und basale Aktivierung (s. auch Kapitel 6.2.), so muß man abschließend besonders die *kommunikative* Wertigkeit dieses "Leibapriori" besonders hervorheben (Gröschke 1997). Die – doppelsinnige – "Leibeigenschaft" der Person verpflichtet dazu, bereits auf der elementaren Beziehungsebene unserer Leiber nach Wegen einer entwicklungsförderlichen *Beziehungsgestaltung* zu suchen, ohne weitere als nur diese schiere Voraussetzung unserer leiblichen Präsenz, die in diesem Sinne "basal", d. h. *unhintergehbar* ist. Die hoffnungsvollen und bereits jetzt sehr produktiven Entwicklungen im Bereich der Heilpädagogik bei schwerer körperlicher und geistiger Behinderung (Pfeffer 1988, Fornefeld 1989; 1995; Fröhlich 1991) belegen, daß dieser Weg der richtige ist.

7.2.2. Schwerpunkt "Bewegung": Psychomotorische Entwicklungsförderung

Um eine technizistische und funktionalistische Fehlinterpretation dieses für die heilpädagogische Praxis zentral wichtigen Handlungskonzepts auszuschließen, wie sie durch die Bezeichnung "Übungsbehandlung" nahegelegt werden könnte, gebrauche ich in Zukunft den offeneren Begriff der psychomotorischen Entwicklungsförderung, ebenso wie ich im Zusammenhang mit dem Phänomen Spielen von heilpädagogischer Spielförderung (statt "Übungsbehandlung") sprechen werde (nächstes Kapitel 7.2.3.).

Unter dem Aspekt der Bewegung könnte man diesen Förderansatz auch heilpädagogische "Leibes- und Bewegungserziehung" nennen, "Motopädagogik" oder "Erziehung und Förderung durch Bewegung". Er steht, wie alle Förderkonzepte, im Dienste übergeordneter Bildungs- und Förderziele (Hilfe zur Selbsterfahrung und Selbstfindung, Handlungsbefähigung, Persönlichkeitsentwicklung und soziales Lernen). In ihm sind die basalen Lebensphänomene "Leiblichkeit", "Bewegung" und "Spielen" auf das engste vernetzt. Die Funktionseinheit („Gestaltkreis") von Wahrnehmung, emotionaler Bewertung, kognitiver Interpretation einerseits, sowie spielerischer Bewegungsantwort andererseits ist der Angriffspunkt motopädagogischer oder psychomotorischer Übungsprogramme. Es ist ein *Funktionskreis* von Selbst- und Welterleben, Sich-Bewegen, Spielen und Lernen.

Psychomotorische Förderung hat keine strenge und festumrissene Indikation, sondern wird inzwischen als universaler Handlungs- und Behandlungsansatz in so gut wie allen heilpädagogischen Praxisfeldern angewandt (Frostig 1992; Kiphard 1979; Eggert 1994).

Schwerpunkte der motopädagogisch-psychomotorischen Arbeit sind kindliche *Wahrnehmungs-* und *Bewegungstörungen* sowie *Lern-* und *Verhaltensstörungen*, also Entwicklungsbedingungen, die überall den Hauptumfang heilpädagogischer Förderbedürfnisse bestimmen (Myschker 1993; Eggert 1994). Allerdings hat es auf dem Weg der Differenzierung und der professionellen Aneignung bewegungspädagogischer Handlungsansätze auch Entwicklungen gegeben, sie als "Mototherapie" zu spezialisieren, um dadurch monopolartige Ansprüche auf lizensierte Ausbildungsgänge, eigenes Berufsprofil („Mototherapeuten") sowie gesteigerte Reputation durch das Attribut "therapeutisch" durchzusetzen. Die fachliche Notwendigkeit dieser *Therapeutisierung* eines allgemeinen heilpädagogischen Handlungskonzepts soll hier allerdings nicht weiter untersucht werden.

Bei allen Autoren, die Entwicklungsförderung auf dem Weg der Bewegungsförderung anstreben, wird Wert gelegt auf die unauftrennbare Verflechtung von Bewegung und Gesamtentwicklung, die Bewegung nicht als ein Element unter vielen aus dem lebendigen Funktionszusammenhang der Person herauslöst und im Sinne eines isolierten Funktionstrainings optimiert (wie im Leistungssport), sondern betont wird überall der *integrale* Aspekt menschlicher Bewegung als Ausdrucksmedium der gesamten subjektiven Befindlichkeit und als Medium der Selbst- und Welterschließung.

So bestimmen Eggert und seine Mitarbeiter in ihrem umfassenden Programm von "Theorie und Praxis der psychomotorischen Förderung" (1994, 20) *Psychomotorik* als die "Förderung der Entwicklung von Kindern durch das Zusammenspiel von Bewegen, Denken, Fühlen und Orientieren im Spiel oder einer anderen bedeutungsvollen sozialen Handlung zusammen mit anderen". Psychomotorische Fähigkeiten sind nach dieser Konzeption integrierte Teilelemente („Bausteine") komplexer gegenstandsbezogener und sozial-interaktionaler *Handlungsmuster*.

In der basalen Pädagogik der Geistig-Schwerstbehinderten sind Leiblichkeit und Bewegung die primären Anknüpfungspunkte jeglicher Förderung: "Unmittelbarer Ausdruck unserer Leiblichkeit ist die Bewegung. Die Erziehung des Geistig-Schwerstbehinderten hat daher in der Bewegung die Grundlage zu sehen" (Siegenthaler 1983, 140). Im Rahmen der Förderpflege ist anzustreben, daß der neurophysisch geschädigten Person durch Physiotherapie und "handling" (physiologisch angemessener Umgang mit alltäglichen Bewegungsmustern) bereits ein Maximum an Bewegungserleichterung verschafft werden kann, indem adaptive funktionelle Bewegungsmuster angebahnt und stabilisiert werden.

Im Grenzgebiet zwischen Ergotherapie und Heilpädagogik hat sich in letzter Zeit das Konzept der "Sensorischen Integrationsbehandlung" nach Ayres (1984) verbreitet. Ich betrachte die SIB/SIT ebenso wie die speziellen psychomotorischen Therapieverfahren als umschriebene bereichspezifische *Varianten* des allgemeinen Konzepts der psychomotorischen Entwicklungsförderung.

Besonders in der frühen Kindheit ist die *motorische* Entwicklung Basis aller weiteren Entwicklungs- und Lernprozesse. Bewegungen sind die ersten Äußerungsformen des Kleinkinds. Mindestens bis ins dritte Lebensjahr ist die motorische Entwicklung zugleich auch Gradmesser der geistigen Entwicklung, ist Lernen in erster Linie motorisches Lernen (Piagets Konzept der "sensomotorischen Intelligenz"); später löst sich diese enge Parallelität zugunsten kognitiver Lernformen immer mehr auf. Dennoch bleiben auch bei psychophysisch beeinträchtigten älteren Kindern, Jugendlichen oder auch mehrfach behinderten Erwachsenen gestörte Bewegungsmuster bestehen, über deren psychomotorische Behandlung zugleich ein förderlicher Einfluß auf andere Persönlichkeitsbereiche und die gesamte Entwicklung ausgeübt werden kann (Sinnes- und Denktätigkeit, Sprache, Emotionalität und soziales Verhalten). Bei vielen entwicklungsretardierten und sinnesgeschädigten Kindern kommt es primär darauf an, *Bewegungsfreude* als elementares Bedürfnis zu wecken, auszubauen oder zu erhalten (Behandlung von Bewegungs- und Antriebsschwäche). Das gilt z. B. ausgesprochen für das vital antriebsgeminderte Kind mit Down-Syndrom oder das bewegungsängstliche sehbehinderte oder blinde Kind.

Als Faustregel mit indikatorischem Gehalt kann man formulieren: Je jünger ein Kind ist und je stärker psychophysisch geschädigt es ist, um so mehr müssen die elementaren Voraussetzungen der Lernentwicklung ausgebaut werden, und das sind die *motorischen* Fähigkeiten.

Als solche *motorische Basiskompetenzen* haben Eggert u. a. (1994, 30) folgende empirisch aufgefunden und in eine Entwicklungsreihe gebracht: Der Fähigkeit zur *Gleichgewichterhaltung* (im Zusammenspiel taktil-kinästhetisch-vestibulärer und visueller/auditiver Wahrnehmung) "kommt eine grundlegende Funktion zu. Vom Gleichgewicht führt eine Entwicklungslinie über konditionelle Faktoren (Kraft/Ausdauer) zu *Schnelligkeit*, die andere über *Gelenkigkeit* ebenfalls zur Schnelligkeit. Schnelligkeit ist der Endpunkt der motorischen Entwicklung im zeitlichen Intervall von 7 bis 12 Jahren". In Form des "Diagnostischen Inventars motorischer Basiskompetenzen" (DMB) und des "Diagnostischen Inventars auditiver Alltagshandlungen" (DIAS) liegen zwei Verhaltensbeobachtungsinstrumente vor, die auf optimale Weise die Bedingungen heilpädagogischer *Förderdiagnostik* erfüllen (vgl. Kapitel 7.2.).

Wenn durch eine zentralnervöse Substratschädigung des Gehirns eine gestörte Innervation der Skelettmuskulatur vorliegt, resultieren daraus funktional gestörte motorische Verhaltens- und Ausdrucksmuster, die praktisch immer Anlaß für senso- und psychomotorisch orientierte Behandlung der betroffenen Personen sind. Besonders auch, wenn die Person in ihrem subjektiven und intentionalen Bewegungs- und Ausdrucksverhalten (sog. Willkürbewegungen) beeinträchtigt und *gehemmt* ist, sind psychomotorische Übungsangebote gefordert, diese zentrale Gefährdung der gesamten Persönlichkeitsentwicklung aufzufangen. Das erklärt die große Bedeutung motopädagogisch-rhythmischer Ansätze in der heilpädagogischen Arbeit mit körperbehinderten, sprachentwicklungsauffälligen und emotional gestörten Kindern. Diese bewegungsorientierten Übungselemente werden bevorzugt im Rahmen von *Spielgruppen* angeboten, in denen die *Gruppendynamik*, d. h. die Dimension sozialer *Interaktionen* zwischen den Teilnehmern unter Rückgriff auf spiel- und gruppentherapeutische Prinzipien gezielt bearbeitet werden kann (Eggert u. a. 1994).

Im Konzept der Psychomotorik werden also drei Systemebenen menschlichen Verhaltens auf komplexe Weise miteinander integriert:

– die biologische
– die psychologische
– die soziale Ebene.

Folgendes Regelkreismodell (nach Kiphard 1979) macht die zugrunde liegenden funktionellen Zusammenhänge (vereinfachend) übersichtlich (Abb. 16).

Im System der Rehabilitationspädagogik der ehemaligen DDR (Becker u. a. 1984) ist die "Rehabilitative Bewegungserziehung" (RBE) von Anfang an ein eigenständiger und zentraler Gegenstandsbereich sowie ein allgemeines Prinzip rehabilitationspädagogischer Arbeit gewesen. Da mit Beger (1983) ein gutes und repräsentatives Lehrbuch dieser Richtung vorliegt, das auch die im westdeutschen Raum verbreiteten psychomotorischen Konzepte (vor allem Frostig und Kiphard) darin produktiv verarbeitet hat, soll dieser Ansatz im folgenden noch etwas näher dargestellt werden. Durch seine Fundierung in der *Tätigkeitstheorie* wird so auch ein Verbindung zum allgemeinen heilpädagogischen Grundphänomen der "Tätigkeit" hergestellt (vgl. Kapitel 6.7.).

Rehabilitative Bewegungserziehung wird als Wirkungsbereich begründet, "der an der *Bewegungstätigkeit* ansetzt, sie entwickelt und vervollkommnet, indem Bewegungsfertigkeiten ausgebildet werden, die für das selbständige Leben des Kindes, für seine Kommunikation, für Spiel und Arbeit erforderlich sind" (Beger 1983, 166). Bewegung wird als "elementares Kommunikationsmittel" eingesetzt, um eine Lernbehinderung im sensorischen, motorischen, sprachlichen, kognitiven und sozial-emotionalen

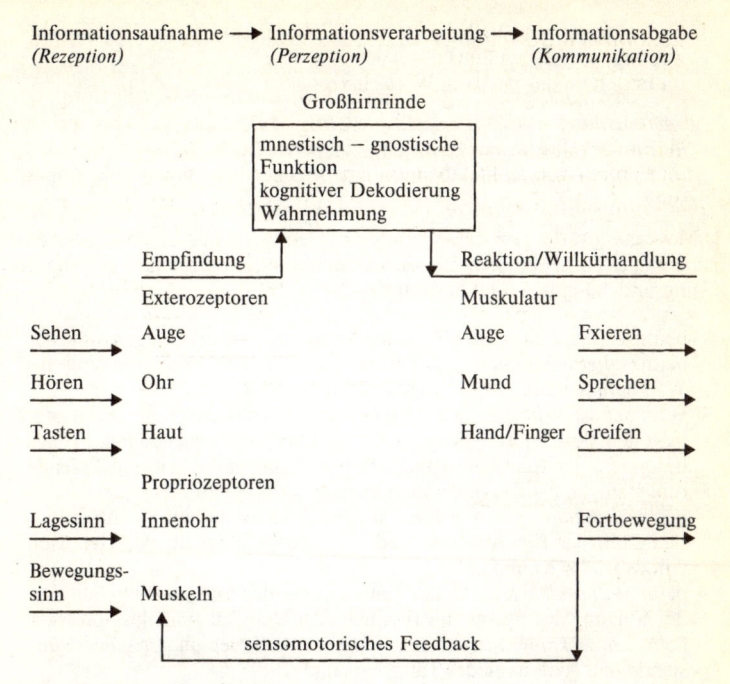

Informationsaufnahme	→	Informationsverarbeitung	→	Informationsabgabe
(Rezeption)		*(Perzeption)*		*(Kommunikation)*

Großhirnrinde

```
┌─────────────────────────┐
│ mnestisch – gnostische  │
│ Funktion                │
│ kognitiver Dekodierung  │
│ Wahrnehmung             │
└─────────────────────────┘
```

	Empfindung		Reaktion/Willkürhandlung	
	Exterozeptoren		Muskulatur	
Sehen →	Auge		Auge	Fxieren →
Hören →	Ohr		Mund	Sprechen →
Tasten →	Haut		Hand/Finger	Greifen →
	Propriozeptoren			
Lagesinn →	Innenohr			Fortbewegung →
Bewegungs-sinn →	Muskeln			

sensomotorisches Feedback

Abb. 16: Regelkreismodell von Senso-, Psycho- und Soziomotorik (nach Kiphard 1979)

Ausdrucksbereich zu verhüten, abzubauen oder in ihrem Ausmaß zu mindern. Rehabilitative Bewegungserziehung hat eine allgemeine und eine spezifische Bedeutung: Neben dem motorik-spezifischen Effekt werden "Bewegungsübungen und -spiele eingesetzt, um auf Störungen, die in anderen Äußerungsbereichen auftreten, günstig einzuwirken. So bedeutet freudiges, harmonisches Sich-Bewegen-Können allein schon eine Aktivierung der kindlichen Persönlichkeit" (167).

Hauptziele der RBE liegen im Bereich der:

– *Sinnes- und Denkerziehung*:
  Im Verbessern der Differenzierungsfähigkeit der kinästhetischen, auditiven, visuellen und haptischen Wahrnehmung
– *Spracherziehung*:
  Im Schaffen physiologisch günstiger Voraussetzungen für das Sprechen (aufrechte Haltung, Atmung)

Im Erarbeiten und Verbessern sprachlicher Elemente (Artikulationsbewegung, Sprachrhythmus usw.)
Im Erweitern des passiven Wortschatzes

– *Umerziehung*:
im Entwickeln eines ungestörten Selbstwertgefühls
Im Fördern von Kontaktbereitschaft, sozialer Einordnung und Anpassung.

"Meistens tritt die Lernbehinderung in einem Merkmal besonders akzentuiert auf. So lassen sich aus dieser Sicht die Schwerpunkte der Bewegungserziehung wie folgt bestimmen:

– beim *zerebralparetischen Kind* im Aufbau normaler Bewegungsmuster
– beim *sehgeschädigten Kind* in der Verbesserung der kinästhetischen Wahrnehmung, der Bewegungssicherheit und Raumorientierung
– beim *schwachsinnigen Kind* im Erwerb grundlegender Bewegungsfertigkeiten der Selbstbedienung, Entwicklung motorischer Fähigkeiten, besonders der Reaktions- und Differenzierungsfähigkeit und Orientierungsfähigkeit sowie in der allgemeinen Aktivierung
– beim *verhaltensgestörten Kind* in der Verbesserung der Koordinationsfähigkeit, der Einordnungs- und Anpassungsfähigkeit, der Herausbildung sozialer Kontakte
– beim *stotternden Kind* in der Entwicklung der Entspannungsfähigkeit, der Nutzung des Bewegungsrhythmus zur Unterstützung des Sprechens
– beim *entwicklungsverzögerten Kind* im Aufholen motorischer Rückstände und Aktivieren des Tätigseins und
– beim *hörgeschädigten Kind* im Steigern der Gleichgewichtsfähigkeit und Herausarbeiten des Sprachrhythmus in Verbindung mit dem Bewegungsrhythmus" (77).

Beger betont die konsequente methodische Einbeziehung der *Rhythmik* als Wirkprinzip in die RBE: "Rhythmisch-musikalische Erziehung stellt die Wechselbeziehungen zwischen Bewegung-Sprache-Musik durch den sie verbindenden Rhythmus in den Mittelpunkt und nutzt sie zur Entwicklung kommunikativer und kreativer Prozesse" (77). Sie knüpft bewußt an die Tradition der von Jaques Dalcroze und seinen Schülerinnen Elfriede Feudel und Maria Scheiblauer begründeten rhythmischen Erziehung (Feudel) bzw. heilpädagogischen Rhythmik (Scheiblauer) an. Rhythmisierung der Handlungs- und Bewegungsabläufe wird als ein "rehabilitativ besonders wirksames Verfahren" angesehen.

Es muß unbedingt beachtet werden, daß RBE nicht als physiotherapeutisches Funktionstraining verstanden werden darf, sondern menschliche Bewegungen haben *Handlungscharakter* d. h. die Bewegungsaufgaben sind als "Handlungsauftrag, in dem Zie-

Äußerungs-bereiche:	Äußerungs-weisen:	Ziel:	Inhalt:	Methodische Konsequenzen:
Bewegung	verzögerter Erwerb motorischer Fähigkeiten und Fertigkeiten Koordinationsstörungen			Ausgehend vom ermittelten motorischen Entwicklungsstand, systematisches Steigern der Schwierigkeiten
Sinnes-/ Denktätigkeit	Reaktionsverlangsamung Differenzierungsschwäche	Beseitigung, Minderung oder Verhütung der Lernbehinderung	Körperübungen Bewegungsfolgen, und -spiele	Aufgabenstellungen, die Reaktions- und Differenzierungsfähigkeit entwickeln
Sprache	verzögerter Spracherwerb Störung der Sprachperzeption und -reproduktion des Sprachrhythmus			Verbinden von Bewegungen mit der Sprache Rhythmisieren
Verhalten	Störung des Selbstwertgefühls Kontaktschwäche Mangelnde Anpassungs- und Einordnungsfähigkeit			Sichern von Erfolgserlebnissen Gruppenarbeit mit Partnerwahl

Abb. 17: Wirkungsbereich der Rehabilitativen Bewegungserziehung (aus Beger 1983, 79)

laspekte wirken und alle Seiten des Kindes angesprochen werden" zu konzipieren (167). Dieser umfassende Erziehungs- und Bildungsaspekt ist mit dem rehabilitativen Aspekt unlösbar und in vielfältiger Weise verflochten, so daß das Programm der RBE über die bewegungsorientierten therapeutischen Ansätze (z. B. Physiotherapie, Mototherapie, Musiktherapie) hinausgeht, wenngleich es diese speziellen Methoden im Einzelfall unterstützend einsetzt. Abb. 17 zeigt den Wirkungsbereich der RBE im Überblick (aus Beger 1983, 79).

Um das breite Spektrum pädagogisch-therapeutischer Nutzungsmöglichkeiten des Mediums Bewegung zu verdeutlichen, möchte ich abschließend noch auf zwei besondere Methodenansätze hinweisen, die sich im weiten Feld der Rehabilitation inzwischen fest etabliert haben.

– Durch die Einbeziehung des *Pferdes* als Bewegungspartner im Sinne des heilpädagogischen *Reitens und Voltigierens* (z.B. Gäng 1994) ergeben sich besondere psychomotorische, sozial-emotionale und rehabilitative Qualitäten im Beziehungsmedium von Bewegung und Rhythmik. Die Sensibilität und Responsivität des Lebewesens Pferd ermöglicht nonverbale "Bewegungsdialoge", die nicht nur eine gestörte Motorik schulen, sondern – vor allem bei emotional gehemmten und beziehungsgestörten Personen – Erfahrungs- und Erlebnisdimensionen erschließen, die im *unmittelbaren* zwischenmenschlichen Umgang oft verschüttet bleiben würden. Hier kommt ein anderes "Beziehungsdreieck" ins Spiel (Kind-Pferd-Pädagoge), dessen kommunikative Bedeutung inzwischen auch in anderen Formen der sog. "Tiergestützten Pädagogik und Therapie" („pet therapy") systematisch genutzt wird.

– Die dem Medium Bewegung eigene Möglichkeit von *Ausdruck* und *Gestaltung* (Expressivität) wird pädagogisch-therapeutisch seit langem im Phänomen des *Tanzes* realisiert. Besonders der freie, improvisierte *Ausdruckstanz* ermöglicht es der Person, ihre oft verborgenen "Beweg-Gründe" (Esser 1995) zur Darstellung zu bringen, vor sich und den anderen, und somit zu gesteigerten Möglichkeiten der Selbsterfahrung und "Selbstverwirklichung" zu finden. Hier gehen die pädagogischen Bezüge fließend und bruchlos in das Gebiet des Therapeutischen über (psychomotorische Therapie, Tanztherapie), wo sich durchaus eigene Bedingungen in puncto Indikation, Fachkompetenz und Professionalität stellen.

Aber auch die bescheideneren Möglichkeiten des wahrhaft universalen Mediums "Bewegung" für die Bereicherung der Lebensqualität (vom Spaziergang, Wandern, Gymnastik bis zum Gruppen- oder Volkstanz) sollten in der heilpädagogischen Praxis nicht gering geschätzt werden.

7.2.3. Schwerpunkt "Spielen": Heilpädagogische Spielförderung

> O ihr alle, die ihr euch der Erziehung weihet,
> lernet, ich bitte euch, lernet mit Kindern spielen!
> (C. G. Salzmann)

Mit diesen eindringlichen Worten appelliert Christian Gotthilf Salzmann (1744–1811), ein philanthropischer Pädagoge der deutschen Aufklärung, an die Erzieher seiner Zeit, das *Spiel* als das entscheidende Erziehungsmittel zu achten und pflegen. In seinem "Ameisenbüchlein" heißt es weiter: "Ihr werdet durch diese Übung drei wichtige Zwecke erreichen: Die Kinder an euch ziehen und ihre Liebe und ihr Zutrauen erwerben; die Gabe, mit ihnen zu sprechen und sie zu behandeln, euch mehr eigen machen und Gelegenheit finden, in das Innerste eurer Kleinen zu sehen, da sie bei dem Spiele weit offener und freier handeln als in andern Lagen und sich mit allen ihren Fehlern, Schwachheiten, Einfällen, Anlagen, Neigungen zeigen, wie sie wirklich sind."

Was Salzmann hier über das Wesen und die Bedeutung des Kinderspiels – oder besser: des *gemeinsamen* Spielens von Kind und Erzieher – sagt, gilt für das Handlungskonzept der *Heilpädagogischen Übungsbehandlung* – oder besser, weil offener: der heilpädagogischen *Spielförderung* – immer noch und ohne Einschränkung. Wenn der Heilpädagoge das Mittel des Spiels in pädagogisch-therapeutischer Absicht zur Entwicklungsförderung einsetzt, wendet er keine Technik an, sondern er bietet dem Kind einen diesem angemessenen Lebens- und Erfahrungsraum ("Spielraum") an, indem er mitspielend seine *Person* kindgemäß macht.

Der Ansatz der Heilpädagogischen Spielförderung versteht sich als Zugang zur Einzelförderung entwicklungs- und verhaltensauffälliger oder behinderter Kinder, bei denen nach genauer Planung und Diagnose in der Behandlung *spielend* und *übend* entwicklungsförderliche Lernprozesse und Fähigkeiten in mehreren oder allen kindlichen Funktionsbereichen angebahnt und ausgebaut werden sollen. Zur Behandlung des einzelnen Kindes oder gegebenenfalls einer Kleingruppe von Kindern gehört immer auch eine intensiv betriebene Eltern- und Familienarbeit (Biene 1988 für das Konzept der Heilpädagogischen Übungsbehandlung nach von Oy und Sagi 1984). In seiner Zentrierung auf basales Lernen ist dieser Ansatz der HPÜ ("Heilpädagogische Übungsbehandlung" nach dem Lehrbuch von v. Oy und Sagi 1984) zwar besonders auf die Entwicklungs- und Förderbedürfnisse des geistig behinderten Kindes ausgerichtet; das methodische Prinzip des planmäßigen förderdiagnostisch-pädagogischen Vorgehens läßt sich jedoch – bei Anpassung des Schwierigkeitsniveaus der inhaltlichen Förderziele – auch auf verwandte heilpädagogische Problemstellungen übertragen, die stärker durch Verhaltens- und Erziehungsschwierigkeiten (z. B. auf der Basis von Teilleistungsstörungen) bestimmt sind (Gröschke 1991a, b).

Die Bezeichnung "Heilpädagogische Übungsbehandlung" (HpÜ) ist nicht reserviert für einen einzigen, fest definierten und standardisierten Ansatz, sondern bezieht sich auf ein ganzes Programm heilpädagogischer Entwicklungsförderung, in dem besonders das Medium *Spiel* als kindgemäße Vermittlungsform eingesetzt wird. Ähnlich wie auch für das Konzept der psychomotorischen Handlungsansätze meint *Übungsbehandlung* in diesem Zusammenhang die methodische Kombination eines geplanten pädagogischen Lernprozesses (Prinzip "Übung") mit fallspezifisch definierten Entwicklungszielen (Prinzip "Förderung"). Gegenüber dem kindlichen Freispiel, bei dem es keinerlei Einflußnahme von außen gibt, steht die HpÜ bewußt unter dem Anspruch der pädagogischen *Intervention*, im Sinne einer gezielten *Entwicklungsförderung* bei kindlicher Entwicklungs*retardierung* oder im Sinne einer allgemeinen heilpädagogischen *Spielförderung* aus dem Grundverständnis und der Einsicht über die zentrale ganzheitliche Entwicklungsbedeutsamkeit des Spiels als vorherrschende *Tätigkeitsform* des Kindesalters (Einsiedler 1991; Oerter 1993; s. auch Kapitel 6.5.).

Um bei dieser Förderintention das Wesen des Spiels nicht zu verfehlen, ist der didaktische Wechsel von *direkter* und *indirekter* Spielführung, *mittelbarer* und *unmittelbarer* pädagogischer Einwirkung strikt und situativ flexibel zu wahren, ganz im Sinne der dialektischen Pädagogik von "Führen und/oder Wachsenlassen" (Litt). Die gelegentlich – vor allem aus integrationspädagogischer Sicht (Heimlich 1995) – geübte Kritik an förderzielbezogener, gestalteter und strukturierter Spielförderung im Sinne der heilpädagogischen Übungsbehandlung trifft dann nicht zu, wenn das Spiel als selbstaktive und selbstgesteuerte Tätigkeits- oder Handlungsform respektiert wird. Ohne gleich einer "defizitorientierten" Sichtweise zu verfallen, muß gegenüber solcher Kritik doch darauf hingewiesen werden, daß behinderte Kinder meist auch in ihrer Spielentwicklung (und damit in einer Zentralfunktion, dem "Motor" ihrer gesamten Entwicklung) beeinträchtigt sind und gezielte *Spielhilfen* benötigen.

Für ein fachlich qualifiziertes Arbeiten im Rahmen der heilpädagogischen Entwicklungsförderung braucht der Praktiker differenziertes Wissen über die Entwicklungsbedingungen retardierter Kinder, wobei ihm die Sequenzen der kindlichen *Normalentwicklung* in den Funktionsbereichen von Sensomotorik, Kognition, Sprache, und Emotionalität als Orientierungsmaßstab dienen können. Für die Förderarbeit im sensomotorischen Bereich sind Modelle über die integrative Funktion des ZNS (Zentralnervensystem) im Prozeß der Sinnesrezeption (z. B. Ayres 1984) praxisleitend. Das für diese Arbeit bedeutsame Bedingungs-, Erklärungs- und Veränderungswissen liefern die empirischen Nachbar- und Informationswissenschaften der Heilpädagogik, in diesem Falle besonders die Entwicklungspsychologie und die Neurophysiologie. Von diesen grundlagentheoretischen Voraussetzungen her betrachtet, handelt es sich bei der heilpädagogischen Übungsbehandlung notwendigerweise also um ein *integratives* Arbeitskonzept, wobei es die Aufgabe des Heilpädagogen bleibt, die Ergebnisse und Befunde der relevanten Fachdisziplinen kritisch zu rezipieren, pädagogisch zu transformieren und ihren Ertrag in seinem praktischen Handeln zu kontrollieren.

In diesem unabdingbaren Moment der heilpädagogischen *Reflexion* des Diagnose- und Förderprozesses ist zugleich auch das Eigenprofil der *heilpädagogischen* Übungsbehandlung gegenüber eher medizinisch oder psychologisch-therapeutisch orientierten Behandlungsmethoden im Bereich der Behindertenarbeit und Rehabilitation zu erkennen.

Im Konzept der HpÜ nach von Oy und Sagi wird die Einübung kindgemäßer und entwicklungsangemessener Fähigkeiten in eine Spielpädagogik eingebettet, deren historische Wurzeln bei den Klassikern Itard, Séguin, Fröbel und Montessori zu finden sind. HpÜ ist eine Entwicklungsförderung *durch* Spielen und *zum* Spielen hin. In gemeinsamen spielerischen Aktionen, die zwar geplant doch niemals didaktisch gegen den Willen des Kindes erzwungen werden, wird das Kind angeregt und zunehmend befähigt, immer komplexere Spielformen auszubilden, über die es seine Entwicklung selbstaktiv vorantreibt. Der spieldiagnostischen und -pädagogischen Planung des langfristig anzulegenden Förderprozesses legen die Autoren die auf Ch. Bühler und Piaget zurückgehende *Typologie* von Kinderspielen zugrunde (Funktions-, Konstruktions-, Rollen- und Regelspiele, vgl. Kapitel 6.5.). Spielen gilt ihnen als die zentrale Lebensäußerung des jüngeren Kindes, weshalb für eine vertiefte "Erziehung unter erschwerten Bedingungen" eine gezielte Spielförderung und spielerische Förderung als besonders angemessene Methode erscheint.

Spielbefähigung durch heilpädagogische Übungsbehandlung wird so zu einer basalen Lebenshilfe für das entwicklungsbeeinträchtigte Kind, da sie die kindangemessene Form von Handlungsermächtigung bedeutet, über die sich das Kind Schritt für Schritt seine Welt erschließt (Gröschke 1991a, b). Bereits Fröbel und Montessori haben in ihren (jeweils unterschiedlich begründeten) Spieltheorien dargelegt, wie das Kind durch übende Formen des Umgangs mit angebotenen Spielgegenständen (Fröbels "Spielgaben" und Montessori-Material) komplexe Wahrnehmungs- und Erfahrungsstrukturen aufbaut, die seine Persönlichkeitsentwicklung umfassend anregen. Beide Systeme einer entfalteten Spielpädagogik werden in der HpÜ produktiv einbezogen.

Am Beispiel der spielpädagogischen Fundierung des HpÜ-Konzepts läßt sich übrigens auch belegen, daß die *methodischen* Prinzipien *Spiel* und/oder *Übung* keine Gegensätze bilden, sondern daß im kindlichen Spiel beide Pole bereits dialektisch-dialogisch vermittelt sind, zum Komplexcharakter des Spiels unauflöslich gehören, und von daher der häufig polemisch heraufbeschworene Gegensatz von "Ganzheitlichkeit" (im "freien Spiel") und "Funktionszentrierung" (durch Übung und Lernen) ein bloß scheinbarer ist (Gröschke 1988). Nach Oerter (1993) sind "Wiederholung und Ritualisierung" – also *Einübung* – sogar Wesensmerkmale des Spiels, angefangen bei den sog. sensomotorischen "Kreisreaktionen" des Funktionsspiels (Piaget) bis hin zu den Regel- und Glücksspielen, bei denen man "es wieder und wieder versucht". Die Wiederholung, Ein- und Ausübung von Bewegungselementen ist ein basaler Lernmechanismus, der zur Verfestigung und Konsolidierung der Erfahrung führt. Im Sinne einer eingebauten "Funktionslust" (Bühler) kann sie sogar Spaß machen! "Spiel und Übung können also in Einklang gebracht werden, wenn Spiel das Mittel und Übung die Methode darstellt. Allerdings schließen sie sich in den Extremformen gegenseitig aus" (von Oy und Sagi 1984, 40).

Die in der Förderpraxis – besonders bei jüngeren behinderten Kindern – durchaus bestehende Gefahr einer Lernziel-Überfrachtung des gemeinsamen Spielens ist dabei im Auge zu behalten; die Warnung von Kreuzer (1983, 13) ist prinzipiell berechtigt: "Wo Pädagogen mit dem Spiel umgehen, es einsetzen, mit einem Zielkatalog versehen, bewegen sie sich immer auf einer Gratwanderung". Man zerstört in der Tat das Wesen des Spiels, wenn man seine völlige Didaktifizierung betreibt („Lernspiele").

Im Rahmen der sensomotorischen Entwicklung im Kleinkindalter kommt dem Spielen (vom Typus der "Funktionsspiele") die Funktion der *Übung* und Erweiterung des gerade Gelernten zu sowie des *Nacherlebens* und *Verarbeitens* des bereits Erfahrenen. Das spielerisch initiierte *Üben* solcher Tätigkeitsformen ist somit bei entwicklungsretardierten Kindern oder schwer geistig behinderten Personen eine wichtige heilpädagogische Aufgabe. Das einmal angebahnte Funktionsspiel des behinderten Kindes ist jedoch von der Gefahr bedroht, in Schematismus oder Stereotypien zu erstarren, denn ein Merkmal der geistigen Behinderung ist ja die eingeschränkte kognitive und verhaltensmäßige Flexibilisierung („kognitive Rigidität") im Verhalten der Geistigbehinderten. Das Kind könnte so leicht in der einseitigen instrumentellen Fixierung einer eingeübten Teilfertigkeit oder Subroutine an ihren vorgesehenen *Zweck* gefangen bleiben, wodurch solche Übung ihren spielerischen Charakter völlig verlieren und zu stumpfsinnigem Drill verkommen würde. Über diese Schwierigkeit muß der mit-spielende Heilpädagoge dem Kind hinweghelfen. Durch sein aktives *Vorbild* als "Spielführer" (Modell-Lernen) zeigt er dem Kind, wie man trotz notwendiger Wiederholung einer Fertigkeit die konventionellen Mittel-Zweck-Zusammenhänge durch kleine Abwandlungen auflockern kann, um so zunehmend "aus wenig viel zu machen". Gerade in der Tätigkeitsform "Spiel" ist die Möglichkeit einer *freien* Setzung von Zwecken angelegt, so daß der spielfähige Mensch dem Zwang des instrumentellen Zweck-Mittel-Schemas (zeitweilig) entkommen und *Kreativität* entwickeln kann (Joas 1992).

7.2.4. Schwerpunkt "Lernen": Heilpädagogische Verhaltensmodifikation

Die diesem praktischen Wirkungsbereich entsprechenden theoretischen Grundlagen sind vor allem in den psychologischen *Lerntheorien* zu finden. Diese beschreiben und erklären, wie durch Auseinandersetzung mit den Gegebenheiten der Umwelt („Reizen") der lernende Organismus Verhaltensmuster aufbaut, die für die erfolgreiche Anpassung (Adaptation) an diese Umwelt funktional wichtig sind (s. Kapitel 6.6. und Gröschke 1992b, Kapitel 5.1. und 6.3.). Nach diesem funktionalistischen Verständnis kann man das lerntheoretische Wissen nutzen („anwenden"), um gezielt und systematisch bestimmte (erwünschte) Verhaltensmuster aufzubauen und andere (unerwünschte) abzubauen oder abzuschwächen.

Die lernrelevanten funktionalen Zusammenhänge für die Durchführung einer diagnostischen *Verhaltensanalyse* werden in der sog. "Verhaltensformel" ausgedrückt:

S - O - R - K - C

- S = antezedente, auslösende oder diskriminatorische Stimuli (Reize)
- O = organismusinterne Bedingungen und Dispositionen
- R = Verhaltensweisen (sensomotorisch, kognitiv, emotional: Reaktionen)
- K = Verstärkerbedingungen der Umwelt (Konsequenzen des Verhaltens)
- C = Verstärkermuster und -pläne („contingencies of reinforcement", Skinner).

Die für die Vermittlung komplexer Verhaltensmuster (Fähigkeiten und Fertigkeiten) wichtigste Lerntheorie ist die sozial-kognitive Theorie des "Lernens am Modell" (Beobachtungslernen, Bandura). Für die praktische Durchführung von Methoden und Techniken der angewandten Verhaltensmodifikation im klinisch-psychologischen, sozial- oder heilpädagogischen Feld sind *Lernen, Üben und Trainieren* die entscheidenden Wirkprinzipien.

Von *heilpädagogischer* Verhaltensmodifikation kann man sprechen, wenn die *Ziele* der pädagogisch-therapeutischen Verhaltensbeeinflussung und -änderung sich als personspezifische *Förderziele* heilpädagogisch *begründen* (legitimieren) lassen und wenn sie in einem *kooperativen* Prozeß zwischen dem Heilpädagogen und der "Zielperson" angestrebt werden. In diesem Fall kann (und sollte) der praktisch tätige Heilpädagoge sich der aus der Klinischen Kinderpsychologie stammenden verhaltensmodifikatorischen und verhaltenstherapeutischen Methodenbausteine bedienen, um seine Förderziele sachgerecht zu realisieren (Myschker 1993; Borchert 1996). Es handelt sich zumeist um systematisch aufgebaute Verhaltensübungs und -trainingsprogramme, die häufig auch den Vorzug haben, empirisch überprüft zu sein (s. etwa Brack 1993; Petermann 1995).

Im menschlichen Lernen kommt der *Wiederholung* situativ erfahrener Reiz-Reaktions-Verknüpfungen, d. h. der *Übung* eine wichtige konsolidierende Bedeutung für den Lernerfolg zu. Übungs- und Trainingsverfahren sind von daher immer funktionsorientiert, denn Üben setzt ja die bewußte Beschränkung und

Konzentration auf einen ausgewählten Fertigkeitsbereich voraus. Einüben kann ich nicht die ganze Persönlichkeit, sondern immer nur sensomotorische, kognitive, sprachliche, musische oder sozial-kommunikative *Fertigkeiten*.

Damit ist dann allerdings latent die Gefahr gegeben, daß funktionsorientierte Übungsansätze und *Trainingsprogramme* zu einer einseitigen Überbetonung bestimmter Fähigkeitsbereiche führen, die mit dem Anspruch einer "ganzheitlichen", die Integrität der Person bewahrenden Entwicklungsförderung schwer vereinbar ist. Es kann unter der Hand zu einer Dominanz des *Leistungsprinzips* in der Entwicklungsförderung kommen, denn Üben impliziert ja die Diagnose unterentwickelter oder defizitärer Funktionen, die verbessert oder aufgearbeitet werden sollen.

Der Vorwurf gegen Übungsansätze, das Kind künstlich in Teilfunktionen aufzuspalten, kann andererseits allerdings auch leicht dazu führen, daß man sich in der heilpädagogischen Praxis unter Berufung auf das viel beschworene Prinzip der "Ganzheitlichkeit" den Mühen einer eingehenden bereichsdifferenzierten Entwicklungsdiagnose eines retardierten Kindes und einer methodisch stringent geplanten heilpädagogischen Maßnahme entzieht.

Die Analyse des Phänomens *Spielen* im Rahmen der heilpädagogischen Spielförderung und Übungsbehandlung hat jedoch zeigen können, daß der Gegensatz von *Ganzheitlichkeit* und *Funktionsorientierung* nicht unaufhebbar ist, daß er aufgelöst werden kann in einem heilpädagogischen Handeln, das ein behindertes Kind in gleicher Weise als unteilbares Individuum in seiner existentiellen Totalität begreift, wie auch als in gesteigertem Maße erziehungsbedürftige Person, die ein Anrecht hat auf vertiefte Erziehung und Förderung in den beeinträchtigten Dimensionen von Körper, Geist und Seele.

Funktionelle Übungsprogramme entstanden in erster Linie als praktische Konsequenz aus dem wachsenden Wissen über *spezifische* Lern- und Entwicklungsstörungen und ihren Folgen für die kindliche Persönlichkeitsentwicklung. Ihre wissenschaftlichen Grundlagen stammen aus den entsprechenden Erkenntnissen von Entwicklungspsychologie, Neuropsychologie sowie Kinder- und Jugendpsychiatrie. Besonders die zahlreichen Theorien und Modelle über frühkindliche Hirnfunktionsstörungen und MCD ("minimale zerebrale Dysfunktion") hatten dabei grundlegende Bedeutung. Die Funktionsübungsansätze konzentrieren sich auf die Abweichungen und Defizite entwicklungsabhängiger und neuropsychischer Funktionen, die für die Adaptation des Kindes und seine weitere Lernentwicklung bedeutsam sind. Die hypothetische oder diagnostisch gesicherte basale Hirnfunktionsstörung wird als Resultat einer mangelhaften Adaptation des Kleinkindes an eine Vielzahl hereditärer, genetischer, peri- und postnataler Risikobedingungen gesehen. Besonders entwicklungs- und neuropsychologische Modellvorstellungen über die hierarchische Struktur der frühen sensomotorischen und Wahrnehmungsentwicklung sowie die daraus resultierende Konzeption einer heilpädagogischen "Arbeit an der Wurzel" (Affolter 1987, 326f) führten (und führen weiterhin) zur Entwicklung funktioneller Behandlungs- und Übungsprogramme, die sich auf basale Entwicklungsdimensionen zentrieren. Die für alle diese Ansätze verbindende Basisannahme fehlender oder (noch) nicht integrierter "Bausteine der kindlichen Entwicklung" (Ayres 1984) postuliert weiterhin, "daß sich daraus sekundäre Störungen der Befindlichkeit und des Verhaltens entwickeln können, der Ansatz der funktionellen Therapie jedoch auf die primären neuropsychologischen Funktionsdefizite zielt und betrachtet die sekundären Störungen weitgehend als ein Indikationsgebiet für Psycho- und Verhaltenstherapie, sofern die Behebung von Funktionsdefiziten nicht bereits zu einer Minderung bzw. Auflösung der Sekundärstörungen führt" (Steinhausen 1988, 307).

Die neuropsychologischen Funktionsdefizite bedingen häufig *Teilleistungsstörungen* („specific learning disabilities"), also minderentwickelte Fähigkeiten, die aus dem übrigen kognitiven Leistungsprofil des Kindes signifikant nach unten abweichen. Durch eine intensive Einübung fehlender Teilfähigkeiten erhofft man sich eine Verbesserung des allgemeinen Lernverhaltens und – zumindest indirekt – eine Harmonisierung der kindlichen Persönlichkeitsstruktur. Dabei sind modellgesteuerte und -unterstützte Methoden nach dem Prinzip "Vormachen, nachmachen, selber machen!" die angemessensten (sog. "aktionales und kognitives Modellieren").

Funktionelle Übungsprogramme beziehen sich im wesentlichen auf folgende Bereiche der kindlichen Persönlichkeit:

- Sensomotorik: Physiotherapie, sensomotorische Übungsbehandlung, sensorische Integrationsbehandlung
- Wahrnehmung: sog. Wahrnehmungstrainings, psychomotorisches Training, Aufmerksamkeitstraining
- Sprache: psycholinguistisches Training
- Kognition: Lese-Schreib-Rechnen-Training, Denktraining

– Sozialverhalten: Angst- oder Aggressionsbewältigungstrainings.

Einen guten Überblick über die Vielfalt funktioneller Übungsprogramm mit einer kritischen Reflexion aus heilpädagogischer Sicht gibt das Buch von Grissemann (1986, s. auch Borchert 1996).

Besonders lassen sich auch die speziellen *verhaltenstherapeutischen* Übungsprogramme hier einordnen, die in *Rollenspiel*-Übungen soziale Fähigkeiten etwa bei *hyperaktiven, aggressiven* oder *ängstlichen* Kindern und Jugendlichen aufbauen, um ihnen dadurch ein angemesseneres Interaktions- und Problemlösungsverhalten zu ermöglichen. Sie basieren auf der verhaltenstheoretischen Annahme, daß Verhaltensstörungen bei Kindern und Jugendlichen *Kompetenzstörungen* zugrunde liegen, sei es daß Problemlösungsfähigkeiten nicht beherrscht (Defizithypothese) oder vorhandene Kompetenzen nicht adäquat realisiert werden (Motivationshypothese, Gröschke 1985b).

Überhaupt sind die meisten Übungsansätze methodisch nach verhaltenstherapeutischen Prinzipien strukturiert (Prinzip der kleinen Schritte, Modell-Einsatz, Verstärkerprinzipien), so daß der heilpädagogische Praktiker bei ihrer Anwendung auf differenziertes verhaltenstherapeutisches "Know how" angewiesen ist, auch wenn er ansonsten einer Therapeutisierung heilpädagogischer Handlungskonzepte sehr kritisch gegenüberstehen sollte (s. Krawitz 1992).

Abschließend sei nochmals betont, daß auch eine mit guten Gründen bereichsspezifisch durchgeführte Funktionsschulung immer die ganze Person anspricht. Wenn ich ausgewählte und umschriebene sensomotorische, kognitive oder sozial-kommunikative Funktionen mit einer Person einübe, kann ich den "Rest" der Person nicht neutralisieren. Die Person ist als Ganze betroffen; indem sie auf meine Lern- und Interaktionsangebote reagiert (oder diese sabotiert und verweigert), läßt sie sich auf eine personale *Beziehung* mit mir ein, die zwar den Charakter eines zwecksteuerten Arbeitsbündnisses haben kann, darüber hinaus aber in umfassende Prozesse wechselseitiger Situationsdeutungen, Attributionen und Gefühlsregungen eingebettet ist.

7.2.5. Schwerpunkt "Tätigkeit": Kompetenzförderung

Bei der Einführung des psychologischen Begriffs der *Tätigkeit*, der zugleich auf das unzweifelhafte Phänomen gegenstandsgerichteter *Eigenaktivität* im Verhalten eines Individuums verweist (s. Kapitel 6.7.), habe ich besonders den Aspekt des Sinngehaltes von Tätigkeiten betont.

Tätigkeiten sind gerichtete Aktivitäten, die ein Individuum selbstbestimmt initiiert, um ein für wichtig und wertvoll erlebtes Ziel zu erreichen. Das Erreichen dieses Zieles führt in der Regel zu einem Zuwachs an Selbständigkeit und Lebensqualität im alltäglichen Handlungsfeld des Individuums. Da Tätigkeiten (per definitionem) immer gegenstandsbezogen sind, muß das tätige Subjekt auch die objektiven Gegebenheiten des Gegenstandes berücksichtigen. Es muß sich den Gegenstand "aneignen", bzw. die situativen Gegebenheiten "bewältigen". Tätigkeiten fördern also den Ausgleich von *Subjektivierung* (eigene Wünsche, Bedürfnisse und Motive) und *Objektivierung* (materielle und soziale Umwelt in ihrer Widerständigkeit). In diesem Sinne bedeutet tätig sein, *kompetent* zu sein, die Befähigung besitzen, sich selbst in seiner Umwelt zurecht finden zu können.

Damit weist der Tätigkeitsbegriff eine enge Verwandtschaft zum Begriff der *Kompetenz* auf, wie er inzwischen auch in der Heilpädagogik geläufig ist (Gröschke 1985b; Holtz 1994). Zumindest ist in der heilpädagogischen Terminologie oft von *Fähigkeiten* und *Fertigkeiten* die Rede; diese Termini der Didaktik/Methodik (besonders der Geistigbehindertenpädagogik) beziehen sich mehr oder weniger systematisch auf das psychologische Konstrukt der Kompetenz. In der Psychologie wird Kompetenz sogar in den Rang eines Grundbedürfnisses erhoben: Jedes Individuum strebt danach kompetent zu sein, wobei allein schon die Ausübung dieses auf die Umwelt gerichteten Verhaltens in sich (intrinsisch) motivierend (selbstverstärkend) wirke.

Diese motivationale und emotionale Seite der Kompetenz nennt man in der Psychologie *Effektanz*; sie äußert sich im Gefühl der Selbstwirksamkeit ("self-efficacy"). Ziel kompetenten Verhaltens – sein "übergeordneter Gegenstandsbezug" (Oerter) – ist in jedem Falle wachsende persönliche Autonomie und Befähigung zum erfolgreichen Umgang mit der dinglichen und sozialen Umwelt; also zugleich auch zentrale heilpädagogische Erziehungs-, Bildungs- und Förderziele.

Üblicherweise wird Kompetenz im heilpädagogischen Verständnis als Verfügung über Fähigkeiten und Fertigkeiten behandelt, die für das alltägliche *Handeln* der Person erforderlich sind. Die Unterscheidung von *Fähigkeit* und *Fertigkeit* entspricht der Differenz von *Kompetenz* (als Verhaltenspotential) und *Performanz* (als Verhaltensäußerung). Es macht einen großen Unterschied, ob man über bestimmte Fähigkeiten potentiell verfügt, sie aber nicht konkret einsetzt (man könnte, wenn man "wollte") oder ob bestimmte Fähigkeiten (und Fertigkeiten) faktisch fehlen und didaktisch-methodisch gezielt vermittelt und eingeübt werden müssen (Kompetenzdefizite). So sind *Verhaltensstörungen* nicht immer Ergebnis von "Verhaltenslücken" im Repertoire des Individuums, sondern oft auch (vielfältig bedingte) Schwierigkeiten in der situationsadäquaten Realisierung vorhandener Kompetenzen (z. B. Motivationsstörung, emotionale "Hemmung"). Diese Zusammenhänge müssen in den Programmen der sozial-kognitiven *Verhaltensmodifikation* und heilpädagogischen *Kompetenzförderung* dringend beachtet werden.

Unter pragmatischem Aspekt wird nach unterschiedlichen Fähigkeitsformen und -bereichen unterschieden (objektbezogen-instrumentelle oder sozial-kommunikative Kompetenzen) sowie nach bestimmten psychologischen Funktionssystemen (sensomotorische, kognitive, sprachliche, emotionale Kompetenzen). Zusammengenommen bilden sie das *Kompetenzpotential* des Individuums zu einem bestimmten Zeitpunkt seiner Entwicklung. Man kann nun *förderdiagnostisch* abklären, über welche handlungsrelevanten Fähigkeiten und Fertigkeiten eine Person verfügt, d. h. ein *Kompetenzprofil* erstellen, und fragen welche Kompetenzen notwendig wären, um der Person mehr Selbständigkeit in bestimmten Lebensbereichen und Alltagssituationen zu ermöglichen. Heilpädagogisch interessieren also vor allem *lebenspraktische* Fähigkeiten und Fertigkeiten unter der allgemeinen Zielstellung von Normalisierung und selbstbestimmter Lebensführung ("Regiekompetenz", Thimm 1994). Von daher kommt den sog. "Kompetenzinventaren" im Rahmen der heilpädagogischen Diagnostik eine wichtige förderdiagnostische Bedeutung zu (Bundschuh 1996; Gröschke 1992b). Sie entheben den (kompetenten!) Heilpädagogen jedoch nicht einer kritischen Reflexion der Förderziele, die diese leicht verfügbaren diagnostischen Hilfsmittel implizit empfehlen. Im "Heidelberger Kompetenzinventar" (HKI, Holtz 1994) wird das zu erhebende Kompetenzprofil etwa nach folgenden Bereichen gegliedert:

- *Praktische* Kompetenz (lebenspraktische Fertigkeiten, z. B. Ernährung, Hygiene)
- *Kognitive* Kompetenz (z. B. Lesen, Rechnen, Umgang mit Geld, Orientierung)
- *Soziale* Kompetenz (z. B. Lern- und Arbeitsverhalten, Selbstkontrolle, Kooperation, soziale Regeln).

Eine solche *bereichs-, situations-* und *personspezifische* Kompetenzdiagnostik eröffnet vielfältige Möglichkeiten für die Didaktik der Unterrichtsgestaltung wie auch für die Methodik der außerunterrichtlichen Kompetenzförderung in Richtung einer umfassenden Alltagskompetenz. Dabei sollte sich der Heilpädagoge aller pädagogisch-therapeutischen Mittel und Methoden bedienen (s. Kapitel 7.2.1. bis 7.2.4.), besonders wichtig sind hier die Prinzipien von *Lernen*, *Üben* und *Trainieren* (s. Kapitel 7.2.4.).

Um zu verdeutlichen, wie komplexe Kompetenzen und Befähigungen zu anspruchsvollem autonomen Handeln durch ein differenziert ausgearbeitetes, didaktisch-methodisches Konzept von Kompetenzförderung auch unter Bedingung kognitiver Einschränkungen ("geistiger Behinderung") realisiert werden können, möchte ich abschließend auf die *SIVUS-Methode* hinweisen. Dieser aus Schweden stammende Ansatz der Einzel- und Gruppenförderung hat inzwischen international weite Beachtung und Anwendung gefunden (Walujo und Malmström 1996). Er bedient sich der Projektmethode: An einer gemeinsam bestimmten Aufgabe (Projekt) arbeitet jeder nach seinen individuellen Fähigkeiten so mit, daß sein Beitrag in Kooperation mit den anderen für das gemeinsame Ziel unabdingbar ist. Dieses gegenstands- und aufgabenbezogene gemeinsame Handeln ist zugleich Weg und Ziel, indem jeder Teilnehmer am Projekt durch diese Erfahrung von Selbstwirksamkeit und Kooperativität in seiner persönlichen und sozialen Handlungskompetenz gefördert wird, selbstbewußter und selbständiger wird. Es werden sehr systematisch basale Handlungselemente aufgebaut, immer nach dem pragmatischen Prinzip von "learning by doing": *soziale Fähigkeiten* (soziale Gewöhnung, basale Beziehungsfähigkeit, interpersonelle Kommunikation), *Planungsfähigkeiten* (Vorbereitung, Organisierung und Koordinierung der einzelnen Arbeitsschritte), *Arbeitsfähigkeiten* (instrumentelle Fertigkeiten zur Bearbeitung der Arbeitsmaterialien), Auswertungsfähigkeiten (Auswerten, Bewerten und gemeinsames Reflektieren der Projekterfahrungen). Diese Fähigkeiten und Fertigkeiten werden über *drei* Stufen pädagogischer Hilfe und Unterstützung methodisch angebahnt (viel, wenig, keine Unterstützung erforderlich) und in *vier* Phasen systematisch ausgeübt und erweitert, wobei in jeder dieser Prozeßphasen erweiterte soziale Interaktionen und Gruppierungen ins Spiel kommen (Individualphase, Paarphase, Gruppenphase, Intergruppenphase). Dieser gruppenpädagogische Lern-, Arbeits- und Erfahrungsprozeß soll schließlich bis in den öffentlichen Raum der Gesellschaft führen, indem die Teilnehmer sich auch dort zurechtfinden lernen, indem sie z. B. die Ergebnisse ihres Projekts im Sinne von Öffentlichkeitsarbeit präsentieren. Die Struktur der SIVUS-Methode (die eher ein Handlungskonzept darstellt) verdeutlicht Abb. 18:

Wenn man in der heilpädagogischen Praxis innerhalb der verschiedenen Einrichtungen der Behindertenhilfe (Schulen, Wohnheime, Werkstätten, Bildungs- und Freizeiteinrichtungen) vielleicht nur selten sämtliche Phasen des SIVUS-Konzeptes verwirklicht, so kann man doch zumindest immer wieder Elemente aus diesem Rahmen entnehmen, um eine an den Leitideen von personaler und sozialer Integration orientierte, lebens- und alltagsnahe Handlungs- und Kompetenzförderung zu gewährleisten.

7.2.6. *Schwerpunkt "Sprachlichkeit": Kommunikationsförderung*

In kaum einer anderen sonderpädagogischen Fachrichtung ist die Tendenz zur Verselbständigung soweit fortgeschritten, wie in der Sprachbehindertenpädagogik. Sie versteht sich als umfassende *Sprachheilpädagogik* (häufig als "Logopädie" bezeichnet), mit einer starken Akzentuierung auf *Sprachtherapie* (siehe z. B. das "Handbuch der Sprachtherapie" in acht Bänden, hrsg. v. Grohnfeldt 1989–1995). Die Komplexität des Systems "Sprache" und die fast regelmäßige Verquickung von Sprachstörungen und -behinderungen mit komplexen Lern- und Verhaltensstörungen nötigen zu dieser Ausweitung und Verselbständigung.

Historisch ist das Fachgebiet der Sprachheilpädagogik eng mit den Ansätzen der Pädagogik bei *Gehörlosen* verbunden; die bereits im 18. Jahrhundert etablierten Taubstummenanstalten bilden die praktische Wurzel beider sonderpädagogischen Fachgebiete. Genauso alt ist allerdings auch der einschlägige Methodenstreit zwischen Anhängern der *Lautsprachmethode* und der *Gebärdensprachmethode*.

In der aktuellen Sprachheilpädagogik herrscht die fachliche Sicht vor, daß bei der Herausbildung von Sprachauffälligkeiten mehrere Entwicklungsdimensionen (Sensomotorik, Kognition,

Systematik heilpädagogischer Handlungskonzepte

DAS ZIEL: Eine Person, die je nach ihren Fähigkeiten so unabhängig wie möglich lebt (sowohl individuell wie in der Gesellschaft) mit erhöhtem Selbstbewußtsein, Unabhängigkeit und Gemeinschaftsgefühl

PHASEN: Gesellschaftliche Phase – in der Gesellschaft
individuell   in Paaren   in Gruppen   zwischen Gruppen

Im Bereich der Einrichtungen und Hilfen für geistig behinderte Menschen

individuelle Phase	Paar-phase	Gruppen-phase	Zwischengruppen-phase
allein	zu zweit	in der Gruppe	mit anderen Gruppen

STUFEN:
- Erste Stufe: Die Aktivitäten eines anderen Menschen bemerken oder mit sehr viel Unterstützung von Mitarbeitern etwas bewältigen
- Zweite Stufe: mit Hilfe und Unterstützung Anforderungen und Ziele zu bewältigen
- Dritte Stufe: unabhängig zu bewältigen (ohne Unterstützung)

FÄHIGKEITEN:

Zusammen-kommen, Zurecht-kommen und zusammen-zuarbeiten	Vorbereiten, Planen	Ausführen Arbeiten	Bewerten Auswerten, Bedenken
SOZIALE FÄHIGKEIT	PLANUNGS-FÄHIGKEIT	ARBEITS-FÄHIGKEIT	AUSWER-TUNGS-FÄHIGKEIT

werden in Zusammenarbeit mit anderen Menschen entwickelt.

Abb. 18: Die Struktur der SIVUS-Methode (aus Walujo und Malmström 1996)

Sprache, Emotion, Soziabilität) auf unterschiedlichen Ebenen in der Art eines dynamischen Netzwerkes verknüpft sind, so daß "je nach Einzelfall verschiedene Entwicklungsbereiche störungsspezifisch hervortreten und sich zu einer individuellen Struktur verdichten" (Grohnfeldt 1995, 5). Damit ergeben sich für Diagnose, Entwicklungsförderung und Therapie zwei zentrale Handlungsprinzipien, nämlich "Personorientierung" (Individualisierungsprinzip) und "Systemorientierung" (Ganzheitsprinzip). Da es in der (sprach-)heilpädagogischen Praxis nicht um ein isoliertes sprachpathologisches Symptom gehen darf, sondern "der sprachgestörte Mensch in seinen subjektiven Befindlichkeiten und kommunikativen Bezügen" im Mittelpunkt stehen muß, ist in jedem Einzelfall eine "ganzheitlich-interaktionale Förderung mit spezifisch ausgewiesenen Schwerpunkten notwendig" (Grohnfeldt 1995, 7).

Von den drei Dimensionen der Sprache, wie sie die *Linguistik* als allgemeine Sprachwissenschaft unterscheidet, nämlich *Syntax, Semantik* und *Pragmatik*, muß man sich in der heilpädagogischen Entwicklungsförderung auf die pragmatische Dimension konzentrieren: Es darf nicht (so sehr, wie in der Logopädie) nur um die Sprach- und Sprechrichtigkeit gehen, sondern primär um die Verbesserung der verständigungsorientierten, d. h. *kommunikativen* Fähigkeiten und Möglichkeiten der Person in ihrem unmittelbaren Lebensraum. Für diese *kommunikative Kompetenz* ist jedoch die elementare Beherrschung eines *Symbol*-Mediums erforderlich, bzw. eine basale Symbolisierungsfähigkeit (wie sie z. B. im kindlichen Symbolspiel entfaltet wird). Erst darüber vermittelt können sich die Kommunikationspartner von der Gebundenheit an Raum und Zeit (relativ) lösen und sich (d. h. ihre Absichten, Meinungen usw.) *frei* austauschen.

Das wichtigste und übliche Symbol- und Kommunikationsmedium ist zwar die Laut-Schrift-Sprache; aber es existieren daneben auch andere (alternative) Verständigungsformen (Gebärden, Bild- und Zeichensysteme), die für Personen von existentiell wichtiger Bedeutung sind, die – aus vielerlei Gründen – über Laut-Sprache nicht oder nur sehr eingeschränkt verfügen können. Die inzwischen international kooperierende Fachgesellschaft ISAAC („International Society for Augmentative and Alternative Communication") treibt die Entwicklung solcher Kommunikationshilfen für den Bereich der Rehabilitation maßgeblich voran.

Die Fachrichtung der Sprachbehinderten- bzw. Sprachheilpädagogik hat inzwischen ein reichhaltiges Repertoire an Behandlungsmethoden für die sehr vielfältigen Erscheinungsformen gestörter oder eingeschränkter Sprachkompetenz entwickelt (Grohnfeldt 1989). Je nach Art, Ausprägungsgrad und individuellen Besonderheiten der vorliegenden Sprachbeeinträchtigung, -störung oder -behinderung sind die *Heilungs*aussichten unterschiedlich. Wie meist auch in anderen Sparten der Behindertenpädagogik und Rehabilitation ist es auch auf diesem Gebiet ein wichtiges und sinnvolles Ziel, den in seiner Sprache beeinträchtigten Menschen zu befähigen, mit seiner Behinderung selbstbewußt und selbstbestimmt zu leben. Entsprechend komplex ist auch das Verständnis von (Sprach-)*Behinderung*, das in der Sprachheilpädagogik vorherrscht: "Sprachbehinderung umgreift die sprachliche Beeinträchtigung (Sprachstörung) selbst und die durch sie bewirkte oder ihr zugrunde liegende belastete personale und soziale Gesamtsituation des betroffenen Menschen" (Knura, zit. nach Motsch 1986, 83).

Für den nicht logopädisch spezialisierten Heilpädagogen liegen die wichtigsten Aufgaben der Entwicklungsförderung betroffener Personen im vor- und nebensprachlichen Bereich: In der prälingualen *Sprachanbahnung* und entwicklungsangemessenen Hinführung zur Sprachlichkeit durch sprach- und allgemeine *entwicklungsförderliche* Angebote (Zollinger 1995). Dabei kommt den Handlungskonzepten der *psychomotorischen* Entwicklungsförderung (s. Kapitel 7.2.2.) und der heilpädagogischen *Spielförderung* (s. Kapitel 7.2.3.) eine besonders wichtige – präventive wie rehabilitative – Bedeutung zu. Für schwerbehinderte Personen, die so gut wie immer auch sprachbehindert sind, gelten die Aussagen im Zusammenhang der Konzepte von *Förderpflege* und *basaler Aktivierung* (Kap. 7.2.1.). Aber auch Ansätze und Methoden heilpädagogischer *Verhaltensmodifikation* (Kap. 7.2.4.) und lebenspraktischer Ertüchtigung und *Kompetenzförderung* (Kap. 7.2.5.) können sich von Fall zu Fall als hilfreich erweisen, so daß sich der Kreis aller in Kapitel 7 dargestellten Förderkonzepte hier wieder schließt.

7.3. Noch einmal: Konzepte, Methoden und Personen

> Begreifen, was uns ergreift!
> (Emil Staiger)

Heilpädagogisches Handeln mit dem Anspruch professioneller Qualifikation ist nur noch als wissenschaftlich reflektierte Praxis vertretbar. Allerdings hatten unsere Untersuchungen zum sog. Theorie-Praxis-Komplex gezeigt, daß dieses notwendige Vermittlungsverhältnis von Wissenschaftlichkeit und alltäglicher Berufsausübung sich als überaus kompliziert, widersprüchlich und fragil erweist: Einseitige Verselbständigungstendenzen in Richtung einer lebensfern-sterilen Theorie (als "Gegenpraxis") oder eines geistlos-blinden Praktizismus in einem undurchschauten („pseudokonkreten") Alltag sind latent immer vorhanden.

Konzeptionell angeleitetes Praxishandeln, wie ich es in Kapitel 4 bestimmt habe, das in der Person des Handelnden theoretisch-allgemeine Reflexion und alltäglich-konkrete Erfordernisse der Entwicklungsförderung für eine bestimmte andere Person zusammenbringt, könnte ein tragfähiges Brückenelement zwischen den beiden Bereichen von Wissenschaft/Theorie und Alltagspraxis sein, ohne ihr konstitutives Spannungsverhältnis gänzlich neutralisieren zu können. Der (große) Rest ist das Verhältnis personaler *Verantwortung* nach "bestem Wissen und Gewissen" in dem offenen Prozeß gemeinsamer Daseinsgestaltung.

Wenn ich in meinem Konzept von "Konzept" dem Faktor der beteiligten *Personen* die ausschlaggebende Rolle zuspreche, dann stellt sich abschließend noch einmal die Frage, wieviel in diesem Vermittlungs- und Brechungsverhältnis von Theorie und Praxis dann schon durch die handelnde Person des Heilpädagogen aber auch durch die (*mit-*)handelnde und nicht nur passivisch *be-*handelte Person seines Klienten determiniert ist. Um mit letzterem zu beginnen, das gleichzeitig auch erstes Prinzip ist: Da es in der heilpädagogischen Praxis um Lebenshilfe für je konkrete *Personen* geht, ist der entscheidende Bewährungsfall eines Handlungskonzepts die personale Lebenswirklichkeit des anderen, so wie sie geworden ist und wie sie sich im Hier und Jetzt zeigt, einschließlich ihrer individuellen *Zukünftigkeit*, immer auch unter dem letzten Aspekt ihrer *Endlichkeit*.

Es gilt hier, was der Schriftsteller Dieter Wellershoff einmal so formuliert hat: "Jeder hat nur ein Leben, einen Körper, eine Lebensgeschichte und schuldet dieser Geschichte einen Tod." Für den in besonderem Maße auf Hilfe und existentielle Stützung angewiesenen behinderten Menschen tragen seine Mitmenschen "Mitschuld" (mindestens aber Mitverantwortung!) für ein Gelingen dieses Lebens angesichts seiner Endlichkeit im Tod.

Diese Feststellung ist keine Offenbarung, sondern ergibt sich ganz offensichtlich, wenn man einmal von aller Fachlichkeit abstrahiert und überlegt, worum es *letztlich* in heilpädagogischen Feldern der Erziehungs- und Behindertenhilfe geht.

Auch die Person des *Heilpädagogen* ist natürlich keine Konstante. Jeder bringt seine individuelle *Biographie* in seine Berufspraxis ein, jeder durchläuft eine berufliche *Sozialisation* (in Ausbildung und Beruf), die sein Handeln bedingen. Daß jemand Heilpädagoge wird, ist kaum als gänzlich zufallsbedingt anzusehen, sondern ist Ergebnis der individuellen Persönlichkeitsentwicklung und ihrer Ausprägung besonderer Interessen, Motive und Lebensansichten. Die kumulierten Erfahrungen im Verlaufe von Ausbildung und Berufstätigkeit wiederum beeinflussen ihrerseits in entscheidendem Maße die weitere Lebensgeschichte.

In diesem ganzen Gefüge individueller Dispositionen zum Beruf des Heilpädagogen kommt der *Berufsausbildung* natürlich eine herausragende Bedeutung zu. In ihr werden die Grundlagen gelegt für professionelle heilpädagogische Kompetenz mit der Bewährungsauflage praktischer Verantwortung. Es ist klar, daß der Heilpädagoge für dieses *Können* viel *wissen* muß. Die Grundlegung in Studium oder Ausbildung ist dafür eine notwendige aber auf Dauer natürlich nicht ausreichende Bedingung. Die Komplexität heilpädagogischer Aufgaben, der kontinuierliche Zuwachs relevanten wissenschaftlichen Fachwissens und die relative Kürze der Primärausbildung in Hochschule oder Fachschule machen eine ständige *Weiterbildung* zu einer absoluten Notwendigkeit. Die lebenslange Weiterentwicklung oder Veränderung der eigenen Persönlichkeit – besonders durch die Erfahrungen im Beruf – nötigen zur unabschließbaren Dauerreflexion eigener personaler Anteile – fördernder wie hemmender – im alltäglichen Berufsvollzug. Jeder Praktiker (und jeder Dozent in der Ausbildung) muß dafür Sorge tragen, "daß der andauernde Weiterbildungsprozeß nie erlahme" (Siegenthaler 1983, 199).

Was für die Arbeit mit geistig behinderten Menschen gilt, läßt sich auf die gesamte heilpädagogische Praxis generalisieren: "Die Lebensqualität des geistig behinderten Menschen kann nur dann erhöht werden, wenn die berufliche Qualifikation der Mitarbeiter ein hohes Niveau besitzt" (Siegenthaler ebd.). Unter der

Leitfrage, "Was muß jeder Heilpädagoge (mindestens) wissen, um in der Praxis gute Arbeit leisten zu können?", sind die Studienstätten gehalten, ihre Ausbildungskonzepte kontinuierlich fortzuschreiben. Aus den Grundlagen- und Informationswissenschaften (s. Abb. 1 in Kapitel 2.1.1.) sind die Elemente auszuwählen und unter Berücksichtigung heilpädagogischer Ziele zu vermitteln, von denen ein Beitrag zu einer umfassenden heilpädagogischen Bewußtseinsbildung (heilpädagogisches Denken) und Handlungsbefähigung begründet zu erwarten ist.

In einer *pädagogischen Anthropologie*, die den Menschen unter der Perspektive von *Entwicklung* und *Lernen* betrachtet, sieht Giesecke (1987, 141) den gemeinsamen operativen Grundbestand an wissenschaftlichem Wissen für *alle* pädagogischen Disziplinen (also auch der Heilpädagogik): In einer Theorie der menschlichen Entwicklung, ihrer Krisen, ihrer sozialen und psychischen Bedingungen und Zusammenhänge sowie der menschlichen Lernfähigkeit. Da es eine solche einheitliche Theorie allerdings nicht gibt (und wohl zukünftig nicht geben wird), muß sich der Student der Heilpädagogik mit den fachwissenschaftlichen Erkenntnisständen der psychologisch, soziologisch, pädagogisch und soziohistorisch orientierten Entwicklungs- und Sozialisationsforschung aufs engste vertraut machen. Aufgabe der Hochschulausbildung ist es, das vorliegende humanwissenschaftliche Material unter dem pädagogischen Aspekt von Entwicklung und Lernen zu sichten, zu ordnen und in interdisziplinär integrierter Form zu vermitteln. Eine solche *sozial-anthropologisch* reflektierte Grundlegung heilpädagogischer Fachkompetenz ist ein notwendiges aber allein natürlich nicht hinreichendes Element der fachwissenschaftlichen Grundlagen der Heilpädagogik.

Die handelnde Person braucht auch ethisch-normativ reflektiertes *Orientierungswissen*, um erkennen und begründen zu können, *wozu* sie dieses Wissen einsetzen soll; auch dies ist eine Aufgabe der beruflichen Aus- und Weiterbildung und darf nicht einfach der Privatethik des einzelnen überlassen bleiben (Gröschke 1993). Heilpädagogische Handlungskonzepte müssen deshalb so weit auch *normativ* durchdacht sein, daß der Person, die mit ihnen arbeitet, der tiefere *Sinn* ihres beruflichen Handelns einsichtig ist, und zwar nicht nur im wissenschaftlich-rationalen Sinne sondern auch im ethischen. "Jede Heilpädagogik ist im besonderen auf Sinnorientierung angewiesen. Sie meldet deshalb heute erneut einen grundlegenden Bedarf an neuem Orientierungswissen an" (Speck 1988, 14).

Studenten und Praktiker der Heilpädagogik haben ein unmittelbares Recht, auf ihre Orientierungsbedürfnisse und Sinnfragen auch Antwortangebote zu bekommen. Der Rückzug auf die Faktizität reiner Wissenschaftlichkeit im Heilpädagogik-Studium ist zwar auch eine Antwort, aber eine falsche!

Der "Ort" dieser (Dauer-)Reflexion über Sinn und Zweck des heilpädagogischen Berufes ist eine *heilpädagogische Ethik*, die nicht ein Fach unter Fächern sein darf, sondern die das gesamte Denken und Handeln der angehenden oder bereits praktisch tätigen Heilpädagogen fundieren und begleiten muß. Ihr Herzstück muß eine (kleine) Tugendlehre sein, die sich nicht scheuen darf, bestimmte Handlungsregulative verbindlich zu machen (Gröschke 1993; Haeberlin 1996).

Die Persongebundenheit heilpädagogischer Handlungskonzepte, d. h. die schlichte Tatsache, daß ihre Inhalte und Ziele (Wissen, Gewissen und Motive) von der handelnden Person gebündelt und getragen werden müssen, wirft die Frage auf, ob die Person auch *alle* fachlich relevanten Wissens- und Fähigkeitsbestände übernehmen kann, oder ob es zu einer persönlichkeitsbedingten Selektion solcher Handlungskomponenten kommt. Jeder Praktiker bildet mit der Zeit seinen spezifischen *Arbeitsstil* aus; die Frage bleibt, nach welchen Kriterien dieser Stilbildungsprozeß funktioniert. Seien es reine Geschmacksurteile („das finde ich gut, das andere schlecht!"), ästhetische Kriterien („diese Arbeit liegt mir, jene nicht!") oder auch eher fachlich-objektive Anlässe („das muß getan werden, um am besten zu helfen!"), diese *subjektiv* eingefärbten Momente fließen in erheblichem Maße in den praktizierten Arbeitsstil ein.

Die *Subjektivierung* der beruflichen Kompetenz ist einerseits unvermeidlich, andererseits vielleicht sogar wünschenswert: Wie der Heilpädagoge mit den Stärken der behinderten Person arbeiten soll, so sollte er auch die *eigenen* persönlichen Stärken für seine berufliche Tätigkeit besonders ausbilden; aus ihnen erwächst wahrscheinlich seine vollste Produktivität. Den Zusammenhang von Persönlichkeit, Lebenseinstellung und pädagogischem Stil hat Nohl sehr pointiert herausgearbeitet: Das pädagogische Handeln ändert sich nicht, wenn sich die gewählte Theorie (bzw. das Konzept) ändert, "sondern viel elementarer: Die pädagogische Kunst ist gegründet in einem lebendigen pädagogischen Verhalten, das schließlich zurückreicht in die Art, wie der Mensch überhaupt zum Leben steht; diese metaphysische Form seines Lebens strukturiert auch sein Verhalten zum Kinde" (Nohl 1929, 74). Um herauszufinden, wie man zum Leben steht, bzw. um den eigenen Standpunkt zu klären (besonders, wenn man noch jung ist), braucht man die geistige Auseinandersetzung mit philosophisch-theologischen Positionen. Wir sehen hierin (wie Speck 1988; Kobi 1993; Haeberlin 1996) eine klare Notwendigkeit für Philosophie, Ethik, Anthropologie und Theologie als Grundlagenfächer einer personenzentrierten heilpädagogischen Berufsausbildung.

Aus der notwendigen Entsprechung von Konzept und Person resultiert für den heilpädagogischen Praktiker die Verpflichtung *authentischen* Handelns gegenüber seinem Klienten, wenn er erzieherisch etwas Positives bewirken möchte. Letztlich impliziert der Konnex von Person und konzeptgeleitetem Handeln den Appell an die *Selbsterziehung* der Erzieher und an ihre Vorbildfunktion. Schon Salzmann (1806) hat in seinem idealistischen "Plan zur Erziehung der Erzieher" diesen Gedanken formuliert, "der in den drei Worten begriffen ist: Erziehe dich selbst!" Das führt ihn zu einer Art kategorischem Imperativ praktischer Pädagogik, der so lautet: "Handle immer so, wie du wünschest, daß deine Zöglinge handeln sollen!".

Wenn Heilpädagogik als Handlungswissenschaft betrieben werden soll, deren Umsetzungsprozeß von Theorie in Praxis über personengebundenes konzeptuelles Denken und Handeln verläuft, hat dies Konsequenzen für die Auswahl angemessener Handlungskonzepte in der heilpädagogischen Grundausbildung. So wie damit zu rechnen ist, daß ein Ausbildungskandidat in personbezogenen pädagogischen Berufen nur *die* kognitiven und handlungsbezogenen Elemente von Grundlagentheorien auf Dauer assimilieren ("aneignen") wird, die ihm in seiner subjektiven Sicht als stimmig, wichtig, überzeugend usw. erscheinen, so bietet es sich an, zunächst an das "vortheoretische" oder vielmehr "vorwissenschaftliche" Wissen und die lebensweltlich-alltäglichen Handlungslogiken der zukünftigen pädagogischen Fachleute anzuknüpfen. Dieses Argument spricht für die Konzentration auf jene Handlungskonzepte in der Ausbildung einer heilpädagogischen *Basisbefähigung*, zu denen die angehenden Praktiker bereits *subjektiv* und *biographisch* einen Erlebnisbezug haben: *Leiblichkeit*, *Spielen*, *Lernen*, *Bewegung* sind solche personalen Grundphänomene, die jedem so vertraut sind, daß man sich reflexiv auf sie beziehen kann. Sie bilden ein für alle Menschen gemeinsames Fundament der Entwicklung. Wenn sich auf ihrer Grundlage die zentralen heilpädagogischen Konzepte und Methoden aufbauen, belegt dies auf eine sinnfällige Weise, daß praktische Heilpädagogik Unterstützung und Vertiefung jener *Entwicklungs-* und *Bildungsprozesse* ist, die *jeder* Mensch im Lebenszyklus zwischen Geburt und Tod durchläuft. Nichts anderes und nichts weniger!

Allerdings ist die Aneignung dieser Handlungskonzepte – soll sie nicht in einem spontaneistischen Stadium verbleiben – nur als *reflektierte* Selbsterfahrung vertretbar, d. h. sie bleibt angewiesen auf theoriebezogenes Denken. Allgemeines theoretisches Denken in der Heilpädagogik wird so in erster Linie unter *pragmatischem* Aspekt zu einem Medium der Selbstreflexion. Wenn nämlich sozial- und heilpädagogisches Handeln "wesentlich sogar in der Instrumentalisierung dessen besteht, was der Person des Erziehers an sozialer Kompetenz zur Verfügung steht, bedarf es doch eines kognitiven Mittels, die durch ihn erzielten Wirkungen zu reflektieren" (Winkler 1988, 84). Diese Selbstinstrumentalisierung als berufspraktisch handelnde Person verlangt eine doppelte Anstrengung vom Erzieher: "Er muß nämlich authentisch, als alltäglich handelnde Person an der Situation teilhaben, zugleich aber sich des methodischen Moments in dieser Teilhabe bewußt sein" (ebd. 85). Für diese Aufgabe des beruflichen Handlungsvollzugs ist er auf ein theoretisches Bezugssystem angewiesen, indem er diese *berufsethisch* gebotene Reflexivität einlösen kann. Diese theoriebezogene Denkanstrengung schuldet er seiner heilpädagogischen Fachlichkeit.

Die praxisbestimmende Funktionseinheit von *Person, Konzept* und *Methode* wird vermittelt durch die ideelle Einheit der *anthropologischen, ethischen* und *pragmatischen* Dimensionen heilpädagogischen Denkens und Handelns.

Anthropologische Dimension: Ihr Bezugsfeld bildet keine Sonder-Anthropologie, sondern die gemeinsam geteilte Lebenswelt mit ihren allgemein menschlichen Gegebenheiten und Bedürftigkeiten; die alltägliche, konkrete "conditio humana".

Ethische Dimension: Mit diesem anthropologischen "common sense" verbunden ist die wertnormative Überzeugung vom uneingeschränkten, vollen Mensch- und Personsein jedes Individuums, auch unter den besonderen Bedingungen schwerer psychophysischer Schädigung oder Veränderung.

Pragmatische Dimension: Diese grundsätzlich ethische Einstellung muß sich in einer Berufsethik niederschlagen, aus der ein engagiertes und solidarisches Handeln hervorgeht, das sich auch an fachlichen Kriterien nachweisbarer pädagogisch-therapeutischer Wirkung und Entwicklungsförderlichkeit bewähren muß.

Doch noch einmal "zurück zu den Grundphänomenen": Aus der Haltung einer "Mitwisserschaft" um die gemeinsamen *anthropologischen* Grundlagen unserer Existenz könnte eine praktische Solidarität entstehen, der es vielleicht gelänge, das viele Besondere und Trennende in der heutigen Heilpädagogik langsam aufzuheben. "Wir können niemals von unserer eigenen Situation absehen. Das Dasein ist immer auch zugleich *mein Dasein*. Nur über mein Leben kann ich zu einem tieferen Verstehen des Menschenlebens überhaupt kommen" (Fink 1979, 62). Das ist wohl wahr.

Unsere Darstellung personaler Phänomene im Zusammenhang heilpädagogischer Handlungskonzepte und Methoden ist nun an ein Ende gekommen. Es war viel die Rede von Notwendigkeiten, Verantwortlichkeit und Sollen. Ich meine, daß dies in Anbetracht der Aufgabenstellungen in der heilpädagogischen Praxis sein mußte. Bleibt zu hoffen, daß die Lektüre dadurch nicht allzu sehr belastet wird, eingedenk des warnenden Spruches:

"Er hat ein Buch geschrieben/ des ich satt bin./
Es stehen sieben mal sieben Gebote darin"/
(B. Brecht, Gedichte 1918–1929)

Literaturverzeichnis

Adam, H. (1990): Liebe macht erfinderisch. Studien zur Geistigbehinderten-Pädagogik. Edition Bentheim, Würzburg
Aebli, H. (1984): Von Piagets Entwicklungspsychologie zur Theorie der kognitiven Sozialisation. In Steiner, G. (Hrsg.): Entwicklungspsychologie, Bd.2. Kindlers "Psychologie des 20. Jhd.". Beltz, Weinheim
Affolter, F. (1987): Wahrnehmung, Wirklichkeit und Sprache. Neckar Verlag, Villingen-Schwenningen
Allport, G. W. (1971, Orig. 1954): Die Natur des Vorurteils. Kiepenheuer u. Witsch, Köln
Anstötz, Ch. (1990): Ethik und Behinderung. Ein Beitrag zur Ethik der Sonderpädagogik aus empirisch-rationaler Perspektive. Marhold, Berlin
Antor, G. u. Bleidick, U. (Hrsg.) (1996): Recht auf Leben – Recht auf Bildung. Aktuelle Fragen der Behindertenpädagogik. Schindele, Heidelberg
Asperger, H. (1952): Heilpädagogik. Einführung in die Psychopathologie des Kindes für Ärzte, Lehrer, Psychologen, Richter und Fürsorgerinnen. Springer, Wien
Ayres, J. (1984): Bausteine der kindlichen Entwicklung. Die Bedeutung der Integration der Sinne für die Entwicklung des Kindes. Springer, Berlin
Bach, H. (1985): Grundbegriffe der Behindertenpädagogik. In Bleidick, U. (Hrsg.): Theorie der Behindertenpädagogik. Hdb. der Sonderpädagogik. Bd. 1, 3–24. Marhold, Berlin
Baltes, P. (1990): Entwicklungspsychologie der Lebensspanne: Theoretische Leitsätze. Psychol. Rundschau 41, 1–24
Bauman, Z. (1995): Postmoderne Ethik. Hamburger Edition, Hamburg
Beck, I., Düe, W. u. Wieland, H. (Hrsg.) (1996): Normalisierung: Behindertenpädagogische und sozialpolitische Perspektiven eines Reformkonzeptes. Schindele, Heidelberg
Beck, U., Brater, M. u. Daheim, H. (1980): Soziologie der Arbeit und Berufe. Rowohlt, Reinbek
Becker, K. P. u. Autorenkollektiv (1984): Rehabilitationspädagogik. 2. Aufl. Verlag Volk und Gesundheit, Berlin
– (1995): Das Ganze ist mehr als die Summe seiner Teile. BHP Info 4, 1995, 23–32, Sonderausgabe anläßlich des 10jährigen Bestehens des Berufsverbandes der Heilpädagogen
Beger, A. u. Autorenkollektiv (1983): Rehabilitative Bewegungserziehung. Verlag Volk u. Gesundheit, Berlin
Benner, D. (1983): Grundstrukturen pädagogischen Denkens und Handelns. In Lenzen, D. u. Mollenhauer, K. (Hrsg): Enzyklopädie der Erziehungswissenschaft. S. 283–300. Klett-Cotta, Stuttgart

– (1987): Allgemeine Pädagogik. Eine systematisch-problemgeschichtliche Einführung in die Grundstruktur pädagogischen Denkens und Handelns. 3. Aufl. 1996, Juventa, Weinheim
Berger, P. u. Luckmann, Th. (1970): Die gesellschaftliche Konstruktion der Wirklichkeit. Fischer, Frankfurt/M.
Bergmann, W. (1981): Lebenswelt, Lebenswelt des Alltags oder Alltagswelt? Ein grundbegriffliches Problem "alltagstheoretischer" Ansätze. Kölner Z. f. Soziol. u. Soz. Psychol. 33, 50–72
Bernard-Opitz, V., Blesch, G. u. Holz, K. (1992): Sprachlos muß keiner bleiben. 2. Aufl. Lambertus, Freiburg/Br.
Bielefeldt, E. (1991): Tasten und Spüren. Wie wir bei taktil-kinästhetischer Störung helfen können. Ernst Reinhardt, München
Biene, E. (1988): Zusammenarbeit mit den Eltern. Werkheft zur heilpädagogischen Übungsbehandlung. Schindele, Heidelberg
Binding, K. u. Hoche, A. (1920): Die Freigabe der Vernichtung unwerten Lebens. Meiner, Leipzig
Bleidick, U. (1984): Pädagogik der Behinderten. Grundzüge einer Theorie der Erziehung behinderter Kinder und Jugendlicher. 5. Aufl. Marhold, Berlin, 1. Aufl. 1972
– (Hrsg.) (1985a): Theorie der Sonderpädagogik. In: Hdb. der Sonderpädagogik, Bd. 1. Marhold, Berlin
– (Hrsg.) (1985b): Historische Theorien: Heilpädagogik, Sonderpädagogik, Pädagogik der Behinderten. In: Hdb. der Sonderpädagogik, Bd. 1, S. 254–272. Marhold, Berlin
– (Hrsg.) (1985c): Wissenschaftssystematik der Behindertenpädagogik. In: Hdb. der Sonderpädagogik, Bd. 1, S. 48–84. Marhold, Berlin
Böhm, W. (1985): Theorie und Praxis. Eine Erörterung des pädagogischen Grundproblems. Königshausen und Neumann, Würzburg
Bollnow, O. (1982): Studien zur Hermeneutik. Bd. 1: Zur Philosophie der Geisteswissenschaften. Alber, Freiburg/Br.
– (1986): Einige Bemerkungen über Schleiermachers Pädagogik. Z. f. Päd. 32, 5, 719–771
Bopp, L. (1930): Allgemeine Heilpädagogik in systematischer Grundlegung und mit erziehungspraktischer Einstellung. Alber, Freiburg/Br.
– (1958): Heilerziehung aus dem Glauben. Alber Freiburg/Br.
Borchert, J. (1996): Pädagogisch-therapeutische Interventionen bei sonderpädagogischem Förderbedarf. Hogrefe, Göttingen
Brack, U. (Hrsg.) (1993): Frühdiagnostik und Frühtherapie. 2. Aufl. Psychologie Verlags-Union, München
Brambring, M. (1993): "Lehrstunden" eines blinden Kindes. Entwicklung und Frühförderung in den ersten Lebensjahren. Ernst Reinhardt, München
Braungart, G. (1995): Leibhafter Sinn. Der andere Diskurs der Moderne. Niemeyer, Tübingen
Brezinka, W. (1971): Von der Pädagogik zur Erziehungswissenschaft. Beltz, Weinheim

– (1977): Grundbegriffe der Erziehungswissenschaft. 3. Aufl., Ernst Reinhardt, München
– (1987): Tüchtigkeit. Analyse und Bewertung eines Erziehungsziels. Ernst Reinhardt, München
Brumlik, M. (1992): Advokatorische Ethik. Zur Legitimation pädagogischer Eingriffe. Böllert, Bielefeld
Bruner, J. (1987): Wie das Kind sprechen lernt. Huber, Bern
Brunkhorst, H. (1983): Systemtheorie. In Lenzen, D. u. Mollenhauer, K. (Hrsg.): Enzyklopädie Erziehungswissenschaft, Bd. 1, S. 193–213. Klett-Cotta, Stuttgart
Buber, M. (1962): Das dialogische Prinzip. Lambert Schneider, Heidelberg
Buchka, M. (1992a): Sozialpädagogik im Wandel der Zeit. In Badry, E. u. a. (Hrsg.): Pädagogik. Grundlagen und Arbeitsfelder. S. 137–154. Luchterhand, Neuwied
– (1992b): Sozialpädagogik und Heilpädagogik. In Badry, E. u. a. (Hrsg.): Pädagogik. Grundlagen und Arbeitsfelder. S. 155–159. Luchterhand, Neuwied
Bühler, K. (1934): Sprachtheorie. Fischer, Jena. Neuaufl. 1984
Bundesarbeitsgemeinschaft für Rehabilitation (BAR)(1994): Die Rehabilitation Behinderter. Deutscher Ärzteverlag, Köln
Bundschuh, K. (1996): Einführung in die Sonderpädagogische Diagnostik. 3. Aufl., Ernst Reinhardt, München
Buytendijk, F. J. (1967): Prolegomena zu einer anthropologischen Physiologie. Otto Müller, Salzburg
Coleman, J. S. (1986): Vom Aufwachsen mit unpersönlichen Systemen. Beltz, Weinheim
Conrady, K. O. (1994): Goethe. Leben und Werk. Büchergilde Gutenberg, Frankfurt/M.
Danner, H. (1994): Methoden geisteswissenschaftlicher Pädagogik. 3. Aufl. Ernst Reinhardt, München
Derbolav, J. (1987): Grundriß einer Gesamtpädagogik. Diesterweg, Frankfurt/M.
Dewe, B., Ferchhoff, W. u. Sünker, H. (1984): Alltagstheorien. In Eyferth, H., Otto, H. u. Thiersch, H. (Hrsg.): Handbuch zur Sozialarbeit/Sozialpädagogik. S. 56–72. Luchterhand, Neuwied
Dilthey, W. (1959–1977): Gesammelte Schriften, Bd. I-XVIII. Klett, Stuttgart
– (1971): Schriften zur Pädagogik. (Hrsg. v. Groothoff, H. u. Herrmann, U.). Schöningh, Paderborn
Eberwein, H. (Hrsg.) (1987): Fremdverstehen sozialer Randgruppen. Marhold, Berlin
Eggert, D. unter Mitarbeit v. Lütje-Klose, B. (1994): Theorie und Praxis der psychomotorischen Förderung. Textband und Arbeitsbuch. Borgmann, Dortmund
Einsiedler, W. (1991): Das Spiel der Kinder. Zur Pädagogik und Psychologie des Kinderspiels. Klinkhardt, Bad Heilbrunn

Esser, M. (1995): Beweg-Gründe. Psychomotorik nach Bernard Aucouturier. 2. Aufl. Ernst Reinhardt, München

Feuser, G. (1989): Allgemeine integrative Pädagogik und entwicklungspsychologische Didaktik. Behindertenpädagogik, 28, 1, 4–48

Fink, E. (1979): Grundphänomene des menschlichen Daseins. Alber, Freiburg/Br.

Fischer, D. (1990): Ich setzte meinen Fuß in die Luft – und sie trug. Leben und Lernen mit behinderten Menschen. Edition Bentheim, Würzburg

Flammer, A. (1988): Entwicklungstheorien. Psychologische Theorien menschlicher Entwicklung. 2. Aufl. 1996. Huber, Bern

Flitner, W. (1982–1990): Gesammelte Schriften, hrsg. v. Erlinghagen, K., Flitner, A., Herrmann, U., 11 Bde. Schöningh, Paderborn

Flores d'Arcais, G. (1991): Die Erziehung der Person. Grundlegung einer personalistischen Erziehungstheorie. Klett-Cotta, Stuttgart

Fornefeld, B. (1989): "Elementare Beziehung" und Selbstverwirklichung geistig Schwerstbehinderter in sozialer Integration. Reflexionen im Vorfeld einer leiborientierten Pädagogik. Diss.-Verlag, Mainz

– (1995): Das schwerstbehinderte Kind und seine Erziehung. Ausblicke auf eine Theorie der Erziehung. Schindele, Heidelberg

Foucault, M. (1974): Die Ordnung der Dinge. Eine Archäologie der Humanwissenschaft. Suhrkamp, Frankfurt/M.

– (1977): Überwachen und Strafen. Die Geburt des Gefängnisses. Suhrkamp, Frankfurt/M.

– (1978): Wahnsinn und Gesellschaft. Eine Geschichte des Wahns im Zeitalter der Vernunft. Suhrkamp, Frankfurt/M.

Freud, S. (1901/1973): Zur Psychopathologie des Alltagslebens. GW Bd. IV, S. 250–289. Fischer, Frankfurt/M.

Fröhlich, A. (Hrsg.) (1991a): Pädagogik bei schwerster Behinderung. In: Hdb. der Sonderpädagogik Bd. 12. Marhold, Berlin

– (1991b): Basale Stimulation. Verlag Selbstbestimmt leben, Düsseldorf

Fromm, E. (1973): Die Anatomie der menschlichen Destruktivität. Deutsche Verlagsanstalt, Stuttgart

Frostig, M. (1992, Orig. 1970): Bewegungserziehung. Neue Wege der Heilpädagogik. 5. Aufl. Ernst Reinhardt, München

Gadamer, H. G. (1985): Wahrheit und Methode. Grundzüge einer philosophischen Hermeneutik. Mohr Siebeck, Tübingen

Gäng, M. (Hrsg.) (1994): Heilpädagogisches Reiten und Voltigieren. 3. Aufl. Ernst Reinhardt, München

Gagné, R. (1980): Die Bedingungen des menschlichen Lernens. 4. Aufl. Schroedel, Hannover

Geißler, K. u. Hege, M. (1985): Konzepte sozialpädagogischen Handelns. 3. Aufl. Kohlhammer, Stuttgart

Georgens, J. D. u. Deinhardt, H. M. (1861): Die Heilpädagogik mit besonderer Berücksichtigung der Idiotie und der Idiotenanstalten. Bd. 1: Zwölf Vorträge zur Einleitung und Begründung einer heilpädagogischen Gesamtwissenschaft. Fleischer, Leipzig; neu hrsg. v. Bachmann,

W., Giessen (1979). Bd. 2 Idiotie und Idiotenerziehung in ihrem Verhältnis zu den übrigen Zweigen der Heilpädagogik und der Gesundenerziehung. Fleischer, Leipzig (1863)

Giesecke, H. (1987): Pädagogik als Beruf. Grundformen pädagogischen Handelns. Juventa, München

Goethe, J. W. (1981): Anschauendes Denken. Goethes Schriften zur Naturwissenschaft. Insel, Frankfurt/M.

Göllnitz, G. (1992): Neuropsychiatrie des Kindes- und Jugendalters. 5. Aufl. Fischer, Jena

Grawe, K., Donati, R. u. Berauer, F. (1994): Psychotherapie im Wandel. Von der Konfession zur Profession. Hogrefe, Göttingen

Grissemann, H. (1986): Hyperaktive Kinder. Huber, Bern

Groeben, B. (1986): Handeln, Tun, Verhalten als Einheiten einer verstehend-erklärenden Psychologie. Francke, Tübingen

Grohnfeldt, M. (Hrsg.) (1989): Grundlagen der Sprachtherapie, Bd. 1. Marhold, Berlin

– (Hrsg.) (1995): Sprachstörungen im sonderpädagogischen Bezugssystem. In: Hdb. d. Sprachtherapie, Bd. 8. Marhold, Berlin

Gröschke, D. (1981): Moralische Behandlung und direktive Psychotherapie. Zeitschr. f. klin. Psychol. Psychother. 29, 4, 342–352

– (1983): Subjekt und Lebensgeschichte. Zur Stellung der Biographie in Psychoanalyse und Verhaltenstherapie. Psyche 5, 37, 440–453

– (1985a): Konzeptionen geistiger Behinderung in der neueren Verhaltenstherapie. Sonderpädagogik 15, 3, 124–130

– (1985b): Kompetenz als Grundbegriff der Heilpädagogik. Ein psychologischer Beitrag zur heilpädagogischen Theoriebildung. Vierteljahresschrift f. Heilpäd. und ihre Nachbargebiete (VHN) 54, 4, 404–416

– (1986a): Heilpädagogik und Sozialpädagogik. Gemeinsamkeiten und Eigenprofile zweier marginaler pädagogischer Disziplinen. Vierteljahresschrift f. Heilpäd. und ihre Nachbargebiete (VHN) 55, 119–129

– (1986b): Kompetenz als Zielbegriff der Frühförderung. Ein entwicklungspsychologischer Beitrag zu einer Theorie der Frühförderung. Frühförderung interdisziplinär 5, 79–87

– (1988): Erfülltheit des Augenblicks und Vorbereitung auf die Zukunft. Spiel und Übung in der heilpädagogischen Übungsbehandlung. Z. f. Heilpäd. 12, 813–819

– (1989a): Handlungskonzepte in der außerschulischen heilpädagogischen Praxis – Ein Ordnungsversuch. Vierteljahresschrift f. Heilpäd. und ihre Nachbargebiete (VHN) 390–401

– (1989b): Praxiskonzepte der Heilpädagogik. Versuch einer Systematisierung und Grundlegung. Ernst Reinhardt, München

– (1991a): Das Spiel in der Entwicklung des geistig behinderten Kindes. Lernen konkret. Unterricht mit Geistigbehinderten 4, 2–8

– (1991b): Das Spiel in der heilpädagogischen Übungsbehandlung. Lernen konkret 4, 22–23

– (1992a): Heilpädagogik in der heutigen Gesellschaft: 'Just Community' oder das Ende der Bescheidenheit. BHP (Hrsg.): Braucht Heilpädago-

gik Heilpädagogen? Eine Anfrage an die Gesellschaft. S. 14–24. Marquardt, Rendsburg
- (1992b): Psychologische Grundlagen der Heilpädagogik. Ein Lehrbuch zur Orientierung für Heil-, Sonder- und Sozialpädagogen. Klinkhardt, Bad Heilbrunn
- (1993): Praktische Ethik der Heilpädagogik. Individual- und sozialethische Reflexionen zu Grundfragen der Behindertenhilfe. Klinkhardt, Bad Heilbrunn
- (1995a): Das Selbstverständnis der Heilpädagogik in der alten Bundesrepublik. Vortrag auf dem 5. Symposium des 'Berufsverbandes der Heilpädagogen BHP e.V.'. BHP info, 4, 9–21, Sonderausgabe zum 10-jährigen Bestehen des Berufsverbandes
- (1995b): Die Behindertenhilfe im Spannungsfeld von Sozialpädagogik und Heilpädagogik. Historische Betrachtungen in praktischer Einstellung. In Merz, H. P. u. Frei, E. X. (Hrsg.): Brennpunkt Sozialpädagogik. Berufsbildende, berufspolitische u. berufsständische Aspekte. Edition SHZ, Schweizerische Zentralstelle für Heilpädagogik, Luzern, 15–34
- (1995c): Zur Aktualität der Sozialphilosophie für die Heilpädagogik – Ein Beitrag zur sozialethischen Reflexion in der Behindertenhilfe. Vierteljahresschrift f. Heilpäd. und ihre Nachbargebiete (VHN) 4, 406–414
- (1996): Eine unendliche Geschichte – Die Heilpädagogik und ihre Methoden. BHP (Hrsg.): Methodensuche – Methodensucht in der Heilpädagogik? Eine Standortbestimmung. S. 39–50. Alber, Rendsburg
- (1997): Das Leibapriori in der Heilpädagogik. Anthropologische, ethische und pragmatische Aspekte des Grundphänomens Leiblichkeit. Vierteljahresschrift f. Heilpäd. und ihre Nachbargebiete (VHN) (erscheint 1997)
Guardini, R. (1925, Neuaufl. 1985): Der Gegensatz; Versuche zu einer Philosophie des Lebendig-Konkreten. Grünewald, Mainz
- (1950): Welt und Person. Versuche zur christlichen Lehre vom Menschen. 3. Aufl. Werkbund, Würzburg
- (1985a): Wahrheit des Denkens und Wahrheit des Tuns. Notizen und Texte (1942–1964), 4. Aufl. Schöningh, Paderborn
- (1985b): Angefochtene Zuversicht. Hrsg. v. J. Klimmer. Grünewald, Mainz
Habermas, J. (1981): Theorie des kommunikativen Handelns. Bd. 1 u. 2. Suhrkamp, Frankfurt/M.
Haeberlin, U. (1985): Allgemeine Heilpädagogik. Haupt, Bern
- (1996): Heilpädagogik als wertgeleitete Wissenschaft. Ein propädeutisches Einführungsbuch in Grundfragen einer Pädagogik für Benachteiligte und Ausgegrenzte. Haupt, Bern
- u. Amrein, C. (Hrsg.) (1987): Forschung und Lehre für die sonderpädagogische Praxis. Wie schlagen wir in der Ausbildung die Brücke? Beiträge zur Heil- und Sonderpädagogik. Haupt, Bern

Hagmann, Th. (Hrsg.) (1995): Heil- und Sonderpädagogik und ihre Nachbarwissenschaften. Aktuelle Ansätze in Forschung, Lehre und Praxis. Verlag der SHZ, Luzern

Heidegger, M. (1984, Orig. 1927): Sein und Zeit. 16. Aufl. Niemeyer, Tübingen

Heimlich, U. (1995): Behinderte und nichtbehinderte Kinder spielen gemeinsam. Konzept und Praxis integrativer Spielförderung. Klinkhardt, Bad Heilbrunn

Heisenberg, W. (1942): Ordnung der Wirklichkeit. In Gesammelte Werke, Bd. I, Abt. C, S. 217–306. Piper, München

Hellbrügge, Th. (Hrsg.) (1982): Klinische Sozialpädiatrie. Springer, Berlin

Hellmann, M. u. Rohrmann, E. (Hrsg.) (1996): Alltägliche Heilpädagogik und ästhetische Praxis. Schindele, Heidelberg

Hengstenberg, H. E. (1966a): Philosophische Anthropologie. Kohlhammer, Stuttgart

– (1966b): Zur Anthropologie des geistig und körperlich behinderten Kindes und Jugendlichen. In: Hilfen für das behinderte Kind. S. 11–24. Hrsg. Bundesausschuß für gesundheitliche Volksbelehrung, Stuttgart

– (1972): Die gesellschaftliche Verantwortung der philosophischen Anthropologie. In Rocek u. Schatz, O. (Hrsg.): Philosophische Anthropologie heute.S. 183.200. Beck, München

Herbart, J. F. (1964): Pädagogische Schriften. 3. Bde. Schwann, Düsseldorf

Hering, W. (1979): Spieltheorie und pädagogische Praxis. Schwann, Düsseldorf

Herrmann, U. (1983): Erziehung und Bildung in der Tradition Geisteswissenschaftlicher Pädagogik. In Lenzen, D. u. Mollenhauer, K. (Hrsg.): Enzyklopädie Erziehungswissenschaft, Bd. 1. Theorien und Grundbegriffe der Erziehung und Bildung. S. 25–41. Klett-Cotta, Stuttgart

– (1987): Biographische Konstruktionen und das gelebte Leben. Z. f. Päd. 33, 303–323

Hoffmann, J. u. Kintsch, W. (Hrsg.) (1996): Lernen. Enzyklopädie d. Psychologie. Bereich C, Kognition, Bd. 7. Hogrefe, Göttingen

Holtz, K. H. (1994): Geistige Behinderung und soziale Kompetenz. Schindele, Heidelberg

Horkheimer, M. u. Adorno, Th. (1977, Orig. 1947): Dialektik der Aufklärung. Fischer, Frankfurt/M.

Hülshoff, Th. (1996): Das Gehirn. Funktionen und Funktionseinbußen. Eine Einführung für pflegende, soziale und pädagogische Berufe. Huber, Bern

Huizinga, J. (1956, Orig. 1938): Homo ludens. Vom Ursprung der Kultur im Spiel. Rowohlt, Reinbek

Hurrelmann, K. u. Jaumann, O. (1985): Sozialisations- und interaktionstheoretische Konzepte in der Behindertenpädagogik. In Hdb. d. Sonderpädagogik, Bd. 1, S. 295–321. Marhold, Berlin

Husserl, E. (1993): Arbeit an den Phänomenen. Ausgewählte Schriften. Hrsg. u. Nachwort v. B. Waldenfels. Fischer, Frankfurt/M.
Ineichen, H. (1991): Philosophische Hermeneutik. Handbuch Philosophie. Alber, Freiburg/Br.
Jantzen, W. (1987, 1990): Allgemeine Behindertenpädagogik, Bd. 1 u. Bd. 2. Beltz, Weinheim
– (Hrsg.) (1996): Diagnostik als Rehistorisierung. Methodologie und Praxis einer verstehenden Diagnostik am Beispiel schwer behinderter Menschen. Edition Marhold, Berlin
Jaspers, K. (1973): Allgemeine Psychopathologie. 9. Aufl. (1. Aufl. 1913) Springer, Heidelberg,
Joas, H. (1992): Die Kreativität des Handelns. Suhrkamp, Frankfurt/M.
Jüttemann, G. (Hrsg.) (1995): Wegbereiter der Psychologie. Der geisteswissenschaftliche Zugang von Leibniz bis Foucault. 2. Aufl. Psychologie Verlags Union, München
Kalbermatten, U. u. Vallach, L. (1987): Handlungstheorien in der angewandten Sozialpsychologie. In Schultz-Gambard, J. (Hrsg.): Angewandte Sozialpsychologie; Konzepte, Ergebnisse, Perspektiven. S. 43–56. Psychologie Verlags Union, München
Kanter, G. O. (1980): Lernbehinderung und der Personenkreis der Lernbehinderten. In: ders. (Hrsg.): Pädagogik der Lernbehinderten. Hdb. d. Sonderpädagogik, Bd. 4. S. 34–64. Marhold, Berlin
– (1987): Empirisch-analytisches Vorgehen in der Pädagogik. Hilfe oder Gefährdung für den behinderten Menschen? In Thalhammer, M. (Hrsg.): Gefährdungen des behinderten Menschen im Zugriff von Wissenschaft und Praxis. Anfragen an Sondererziehung und Therapie. S. 65–80. Ernst Reinhardt, München
– (1995): Rückblick auf die Geschichte der Dozententagungen – Heilpädagogik wieder auf dem Weg nach Europa. Vierteljahresschrift f. Heilpäd. und ihre Nachbargebiete (VHN) 2, 151–166
Kegan, R. (1986): Die Entwicklungsstufen des Selbst. Fortschritte und Krisen im menschlichen Leben. Kindt, München
Kentler, H. (Hrsg.) (1984): Sexualwesen Mensch. Rowohlt, Reinbek
Kiphard, E. (1979): Motopädagogik. Psychomotorische Entwicklungsförderung. Bd. 1. Borgmann modernes Lernen, Dortmund
Kleinbach, K. H. (1993): Zur ethischen Begründung einer Praxis der Geistigbehindertenpädagogik. Klinkhardt, Bad Heilbrunn
Kobi, E. (1983): Grundfragen der Heilpädagogik. Eine Einführung in heilpädagogisches Denken. 4. Aufl. Haupt, Bern
– (1985): Personorientierte Modelle in der Heilpädagogik. In Bleidick, U. (Hrsg.): Theorie der Behindertenpädagogik. Hdb. d. Sonderpädagogik, Bd. 1. S. 273–294. Marhold, Berlin
– (1986): Das schwerstbehinderte Kind: Grenzmarke zwischen einer persönlichkeitsorientierten "Pädagogik des Bewerkstelligens" und einer personorientierten "Pädagogik gemeinsamer Daseinsgestaltung". In Thalhammer, M. (Hrsg.): Gefährdungen des behinderten Menschen im

Zugriff von Wissenschaft und Praxis. S. 81–93. Ernst Reinhardt, München
- (1993): Grundfragen der Heilpädagogik. 5. Aufl. Haupt, Bern
Köhn, W. (1994): Einführung in die Heilpädagogische Maßnahme. Strukturelemente und Handlungsprozeß. Selbstverlag, Studientexte Heilpädagogik, Bd. 6, Kath. Fachhochschule NW, Köln
Kooij, van der, R., Hellendoorn, J. (eds.) (1986): Play, play therapy, play research. Swets and Zeitlinger, Lisse
Kornmann, R. (1991): Veränderungen des Gegenstandsbezuges als Indikator der kognitiven Entwicklung und Möglichkeiten ihrer förderungsbezogenen diagnostischen Erfassung. Heilpäd. Forschung, 4, 184–191
Kramer, E. (1991): Kunst als Therapie mit Kindern. 3. Aufl. Ernst Reinhardt, München
Kratochwil, L. (1988): Der Erziehungsbegriff aus handlungstheoretischer Perspektive. Päd. Rundschau 42, 2, 165–185
Krawitz, R. (1992): Pädagogik statt Therapie. Vom Sinn individualpädagogischen Sehens, Denkens und Handelns. Klinkhardt, Bad Heilbrunn
Kreuzer, K. J. (Hrsg.) (1983): Handbuch der Spielpädagogik. 3. Bd. Schwann, Düsseldorf
Lane, H. (1985, amerik. Orig. 1976): Das wilde Kind von Aveyron. Der Fall des Wolfsjungen. Ullstein, Frankfurt/M.
- (1994, amerik. Orig. 1992): Die Maske der Barmherzigkeit. Unterdrückung von Sprache und Kultur der Gehörlosengemeinschaft. Signum, Hamburg
Laucken, U. (1974): Naive Verhaltenstheorie. Klett, Stuttgart
Leber, A. (1984): Heilpädagogik. In Eyferth, H., Otto, H. u. Thiersch, H. (Hrsg.): Hdb. zur Sozialarbeit/Sozialpädagogik. S. 475–483. Luchterhand, Neuwied
Lenk, H. (Hrsg.)(1977–1984): Handlungstheorien – interdisziplinär. Bd. 1–6. Fink, München
- (1978): Handlung als Interpretationskonstrukt. Entwurf einer konstituenten- und beschreibungstheoretischen Handlungsphilosophie. In Lenk, H. (Hrsg.): Handlungstheorien – interdisziplinär, Bd. 2. S. 316–357. Fink, München
Lenzen, D. (Hrsg.) (1980): Pädagogik und Alltag. Klett-Cotta, Stuttgart
Leontjew, A. N. (1980): Probleme der Entwicklung des Psychischen. Volk u. Wissen, Berlin
Lévi-Strauss, Cl. (1966): Mythos und Geschichte. Suhrkamp, Frankfurt/M.
Lévinas, E. (1983): Die Spur des Anderen. Untersuchungen zur Phänomenologie und Sozialphilosophie. Alber, Freiburg/Br.
Lichtenberg, G. Ch. (1976): Aphorismen. 1774–1799. Insel, Frankfurt/M.
Lindmeier, Ch. (1993): Behinderung – Phänomen oder Faktum? Klinkhardt, Bad Heilbrunn
Linn, M. u. Holtz, R. (1995): Übungsbehandlung bei psychomotorischen Entwicklungsstörungen. 2. Aufl. Ernst Reinhardt, München

Lippitz, W. u. Meyer-Drawe, K. (Hrsg.) (1984a): Lernen und seine Horizonte. Phänomenologische Konzeptionen menschlichen Lernens – didaktische Konsequenzen. Scriptor, Frankfurt/M.
– (1984b) Einige Bemerkungen zur Aktualität und Geschichte phänomenologischen Fragens in der Pädagogik: In: dies. (Hrsg.): Lernen und seine Horizonte. S. 6–18. Scriptor, Frankfurt/M.
Litt, Th. (1961): Führen oder Wachsenlassen. Eine Erörterung des pädagogischen Grundproblems. 1. Aufl. 1927. Klett, Stuttgart
Loch, W.: Phänomenologische Pädagogik. In Lenzen, D. (Hrsg.): Enzyklopädie Erziehungswissenschaft, Bd. 1. S. 155–173. Klett-Cotta, Stuttgart
Löwisch, D. J. (1969): Pädagogisches Heilen. Versuch einer erziehungsphilosophischen Grundlegung der Heilpädagogik. München
Lorenz, H. (1987): Lernschwierigkeiten und Einzelfallhilfe. Hogrefe, Göttingen
Lotz, D. (1993): Heilpädagogische Übungsbehandlung als Suche nach Sinn. Kleine, Bielefeld
Lowy, L. (1983): Sozialarbeit/Sozialpädagogik als Wissenschaft im angloamerikanischen und deutschsprachigen Raum. Lambertus, Freiburg/Br.
Lüders, Ch. (1989): Der wissenschaftlich ausgebildete Praktiker. Entstehung und Auswirkung des Theorie-Praxis-Konzeptes des Diplomstudienganges Sozialpädagogik. Deutscher Studien Verlag, Weinheim
Luhmann, N. (1987): Soziale Systeme. Grundriß einer allgemeinen Theorie. Suhrkamp, Frankfurt/M.
– u. Schorr, K. (1979): Das Technologieproblem in der Erziehung und die Pädagogik. Z. f. Päd. 25, 345–365
Mahlke, W. u. Schwarte, N. (1992): Wohnen als Lebenshilfe. Ein Arbeitsbuch zur Wohnfeldgestaltung in der Behindertenhilfe. 2. Aufl. Beltz, Weinheim
Mall, W. (1991): Kommunikation mit schwer geistig behinderten Menschen. Schindele, Heidelberg
Malson, L. u. a. (Hrsg) (1972): Die wilden Kinder. Suhrkamp, Frankfurt/M.
Marcel, G. (1968): Sein und Haben. 2. Aufl. Schöningh, Paderborn
– (1985): Leibliche Begegnung. In Petzold, H. (Hrsg.): Leiblichkeit. Philosophische, gesellschaftliche und therapeutische Perspektiven. S. 15–46. Junfermann, Paderborn
Maturana, H. u. Varela, F. (1987): Der Baum der Erkenntnis. Die biologischen Wurzeln des menschlichen Erkennens. Goldmann, München
Meinertz, F., Kausen, R., Klein, F. (1994): Heilpädagogik. Eine Einführung in pädagogisches Sehen und Verstehen. 9. Aufl. Klinkhardt, Bad Heilbrunn
Menzen, K. H. (1994): Heilpädagogische Kunsttherapie. Lambertus, Freiburg/Br.
Merkens, L. (1984): Lernhierarchien nach Gagné, dargestellt an Beispielen basaler Wahrnehmungsförderung. Z. f. Heilpäd. 35, 421–429

Merleau-Ponty, M. (1966, franz. Orig. 1945): Phänomenologie der Wahrnehmung. Bouvier, Bonn
Meyer-Drawe, K. (1984): Leiblichkeit und Sozialität. Fink, München
Miller, P. (1993): Theorien der Entwicklungspsychologie. Spektrum, Heidelberg
Möckel, A (1988): Geschichte der Heilpädagogik. Klett-Cotta, Stuttgart
Mogel, H. (1991): Psychologie des Kinderspiels. Springer, Berlin
Montada, L. (1982): Themen, Traditionen, Trends. In Oerter, R. u. Montada, L. (Hrsg.): Entwicklungspsychologie. S. 3–88. Urban und Schwarzenberg, München
Montalta, E. (1967): Grundlagen und systematische Ansätze zu einer Theorie der Heilerziehung (Heilpädagogik). In Jussen, H. (Hrsg.): Handbuch der Heilpädagogik in Schule und Jugendhilfe. S. 3–43. Kösel, München
Moor, P. (1965): Heilpädagogik. Ein pädagogisches Lehrbuch. Huber, Bern
Motsch, H. J. u. Spiess, W. (1986): Heilpädagogische Handlungsfelder. Umgang mit Verhaltensauffälligen; Arbeit mit Sprachbehinderten. Haupt, Bern
Müller, B. (1984): Sozialpädagogisches Handeln. In Eyferth, H., Otto, H. u. Thiersch, H. (Hrsg.): Handbuch zur Sozialarbeit/Sozialpädagogik. S. 1045–1059. Luchterhand, Neuwied
– (1985): Die Last der großen Hoffnungen. Methodisches Handeln und Selbstkontrolle in sozialen Berufen. Beltz, Weinheim
Müller, M. (1971a): Person und Funktion. In Müller, M. (Hrsg.): Erfahrung und Geschichte. S. 83–123. Alber, Freiburg/Br.
– (1971b): Über einige zeitgenössische Menschenbilder in philosophischer Sicht. In Müller, M. (Hrsg.): Erfahrung und Geschichte. S. 177–197. Alber, Freiburg/Br.
– u. Halder, A. (1961): Person. In: Staatslexikon, Bd. 6. S. 198–210. Herder, Freiburg/Br.
Müller-Wiedemann, H. (1994): Menschenbild und Menschenbildung. Aufsätze und Vorträge zur Heilpädagogik, Menschenkunde und zum sozialen Leben. Freies Geistesleben, Stuttgart
Myschker, N. (1993): Verhaltensstörungen bei Kindern und Jugendlichen. Kohlhammer, Stuttgart
Nietzsche, F. (1984): Vom Nutzen und Nachteil der Historie für das Leben. Diogenes, Zürich
– (1994): Gesammelte Werke, 3 Bde. Hrsg. v. Schlechta. Hanser, München
Nohl, H. (1929): Pädagogische Menschenkunde. In Nohl, H. u. Pallat, L. (Hrsg.): Handbuch der Pädagogik, Bd. II. Die biologischen, psychologischen und soziologischen Grundlagen der Pädagogik. S. 51–75. Beltz, Berlin
– (1958): Erziehergestalten. Vandenhoeck u. Ruprecht, Göttingen
Oelkers, J. (1982): Intention und Wirkung: Vorüberlegungen zu einer Theorie pädagogischen Handelns. In Luhmann, N. u. Schorr, K.

(Hrsg.): Zwischen Technologie und Selbstreferenz – Fragen an die Pädagogik. S. 139–194. Suhrkamp, Frankfurt/M.
Oerter, R. (1993): Psychologie des Spiels. Ein handlungstheoretischer Ansatz. Quintessenz, München
– u. Montada, L. (Hrsg.) (1995): Entwicklungspsychologie. Ein Lehrbuch. 3. Aufl. Psychologie Verlags Union, München
Oy, C. von u. Sagi, A. (1984): Lehrbuch der heilpädagogischen Übungsbehandlung. 2. Aufl. Schindele, Heidelberg
Pannenberg, W. (1979): Person und Subjekt. In Marquard, O. u. Stierle, K. (Hrsg.): Identität. Poetik und Hermeneutik, Bd. 8. S. 407–422. Klostermann, Frankfurt/M.
– (1983): Anthropologie in theologischer Perspektive. Vandenhoeck u. Ruprecht, Göttingen
Pervin, L. A. (1981): Persönlichkeitstheorien. Ernst Reinhardt, München
Petermann, F. (Hrsg.) (1995): Lehrbuch der Klinischen Kinderpsychologie. Modelle psychischer Störungen im Kindes- und Jugendalter. Hogrefe, Göttingen
Petermann, U. u. Petermann, F. (1994): Training mit aggressiven Kindern. 5. Aufl. Psychologie Verlags Union, München
Petzold, H. (Hrsg.) (1985): Leiblichkeit. Philosophische, gesellschaftliche und therapeutische Perspektiven. Junfermann, Paderborn
Peukert, H. u. Scheuerl, H. (Hrsg.) (1991): Wilhelm Flitner und die Frage nach einer allgemeinen Erziehungswissenschaft im 20. Jahrhundert. Zeitschr. f. Päd. 26. Beiheft
Pfeffer, W. (1988): Die Förderung schwer geistig Behinderter. Eine Grundlegung. Edition Bentheim, Würzburg
Piaget, J. (1969): Nachahmung, Spiel und Traum. Klett, Stuttgart
Plessner, H. (1965): Die Stufen des Organischen und der Mensch. 2. Aufl. De Gruyter, Berlin
Postman, N. (1985): Das Verschwinden der Kindheit. Fischer, Frankfurt/M.
– (1995): Keine Götter mehr. Das Ende der Erziehung. Berlin Verlag, Berlin
Quitmann, H. (1985): Humanistische Psychologie. Zentrale Konzepte und philosophischer Hintergrund. Hogrefe, Göttingen
Rentsch, Th. (1990): Die Konstitution der Moralität. Transzendentale Anthropologie und Praktische Philosophie. Suhrkamp, Frankfurt/M.
– (1995): Edmund Husserl. In: Metzler Philosophen Lexikon. 2. Aufl. S. 380–387. Metzler, Stuttgart
Revers, W. (1972): Das Leibproblem in der Psychologie. In Rocek, R. u. Schatz, O. (Hrsg.): Philosophische Anthropologie heute. S. 130–141. Beck, München
Richter-Reichenbach, K. S. (1992): Identität und ästhetisches Handeln. Präventive und rehabilitative Funktionen ästhetischer Prozesse. Deutscher Studienverlag, Weinheim
Röd, W. (1996): Der Weg der Philosophie. 2 Bde. Beck, München

Röhrs, H. (1983): Das Spiel – Eine Grundbedingung der Entwicklung des Lebens. In Kreuzer, K. (Hrsg.): Hdb. d. Spielpädagogik, Bd. 1. S. 43–68. Schwann, Düsseldorf

Rombach, H. (1967): Der Kampf der Richtungen in der Pädagogik. Z. f. Päd. 13, 37–69

– (1987): Strukturanthropologie. "Der menschliche Mensch". Alber, Freiburg/Br.

Roth, H. (1966): Pädagogische Anthropologie. Bd. I. Bildsamkeit und Bestimmung. Schroedel, Hannover

Salzmann, Ch. G. (1982): Plan zur Erziehung der Erzieher. In: Ameisenbüchlein. Schnepfenthal 1806. In: Suhrkamp, P. (Hrsg.): Deutscher Geist. Ein Lesebuch aus zwei Jahrhunderten. S. 191–214. Insel, Frankfurt/M.

Sartre, J. P. (1967): Das Sein und das Nichts. Versuch einer phänomenologischen Ontologie. Rowohlt, Reinbek

Schäfer, G. (1986): Spiel, Spielraum und Verständigung. Unterschung zur Entwicklung von Spiel und Phantasie im Kindes- und Jugendalter. Juventa, München

Scheffler, J. (1985): Of human potential. An essay in the philosophy of education. Routledge and Kegan Paul, London

Scherer, K. u. Wallbott, H. (1990): Ausdruck von Emotionen. In Scherer, K. (Hrsg.): Psychologie der Emotionen. Enzykl. d. Psychologie C, IV, Bd. 3. S. 345–422. Hogrefe, Göttingen

Scheuerl, H. (1981): Zur Begriffsbestimmung von "Spiel" und "Spielen". In Röhrs, H. (Hrsg.): Spiel – Ein Urphänomen des Lebens. S. 41–49. Akad. Verlagsgesell., Wiesbaden

Schleiermacher, F. (1966): Pädagogische Schriften. 2 Bde. Schwann, Düsseldorf

Schlüter, W. (1995): Sozialphilosophie für helfende Berufe. 3. Aufl. Ernst Reinhardt, München

Schmidt, H. D. (1970): Allgemeine Entwicklungspsychologie. Deutscher Verlag der Wissenschaften, Berlin

Schneider, W. (1995): Personalität und Pädagogik. Der philosophische Beitrag Bernhard Weltes zur Grundlegung der Pädagogik. Deutscher Studien Verlag, Weinheim

Schockenhoff, E. (1993): Ethik des Lebens. Ein theologischer Grundriß. Grünewald, Mainz

– (1996): Naturrecht und Menschenwürde. Universale Ethik in einer geschichtlichen Welt. Grünewald, Mainz

Schopenhauer, A. (1977, Orig. 1819): Die Welt als Wille und Vorstellung. 2 Bde. Diogenes Verlag, Zürich

– (1988): Gesammelte Werke. 8 Bde. (hrsg. v. Lütkehaus). Haffmanns, Zürich

Schütz, A. (1974, Orig. 1932): Der sinnhafte Aufbau der sozialen Welt. Eine Einleitung in die verstehende Soziologie. Suhrkamp, Frankfurt/M.

– u. Luckmann, Th. (1979): Strukturen der Lebenswelt. Suhrkamp, Frankfurt/M.

Schulz, W. (1989): Grundprobleme der Ethik. Neske, Pfullingen
Siegenthaler, H. (1983): Anthropologische Grundlagen zur Erziehung Geistig-Schwerstbehinderter. Haupt, Bern
Sielert, U. (1993): Sexualpädagogik. Konzeption und didaktische Hilfen für die Aus- und Fortbildung von Multiplikatoren. Beltz, Weinheim
Skinner, B. F. (1973, amerik. Orig. 1953)): Wissenschaft und menschliches Verhalten. Kindler, München
Sloterdijk, P. (1996): Eurotaoismus. Zur Kritik der politischen Kinetik. Suhrkamp, Frankfurt/M.
Solarova, S. (Hrsg.) (1983): Geschichte der Sonderpädagogik. Kohlhammer, Stuttgart
Sommer, M. (1980): Der Alltagsbegriff in der Phänomenologie und seine gegenwärtige Rezeption in den Sozialwissenschaften. In Lenzen, D. (Hrsg.): Pädagogik und Alltag. S. 27–43. Klett-Cotta, Stuttgart
Sontag, S. (1982): Kunst und Antikunst. Literarische Analysen. Fischer, Frankfurt/M.
Spaemann, R. (1996): Personen. Versuche über den Unterschied zwischen "etwas" und "jemand". Klett-Cotta, Stuttgart
Speck, J. (1970): Person. In Speck, J. u. Wehle, E. (Hrsg.): Handbuch pädagogischer Grundbegriffe, Bd. II. S. 288–329. Kösel, München
Speck, O. (1981): Chaos und Autonomie in der Erziehung. Erziehungsschwierigkeiten unter moralischem Aspekt. Ernst Reinhardt, München.
– (1993): Menschen mit geistiger Behinderung und ihre Erziehung. Ein heilpädagogisches Lehrbuch. 7. Aufl. Ernst Reinhardt, München
– (1996): System Heilpädagogik. Eine ökologisch reflexive Grundlegung. 3. überarb. Aufl. (1. Aufl. 1988) Ernst Reinhardt, München
Spranger, E. (1930): Lebensformen. Geisteswissenschaftliche Psychologie und Ethik der Persönlichkeit. Max Niemeyer, Halle
– (1969): Gesammelte Werke. 11 Bde., (Hrsg. v. W. Bähr u. a.). Diesterweg, Frankfurt/M.
Stadtler, P. (1993 u. 1996): Pestalozzi: Geschichtliche Biographie. Bd. 1. Von der alten Ordnung zur Revolution 1746–1797. Bd. 2. Von der Umwälzung zur Restauration 1797–1827. Verlag der NZZ, Zürich
Steiner, G. (1990): Von realer Gegenwart. Hat unser Sprechen Inhalt? Hanser, München
Steinhausen, H. C. (1988): Psychische Störungen bei Kindern und Jugendlichen. Lehrbuch der Kinder- und Jugendpsychiatrie. Urban u. Schwarzenberg, München
Strümpell, L. v. (1890): Pädagogische Pathologie oder die Lehre von den Fehlern der Kinder. Eine Grundlegung. Meiner, Leipzig
Stuckenhoff, W. (1983): Das Verhältnis von Spielarten und Spielformen als Basis für eine Spielförderung. In Kreuzer, K. (Hrsg.): Hdb. d. Spielpädagogik. Bd. 1. S. 181–195. Schwann, Düsseldorf
Sutton-Smith, B. (1986): "Hoppe, hoppe, Reiter". Die Bedeutung von Kinder-Eltern-Spielen. Piper, München

Taylor, Ch. (1994): Quellen des Selbst. Die Entstehung der neuzeitlichen Identität. Suhrkamp, Frankfurt/M.
Tenorth, H. (1988): Geschichte der Erziehung: Einführung in die Grundzüge ihrer neuzeitlichen Entwicklung. Beltz, Weinheim
Thesing, Th. (1994): Heilerziehungspflege. Ein Lehrbuch zur Berufskunde. 2. Aufl. Lambertus, Freiburg/Br.
Theunissen, G. (1991): Heilpädagogik im Umbruch. Über Bildung, Erziehung und Therapie bei geistiger Behinderung. Lambertus, Freiburg/Br.
– (1995): Pädagogik bei geistiger Behinderung und Verhaltensauffälligkeiten. Ein Kompendium für die Praxis. Klinkhardt, Bad Heilbrunn
Thiersch, H. (1986): Die Erfahrung der Wirklichkeit. Perspektiven einer alltagsorientierten Sozialpädagogik. Juventa, München
– u. Rauschenbach, T. (1984): Sozialpädagogik/Sozialarbeit: Theorie und Entwicklung. In Eyferth, H., Otto, H., Thiersch, H. (Hrsg.): Handbuch zur Sozialarbeit/Sozialpädagogik. S. 984–1016. Luchterhand, Neuwied
Thimm, W. (1987): Zur Normativität heil-(sonder-/behinderten-)pädagogischen Handelns. Theoretische und praktische Vermittlungsprobleme. In Haeberlin, U., u. Amrein, Ch. (Hrsg.): Forschung und Lehre für die sonderpädagogische Praxis. S. 66–76. Haupt, Bern
– (1994): Leben in Nachbarschaften. Hilfen für Menschen mit Behinderungen. Herder, Freiburg/Br.
Tönnies, F. (1994): Gemeinschaft und Gesellschaft. (1. Aufl. 1887) Wissenschaftl. Buchgesellschaft, Darmstadt
Uslar, D. v. (1973): Ontologische Voraussetzungen der Psychologie. In Gadamer, H. G. u. Vogler, P. (Hrsg.): Neue Anthropologie. Bd. 5. S. 386–413. Psychologische Anthropologie. Thieme, Stuttgart
Vogel, S. (1972): Komplementarität in der Biologie und ihr anthropologischer Hintergrund. In Gadamer, H. G. u. Vogler, P. (Hrsg.): Neue Anthropologie. Bd. 1. S. 152–149. Thieme, Stuttgart
Waldenfels, B. (1985): Das Problem der Leiblichkeit bei Merleau-Ponty. In Petzold, H. (Hrsg.): Leiblichkeit. Philosophische, gesellschaftliche und therapeutische Perspektiven. S. 149–172. Junfermann, Paderborn
Walujo, S. u. Malström, C. (1996): Grundlagen der SIVUS-Methode. Förderung der individuellen und sozialen Entwicklung bei Menschen mit geistiger Behinderung. 2. Aufl. Ernst Reinhardt, München
Weidenmann, B. u. Krapp, A. (Hrsg.) (1986): Pädagogische Psychologie. Ein Lehrbuch. Psychologie Verlags-Union, München
Weizsäcker, V. v. (1973, orig. 1940): Der Gestaltkreis. Theorie der Einheit von Wahrnehmen und Bewegen. Suhrkamp, Frankfurt/M.
Welter, R. (1986): Der Begriff der Lebenswelt. Theorien vortheoretischer Erfahrungswelt. Fink, München
Wendt, W. R. (1990): Geschichte der sozialen Arbeit. 3. Aufl. Enke, Stuttgart
Westmeyer, H. (1978): Wissenschaftstheoretische Grundlagen klinischer Psychologie. In Baumann, U. (Hrsg.): Klinische Psychologie. S. 108–132. Huber, Bern

Winkler, M. (1988): Eine Theorie der Sozialpädagogik. Klett-Cotta, Stuttgart

Wöhler, K. H. (1988): Zeitstrukturen (in) der Frühförderung. Frühförderung interdisziplinär 7, 27–34

Wohlfarth, W. (1985): Auf der Schwelle zur Sprache. Förderung des frühen Spracherwerbs im gemeinsamen Handeln. Bock u. Herchen, Frankfurt/M.

Zollinger, B. (1995): Die Entdeckung der Sprache. Haupt, Bern

Namenverzeichnis

Adam 251
Adorno 34, 138
Aebli 224, 243
Affolter 205, 211, 271, 282, 300
Allers 49
Allport 45, 147
Amrein 123
Anstötz 182
Antor 25, 46, 63, 103
Aristoteles 131, 132, 133, 134, 162, 193, 209, 213, 260
Asperger 22, 37, 80, 90
Augustinus 51, 208
Austin 243
Ayres 205, 211, 286, 295, 300

Bach 71
Bachmann 88
Bacon 136
Baltes 217
Bandura 235, 298
Bauman 57, 58, 174, 199
Beck 104
Becker 38, 98, 288
Beger 288, 289ff
Benner 99, 100, 101, 102, 104, 105, 123, 137, 175
Berger 148
Bergmann 149
Bergson 148, 125
Bernhard 161
Biene 293
Bläsig 207
Bleidick 22, 25, 31, 44, 98, 190
Binding 45
Böhm 133, 138, 140, 224
Boethius 50
Bollnow 99, 106, 123, 145, 157, 170, 233
Bopp 26, 36, 58, 84, 90, 182
Borchert 263, 298, 301
Brack 213, 275, 298

Braille 259
Brambring 232
Brandes 161
Braungart 202, 211
Brecht 315
Brentano 192, 196
Brezinka 132, 215, 220
Bruner 235
Brumlik 151
Brunkhorst 64
Buber 47, 57, 170
Buchka 94
Bühler, Ch. 236, 295
Bühler, K. 235, 252, 296
Bundschuh 274, 275, 276, 303
Buytendijk 206, 207

Cicero 45
Claudius 216
Coleman 169, 176
Comte 137

Danner 181, 192
Deinhardt 86ff, 90, 92, 96, 122, 259
Derbolav 99, 101, 102, 103, 105, 107, 123, 132, 135, 137, 141, 241, 255
Descartes 136, 192, 203, 211
Dewe 148, 168
Dickens 161
Diesterweg 93
Dilthey 30, 66, 106, 109, 112, 124, 132, 146, 148, 160, 195
Dostojewski 161
Durkheim 170, 224

Eberwein 160
Eggert 213, 285, 286, 287, 288
Einsiedler 230, 294
Epée 77, 81, 259
Esser 292

Feudel 214, 290
Fink 101, 187, 227, 315
Fischer
Flammer 255
Flaubert 250
Flavell 240
Flitner 14, 36, 66, 83, 98, 99, 105ff, 109
Flores d'Arcais 48
Fornefeld 284
Foucault 60, 82, 180
Freud 147, 198
Fröbel 49, 86, 224, 234, 295, 296
Fröhlich 201, 273, 280, 281, 284
Fromm 138
Frostig 213, 285, 288

Gagné 242, 244
Gäng 292
Garfinkel 159
Geißler 116, 119
Georgens 80, 86ff, 90, 92, 96, 122, 259
Giesecke 169, 170, 176, 311
Göllnitz 37, 38
Goethe 29, 31, 85, 108, 165, 187, 201
Grawe 266
Grissemann 301
Groeben 117, 139
Gröschke 25, 36, 43, 50, 54, 61, 75, 94, 118, 134, 162, 174, 207, 233, 260, 280, 294, 311
Grohnfeldt 305, 307, 308
Guardini 30, 47, 48, 53, 55, 137, 209, 253, 256
Guggenbühl 90

Habermas 64, 65, 67, 140, 141, 145, 149, 151, 181, 264
Haeberlin 23, 24, 37, 42, 49, 68, 70, 91, 98, 182, 206, 312, 313
Hagmann 67
Halder 47
Hamsun 161
Handke 201

Hanselmann 26, 36, 84, 89, 182
Harig 166
Hartmann 58
Haupt 273
Heckhausen 229
Hege 116, 119
Hegel 27, 48, 163, 193
Heidegger 49, 55, 62, 101, 146, 151, 187, 197, 250
Heimlich 294
Heisenberg 31
Hellbrügge 38, 90
Hellmann 160
Hengstenberg 46, 49ff, 57, 60, 134
Hentig v. 282
Herbart 103, 107, 135
Herder 211, 250
Hering 232
Herrmann 160
Hilgard 241
Hoche 45
Hölderlin 138
Hoffmann 243
Honnefelder 200
Horkheimer 138
Hülshoff 208, 209
Huizinga 227
Humboldt v. 206
Hurrelmann 224
Husserl 55, 61, 65, 146f, 151, 187, 191ff, 208

Ineichen 106
Itard 77ff, 81, 87, 90, 259, 295

Jantzen 98, 118, 255, 256, 274
Jaques-Dalcroze 214, 290
Jaspers 32, 33, 187, 191, 194, 197, 212
Jaumann 224
Joas 108, 297
Jüttemann 192

Kafka 166
Kalbermatten 116

Namenverzeichnis

Kant 48, 50, 66, 96, 103, 133, 136, 192, 196, 246, 249
Kanter 31, 32, 76, 92, 246, 247
Kausen 42
Kegan 221
Kentler 198
Kierkegaard 49, 105, 108
Kiphard 212, 285, 288, 289
Klein 42
Kleinbach 57, 199, 251, 272, 273
Kobi 23, 24, 42, 44, 49, 52, 68, 69, 70, 85, 98, 118, 190, 218, 313
Köhn 261, 262
König 49
Kokoschka 122
Kooij v. der 230
Kornmann 256, 257
Kratochwil 117, 126, 140
Kraus 274
Krawitz 259, 301
Kreuzer 230, 296

Lane 79, 80, 81, 251, 252, 259
Leber 23, 24, 274
Lenk 116, 117
Leontjew 254, 255, 256
Lévinas 55ff, 60, 108, 135, 150, 174, 198
Lévi-Strauss 62
Lichtenberg 55
Lippitz 192, 245
Litt 294
Loch 192, 193
Locke 46, 138
Löwisch 23
Lowy 120, 121, 134, 181
Luckmann 148, 150
Lübbe 27
Lüders 114, 124
Luhmann 64, 65, 67, 131
Luria 255

Mahlke 154
Makarenko 161
Mall 151, 201
Mann 161
Marcel 47, 49, 51, 194, 199, 201, 207, 209
Marquard 34
Maslow 280
Maturana 64
Mead 131, 250
Meinertz 42
Menzen 204
Merleau-Ponty 193, 196ff, 245, 250
Merkens 244
Meyer 165
Meyer-Drawe 245
Miller 255
Möckel 23, 25, 42, 83, 85, 122
Mogel 230
Mollenhauer 95
Montada 218, 219, 240, 255
Montaigne 119
Montalta 58, 206
Montessori 38, 79, 80, 82, 224, 231, 259, 295, 296
Moor 21, 23, 27, 36, 42, 49, 69, 80, 84, 109, 157, 165, 182, 189, 206, 214, 265, 268, 273, 275
Moritz 161
Motsch 308
Mounier 140
Müller, M. 32, 47
Müller, B. 126, 176, 179
Müller-Wiedemann 203
Myschker 71, 285, 298

Natorp 87, 108
Nietzsche 58, 75, 76, 97, 148, 162, 166, 195, 196, 199, 201
Nirje 104
Nohl 66, 94, 106, 124, 234, 273, 312

Oerter 117, 218, 219, 229, 230, 233, 255, 256, 294, 296, 302
Oy v. 293, 295, 296

Pannenberg 47, 48, 58, 59
Pawlow 342
Pestalozzi 81, 83ff, 91ff, 140, 268
Petermann 298
Peukert 28, 107, 108
Pfeffer 284
Piaget 211, 212, 220, 221, 223, 234, 236ff, 287, 295
Pinel 77, 79, 81
Platon 131
Plessner 200, 213
Plügge 207
Popper 137
Postman 169
Prekop 211
Proust 161

Quitmann 280

Rauschenbach 167
Rentsch 193, 197
Revers 200
Rickert 30
Röhrs 230, 231, 234
Rombach 48, 50, 53, 61, 280
Roth 270
Rousseau 13, 78, 85, 91, 103, 224, 247

Sagi 293, 295, 296
Salzmann 293, 313
Sartre 49, 56, 197, 202, 213, 249
Schäfer 228, 232
Scheffler 247, 249
Scheiblauer 207, 214, 290
Scheler 58, 148, 149, 195, 206
Schelling 60, 138, 148
Scheuerl 98, 107, 227, 228, 234
Schlegel 138, 148
Schleiermacher 49, 57, 100, 103, 106, 123, 135, 233, 272
Schneider 48, 228, 251
Schockenhoff 59, 61, 200, 208
Schopenhauer 195, 196, 199, 250

Schütz 144, 148, 150ff, 160, 177, 197
Schulz 193
Séguin 79, 81, 87, 90, 259, 295
Shaw 169
Sicard 77, 81, 259
Siegenthaler 27, 194, 226, 272, 286, 310
Simmel 148, 195
Skinner 139, 242, 243, 298
Sloterdijk 123, 138, 166, 193
Solarova 122
Sontag 164
Sommer 146, 147, 150, 151
Spaemann 47
Speck, J. 47
Speck, O. 22, 23, 24, 25, 39, 65, 70, 88, 98, 149, 179, 250, 270, 277, 311, 313
Spinoza 60
Spranger 66, 125
Staiger 309
Steiner, G. 163, 201
Steiner, R. 214
Strümpell v. 22, 90
Stuckenhoff 238, 239
Sutton-Smith 230

Taylor 119
Theunissen 38, 90, 154, 155, 282, 283
Thiersch 95, 157, 167
Thimm 27, 71, 104, 303
Thomas v. Aquin 51, 162

Uslar v. 204, 205

Vallach 116
Victor v. Aveyron 77ff, 259
Vogel 29, 31, 32

Walser 165
Weber 93, 131
Weidenmann 241
Weizsäcker v. 212
Wellershoff 309

Welte 48, 228
Wendt 88, 94
Weniger 124
Westmeyer 139
Windelband 30
Winkler 276, 314
Winnicott 232, 233
Wittgenstein 253

Wöhler 155
Wohlfarth 235
Wolfensberger 104
Wundt 250
Wygotski 255, 256

Zollinger 253, 308

Sachverzeichnis

Abweichung 44, 72, 82
Aktivierung 231, 266, 279ff
Alltag 90, 111, 121 144ff, 150, 165ff
Analyse 29ff, 137
Anthropologie 43ff, 47, 49ff, 54, 68, 185ff, 189
Anthroposophie 96, 203, 214
Antlitz 55ff, 59, 150, 158ff, 198ff
Arbeit 61, 79, 101, 102, 173, 187
Attribution 145, 192, 248, 301
Ausbildung 19, 41, 114, 141, 310
Autonomie 9, 59, 64, 181, 302
Autopoiesis 64, 131

basal 78, 79, 151, 189, 193, 201, 279, 281
Bedeutung 152, 156, 191
Bedürfnisse 56, 280
Behinderte 35ff
– körperlich B. 35, 85, 95, 207, 212, 288
– geistig B. 35, 38, 77, 85, 90, 251, 304, 310
– Schwerst B. 26, 44, 52, 95, 155, 185, 190, 194, 226, 271ff, 279ff
– Sinnes B. 35, 78, 212, 287
Behindertenpädagogik 22, 25, 35, 39
Behinderung 22ff, 27, 35, 44, 68, 69ff, 247, 249, 252, 257, 308
Beobachtung 126, 134, 158, 162, 274, 276
Beratung 218, 261
Beruf 28, 103, 169, 181, 310
Berufsgruppen 20, 94, 95, 264
Bewegung 205, 207ff, 285ff
Bewegungsförderung 212ff, 286ff

Bewußtsein 55, 137, 196, 205
Beziehung 56, 82, 109, 119, 138, 140, 169, 173, 204, 263, 265
Bildsamkeit 54, 103, 104, 186, 230, 270
Bildung 44, 81, 95, 102, 161, 162, 251, 314
Bildungsrecht 43, 47, 245
Bioethik 25, 43, 46
Blindheit 86, 212, 232, 259

Caritas 100, 258
christlich 47, 48, 51
Computer 144, 220

DDR 38
Diagnostik 118, 121, 190, 273
– Förderdiagnostik 273ff, 287, 303
Dialog 57, 69, 170, 174, 263, 265
Didaktik 105, 128, 244, 261
Differenzierung 198, 221, 243
Diskurs 96, 109, 114, 151

Eingliederung 40, 41
Einstellung 73, 138, 170, 188, 191, 250, 314
Eltern 155, 169, 176, 202, 271
Entwicklung 41, 53, 77, 89, 204, 214ff, 248, 269, 311
– Begriff 215, 217ff, 225
– Theorie 218ff, 255
Entwicklungsdiagnostik 213, 222, 257, 275
Entwicklungsförderung 61, 68, 190, 218, 225, 258, 268ff, 278, 308
Erziehung 37, 41, 44, 53, 82, 95, 102, 140, 169, 215, 223, 259, 313
Erziehungshilfe 68, 69, 95

Erziehungswissenschaft 132
Ethik 43ff, 47, 56, 59, 68, 74, 102, 151, 173, 189, 193
- Berufsethik 74, 173, 182, 311
Etikettierung 35
Euthanasie 25, 43
Experten 95, 127, 155, 180

Fachlichkeit 60, 125, 129, 169, 183
- heilpädagogische 95, 119, 311, 314
Fachwissen 74, 120, 128, 140, 161, 295
Förderung 39, 44, 95, 136, 154, 266, 269, 277
- Frühf. 90, 127, 155, 179, 213, 231, 265, 270
Funktion 34, 51, 60, 63, 175, 256, 285, 298, 301

Ganzheitlichkeit 30, 33, 34, 63, 170, 284, 299
Gegenstand 62, 67, 117, 150, 193, 229, 251, 254, 255ff, 282, 302ff
Gehirn 155, 208, 287
Geist 196, 197, 203, 206, 253
Geisteswissenschaften 30, 66, 106, 137, 149
Gemeinschaft 59, 88, 93, 109
Geschichte 67, 178, 215, 246
Gesellschaft 48, 61, 65, 82, 85, 88, 93, 138, 172, 174
Gottebenbildlichkeit 47, 58
Güter 103, 109, 133

Halt 214
- äußerer 214
- innerer 109, 214
Handeln 66, 105, 110, 116, 117, 127, 133, 223, 229, 264ff
- instrumentelles 140, 142
- kommunikatives 141, 142
Handlung 116ff, 141ff, 256, 271

Heilpädagogik 15ff, 41, 67ff, 98ff, 263
- Begriff H. 18ff, 29ff, 36ff
- Nachbarwissenschaften 16, 67, 73ff
- Geschichte 62ff, 75ff, 95ff
- Projekt H. 23, 28, 43, 258
Helfen 73, 97, 171, 263
Hermeneutik 43, 99, 105ff, 192
Humanismus 44, 45, 47, 163

Identität 27, 36, 171
Individualisierung 80, 89, 97, 164, 226, 265, 307
Individuum 45, 46, 48, 299
Integration 23, 40, 65, 67, 93, 97, 104, 177, 225, 251
Interaktion 44, 64, 71, 72, 118, 265, 266
Intuition 145, 157, 161, 192, 195

kategorial 35, 67, 92, 190
Klassifikation 235, 239, 242
Kommunikation 45, 57, 106, 133, 143, 153, 198ff, 251
- K.förderung 202, 251, 301, 305ff
Kompetenz 119, 222, 265, 276
- Begriff K. 119, 134
- K.förderung 222, 302ff
Kontingenz 27
Konzept 68, 110ff, 129, 309ff
- Begriff K. 115ff
- heilpädagogisches 204, 228, 258ff, 266ff
Kooperation 73, 90, 179, 189, 283, 304
Körper 194, 195, 198, 202, 205, 230, 281
Kreativität 108, 154, 297
Kultur 87, 88, 93, 108, 132, 165, 252
Kunst 61, 102, 106, 135, 160, 204

Lebenslauf 177, 214, 216, 255, 274, 277
Lebensqualität 153, 276
Lebensraum 83, 268
Lebensrecht 25, 43, 47, 103
Lebenswelt 34, 64ff, 93, 129, 141, 144ff, 193
Leiblichkeit 61, 95, 151, 178, 189, 193, 194ff, 215, 279ff
Leistung 82, 167, 173, 225, 299
Lernen 54, 170, 212, 238ff, 247, 297ff, 311
-Lerntheorien 139, 240ff, 297ff
-Lerntypen 242ff
Lesen 160ff, 164ff, 254
Logopädie 305, 307

Menschenbild 34, 44, 45, 54, 55, 59, 63, 74, 95, 107, 219ff
Menschenkunde 124, 161ff
Methoden 30, 39, 126, 128, 259, 260ff, 305, 309ff
Milieu 71, 154, 268, 271
Moderne 82, 141, 169, 201
Motorik 212, 285ff, 287
Musik 290

Natur 85, 89, 108, 133, 203
Naturwissenschaften 30, 73, 89, 137, 149
Normalisierung 3, 40, 67, 73, 82, 97, 104, 128, 152, 177, 225, 303

Objekt 50, 136, 192, 203
Öffentlichkeit 104, 170, 305
Ökologie 65, 75, 149
Ökonomie 102, 176, 264

Pädagogik 16, 36, 42, 74, 94
- allgemeine 36, 67, 98ff, 191
- empiristische 42, 98
- geisteswissenschaftliche 36, 43, 66, 98, 105ff
- materialistische 43, 88, 98
Person 23, 34, 43ff, 60, 108, 119, 140, 185ff, 224, 267, 309ff

Personalismus 47, 48, 49ff, 228
Persönlichkeit 47, 49, 51ff, 89, 216, 225
Pflege 95, 96, 102, 202
- Förderpflege 95, 154, 203, 204, 279ff
Phänomene 100, 146, 185ff, 267, 278, 313
Phänomenologie 43, 55, 146, 187ff, 274
Philosophie 45, 48, 59, 74
Polarität 30, 168, 178, 209, 231, 234
Pragmatik 99, 115, 185, 189, 190
Praxeologie 99, 100ff, 160, 228
Praxis 21, 44, 61, 96, 122ff, 131ff, 177
- Begriff 101ff
- Berufspr. 20, 127, 152, 169ff
Professionalität 43, 111, 129, 181ff, 260
Psychiatrie 26, 37, 77, 79, 82, 89, 153, 259
Psychologie 16, 19, 30, 39, 48, 51, 73, 82, 139, 192, 225, 255, 259
Psychomotorik 212, 213, 285ff
Psychopathologie 32, 90, 187

Qualitätskontrolle 125, 264

Recht 73, 74, 103, 128, 172, 174
Rehabilitation 70, 73, 90, 97, 177
Rehabilitationspädagogik 38, 40, 288
Religion 36f, 61, 102
Rhythmik 204, 214, 290

Sachlichkeit 50, 134
Schule 40, 110, 268

Sachverzeichnis

Selbstaktivität 104, 189, 219, 220, 222, 246, 254, 265, 302
Selbstbestimmung 9, 104, 108, 135
Selbstwert 54, 72, 205
Sensomotorik 78, 205, 211, 212, 236, 281, 287
Sinn 27, 64, 133, 145, 152, 156, 182, 196, 274
Sinne 78, 164, 196, 200, 208, 210
Sonderpädagogik 22, 32, 35, 39, 92
Sonderschulen 73, 81, 92
Sozialarbeit 94, 120, 121, 126, 168
Sozialisation 81, 108, 169, 170, 224
Sozialpädagogik 74, 83ff, 91ff, 168, 265
Sozialwelt 177ff
Sozialwissenschaften 137, 141, 148
Soziologie 16, 73, 75, 108, 148
Spielen 50, 101, 187, 227ff, 293ff
- Sp.förderung 233, 236, 238, 253, 293ff
- Sp.therapie 230, 267
- Sp.theorien 230ff
Sprachförderung 235
Sprachlichkeit 101, 151, 201, 206, 235, 249, 250ff, 305ff
Stigma 72
Stil 132, 312
Struktur 62ff, 223
Synthese 29ff, 137, 220, 255
System 60, 62ff, 141, 176

Tanz 204, 292
Tätigkeit 79, 133, 212, 249, 257, 302ff
- theorie 254ff, 274, 288
Taubheit 77, 251, 259, 305
Technik 103, 132, 133, 141, 168

Technologie 31, 126, 136, 138ff, 144, 264ff
Teilleistungsstörungen 205, 294, 300
Theorie 112, 123, 124
- Begriff 114
Theorie-Praxis 111ff, 120, 309
Therapie 37, 139, 204, 259, 266, 285 291, 292, 301, 305
Tier 46, 292
Training 78, 298, 304
Tugenden 50, 57, 103, 135, 162, 174, 194, 268, 312

Übung 133, 233, 234, 237, 296, 298
Übungsbehandlung 234, 267, 285, 294
- funktionelle ÜB. 299, 300
- heilpädagogische ÜB. 293ff
- psychomotorische ÜB. 285ff
unheilbar 21, 27
Utilitarismus 43, 264

Verantwortung 54, 55, 111, 158, 309
Verhaltensmodifikation 81, 136, 139, 220, 242, 297ff
Verhaltensstörungen 44, 69, 71, 75, 161, 223, 301, 303
Vernunft 67, 80, 133, 138, 195, 202
Verstehen 30, 57, 64, 105ff, 118, 146, 156ff, 162ff
Vorurteil 73, 147

Wahrnehmung 145, 152, 164, 196, 208
- Ws.entwicklung 205, 208, 211, 300
- Ws.förderung 206, 300
Werte 25, 43, 103, 109, 127, 141, 314
Wesen 66, 71, 186, 192, 206, 249
Wirkung 125, 126, 261

Wissenschaftlichkeit 28, 62, 119, 127, 130, 158, 309
Wohnen 152, 154
Würde 50, 57, 60, 135

Ziele 41, 78, 124, 128, 158, 261, 272, 303
Zivilisation 77, 78, 87, 88, 93
Zusammenarbeit 73, 168, 179

UTB FÜR WISSENSCHAFT

Auswahl Fachbereich
Psychologie

Angermeier/Bednorz/Hursh (Hrsg.)
Operantes Lernen
UTB-GROSSE REIHE 8057
(E. Reinhardt). 1994.
DM 148,-, öS 1080,-, sfr 131,50

Banyard u. a., Einführung
in die Kognitionspsychologie
UTB-GROSSE REIHE 8086
(E. Reinhardt). 1995.
DM 46,—, öS 336,—, sfr 42,50

Faßnacht, Systematische
Verhaltensbeobachtung
UTB-GROSSE REIHE 8079
(E. Reinhardt). 2. Aufl. 1995.
DM 68,—, öS 496,—, sfr 62,—

Heigl-Evers/Heigl/Ott,
Lehrbuch der Psychotherapie
UTB-GROSSE REIHE 8069
(G. Fischer). 2. Aufl. 1994.
DM 98,—, öS 715,—, sfr 89,—

Lückert/Lückert, Einführung in
die Kognitive Verhaltenstherapie
UTB-GROSSE REIHE 8087
(E. Reinhardt). 1994.
DM 49,80, öS 364,—, sfr 46,—

Lüer, Allgemeine
Experimentelle Psychologie
UTB-GROSSE REIHE 8033
(G. Fischer). 1987.
DM 78,—, öS 569,—, sfr 71,—

Mönks/Knoers, Lehrbuch
der Entwicklungspsychologie
UTB-GROSSE REIHE 8080
(E. Reinhardt). 1996.
DM 49,80, öS 364,-, sfr 46,—

Pervin, Persönlichkeitstheorien
UTB-GROSSE REIHE 8035
(E. Reinhardt). 3. Aufl. 1993.
DM 78,—, öS 569,—, sfr 71,—

Pongratz, Problemgeschichte
der Psychologie
UTB-GROSSE REIHE 8011
(A. Francke). 2. Aufl. 1984.
DM 68,—, öS 496,—, sfr 62,—

Sarris, Methodologische Grundlagen Experimentalpsychologie 1
UTB-GROSSE REIHE 8049
(E. Reinhardt). 1990.
DM 49,80, öS 364,—, sfr 46,—

Sarris, Methodologische Grundlagen Experimentalpsychologie 2
UTB-GROSSE REIHE 8054
(E. Reinhardt). 1992.
DM 59,80, öS 437,—, sfr 54,—

Schlegel,
Die Transaktionale Analyse
UTB-GROSSE REIHE 8007
(A. Francke). 4. Aufl. 1995.
DM 76,—, öS 555,-, sfr 69,—

Wessells,
Kognitive Psychologie
UTB-GROSSE REIHE 8015
(E. Reinhardt). 3. Aufl. 1994.
DM 49,80, öS 364,—, sfr 46,—

Wiswede, Einführung in die
Wirtschaftspsychologie
UTB-GROSSE REIHE 8090
(E. Reinhardt). 2. Aufl. 1995.
DM 56,—, öS 409,—, sfr 51,—

55 Lehr, Psychologie des Alterns
(Quelle & Meyer). 8. Aufl. 1996.
DM 39,80, öS 291,—, sfr 37,00

118 Schlegel, Grundriß der
Tiefenpsychologie 1
(A. Francke). 2. Aufl. 1985.
DM 26,80, öS 196,—, sfr 25,00

UTB FÜR WISSENSCHAFT

Auswahl Fachbereich
Pädagogik

999 Bundschuh, Einführung in die
sonderpädagogische Diagnostik
(E. Reinhardt). 4. Aufl. 1996.
DM 39,80, öS 291,—, sfr 37,00

1051 Eid/Langer/Ruprecht,
Grundlagen des Kunstunterrichts
(F. Schöningh). 4. Aufl. 1996.
DM 29,80, öS 218,—, sfr 27,50

1100 Knoop/Schwab, Einführung
in die Geschichte der Pädagogik
(Quelle & Meyer). 3. Aufl. 1994.
DM 34,80, öS 254,—, sfr 32,50

1240 Schlüter, Sozialphilosophie
für helfende Berufe
(E. Reinhardt). 3. Aufl. 1995.
DM 29,80, öS 218,—, sfr 27,50

1305 Angermeier/Bednorz/Schuster,
Lernpsychologie
(E. Reinhardt). 2. Aufl. 1991.
DM 29,80, öS 218,—, sfr 27,50

1523 Bühler,
Das Seelenleben des Jugendlichen
(G. Fischer). 7. Aufl. 1991.
DM 34,80, öS 254,—, sfr 32,50

1592 Holm, Einführung in
die Religionspsychologie
(E. Reinhardt). 1990.
DM 22,80, öS 166,—, sfr 21,00

1607 Peuckert, Familienformen
im sozialen Wandel
(Leske + Budrich). 2. Aufl. 1996.
DM 24,80, öS 181,—, sfr 23,00

1617 Bönsch, Variable Lernwege
(F. Schöningh). 2. Aufl. 1995.
DM 29,80, öS 218,—, sfr 27,50

1644 Pflüger, Neurogene
Entwicklungsstörungen
(E. Reinhardt). 1991.
DM 32,80, öS 239,—, sfr 30,50

1645 Bundschuh,
Heilpädagogische Psychologie
(E. Reinhardt). 2. Aufl. 1995.
DM 36,00, öS 263,—, sfr 33,00

1684 Nezel, Allgemeine Didaktik
der Erwachsenenbildung
(P. Haupt). 1992.
DM 24,80, öS 181,—, sfr 23,00

1714 Baumgartner/Füssenich (Hrsg.),
Sprachtherapie mit Kindern
(E. Reinhardt). 3. Aufl. 1997.
DM 39,80, öS 291,—, sfr 37,00

1814 Maier, Bildungsökonomie
(Schäffer-Poeschel). 1994.
DM 29,80, öS 218,—, sfr 27,50

1855 Schlag, Lern- und
Leistungsmotivation
(Leske + Budrich). 1995.
DM 22,80, öS 166,—, sfr 21,00

1918 Baum, Ethik sozialer Berufe
(F. Schöningh). 1996.
DM 22,80, öS 166,—, sfr 21,00

1940 Mühl/Neukäter/Schulz,
Selbstverletzendes Verhalten bei
Menschen mit geistiger Behinderung
(P. Haupt). 1996.
DM 28,80, öS 210,—, sfr 26,50

1949 Hansen, Spracherwerb und
Dysgrammatismus
(E. Reinhardt). 1996.
DM 36,00, öS 263,—, sfr 33,00

Preisänderungen vorbehalten.

Das UTB-Gesamtverzeichnis erhalten Sie bei Ihrem Buchhändler oder direkt von UTB, Postfach 80 11 24, 70511 Stuttgart.